永州市地方志丛书

永州市社会团体志

永州市社会团体志编纂委员会　编

方志出版社
Publishing House of Local Records

图书在版编目（CIP）数据

永州市社会团体志/永州市社会团体志编纂委员会编．—北京：方志出版社，2019.12
ISBN 978-7-5144-4048-5

Ⅰ.①永… Ⅱ.①永… Ⅲ.①社会团体—概况—永州 Ⅳ.①C232.643

中国版本图书馆 CIP 数据核字（2019）第 289739 号

永州市社会团体志

编　　者：永州市社会团体志编纂委员会
责任编辑：刘　珊

出 版 者：方志出版社
地址　北京市朝阳区潘家园东里 9 号（国家方志馆 4 层）
邮编　100021
网址　http：//www.fzph.org
发　　行：方志出版社图书经销中心
电话（010）67110500
经　　销：各地新华书店
印　　刷：衡阳顺地印务有限公司

开　　本：889×1194　1/16
印　　张：25
字　　数：477 千
版　　次：2019 年 12 月第 1 版　2019 年 12 月第 1 次印刷
印　　数：0001～2000 册

ISBN 978-7-5144-4048-5　　定价：200.00 元

《永州市社会团体志》编纂委员会

顾　问	吴志雄
主　任	肖余胜　李　钢
副主任	段发生
委　员	（排名不分先后）
	胡先荣　龙　亮　黄玉芳　蒋蒲英　翟方奇
	柏继平　胡　羲　李社光　伍友华　陈水恩
	李续荣　周善生　郑运生　张国政　吴剑林
主　编	王金粱
编　辑	（排名不分先后）
	郭贵春　伍　岳　熊锦星　李　科　张国粱
	刘　刚　邓海秋　唐荣华　何霞云　邓柳春
	何新义　秦　韬　王宁兵　郑运生　雷福生
	田宏志　唐华玲　欧阳能上　卢　波　冼荣军
	欧阳小超　张佳杰　唐刚银

《永州市社会团体志》终审人员

蒋政平　李俊江　高　波

前　言

盛世修志，志载盛世。《永州市社会团体志》编修历时三载，广征博采，数易其稿，众手修志，终撰成篇。现即将付梓面世，欣慰诚贺。

1996—2015 年是永州市经济社会发展取得辉煌成就的二十年，也是全市社会团体迅速发展成长的二十年。特别是自 1998 年 10 月国务院颁布的《社会团体登记管理条例》后，社会团体进入全面发展阶段。永州市按照“一手抓培育发展，一手抓监督管理”的方针，推动社会团体朝着布局合理、结构优良、规模适度的组织格局发展，全市社会团体呈现蓬勃发展的良好态势。

立史惠民，修志资政。《永州市社会团体志》是永州市历史上第一本专书编修的社会团体志，是一段历史时期永州市社会团体发展变迁的真实写照。全书紧贴时代脉搏，记历史之更替，叙事物之兴衰，全面、系统、翔实地记叙“地改市”以来，永州市社会团体发展取得的成就和发生的变化，彰显地方特色，展示时代新风，既是永州市社会团体二十年发展历程的生动缩影，也是永州市改革开放、经济建设和社会发展的历史见证和有机组成部分。

《永州市社会团体志》由前言、凡例、概述、大事记、章节、编后记等部分组成，正文共 17 章 62 节。志书所引用的史料，均经反复筛选、多方甄别、去伪存真，又多次征求意见，找老同志回忆过往，以当事人说当时事，体现鲜明的地方性、纪实性、综合性，全方位、多角度、深层次再现永州市社会团体发展轨迹，为全市社会团体发展提供历史借鉴，为研究永州市社会团体历史提供重要参考，为社会公众了解永州市社会团体搭建信息平台。

鉴古知今，继往开来。《永州市社会团体志》付梓问世，为我们追忆历史、面向未来，重温永州市社会团体的发展历程，分享历史留存的宝贵财富，提供了生动而真实的蓝本。向实践寻求答案，向群众寻求方法，向历史寻求借鉴，修志之意，旨在激励当代，启迪后世。希望全市广大社会团体工作者以志为鉴，与时俱进，发挥优良传统，弘扬实干精神，奋进新时代，再谱新篇章。

凡　例

一、《永州市社会团体志》以马克思列宁主义、毛泽东思想、邓小平理论、“三个代表”重要思想、科学发展观和习近平新时代中国特色社会主义思想为指导，坚持党的路线、方针、政策，坚持辩证唯物主义和历史唯物主义的立场、观点和方法记述史实。

二、遵循实事求是与依法修志原则，严格遵守国家有关法律法规，依照国务院《地方志工作条例》，真实记述1996—2015年永州市社会团体的发展历程。

三、坚持志书体例，运用述、记、志、传、图、表、录等体裁，以志体为主。原始初稿、数据均由各社会团体及其主管部门提供，总撰时搜集历史档案资料和部分老同志的回忆录予以充实，并根据市史志办多次提出的意见修改而成。

四、《永州市社会团体志》横分门类、纵述史实，述而不论。设十七章，下设节、目。志首设前言、凡例、概述、大事记，志末设编后记。

五、《永州市社会团体志》记述内容的时间上限为1996年1月，根据记述需要，适当上溯；下限为2015年12月，根据记述需要，适当下延。

六、时间表述、计量单位、数字、专有名词等一律按《〈永州市志〉编写行文通则》执行。

永州市行政区划图

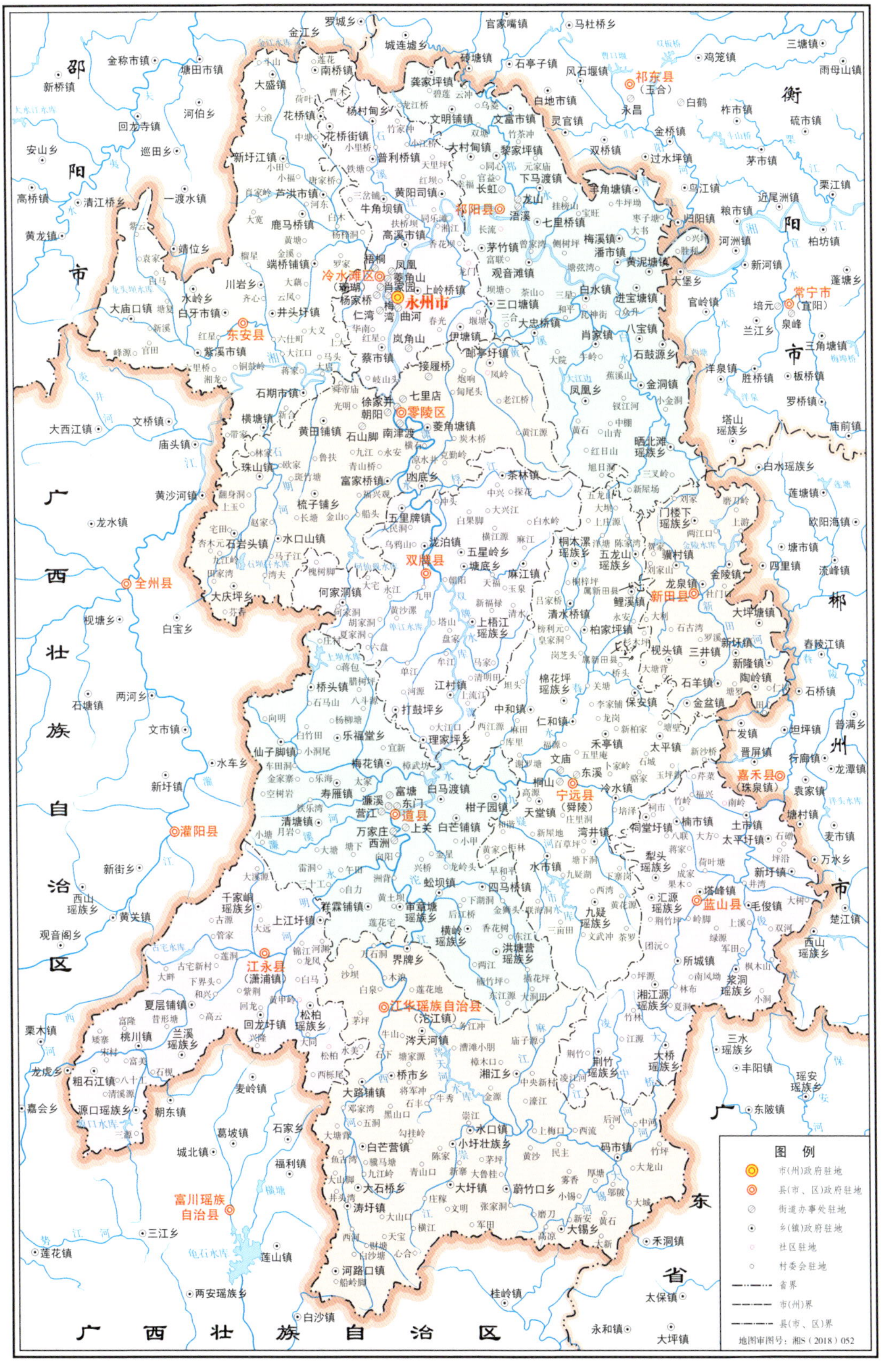
永州市
冷水滩区
零陵区
祁阳县
祁东县
(玉合)
东安县
双牌县
新田县
道县
宁远县
(舜陵)
嘉禾县
(珠泉镇)
蓝山县
江永县
(潇浦镇)
江华瑶族自治县
(沱江镇)
常宁市
(宜阳)
全州县
灌阳县
富川瑶族自治县
邵阳市
衡阳市
郴州市
广西壮族自治区
广东省
图例
市(州)政府驻地
县(市、区)政府驻地
街道办事处驻地
乡(镇)政府驻地
社区驻地
村委会驻地
省界
市(州)界
县(市、区)界
地图审图号：湘S（2018）052

领导关怀

① ②

③

④

①2015年1月4日，中共湖南省委书记、省人大常委会主任徐守盛（中）考察永州凤凰园经济开发区，同企业职工亲切交谈

②2014年11月13日，中共湖南省委副书记、省长杜家毫（右一）考察江永女书文化产业园

③2014年10月20日，中共湖南省委副书记孙金龙（左一）、副省长张硕辅（左二）在江永县考察香柚农业合作社建设

④2012年11月19日，全国总工会副主席张鸣起（前排中）到永州调研工会工作

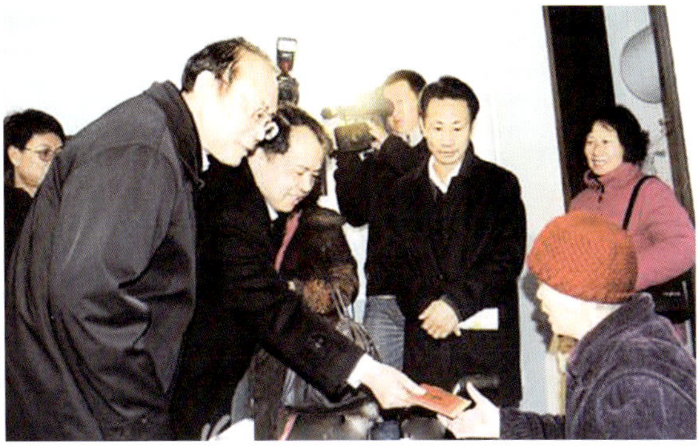

⑤ ⑥ ⑦ ⑧ ⑨

⑤2011年1月27日，中共湖南省委常委、省纪委书记许云昭（前排左二）到永州市开展春节走访慰问

⑥2014年8月8日，中共湖南省委常委、统战部部长李微微（中）在绥芬河国际口岸贸易博览会考察永州市企业展位

⑦2014年11月14日，中共湖南省委常委、常务副省长陈肇雄（左二）考察江华凯盈科技公司

⑧2014年7月5日，湖南省人大常委会副主任、省总工会主席刘莲玉（右一）在江华县总工会考察调研

⑨2013年11月24日，湖南省原副省长、省人大常委会原副主任、省老科协执行会长唐之享（左一）到新田县调研，看望百岁老人雷裕重

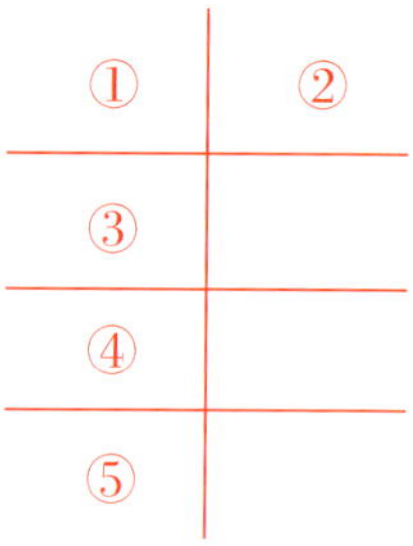

①1999年1月20日，中共永州市委书记邹金鹭（左一）走访化工集团，看望困难职工

②2007年10月25日，中共永州市委书记曾庆炎（左二）深入祁阳县唐家岭村看望群众，与村民座谈

③2011年1月14日，中共永州市委书记黄天锡（前排左一）深入祁阳县浯溪镇小江村了解农民工劳务输出情况

④2012年5月30日，中共永州市委书记张硕辅（右二）到冷水滩青年创业园考察调研

⑤2013年9月14日，中共永州市委书记陈文浩（左三）深入新田县华泰家私城调研，与企业主交谈

⑥ ⑦ ⑧ ⑨ ⑩

⑥2009年1月22日，湖南省总工会书记肖刚强（左一）到永州看望慰问全国劳模

⑦2009年6月16日，湖南省妇联主席肖百灵（左三）到蓝山县调研妇女工作

⑧2010年11月4日，中共永州市委书记黄天锡（中），市委副书记、市长龚武生（右一）等市领导在蓝山县华夏蓝钢集团慰问工人

⑨2012年5月，中共永州市委书记张硕辅（右一）与永州市义工协会会长曹旭（左一）亲切握手交谈

⑩2013年“六一”期间，中共永州市委副书记、市长魏旋君（左二）等市领导走访市委市政府机关幼儿园

多彩活动

①	②
③	
④	
⑤	⑥

①2005年5月15日晚，“五四”纪念晚会暨全市首届青年文化节开幕式

②2008年6月30日，永州市女职工“迎奥运 庆七一 展风采”健美操比赛现场

③2010年3月5日，市妇联举办纪念“三八”国际劳动妇女节100周年暨表彰大会

④2010年5月28日，永州市庆“六一”国际儿童节61周年暨文艺比赛现场

⑤2010年10月23日，红十字志愿者救护培训演练活动现场

⑥2011年1月11日，宁远县科协技术人员深入保安乡指导群众做好蔬菜抗寒防冻管护工作。图为科协技员在辣椒育苗大棚基地帮助农民覆盖地膜

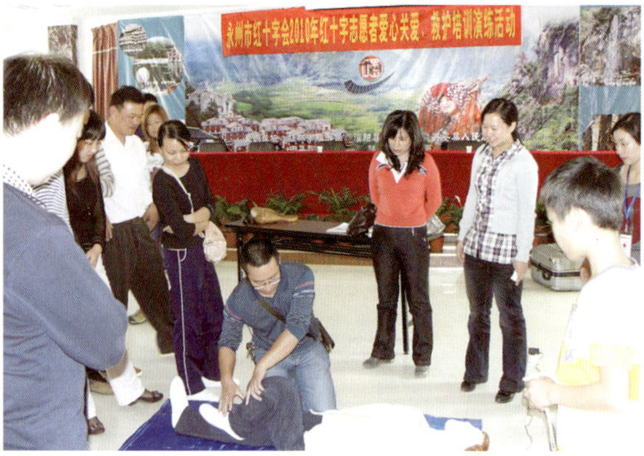

①	②
	③
	④
⑤	⑥

①2011年1月12日，“唱响永州”2011新年演唱会在永州会堂隆重举行

②2011年新年期间，市老龄委组织老年人开展文体活动

③2011年2月8日，永州市摄影家协会组织会员开展采风活动

④2011年2月10日，“让更多的人拥有就业岗位”大型招聘会暨永州市2011年“春风行动”现场

⑤2011年3月7日，永州市庆“三八”大众广播体操比赛在市八中举行

⑥2011年11月31日，市总工会组织企业举行用工招聘会

①	②
③	
④	
⑤	⑥

①2012年2月8日，零陵工人文化宫广场招聘会求职者与用人单位签订用工合同

② 2013年 7月 29日，“欢乐潇湘·和美永州”大型群众文艺会演现场

③2014年中秋节，永州市台湾同胞投资企业协会在福利院献爱心

④2015年3月22日，永州市“世界水日”“一脉湘水”主题书画摄影展现场

⑤2015年6月，市企业养老保险学会在跃进公司举办“永州市养老保险学会拓展训练培训班”

⑥2015年8月25日晚，团市委举行“让爱点燃希望——潇湘情 建行心”永州市爱心助学公益晚会活动

重要会议

①2008年9月2日，市总工会“金秋助学”活动启动仪式

②2008年12月18日，永州市委工会、妇联工作会议召开

③2009年5月3日，永州市纪念五四运动90周年大会召开

④2010年10月29日，市政府与市总工会联席会议召开

⑤2012年2月23日，市委召开“迎三八、话发展”座谈会

⑥2012年6月21日，永州市妇女儿童工作会议召开

①2012年10月29—31日，市残联第四次代表大会在冷水滩区召开

②2013年1月1日，永州市女企业家协会年会暨传达贯彻中国妇女十一大精神会议召开

③2014年5月27日，永州市组织开展庆“六一”关爱留守儿童活动

④2014年8月12日，永州市促进青年创业工作座谈会召开

⑤2015年3月3日，永州市妇联四届五次执委（扩大）会暨市“十佳好媳妇”表彰会在冷水滩区召开

⑥2015年5月29日，永州市银行业协会举办全市银行业普及知识万里行活动启动仪式暨动员大会

目 录

概 述

一

1995 年 11 月，经国务院批准，撤销零陵地区，建立地级永州市（简称“地改市”）。

1996 年 3 月，中国共产党永州市第一次代表大会召开，选举产生中共永州市委第一届领导班子。随后，原湖南省总工会零陵地区工作委员会、中国共产主义青年团零陵地区委员会、湖南省妇女联合会零陵地区办事处、零陵地区科学技术协会、零陵地区文学艺术界联合会、零陵地区归侨侨眷联合会、零陵地区社会科学联合会、零陵地区红十字会、零陵地区关心下一代协会、零陵地区老龄问题委员会 10 个社会团体分别更名为永州市总工会（简称“市总工会”）、中国共产主义青年团永州市委员会（简称“团市委”）、永州市妇女联合会（简称“市妇联”）、永州市科学技术协会（简称“市科协”）、永州市文学艺术界联合会（简称“市文联”）、永州市归侨侨眷联合会（简称“市侨联”）、永州市社会科学界联合会（简称“市社科联”）、永州市红十字会（简称“市红十字会”）、永州市关心下一代工作委员会（简称“市关工委”）、永州市老龄工作委员会（简称“市老龄委”）；撤销零陵地区残疾人工作联络处，成立永州市残疾人联合会（简称“市残联”）。同年 8 月，永州市消费者委员会（简称“市消委”）成立；9 月，永州市个体劳动者私营企业协会（简称“市个私协会”）成立。

是年，市总工会、团市委、市妇联、市科协、市文联、市侨联、市消委、市个私协会 8 个社会团体，分别召开第一次代表大会，选举新一届领导班子，健全组织机构。市总工会、团市委、市妇联、市科协、市文联等群团组织把组织建设向市直单位和基层延伸，建立市直属单位和基层群团组织机构。

二

中国共产党永州市第一次代表大会提出把永州建成粤、港、澳市场“大郊区”的战略构想，明确 20 世纪末实现全市人均国民生产总值比 1980 年翻三番的宏伟目标。全市各社会团体紧紧围绕市委的决策部署，结合各自实际，分别制定具体工作方案，为建设“大郊区”、发展永州经济，认真履行支持、参与、宣传的社会职能。

市总工会以发挥各级“职代会”的职能作用为主题，推动全市各大中型企业完善“职代会”制度，保障职工民主管理权利，并自1999年起推行“双联制度”，提请市委成立“双联”工作领导小组，组织党政机关干部深入联系困难企业、联系困难职工家庭，实行结对帮扶解困。截至2001年，参联单位为被联困难企业争取资金4000多万元，捐款80余万元，解决各类困难600余个，对口帮扶困难职工491人。团市委围绕落实市委“大郊区”战略，在各级团组织中广泛开展“城乡青年手拉手心连心，共建永州新农村”、科技文化支农“百千万”、“向抛荒田进军”等行动，动员和组织科研单位、涉农部门、大中专学校和城镇中学的万名科技工作者和青年学生，到1000个村开展扫盲治愚、科技辅导，举办青年农民培训班100多期，帮助广大农民青年掌握实用技术。截至2000年，全市创建市级青年文明号206个，涌现出市级青年岗位能手360余人。市妇联以《全市妇女行动起来，为“九五”计划和2010年远景目标建功》为题发出倡议，组织19万名妇女参加“双学双比”和“巾帼建功”活动，涌现出以妇女为主体的养殖大户1800户，女厂长、女经理和女个体私营业主达1.2万人。市科协以中国农村实用技术函授大学（简称“农函大”）为阵地，从培训实用技术入手，帮助农民提高生产技能。全市共建乡镇农函大辅导站180个，仅1996年就开办培训班700余期，培训农民14750人。市文联围绕“建设‘大郊区’”这一主题，积极组织文艺创作生产、开展文艺活动，“九五”期间，组织全市文艺工作者发表小说、散文、诗歌、文艺评论、报告文学等作品2500余篇（首），在国家级、省级文艺奖项评选活动中获奖作品245件。市侨联注重加强海外交流联系，开展系列外引内联工作，积极组织或参与各种形式的联谊活动，为政府招商引资“牵线搭桥”，助推永州经济发展。市残联把残疾人康复作为工作重点，深入实施白内障复明及低视力适配、辅助器具适配、贫困残疾儿童抢救性康复工程，把康复服务引入千家万户。市红十字会扎实开展防病救灾工作，为促进“大郊区”建设提供安定环境。1998年，全市有9县（区）90个疫点发生“二号病”疫情，市红十字会联合市卫生局迅速选派32支救灾医疗队奔赴疫区，拨发防治药品453件，接收国内外红十字会救灾物资8批，价值人民币234.46万元，全部及时分发至疫区。

1997年6月，市红十字会召开第一次代表大会；1998年4月，市残联召开第一次代表大会；1999年12月，市社科联召开第一次代表大会。

三

2001年5月18—21日，中国共产党永州市第二次代表大会召开。会议提出后续五年全市的经济发展目标：到 2005 年，全市国内生产总值达 427 亿元，增长速度高于全省平均水平。围绕市第二次党代会目标，全市各社会团体认真履行自身职能，积极服务发展大局。

市总工会认真学习贯彻市第二次党代会精神，深入贯彻落实新《中华人民共和国工会法》，结合深化国有企业改革，印发《关于在企业改革中同步建立工会组织的通知》，扎实做好新形势下工会组织的发展工作。截至 2005 年，全市工会组织由 1996 年的 2269 个增加到 2967 个。同时，市总工会以实现企业扭亏增盈为目的，广泛组织职工开展“创新能手”“创新示范岗位”等系列劳动竞赛活动，帮助职工提升劳动技能，服务企业发展。团市委组织全市广大团员青年参与社会实践活动，深入实施“青工技能振兴计划”和“参与志愿服务，建设和谐永州”主题实践活动，积极开展青年文明号、青年岗位能手创建工作。截至 2005 年，全市创建全国青年文明号 5 个、省级青年文明号 36 个、市级青年文明号 162 个，涌现出全国青年岗位能手 3 人、省级青年岗位能手 37 人、市级岗位能手 246 人。市妇联团结和带领广大妇女积极投身于工业化、城镇化、农业产业化进程，积极参与精神文明和民主法制建设，努力推进改革开放新形势下的妇女运动，先后建立市妇女再就业联席会议制度、市维护妇女儿童权益工作联席会议制度，全面保障妇女儿童权益。全市妇联系统持续开展“双学双比”“巾帼建功”活动，举办“种植能手”“养殖能手”“加工能手”等各类竞赛，实施巾帼社区服务“阳光工程”和健康工程。同时，大力弘扬传统美德，开展“美德进农家”“清廉文化进家庭”等活动，全市涌现出“五好文明家庭”1.5 万余户。市科协以服务发展为主题，组织市级学会、协会与企业开展厂会协作活动，推动科学普及，提供科技咨询，加强科技交流合作。截至 2005 年，全市建立农函大分校 12 所，教学辅导站 200 多个，累计招收学员 8.5 万人，短期培训 2.8 万人，带训 50 多万人次。市文联积极宣传正能量、唱响主旋律，“十五”期间组织文艺工作者创作各类文艺作品近千件，其中文学专著 100 多部，文艺演出作品 200 多件，送戏下乡 200 余场次，送图书下乡 8 万余册。2002 年，市文联与江永县政府联合举办第六届湘粤桂三省区十县（市）南岭瑶族盘王节暨中国女书国际研讨会；2005 年，参与筹建阳明山文学创作基地。市侨联采取“走出去，请进来”的办法，为企业和县（区）招商引资牵线搭桥，先后 3 次南下广东联谊招商，引来 10 余批客商到永州考察投资事宜，达成协议的重点项目 7 个，引进资金 8 亿多元。市残联积极争取社会各界支持，推动残疾人事业发展，2002 年完成残疾人康复任务 5303 例，超额完成年度任务，市残联荣获“全国残疾人康复工作先进集体”称号。市社科联、市老龄委、市关工委、市个私协会、市消委、市红十字会以及其他社会团体，围绕贯彻市第二次党代会精神，立足岗位职能，扎实开展工作。

2003年4月，中国国际贸易促进委员会永州市支会（中国国际商会永州商会）［简称“市贸促会（永州国际商会）”］成立。市贸促会（永州国际商会）成立后，积极推进永州与世界各国各地区的贸易往来。2004—2005年，市贸促会（永州国际商会）先后组织44家市内企业参加“2004‘去东方’欧盟多行业合作伙伴洽谈会”、英国伦敦“中国博览2004—贸易暨投资展”、“魅力中国2005—（英国）中国文化教育旅游产业展览会”、“2005香港中小企业国际市场推广日暨湖南（香港）中小企业推介会”、“2005年越南国际贸易展览会”等境外展览会，贸易成交合同金额1500万美元，意向成交合同金额4606万美元。

2004年9月，湖南省九嶷山舜帝陵基金会（简称“舜帝陵基金会”）成立。2004年11月，市发展农民专业合作组织协调指导小组成立。

四

2006年10月22—26日，中国共产党永州市第三次代表大会召开。会议提出，未来五年，全市要以科学发展观统领经济社会发展全局，坚持走生态环保效益型经济之路，大力实施“工业兴市”战略，奋力推进“三化”进程，努力把永州打造成先进制造业基地、资源深加工转化基地、沿海产业转移承接基地、生态文化旅游休闲基地。围绕贯彻落实市第三次党代会精神，全市各社会团体立足自身职能，扎实推动会议精神落实。

市总工会组织全市厂矿企业深入开展“社会主义劳动竞赛”，截至2008年，组织竞赛活动2300多场，通过竞赛活动推动技术革新360多项；推动“双联”工作由国有困难企业向非公有制企业延伸，把改制企业、未改制企业、小微企业、困难企业全部纳入“双联”帮扶范围，整合参联单位的资源优势，实施项目化运作。同时，注重加强工会组织体系建设，截至2010年，全市建立基层工会3863个、联合工会196个，覆盖单位8922家，基本形成市、县（区）、乡（街道）三级组织，四级网络全覆盖的工作体系。团市委深入推进“青年马克思主义者培训工程”，持续开展“青工技能振兴计划”，大力实施“万名远程教育志愿者行动”“青年文明号信用建设示范行动”，扎实推动基层共青团组织格局创新。截至2009年，全市创建省级青年文明号11个、市级青年文明号67个，涌现出省级青年岗位能手7人、市级青年岗位能手206人；团市委先后荣获“湖南省青年文明号创建工程优秀组织奖”“基层团组织制度创新奖”等。全市各级妇联组织积极引领广大妇女参与新农村建设，开展“十万农家女学科技”活动，举办5期贫困村妇代会主任实用技术培训班，发展以妇女为主体的各类农民专业合作组织25个，启动妇女创业小额信贷工作，全市涌现出国家、省、市级“双学双比能手”“巾帼科技致富带头人”85

人、“三八红旗手”“巾帼建功标兵”“巾帼创业明星”94人。市妇联全力打造“女性劳务输出”“家庭手工就业”“关爱帮扶济困”等品牌，全市妇女、儿童事业呈现良好发展趋势。市科协着力推进全民科技素质提升，开通永州科普网，组织科普下乡活动，实施“科普惠农兴村计划”，在全市大力推广、普及科普知识。2008年特大冰冻灾害发生后，市科协迅速组织“科技救灾补损”工作，开展“科技下乡、抗冰救灾”专题活动，组织527名科技工作者深入灾区，发放资料9.2万份、慰问金16.3万元，组织科技报告会6场，接待群众咨询3900人次。市文联组织文艺工作者创作各类文艺作品1300余件，内容大多以回顾和讴歌全市经济社会发展取得的成就和发生的变化为重点，突出主旋律，注重鲜活性，体现时代性。市侨联加强对永州籍海外侨胞的联系，实施“侨心工程”，引进侨资300余万元，先后在江华、江永、宁远、蓝山、零陵等县（区）建“侨心小学”7所。市社科联积极组织开展各类学术研讨活动，2010年5月指导、协助市柳宗元研究学会举办第五届国际柳学研讨会。市残联建立和完善残疾人职业教育培训和保障机制，在特殊教育学校建立残疾人职业教育培训基地，扎实开展适应经济社会发展需要的残疾人职业教育培训，全市免费开办农技培训、家政培训、电脑培训、盲人按摩、家电维修等各类培训班250多期，投入培训资金1200多万元，培训学员7505人。市贸促会（永州国际商会）先后组团20余次、组织80余家企业参加国内国外大型经贸活动。市老龄委积极健全完善老年人优待政策，推动市委办、市政府办出台《关于进一步加强老年人优待工作的实施意见》，明确全市老年人享有的系列优待政策。市消委依托建立在乡、村的“一会两站”（“一会”指在乡镇、街道办事处建立一个消费者协会分会，“两站”指在行政村、社区建立一个消费者投诉站和“12315”联络站），设立消费教育课堂，建立信息咨询服务站，大力倡导健康、文明的消费方式和消费行为。市个私协会认真履行法律维权职能，积极为个体工商户、私营企业提供维权服务。

市发展农民专业合作组织协调指导小组成立后，扎实推动农民专业合作组织发展。截至2007年，全市农民专业合作组织有624个，成员6.58万人（户）；2009年，全市创建为民办实事农民合作社省级示范社9个。

五

2011年9月25—27日，中国共产党永州市第四次代表大会召开。大会提出，按照省委、省政府“四化两型”（“四化”是指新型工业化、农业现代化、新型城镇化、信息化，“两型”是指资源节约型、环境友好型）战略部署，着力强基础、兴产业、建新城、重环保、惠民生，努力打造现代工业城市、湘粤桂省际区域性中心城市、生态宜居城市、知名旅游目的地城市。全市各社会团体全面贯彻落实市第四次党代会精神，为推动全市经济社会发展提供强劲助力。

市总工会围绕市第四次党代会提出的经济社会发展目标，在全市大力弘扬、传播劳模精神，在全市命名45个以劳模领衔的“劳模创新工作室”；组织开展7次“百万职工大练兵、十万职工大比拼、万人技能大提升”技能竞赛活动，推动全市职工学技术、练本领；依法推动“企业工资集体协商”工作，截至2015年，全市实行工资集体协商的企业达2505家，占建立工会组织企业总数的80%。团市委围绕推进“四化两型”战略部署，在团员青年中深入开展“我与永州同发展，我为‘四化两型’作贡献”教育活动，并以“青年企业家协会”为平台和纽带，主动参与招商引资工作，先后邀请国内著名经济学家到永州讲学20余场次，引进产业项目30余个。2013年，“李雨助学基金”“永州市青年企业家爱心助学基金”两个专项基金成立，首期筹得捐款79.1万元。截至2015年，全市创建市级青年文明号189个，涌现出市级青年岗位能手355人。市妇联团结动员广大妇女积极参与“四化两型”和“六城同创”建设，助推巾帼建功，“十二五”期间分级分类培训城乡妇女4万余人次，每年开展“春风送岗位”活动，帮助妇女就业6600人次，发放妇女小额担保贷款9亿元，创建各级巾帼农业科技示范基地26个。市科协持续开展科技、卫生、文化“三下乡”活动，向基层宣传科普知识，提供技术服务，组织科技下乡活动9次，为群众提供科技服务，接受科技咨询5万多人次。市文联提出文艺要努力实现“三个服务”，即服务永州经济社会发展、服务永州地域文化发展、服务永州群众文化要求。“十二五”期间，全市文艺工作者在各类报刊发表小说、散文、诗歌等文艺作品1800余篇，出版长篇小说、诗歌、散文、美术、书法作品集等120余部。市侨联加强对永州籍海外侨胞的联系，截至2015年，引进高端学者、学术型人才30余人，引进外资200亿元人民币。市残联全面推进残疾人社会保障体系和服务体系建设，持续开展“复明十号”工程。截至2015年，为全市13589名白内障患者进行复明手术；对残疾贫困学生在落实“两免一补”（“两免一补”指政府对农村义务教育阶段贫困家庭学生免杂费、免书本费，逐步补助寄宿生生活费）政策的基础上，实行“三免二补”（在“两免一补”政策的基础上，增加免住宿费、补助中餐费）政策，加大助学解困力度；组织实施“城镇百万残疾人就业工程”，新增残疾人就业岗位1313个，安排残疾人就业2356人，扶持485名残疾人创业。市贸促会（永州国际商会）于“十二五”期间组团30余次、组织企业80余家参加国内外大型经贸活动，积极帮助企业拓展市场、提升品牌知名度。市红十字会先后组织开展关爱失独家庭公益行动、爱心义卖、关爱留守儿童、关爱孤寡老人等社会救助活动，截至2015年，募集款物近1000万元。同时，发动社会力量参与抗灾救灾，先后为汶川特大地震、莫拉克台风、玉树地震、雅安地震等灾区组织募捐善款 1455. 94 万元。舜帝陵基金会自成立后，积极争取社会各界支持，组织开展系统募捐活动，截至 2015 年，募集各类捐助 1. 57 亿元。市关工委深入开展“最美孝心少年”评选表彰、“现身说法进校园”、“五老四教”主题教育巡回宣讲、“关爱明天　普法先行”法制宣传进校园等活动，到全市中小学校作报告 280 场，直接受教青少年 26 万余人。同时，多方募集扶贫助学资金，截至 2015 年，募集扶贫助学资金额 400 余万元，资助贫困学生 800 多人。市老龄委全面推动落实老年人在养老、医疗保健、生活服务、文化休闲、维权服务等方面享有的各项优惠政策，保障老年人权益。全市各级消委扎实履行“有诉必接，处诉必果”职责，受理消费者投诉 98367 件，为消费者挽回经济损失 8767 万元。市个私协会积极为个体劳动者和私营企业提供法律、融资等服务，推动非公经济发展壮大。

1996—2015 年，全市社会团体事业蓬勃发展。截至 2015 年年底，全市经市民政局注册登记的社会团体 228 个，其中学术性团体 45 个，专业性团体 49 个，行业性团体 74 个，联合性团体 60 个；全市累计发展农民专业合作社 2971 家，有 100 家农民专业合作社被列入全国农民专业合作社示范社名录。

大事记

1996 年

3 月 永州市召开“地改市”后第一次党代会。随后，原湖南省总工会零陵地区工作委员会、中国共产主义青年团零陵地区委员会、湖南省妇女联合会零陵地区办事处、零陵地区科学技术协会、零陵地区文学艺术界联合会、零陵地区归侨侨眷联合会、零陵地区社会科学联合会、零陵地区红十字会、零陵地区关心下一代协会、零陵地区老龄问题委员会 10 个社会团体陆续更名为永州市总工会（简称“市总工会”）、中国共产主义青年团永州市委员会（简称“团市委”）、永州市妇女联合会（简称“市妇联”）、永州市科学技术协会（简称“市科协”）、永州市文学艺术界联合会（简称“市文联”）、永州市归侨侨眷联合会（简称“市侨联”）、永州市社会科学界联合会（简称“市社科联”）、永州市红十字会（简称“市红十字会”）、永州市关心下一代工作委员会（简称“市关工委”）、永州市老龄工作委员会（简称“市老龄委”）；原零陵地区残疾人工作联络处被撤销，成立永州市残疾人联合会（简称“市残联”）。

7 月 永州市关心下一代工作委员会召开第一次全体成员会议。

8 月 16 日 永州市消费者委员（简称“市消委”）成立，并召开第一次代表大会，参会委员代表 67 人。

8 月 28—29 日 永州市总工会第一次代表大会在原地区工人文化宫召开，出席大会的正式代表 200 人。大会选举产生市总工会第一届委员会委员、常委、副主席、主席，邹梅渲当选为主席。

8 月 零陵地区妇联开展“永州十大杰出女性”评比活动。

9 月 3—4 日 市文联第一次代表大会在零陵卷烟厂召开，出席代表 118 人。会议审议通过《永州市文联章程》，协商产生由 39 人组成的市文联第一届委员会；选举产生市文联第一届领导机构，李长廷当选为主席。

9 月 26 日 共青团永州市第一次代表会议召开，出席代表 218 人。会议围绕学习贯彻永州市第一次党代会精神，以“党有号召，团有行动”为方针，作出工作部署。会议选举产生共青团永州市第一届委员会委员 31 人，选举刘四清为书记，黄洪德、蒋良铁为副书记。

9 月 经市民政局核准登记，永州市个体劳动者私营企业协会（简称“市个私协会”）成立。

10 月 7—9 日 永州市第一次妇女代表大会在芝山区召开，应到代表 270 人，实到代表 264 人。大会审议通过《全市妇女行动起来，为“九五”计划和 2010 年远景目标建功》的倡议书，并选举产生永州市妇联第一届执行委员会，其中执委 35 人、常委 11 人，蒋吉秀当选为主席。

10 月 8 日 全市宣传贯彻《中华人民共和国老年人权益保障法》座谈会在芝山区召开。市委副书记谢朝月和原中共零陵地委、行署领导王益之、黄森、苏华等出席。

10 月 9 日 市妇联召开表彰大会，表彰 35 名在推动永州经济建设、维护社会稳定和“两个文明”建设中做出重要贡献的优秀人物。王立娴等 10 人获“永州十大杰出女性”称号，欧巨烽等 25 人获永州市“三八红旗手”称号。

10 月 26—27 日 市科协第一次代表大会在芝山区永州宾馆召开。全市 150 名科技工作者代表和 24 名特邀代表参加会议。大会审议通过《永州市科学技术协会章程》，选举产生市科协第一届领导班子，选举市科协第一届委员会委员 37 人、常委 19 人，张雪当选为主席。

12 月 20—21 日 永州市第一次归侨侨眷代表大会召开，出席代表 45 人。大会审议通过《永州市第一次归侨侨眷联合会章程》，选举产生永州市第一届归侨侨眷联合会委员 9 人，李体坚当选为主席。

12 月 12 日 全市首次打工能人经济发展表彰会在芝山区召开，会议表彰 50 名在外打工取得成就后返乡办企业做贡献的“归雁新星”。

是年 永州市荣获“湖南省残疾人工作先进市”称号。

1997 年

1 月 7 日 由团市委组织的“永州青年为永连公路捐款”首捐仪式在零陵制药厂举行。首捐仪式收到零陵制药厂、市建行、中保财险、寿险永州分公司等单位团员青年捐款 3.49 万元。

1 月 10 日 市总工会组织成立“职工互助互济会”，其主要职能是帮助职工解决生活困难。

1 月 24 日 市女企业家协会召开成立大会，有会员 80 人。会议选举副市长林克屏为顾问，王立娴为会长，王云青、何玎玉、袁晓光、唐彩云、蒋凤秀 5 人为副

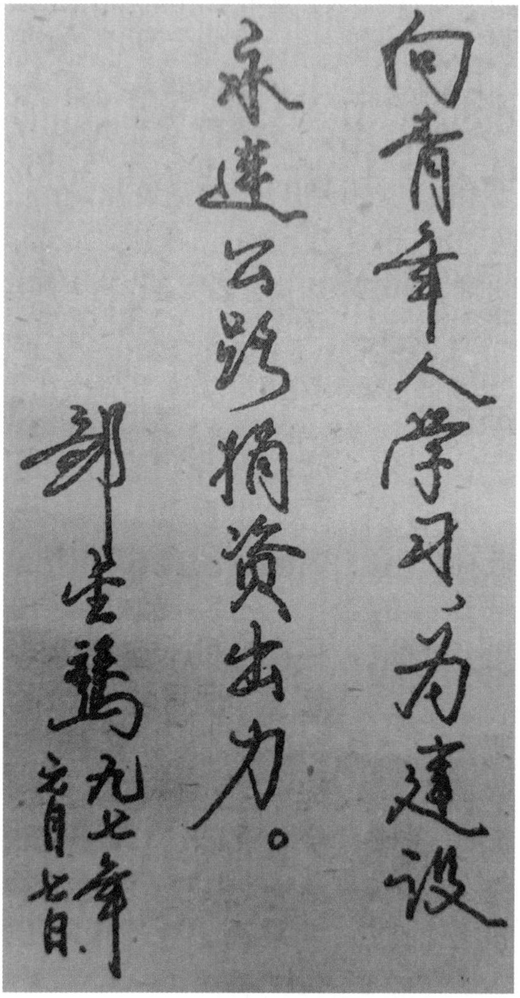

1997年1月7日，市委书记邹金鹫为青年捐款题词

会长。

2月28日 全市文化艺术工作会议在芝山区召开，主题是贯彻中共十四届六中全会精神，坚持“一手抓繁荣，一手抓管理”，以“五个一工程”为龙头，进一步繁荣文艺创作，以组织文化下乡为重点，积极开展群众性文艺活动，丰富城乡文化生活。

3月 市残联升格为正处级单位，从市民政局分设出来，归口市政府办管理，属参照公务员法管理单位。

3月 市妇联获全省先进地州妇联称号，陈秀云被评为“先进个人”并记一等功，永辉陶瓷厂厂长许云梅被评为“双学双比标兵”。

4月15日 市委办公室下发《关于印发〈中共永州市委老干部局职能配置、内设机构和人员编制方案〉的通知》，明确市关心下一代工作委员会办公室为市委老干部局挂靠单位，定事业编制2名，其中主任1人。

4月28日 由市总工会举办的“庆‘五一’迎回归（香港）”职工大合唱在原地区工人文化宫举行。长丰集团公司荣获一等奖。

5月3日 由团市委举办的“18岁成人仪式”暨“建文明城市，树永州形象”宣誓仪式在永州体育馆举行。

5月10日 市科协、市人事局出台《永州市农民技术职称评定办法》和《关于开展农民技术职称评定工作的实施意见》，将农民技术职称评定工作纳入全市职称改革体系，并确定农民职称改革办公室设市科协。

5月25日 省妇女儿童工作委员会召开成员单位会议，宁远县被评为“湖南省儿童工作先进县”，陈姣莲（祁阳县幼儿园园长）、左东林（市经委副主任）被评为“湖南省优秀儿童工作者”，谭志勇（零陵卷烟厂）、黄满秀（江华县妇联）、杨名平（蓝山县蔬菜公司）被评为“湖南省优秀家长”。

6月16日 永州市第一次红十字会代表大会召开，出席代表89人。会议选举产生由42名理事组成的永州市红十字会第一届理事会，选举钱荣棠为会长，聘请市人民政府市长王道生、市委副书记曾昭薰为名誉会长。会议确定建立“市红十字备灾救助基金”，并确定每年的5月为募捐宣传月，开展“5·8”纪念活动。

6月 市委常委扩大会议作出决议，县（区）科协机构单设，并在全省率先增设市科协内设机构“青少年科技工作部”。

9月23—25日 市妇联在市委党校举办全市首届妇委会主任培训班，重点学习中共十五大精神及妇女工作业务。来自全市11个县（区）、市直14个系统的122名妇委会主任参加培训。

10月 市科协开展为期一个星期的“科普兴市”宣传活动，组织科技人员上街宣传、接受咨询，展出展板500余块、科技图片2000多张，发放技术资料5万余份。

12月24日 道县水文站站长何江波获“中华技能大奖”，此奖项为全国技术工人技能竞赛最高奖。何江波在北京受到党和国家领导人接见。

1998年

2月27日 市青年联合会成立暨一届一次会议在芝山区潇湘宾馆召开，会议通过“成立永州市下岗青工再就业服务中心”的决定和“1998—2003年全市青联组织、青联委员和各族各界青年全面实施‘跨世纪建功行动’”的决定。

2月下旬 市科协在芝山区举办“永州市第二届青少年科技发明创造比赛和科学讨论会”，收到芝山、东安、蓝山、宁远、双牌五县（区）选送参赛作品28件、论文21篇。经评审，评出优秀作品一等奖6件、二等奖8件、三等奖8件，优秀论文一等奖4篇、二等奖6篇、三等奖7篇。

3月4日 市妇联与市委组织部联合召开全市副处级以上女领导干部座谈会；5日，市妇联举行全市庆“三八”颂家庭美德演讲赛暨“巾帼文明示范岗”“贤内助”表彰会。

4月22日 永州市残疾人联合会第一次代表大会在冷水滩区召开。出席大会代表80人，特邀代表50人，列席35人。大会选举产生永州市残疾人联合会第一届主席团；召开第一届主席团第一次会议，选举产生主席团主席、副主席，推举执行理事会理事长，宣布副理事长名单，选举产生残疾人各专门协会主席。

5月9日 永州市开展首次公民无偿献血活动，现场设在芝山区中医院门前，当天采集13位志愿者的献血。《永州日报》以《滴滴鲜血，涓涓真情——永州市首次无偿献血活动侧记》为题，在头版头条报道。

5月30日 市妇联举办全市庆“六一”颂家庭美德故事比赛暨文艺晚会。同时，组织50名少年儿童参加省妇女儿童工作委员会、省妇联联合举办的庆“六一”全省少儿书法比赛，其中一幅作品荣获金奖。

6月29日 由团市委组织的全市下岗青工再就业第一期培训班开学。培训班设置基础电工、初级电脑、市场营销、公关礼仪4个专业，招收全市特困企业下岗青工150余人，实行免费培训。

6月 市消委联合市工商局开通“12315”咨询服务电话，消费者可以随时反映消费问题和咨询相关问题。

7月28日 永州市劳模表彰会暨市劳模协会理事会召开。

8月 市政府办下发《关于对芝山、冷水滩城区70岁以上高龄老人实行优待服务的通知》，这是永州首次明文规定老年人享有的具体优待服务。根据通知精神，冷水滩、芝山区年满70周岁以上的老人凭身份证办理“老年人优待证”，持证老年人可凭证免费乘坐市内公交车。

10月中旬 市科协、市科委举办20年科技成果展，展出展板75块、图片735幅，文字说明3万多字。

11月上旬 市科协组织开展首次职称评审，按照4个专业技术（种植、养殖、管理、其他）评出中级职称33人、初级职称36人。

12月29日 永州市直机关第一次妇女委员大会在巾帼酒店召开。赵仁秀当选为市直机关第一届妇委会主任。

1999年

3月5—10日 市科协在祁阳县观音滩镇、东安县芦洪市镇组织开展科技下乡活动，组织80余名农业科技人员讲授农业新技术8场次，由高级林业工程师喻美莲担任授课主讲，听课农民达1000余人。同时，在村组进行科普挂图宣传，发放各类科技资料3万余份，赠送专业技术书籍1000余套，现场解决有关种、养、加方面的生产难题32个，接受科技咨询近万人次。

4月 市纪委、市经委、市总工会根据中纪委、国家经贸委、全国总工会发出的《关于推行厂务公开制度的通知》精神，联合发文在全市国有、集体企业推行厂务公开制度。

5月3日 永州市五四运动80周年纪念大会召开，全市各界青年近1200人参加会议。“五四”期间，团市委在永州电视台开辟《创业者风采》专栏，系统报道永州10家青年文明号、20名青年岗位能手的先进事迹。

5月28日 市妇联联合市质监局、市建委、团市委等单位对怀素公园、朝阳公园、虎岩公园等市区主要游乐场所的游乐设施，开展以“为了孩子的安全快乐，为了明天”为主题的专项检查，针对游乐设施存在的安全质量问题，向主管单位提出整改建议。

5月 市残联在市委大会堂举办全市残疾人自强模范演讲报告会。

6月18日 芝山区书法家协会成立，唐朝晖当选为主席，刘劲明、唐幼铎、唐柱生、欧阳维忠当选为副主席，刘劲明兼任秘书长。罗峰林为名誉主席。

6月20日 全市乡镇团委换届工作会议召开。会议期间编印下发《共青团知识151问》，为基层团组织的换届工作提供政策指导。截至11月底，全市乡镇团委换届工作基本结束。

6月23日 全市乡镇妇联换届选举试点冷水滩区伊塘镇召开第二次妇女代表大会，民主选举产生新一届镇妇联领导班子。市妇联主席蒋吉秀出席并讲话，宣布将伊塘经验在全市推广。

8月 在市社科联的指导下，永州市海外联谊会成立。

9月24日（中秋节） 市红十字会和冷水滩区红十字会到冷水滩区岭口麻风村慰问走访，发放衣服152件、月饼若干。

10月18日 市个私协会第二次代表大会召开，出席代表136人。会议选举何应元为第二届市个私协会会长。

10月 为帮助困难企业排忧解难，永州市成立“双联”（党政机关联系困难企业、领导干部联系困难职工）工作领导小组，市委副书记谢朝月任组长，市直属机关工委、市总工会、市劳动局、市财政局等10多家单位负责人为成员，办公室设在市直属机关工委。2001年10月，办公室设在市总工会。

10月 由市关工委组织的青年农民科技致富报告团先后到冷水滩、芝山、道县、蓝山、江永五县（区）作巡回报告，5000余名老干部、青年农民和中学生聆听报告。

11月20日 市妇联被授予“全国妇联系统先进集体”称号。

12月16日 永州市社科联第一次代表大会召开。会议审议通过《永州市社科联章程》，选举永州市社科联第一届委员会委员、常务委员、主席、副主席，陶桂连当选为主席。

是年 市残联贯彻落实国务院办公厅《关于进一步做好残疾人劳动就业工作若干意见的通知》，开始在部分单位试征就业保障金。

2000年

1月11日 由央视演艺中心、永州市委宣传部联合主办，市文联、市文化局具体承办的《世纪之光》大型演唱会在市体育馆举行。

1月29日　团市委召开永州市外出务工青年返乡创业大会，并成立永州市外出务工青年返乡创业协会。

3月8日　市妇联在永州会堂举办“展女性风采·扬‘四自’精神”文艺晚会。

3月10日　市妇女工作表彰大会召开。

4月1—2日　市科协与市教委联合举办永州市第三届青少年科技创新大赛，选出39个优秀项目和作品代表永州市参加湖南省第二十一届青少年科技创新大赛，荣获一等奖9个、二等奖6个、三等奖24个。

4月23日　永州市劳动模范表彰大会在永州会堂举行。100名市级劳动模范受到市政府表彰。市委书记邹金鸑到会讲话。

5月　全市获评国家级劳动模范5人、省级劳动模范34人。

6月27日　市妇联与市公安局、市人民检察院、市人民法院、市司法局及冷水滩区妇联联合在永州中心城区开展反家庭暴力法律宣传，开设5个咨询点，接待咨询640人次，发放《关于预防和制止家庭暴力的决议》1100多份。

6月　江华、芝山等县（区）发生罕见的夏秋连旱灾情。市红十字会及时向上级红十字会报灾、申援，同时从备灾仓库调出价值26.32万元的物资用于抗灾救灾。

7月5日　在第二届“小荷风采”全国少年儿童舞蹈会演中，冷水滩少儿艺术团表演的《飞》《春啊春》荣获金奖。

10月11—12日　由市妇联与市体委联合主办、北京超凡公司永州分公司协办的全市首届“天海康杯”妇女健身风采展示在市体育中心举行，16个代表团、320余名女运动员参加比赛。

10月18日　全市妇联系统骨干培训班开班，150名妇联干部、妇委会干部参加培训。

10月24—28日　市社科联首次以正式代表身份参加在上海举行的全国社科联第五次学会工作会议。

10月　市关工委组织永州市纪念中国人民志愿军抗美援朝出国作战50周年报告团，先后到市八中、东安一中、宁远剧院、新田剧院等单位作报告11场次，听众1.6万余人。

11月　市社科联组织开展永州市首届社会科学优秀成果评奖，评出社会科学优秀成果奖53项，其中二等奖6项、三等奖12项、优秀奖30项、特别奖5项。

12月　团市委组织开展“保护母亲河”行动，在潇湘沿河两岸兴建青年绿化基地（文明园）470余处，创办百亩毛尾杉和芦苇种植示范林2处。青年志愿者植树种草、养绿护绿蔚然成风，有3万余名团员青年参加。

是年 市消委围绕“明明白白消费”年主题，开展“明明白白打电话”“明明白白就医”“明明白白购房”“明明白白保险”“明明白白旅游”等咨询服务活动。

2001年

2月 团市委荣获2000年度“全国希望工程攻坚奖”。

3月6日 市妇联召开全市贤内助座谈会，倡导女士支持丈夫廉政勤政，模范执行党的各项方针政策。各县（区）委书记、县（区）长及市直部办委局领导的家属40余人参加会议。市领导谢朝月、邓三龙、谢田种、邓香花出席会议。

3月起 根据湖南省人民政府办公厅下发的《关于给百岁以上老年人发放长寿保健补助费的通知》精神，全市年满100周岁的老年人每人每月可享受200元的长寿保健补助费（亦称长寿健康补助金）。

4月29日 全市举行庆“五一”暨市“十杰职工”表彰大会，副市长刘新普宣读表彰决定。

4月30日 团市委组织1400多名团员到毛泽东故乡韶山开展“党在我心中——寻革命足迹，颂丰功伟绩，做四有新人”活动。

5月25日 市妇联在永州会堂召开全市庆“六一”家庭教育报告会，省家教协会理事张球、全国十佳母亲候选人雷运姣为1000余名家长和观众授课。29日，由市妇儿工委、蓝天学校主办，市妇联承办的庆“六一”文艺晚会在永州会堂举行。

5月 永州市荣获“湖南省残疾人工作先进市”称号。

6月9日 团市委在舜皇山国家森林公园举办以“生态旅游”为主题的第一期“永州青年论坛”。121名各界青年汇聚论坛，踊跃发言，为永州旅游事业的发展建言献策，论坛收集论文48篇。

6月 市关工委举办全市青少年“三爱”演讲比赛。

8月21日 市红十字会举办“永州市红十字会国际人道主义法学习班”，43名来自全市各红十字医疗、救护机构和各县（区）红十字会专兼职干部参加培训。

8月22—29日 市科协会同市文明办等单位在市体育中心举办“反对邪教、崇尚文明”大型展览活动。参观人数1.2万人次，近万名参观者在百米卷上签名，200多名参观者在留言簿上留言。

9月10日 经过市职称办和有关专家的评审，从全市农民种养殖专业中评选出农民技师31人、农民助理技师12人。

10月25日 市妇联在永州会堂召开“世纪金婚”表彰大会，来自县（区）、市直单位的20对老年夫妻获“金婚”夫妻荣誉称号。

11月10日 永州市柳宗元研究学会成立大会召开。会议选举蔡自新为会长，杜方智、吕国康为副会长。研究会创办刊物《柳宗元研究》。

11月 市科协组织“创建科普示范乡镇”工作验收，经过综合评议，冷水滩区伊塘镇、芝山区珠山镇、祁阳县观音滩镇、东安县芦洪市镇、双牌县五里牌镇、道县蚣坝镇、江华瑶族自治县白芒营镇、宁远县冷水镇、蓝山县塔锋镇、新田县知市坪乡10个乡镇获评永州市科普示范乡镇。

12月28日 团市委召开表彰大会，表彰33个市级“青年文明号”和55名市级“青年岗位能手”。

12月21日 在全省第二届“五好文明家庭”表彰会上，永州市石油公司何玎玉、市九中朱兰玉、冷水滩区岚角山镇镇南居委会邓金凤、祁阳县广播电视局董国玉、江华县大圩镇汉洞村郑启娥5个家庭被评为省“五好文明家庭”。

是年 市侨联与长丰集团组团参加在南京举办的第六届世界华商大会，并在北京市侨联的支持下，在南京国际会展中心室外展厅改革室内主要位置争取到4个展位，中央电视台《新闻联播》连续两天报道永州企业，为长丰集团赢得商机，为猎豹汽车走出国门创造条件。

2002年

1月20—23日 永州市第二次归侨侨眷代表大会召开，出席大会代表86人。大会选举产生市第二届归侨侨眷联合会委员35人、常务委员17人，选举郑德清为市侨联主席。

2月6日 市总工会以特困企业职工、下岗失业职工、离退休职工、伤残重病职工为重点，开展送温暖活动。发放6.5万元现金、价值40万元的大米、6000份慰问信和贺年卡。

3月1日 共青团永州市第二次代表大会召开，出席会议代表199人，列席代表52人。大会选举产生新一届领导班子，黄小明当选为书记，蒋良铁、贺一夫、唐军（女）当选为副书记。

3月5日 市妇联与市人大机关、市国税局在市国税局文化活动中心联合举办庆“三八”联欢晚会及知识抢答赛。

3月16—18日 永州市工会第二次代表大会召开，出席代表188人。大会选举产生市总工会第二届委员会委员、常委、副主席、主席，以及第二届经费审查委员会委员、主任。唐松成当选为市总工会主席。

3月18—19日 市科协第二次代表大会在冷水滩区九嶷宾馆召开，158名正式代表、30名特邀代表参会。会议审议通过《永州市科学技术协会章程》，选举产生市科协第二届领导班子，选举产生市科协第二届委员会委员43人、常委23人。王芳玉当选为主席。

3月23日 市红十字会办公室升格为副处级单位，归口市卫生局管理，属参照公务员法管理的事业单位，有编制4名。

3月 永州市遭受龙卷风冰雹灾害，入汛后又连续发生6次洪灾。灾情发生后，市红十字会收到来自中国香港和国际联合会及国外红十字会捐赠的救灾大米、帐篷、饼干、服装等救灾物资，折合人民币102万元，并迅速将救灾物资发放给受灾群众。

4月3日 市科协组织青少年参加省第二十三届青少年科技创新大赛，永州参赛作品26件，获一等奖22个、二等奖3个。

4月28日 为纪念中国共产主义青年团建团八十周年，共青团永州市委以“永远跟党走”为主题，组织开展答辩赛、希望工程义卖以及新团员入团宣誓等系列活动，教育广大团员青年为永州“十五”计划建功立业。

5月23日 市文联第二次代表大会召开，110名代表出席会议。大会审议并通过修改后的《永州市文联章程》，选举产生市文联新一届领导班子，胡功田当选为主席。

5月30日 市妇儿工委与市妇联联合在市国税局文化活动中心举办庆“六一”“我做合格小公民”少儿演讲、幼儿故事比赛。芝山区零师附小李桃、市机关幼儿园曲柏宇分获演讲、故事比赛一等奖。市委常委、市妇儿工委主任陈金荣观看比赛并讲话。

6月3日 市消委召开第二次代表大会，参会委员代表98人，市工商局副局长周新民当选为会长。

6月8日 市“青年文明号”集体结对帮扶特困下岗青工活动启动。来自市直及冷水滩区各行业部门的52个“青年文明号”集体与国有企业特困下岗青工签订为期三年的结对帮扶责任书，并当场向结对的特困下岗青工捐款1.04万元。

7月2日 市个私协会第三次代表大会召开，出席代表134人。大会选举黄明华为会长。

8月20日 由市人民政府主办，以“柳宗元与永州”为主题的柳宗元国际学术研讨会召开。来自国内以及日本、韩国、马来西亚的100余位专家学者和新华社、中新社、香港凤凰卫视、《大公报》等20多家媒体单位40多位记者与会。

8月22—26日 全省企业科技人员“讲、比”竞赛活动表彰大会在永州召开，全省 14 个地市州科协及 50 余家省内大中型企业负责人参会。长丰集团企业科协被评为湖南省“讲、比”竞赛活动先进单位，并在会上作经验介绍。

8 月 市残联被国务院残工委、财政部、民政部等 7 部委授予“全国残疾人康复工作先进集体”称号。

11 月 15 日 团市委成立首家纯公益性的服务机构“永州市青年就业服务中心”。通过为下岗失业、待业青年开展求职登记、职业培训、就业指导、劳务输出等服务，为青年创业就业提供政策、资金、法律、岗位等多方面支持。

11 月 18 日 市妇联成立的“永州市下岗失业妇女就业指导中心”开始试营。

11 月 20 日 市文联与江永县政府联合举办第六届湘粤桂三省区十县（市）南岭瑶族盘王节暨中国女书国际研讨会。

12 月 18—20 日 永州市妇女第二次代表大会在冷水滩区召开，出席会议正式代表 272 人，特邀代表 30 人。会议选举产生市妇联第二届执行委员会委员 43 人、常委 13 人，唐淑娥当选为主席。

是年 市社科联召开全市社科科普宣传月活动新闻发布会。

是年 经市编办批准，市文联编制增至 8 名，同时内设科室进行调整，设综合办公室 1 个，加挂《潇湘文艺》编辑部牌子。

2003 年

1 月 2 日 祁阳团县委荣获团中央授予的“全国团建先进县”称号。

1 月 27 日 市纪委、市委组织部、市妇联联合举办市级干部贤内助、廉内助座谈会。

2 月 23 日 全市乡镇党政女一把手座谈会召开，26 名乡镇党政女一把手参加座谈。

2 月 26 日 市妇联召开维护妇女儿童权益工作第一次全体成员单位会议。13 家成员单位负责人及联络员出席会议。市委副书记邓三龙出席会议并讲话。

3 月 24 日 市委办公室印发《永州市社会科学优秀成果评奖办法》。

3 月 26 日 永州市召开首届优秀科技工作者表彰大会，省科协副主席王笃达、市委副书记周永亮出席大会并为获奖者颁奖。大会表彰优秀科技工作者 10 人。

3 月 团市委被评为“湖南省法制宣传教育工作先进单位”。

4 月 29 日 永州市“五一”劳模座谈会召开，市委书记曾庆炎出席会议并讲话。

4 月 中国国际贸易促进委员会永州市支会（简称“市贸促会”）成立。市贸促会同时使用中国国际商会永州商会（简称“永州国际商会”）名称，两块牌子，一套人马。

5 月 17 日 团市委下发《关于在全市开展“关爱家园、清洁城市”青少年爱国卫生行动的实施意见》，号召全市青年积极投身抗击“非典”。至 11 月 30 日，团市委组织青年志愿者 18000 余人次投入到抗击“非典”第一线，开展“非典”防护和宣传工作。

6 月 12—15 日 市妇联与市扶贫办在新田县联合举办贫困村妇代会主任培训班，40 名贫困村妇代会主任参训。

6 月 香港特区政府捐助的“健康快车”复明行动首次到永州免费为贫困残疾人进行白内障复明手术，受到残疾人患者欢迎。

7 月 7 日 中国女书研究专业委员会在永州市召开考察座谈会，提出对女书进行科学抢救、合理开发。

7 月 永州市困难职工帮扶中心成立。

7 月 团市委与企业合作创办的“永州青年在线”网站开通运行。

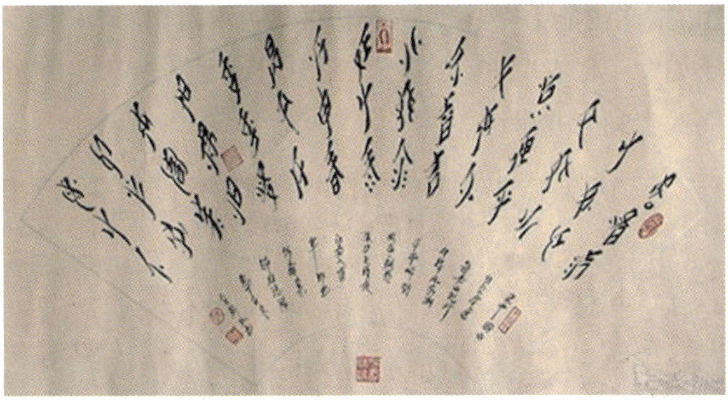

女书文字

8 月 25—26 日 永州市残疾人第二次代表大会在冷水滩区召开，出席代表 96 人。选举产生永州市残疾人联合会第二届主席团；召开第二届主席团第一次会议，选举产生主席团主席、副主席，推举执行理事会理事长，宣布副理事长名单。

10 月 18—20 日 永州市青年联合会第二届委员会第一次全体会议暨永州市学生联合会第一次代表大会在冷水滩区召开，选举产生永州市青年联合会第二届委员会和永州市学生联合会第一届委员会。

10 月 21—26 日 市贸促会（永州国际商会）组织以汽车零配件制造、市政道路建设、农副产品加工、旅游业开发等行业为主的 34 人招商团，由副市长蒋吉秀带队参加 2003 年中国湖南日韩专业招商会，签约总金额达 4400 万美元。

12 月 14 日 市妇联获 2003 年度全省“妇女工作先进集体”称号。

12 月 市总工会被全国总工会评为“送温暖工作先进单位”。

是年 市科协与市教育局、市环保局、市科技局联合举办永州市第七届青少年科技创新大赛，评选出一等奖 32 个。

是年 全国老龄委下发《关于印发〈组织开展老年知识分子援助西部大开发行

动试点方案〉的通知》，组织开展“银龄行动”试点工作。

2004 年

1 月 5 日 市第二届家庭教育研究会暨儿童早期教育委员会成立大会召开，50多名会员参加会议。会议选举产生新一届理事会，副市长蒋吉秀出席会议并讲话。

3 月 7 日 团市委、市红十字会联合永州市渝州房地产公司举办“舜德情——英雄的生命需要你来延续”爱心募捐义演活动，为永州市身患尿毒症的前全国水球冠军赵洪波现场募集捐款 6.69 万元。

3 月 8 日 永州市庆“三八”表彰会召开。表彰“巾帼再就业之星”20 人、“巾帼岗位能手”16 人、“巾帼文明示范岗”10 个、“先进妇女组织”10 个、“优秀妇女工作者”20 人、“五好文明家庭”21 户、三个“十佳”30 人。市委副书记龚武生到会并讲话。

2004 年 6 月 2 日，江永一小学生庆祝获得科技创新大赛奖的欢乐场面

是日 市科协举办永州市第八届青少年科技创新大赛，收到作品 265 件，评选出一等奖 33 件（幅）。推荐优秀作品参加全省第二十五届青少年创新大赛，获全省一等奖 3 件（幅）、二等奖 11 件（幅）、三等奖 11 件（幅）。

4 月 29 日 由市总工会举办的庆“五一”歌咏晚会在永州会堂举行。26 支代表队用歌声表达爱党、爱岗、乐于奉献的劳动者情怀。市领导龚武生、谢朝月、唐松成等观看演出，并为获奖者颁奖。

5 月 9 日 市贸促会（永州国际商会）召开第一次会员代表大会。会议采取推举和选举的方式，确定市贸促会会长、副会长、秘书长以及 54 名贸促委员，确定永州国际商会 14 名兼职副会长、48 名理事会理事，并聘请副市长蒋吉秀、长丰集团总经理潘惠强担任名誉会长。

5 月 20 日 永州市纪念五四运动 85 周年暨“五四”表彰大会召开。会上对“永州十大杰出青年”“永州市十大杰出青年文明号”“永州市十大杰出青年岗位能手”“永州市十佳青年志愿者”“永州市青年再就业明星”“永州市十大外出务工青年返乡创业明星”“永州市十佳少先队辅导员”“永州市十佳少先队志愿辅导员”“永州市十佳少先队员”等先进典型进行表彰。

5月23日 为纪念毛泽东《在延安文艺座谈会上的讲话》发表62周年，永州市文艺工作者座谈会在芝山区举行。

5月31日 市妇联举办的“爱在永州 争当五好小公民”少儿书画比赛作品在永州会堂展出，展出42幅获奖作品。

6月10日 祁阳县被中国科协命名为“全国科普示范县”。

6月26—29日 团市委组织市中医院、市人民医院、湖南科技学院、永州职院信息工程学院等单位50多名志愿者组成“三下乡”服务团，先后深入到新田、江华等县农村开展以科技扶贫、文化宣传、医疗服务为主要内容的社会实践和志愿服务活动。

8月2—5日 省妇联在永州举办省妇联发展劳务经济暨贫困县妇联主席培训班。

9月17日 湖南省九嶷山舜帝陵基金会（简称“舜帝陵基金会”）在长沙九所宾馆召开成立大会。会议审议通过《湖南省九嶷山舜帝陵基金会章程》。省政协原主席王克英为舜帝陵基金会第一届理事长。

9月 市总工会举办庆“十一”职工文化广场活动，12家企业参加活动。

11月14日 市委书记曾庆炎带领永州市4家企业参加“2004湖南—欧盟中小企业合作伙伴洽谈会”。会上，签约项目4个，其中正式合同2个，意向合同2个，总投资达1.2亿元。

11月29日 纪念祁剧诞生500周年庆祝活动在祁阳举行。来自省内外专家、学者800多人参加庆祝活动。

11月 永州市发展农民专业合作组织协调指导小组成立，市委副书记邓三龙担任组长，市农办、市财政局、市农业局、市水利局等14家单位为成员单位。协调指导小组办公室设在市农村经营管理处。

12月15日 市长刘爱才率永州代表团参加“2004越南国际贸易展览会”。签订正式合同2个，合同金额150万美元；意向合同11个，合同金额1100万美元。

2005年

1月10日 市红十字会向全市各界人士发出“为印度洋地区地震和海啸灾民捐款”倡议，至2月6日，收到捐款6.64万元。

3月7日 市妇联举办市直女领导干部联谊会。

3月28日 市贸促会（永州国际商会）召开工作会议，会议表彰2004年度在永州市贸促系统重大活动中做出突出贡献的零陵轻机厂、湖南跃进机电有限公司等单位和个人。

3月 市政府印发《关于工会经费由地税局实行代收代征的通知》，永州率先在全省推行工会经费由税务部门代收机制。

4月28日 中共双牌县委、县人民政府举办阳明山文学笔会。阳明山获批为湖南省作家协会创作基地并授牌。

5月1日起 根据市老龄委下发《关于做好〈老年人优待证〉发放事项的通知》，取消收取老年人优待证工本费，实行属地发放、免费办证。

5月28日 市妇联与市妇儿工委联合举办庆“六一”家庭文化风采赛，全市推选出14个家庭参加比赛。

5月 团市委组织青少年到李达故居、何宝珍旧居以及其他革命旧址、烈士陵园开展瞻仰凭吊活动。

5月 零陵区富家桥镇中学被省科协授牌为“湖南省青少年科技教育基地”。

6月10日 经舜帝陵基金会理事会长会议审议通过，正式颁布实施《湖南省九嶷山舜帝陵基金会捐赠褒扬（暂行）办法》。

6月 首届全市残疾人运动会在冷水滩区举办。

6月 市长刘爱才率队参加“魅力中国2005—（英国）中国文化教育旅游产业展览会”。永州设展位3个，分别展出熙可和永罐公司的罐头食品、华盈实业的道州皮鞋和祁阳浯峰茶叶等产品。

7月 市关工委和永州人寿保险公司邀请著名家庭教育专家雷运娇到永州作巡回报告，在全市11个县（区）举办11场“雷大妈家庭教育演讲大会”，1万余人聆听报告。

8月 祁阳县观音滩镇被评为“全国残疾人工作先进乡镇”，零陵区七里店街道芝麻坪社区被评为“全省残疾人工作先进社区”，邓朝富被评为“全省优秀乡镇理事长”。

9月15日 湖南省公祭舜帝大典在宁远县九嶷山隆重举行，省长周伯华主祭。

9月17—22日 市科协组织开展“全国科普日”系列活动。6000余名科技工作者、科普志愿者参加活动。活动期间，发放科技资料40万份，展出挂图、展板1500余块，免费发放药品价值5万余元，受众约20万人。

9月18日 市妇女儿童工作委员会获评“湖南省妇儿工作先进集体”。

9月28日 市女企协第三次会员大会召开，与会会员68人。大会选举产生新一届女企协理事会、常务理事、正副会长。市委常委陈金荣出席会议并讲话。

10月 市总工会组织劳模事迹演讲团下县（区）、进机关、到学校开展宣讲活动，宣讲16场次。

10月 市科协推荐的市烟草学会被中国科协授予“全国农村科普工作先进集体”荣誉称号，东安县科协主席陈秀兰、蓝山县金地开发有限公司刘先雄、宁远县高级畜牧师李之平获“全国农村科普工作先进个人”荣誉称号。

11月 东安县申报创建全国科普示范县得到中国科协的行文确认。

12月 永州市被定为全省唯一的残疾人体育训练基地。

12月 市贸促会（永州国际商会）组织市内企业赴越南参加“2005年越南国际贸易展览会”，展出8家企业产品。

是年 结合保持共产党员先进性教育活动，团市委组织全市近万名志愿者下基层开展“参与志愿服务，建设和谐永州”主题活动。

2006年

2月27日 冷水滩区妇联、市财政局妇委会荣获全国“三八红旗集体”荣誉称号，市妇联主席唐淑娥、东安县大盛镇党委书记周娟华被评为全国“三八红旗手”。

2月 市总工会组织调研组，分赴农民工较集中的县（区）开展农民工劳动权益维护问题专题调研，启动农民工维权工作。

3月7日 全市庆“三八”暨妇女工作表彰大会召开。各县（区）妇联主席、市直各单位妇委会主任、受表彰的先进典型代表200人参加会议。大会对170个各类先进进行表彰。市委常委陈金荣出席会议并讲话。

3月中旬 在第27届湖南省青少年科技创新大赛中，永州参赛作品获省优秀项目一等奖1项、二等奖4项；优秀科技实践活动一等奖1项，优秀科幻绘画一等奖1幅、二等奖1幅。经省科技创新大赛组委会推荐参加第21届全国青少年科技创新大赛，江永县一小学生周佩创作的科幻绘画《智能章鱼 血管医生》获全国一等奖。

4月28日 市委、市政府召开“庆‘五一’国际劳动节劳模座谈会”。

6月 在全省企业科技人员“讲理想、比创新”竞赛活动（2004—2005年度）中，永州市南津渡电站科协被评为先进集体，岳纸集团（永州）执行董事罗良冬、零陵烟厂科协主席易和新、熙可罐头有限责任公司董事长阳国秀荣获先进个人。

8月 为庆祝《中华人民共和国老年人权益保障法》颁布十周年，全市开展百名敬老“孝星”评选活动。“九九”重阳节期间，在宁远九嶷山公祭舜帝大典上对“孝星”进行现场表彰，央视三套《激情广场》栏目予以现场报道。

9月5日 永州市县（区）妇联主席暨新农村建设现场会在祁阳县召开。市委常委、组织部部长唐松成，市委副巡视员刘国器出席会议。

11月27日 市贸促会（永州国际商会）组织16家企业成立代表团赴香港参

加“2006香港中小企业国际市场推广日暨湖南中小企业（香港）推介会和台湾招商周活动”，签订意向合同17个，合同外资810万美元，内资380万元，销售合同500多万美元。

11月29日 市女书法家协会成立暨女子书法展在冷水滩区举行，市领导谢朝月、董石桂、蒋吉秀等出席会议。协会吸纳70名会员。

是年 市哲学社会科学成果评审委员会开展永州市第二届哲学社会科学优秀成果奖评选，评出特别奖8项、一等奖2项、二等奖9项、三等奖32项。

是年 市政府办制定出台《永州市地税代征保障金工作流程（试行）》，并依法对全市行政事业单位及中央、省驻永单位进行年审。

2007年

1月10日 市红十字会知识宣讲大会在永州市职业技术学院医学院举行，300余名学院师生参加听课。同时，为50名贫困学生发放价值6000余元的生活物资。

1月22日 由市文联主办、市女书法家协会承办的“中国人寿之夜”快乐书画爱心拍卖会在南华大酒店举行。书画拍卖成交额12.45万元，该款项全部用于资助永州市贫困学生。

4月25日 共青团永州市第三次代表大会在冷水滩区南华大酒店召开，出席会议正式代表230人，列席代表60人。会议选举产生共青团永州市第三届委员会委员37人，唐军（女）当选为书记。

5月18日 市社科联与湖南科技学院联合协会举办湖南省第29届“三湘论坛”学术报告会，280多人聆听报告。

5月21日 中国男传女书第二人、中国女书书法家、中国最年轻的女书男传人谢少林（永州市江永县人）创作的百米女书书法长卷荣获吉尼斯世界纪录，获得“中国一绝”誉称。

5月22—23日 永州市第三次归侨侨眷代表大会召开，127名代表出席大会。会议选举产生永州市第三届归侨侨眷联合会委员37人、常务委员19人，郑德清当选为市侨联主席。

5月 市总工会、市劳动局、市工商联联合开展民营企业招聘周活动。

5月 江永女书研究者、女书传人蒲丽娟参加首届中国成都国际非物质文化遗产节博览会，并向联合国教科文组织赠送《清除对妇女歧视宣言（女书长卷）》。

6月8日 市贸促会（永州国际商会）组织企业参加在长沙举办的“泛珠商会合作暨产业承接项目洽谈会”，发布项目50个，引资1500万元。

6月 市个私协会第四次代表大会召开，出席会议代表132人。会议选举产生第四届理事会理事，选举宋仪生为会长。

7 月 市委常委、副市长刘事青就贯彻落实《中华人民共和国农民专业合作社法》发表电视讲话。

8 月 21—22 日 市科协第三次代表大会在冷水滩区召开。全市 159 名科技工作者代表和 34 名特邀代表参加会议。会议通过市科协关于遵守《中国科学技术协会章程》的决议，选举产生市科协第三届委员会委员 45 人、常委 23 人。王芳玉当选为市科协第三届委员会主席。

9 月 5—7 日 市文联第三次代表大会在冷水滩区南华大酒店召开，189 名代表出席会议。大会审议并通过修改后的《永州市文联章程》，协商产生由 39 人组成的市文联第三届委员会，选举产生市文联新一届领导机构，黄爱平当选为主席。

9 月 17—19 日 永州市妇女第三次代表大会在冷水滩区召开，出席会议代表 300 人。会议选举产生市妇联第三届执行委员会委员 45 人、常委 13 人，唐淑娥当选为主席。

9 月 20—22 日 永州市工会第三次代表大会在冷水滩区召开，出席大会的正式代表 228 人，列席代表 15 人。大会选举产生市总工会第三届委员会委员、常委、副主席、主席，选举产生经费审查委员会委员、主任，协商产生女职工委员会。选举杨怀康为市总工会主席。

9 月 28 日 纪念永州市关工委成立 20 周年暨表彰大会召开。

10 月 市总工会以湖南省总工会提出的“百万职工兴湘，建功立业”为核心内容，在全市开展“双比双降”节能减排竞赛、职工技能大赛、争做知识型职工大赛、女工芙蓉杯竞赛等活动。

11 月 11 日 市妇联联合市扶贫办在市委党校举办第五期贫困村妇代会主任实用技术培训班，114 名贫困村妇代会主任参加培训，学习家禽、家禽养殖、蔬菜栽培、优质水果栽培等实用技术。

11 月 25 日 中国少年先锋队永州市第一次代表大会在冷水滩区召开。会议选举产生中国少年先锋队永州市第一届工作委员会，聂朝飞、周金国当选为市第一届少工委主任。

2008 年

1 月 15 日 市社科联印发《永州市优秀社会科学专家评选办法》，制定《全市社科课题管理办法》《全市十佳社科工作者评选细则》等规范性文件，为社科评奖工作提供制度依据。

1 月 18 日 针对永州遭遇的百年罕见冰雪灾害，市科协下发《关于在科协系统迅速开展“科技下乡、抗冰救灾”专题活动的紧急通知》，要求各县（区）科协、各市直学会（协会、研究会）迅速行动，在全市范围内开展抗冰救灾活动。

2月20日至3月30日 市妇联组织开展“千岗联万家送温暖，救灾补损献爱心”活动，全市各级妇联组织筹集104万元资金和价值40万元物资，帮助2305个家庭度过冰灾难关。

2008年1月24日，市科协组织市中心医院和祁阳县人民医院的医生为灾民义诊

2月29日 伍丽英、盘晓红荣获全国“三八红旗手”称号，市人民医院护理部获全国“三八红旗集体”荣誉称号。

3月4—5日 市科协组织涉农、涉医学会和相关部门的科技人员到零陵区邮亭圩、黄田铺等乡镇，为受灾农民送技术、解难题、指导受灾群众用科技救灾。

4月22—23日 市残联第三次代表大会在冷水滩区南华大酒店召开，出席大会代表168人。大会选举产生永州市残联第三届主席团，推选理事会领导班子，推选各专门协会主席。

4月30日 市委、市政府召开劳动模范代表座谈会。市领导黄天锡、龚武生、唐长久、唐松成与20多位来自各行各业的劳动模范代表欢聚一堂，共同庆祝“五一”国际劳动节。

5月20日 汶川特大地震后，团市委举办“让爱点燃希望”大型希望工程助学赈灾晚会，募集爱心捐款70余万元，支持灾区学校重建。

5月 蓝山县博爱家长学校、宁远县实验小学家长学校、冷水滩区菱角山小学家长学校被评为全省示范家长学校。

5月 四川汶川发生“5·12”特大地震，市红十字会为四川灾区募捐爱心善款781.51万元，援助物资价值148.34万元。

5月 市农办和市农经处联合举办全市乡镇农经站长培训班，参训人员198人。以农民专业合作组织的定义、作用、组织原则、成立条件、发展途径等方面内容为重点进行培训，切实提高乡镇农经管理干部指导农民专业合作组织发展的水平。

6月27日 团市委和市青年联合会举办第三届“永州十大杰出青年”评选

活动。

7 月 蓝山县、江永县、冷水滩区、东安县妇联被评为全省妇联系统工作先进单位，唐桂娥、黄志娟、林丽娟、欧阳丽芳、王震湘、邓江凌 6 人被评为全省先进个人。

7 月 市总工会举办以“为永州增光，为奥运添彩”为主题的千人长跑赛活动。

8 月 9 日 市贸促会（永州国际商会）组织 4 家企业参加“2008 年美国拉斯维加斯亚洲商品采购大会”。

8 月 28 日 市文艺评论家协会成立大会在湖南科技学院召开，50 余名文艺评论工作者参加。会议选举陈仲庚为主席，李鼎荣、翟满桂、周甲辰、吕国康、周生来为副主席，王涘海为秘书长。同时，选举理事 25 人。

9 月 5 日 市贸促会（永州国际商会）组团参加在广州国际会议展览中心举办的 2008 年广州博览会。展会期间，达成意向性合作协议 5 个，签订合作协议 3 项，合作金额 420 万元。

10 月 27 日 中国妇女第十次全国代表大会在北京召开，永州市妇联主席唐淑娥、蓝山县楠市镇中心小学副校长盘晓红作为代表参会。

11 月 18 日 市委召开常委会议，传达中国妇女十大会议精神，研究贯彻落实意见，审议通过《关于进一步加强和改善党对妇联和妇女工作领导的意见》。

12 月 舜帝陵基金会副秘书长张泽槐主编的《舜帝陵丛书》一套四册，由方志出版社出版发行。

2009 年

1 月 7 日 在春节“五下乡”活动中，市科协组织 17 名涉农学会专家为农民群众送去科普资料（图片）1 万多册（份）。

2 月 市委、市政府批准永州市困难职工帮扶中心为市总工会二级事业单位，定编 3 名。

2 月 市哲学社会科学成果评审委员会开展永州市第三届哲学社会科学优秀成果评选，评出优秀成果奖 52 项，其中特别奖 5 项，一等奖 2 项，二等奖 10 项，三等奖 35 项。

3 月 5 日 市妇联在体育中心举办市直单位庆“三八”女子趣味赛。下午，在威尼斯大酒店举行永州市女领导干部联谊会。

4 月 《“永州市文艺奖”评奖办法》出台实施，明确永州市文学艺术奖属市级政府奖，是永州市文学艺术成果的最高奖励，分为文学、艺术两大类 13 个奖项，每两年评选表彰一次。

5月3日 团市委召开五四运动90周年纪念大会。6日，召开“‘五四’运动与跨世纪的永州”座谈会。

5月20日 市贸促会（永州国际商会）组织由23家企事业单位和部分县（区）代表41人组成的永州市代表团，参加第二届中国北京国际科技产业博览会暨湖南产业承接大会。参会期间，签订意向协议2个，总金额1.2亿元。

8月 省妇联“双学双比”评选活动揭晓，零陵区黄田铺镇鹧鸪岭村、祁阳县浯溪镇小江村、东安县白牙市镇莲塘村、双牌县阳明山管理局太平村荣获“巾帼示范村”称号。

9月8日 湖南省公祭舜帝大典在宁远县九嶷山举行，省委副书记、省长周强主祭。

9月10日 市关工委、市综治办、市司法局和市教育局联合转发中国关工委、司法部、中央综治办《关于开展“关爱明天、普法先行”——青少年普法教育活动的通知》，在全市广泛开展青少年普法教育活动。

9月11日 永州市红十字会第二次会员代表大会暨第二届理事会在冷水滩区南华酒店召开。会议选举产生由71名理事组成的新一届理事会，戴菊芳（女）当选为会长，李潮（女）当选为专职副会长。大会聘请市委副书记、市长龚武生为名誉会长。

9月21—25日 市科协在冷水滩城区开展主题为“庆祖国60年华诞，展永州科协风采”的全国科普日活动。

10月 经市民政局批准成立的永州历史文化研究会在湖南科技学院召开成立大会。湖南科技学院院长佘国华当选为会长，市委常委、常务副市长唐松成出席大会并讲话。

12月 市妇联与市财政局、劳动局、人民银行四家联合印发《关于完善小额担保贷款财政贴息政策推动妇女创业就业工作的通知》。

是年 市残联认真组织、精心选送残疾人书法、绘画作品参加中残联组织庆祝新中国成立60周年全国残疾人书法、绘画大赛，有10幅残疾人书法作品入选“新中国成立60周年全国残疾人书画展”。

2010年

1月28日 团市委荣获“2009年度湖南省共青团工作红旗单位”“湖南青年文明号创建工作优秀组织奖”“基层团组织制度创新奖”。

3月5日 市妇联在冷水滩区滨江广场举行庆祝“三八”国际劳动妇女节100周年暨表彰大会，市委书记黄天锡出席大会并讲话。会议表彰2010年度永州市

“三八红旗集体”15个、“三八红旗手”17人、妇儿工委先进单位15家。

4月2日 为配合市委、市政府“两万干部下基层、服务发展促和谐”活动，市科协组织涉农、卫生、医药学会等30多名科技专家，到金洞管理区凤凰乡送政策、送科技、送医药，发放各类技术资料5万份（册），赠送家庭保健箱药品价值2.3万元，提供科技咨询3000多人次，走访慰问科技专家和科技示范户3户。

是日 团市委和市创卫办在滨江广场联合举办“创建卫生城市，青年争当先锋”——万名青少年誓师大会。大会结束后，团市委组织25支青年创卫志愿者队伍集体上街开展志愿服务活动。

4月8日 市贸促会（永州国际商会）第二次会员代表大会在冷水滩区召开，参加会议代表164人，特邀嘉宾38人。大会选举产生市贸促会第二届委员会委员84人，永州国际商会第二届理事会理事45人，选举产生第二届市贸促会（国际商会）会长、副会长，选举产生永州国际商会专（兼）职副会长、秘书长、副秘书长。

4月 市总工会和市劳动局联合开展工资集体协商“百日要约行动”。

4月 市红十字会牵头为玉树地震灾区募集善款108.93万元。

5月21—27日 市关工委和零陵区关工委联合市劳动教养所，安排4名劳教学员到永州一中、五中、九中和永州工商职业中专4所学校举办5场“现身说法进校园”活动报告会，受教学生达13000余人。

6月22日 中国贸促会批准在永州设立原产地证出证认证点，市贸促会具备签发原产地证资格。

7月22日 永州组团参加上海世博会。在当天的“永州城市日”活动上，市委书记黄天锡、市长龚武生分别致辞，近500名客商出席活动。

7月30日 市政府第67次常务会议研究决定，成立永州市对接东盟工作领导小组，领导小组办公室设在市贸促会（永州国际商会）。

7月 市总工会在全市依法推进“企业工资集体协商”工作。

8月8日 团市委组织11个县（区）及部分市直、县直单位的团委书记前往广东，同当地团组织开展交流活动。永州先后在广州市白云区、深圳市、东莞市等地建立11家市县级驻外团工委，9个驻外流动团支部，选聘团工委书记，配齐团工委班子，基本形成永州市驻粤团组织网络体系。

8月19日 永州市妇儿工委办公室牵头在全市小学生中开展以“美丽永州，从我做起”为主题的佩戴“文明随身袋”行动。

8月27日 永州走进东盟专题推介会在北京举行。

9月26日 省委督办专员、省科协党组书记王凤飞应邀到永州举行低碳经济科

2010年10月12日，永州市庚寅公祭柳宗元大典祭祀现场

技讲座。市科协常委，各县（区）科协主席，各市级学会、协会、研究会理事长及秘书长近200人聆听讲座。

10月12日 永州市庚寅公祭柳宗元大典在柳子庙举行，永州柳宗元学术研究会学者以及教育、文化各界人士200多人参加祭祀。

10月16—20日 市对接东盟工作领导小组办公室组织永州党政代表团参加第七届中国—东盟博览会。

10月 市政府印发《关于进一步加强老年人优待工作的实施意见》，全市百岁老人长寿健康补助金由原来的每人每月200元提高至每人每月400元，从2011年1月起执行。

11月25日 舜帝陵基金会第二届理事会第一次会议在长沙召开。会议选举产生第二届理事会、监事会和秘书长，并通过聘请名誉理事长和副秘书长。

11月26日 市科协下发《关于表彰全市先进农村科普示范基地、先进农技协和科普带头人的决定》，冷水滩区伊塘西瓜种植示范基地等8个科普基地获评全市先进农村科普示范基地，零陵区黄田铺组荷尔脐橙协会等9个农技协会获评全市先进农村专业技术协会，文善明等11人获评全市农村科普带头人。

12月1日 永州市女企业家协会第四次会员代表大会在冷水滩区召开。

12月14日 市妇联、市扶贫办联合举办第八期贫困村妇女主任培训班。全市122名贫困村妇代会主任参加培训。

12月21日 市消委召开第三次代表大会，参会委员代表156人。大会选举阳卫华为会长。

12月 江华瑶族自治县被定为全国残疾人社区康复示范县，零陵区被定为全省残疾人社区康复示范区。

2011年

1月9日 永州团市委驻深圳市团工委以及冷水滩、祁阳、东安、双牌、道县5县（区）驻深圳团工委在深圳市罗湖区芙蓉宾馆授牌成立。是年，团市委在北京、杭州、南宁、东莞、长沙五地分别建立驻外团工委。

1月18—20日 泰国工业部投资促进委员会副秘书长宋萨·霖绊彦率经贸代表团到永州考察和访问。

1月21日 市科协在宁远县柏家坪镇举行科技、文化、卫生“三下乡”活动，发放农业科普资料92种6.65万份，赠送农用物资、药品价值2万余元，为群众义诊300多人次。

2月17—18日 全省贸促工作会议在长沙举行。永州市贸促会被评为“湖南省参加2011上海世博会先进集体”“全省贸促系统招商引资工作先进单位”，徐湘宁被评为先进个人。

3月3日 团市委和市移动公司、市房产局、市区两级林业局在冷水滩区竹山桥镇八角塘村共同举行“青年示范林”创建活动暨“给力绿色永州，秀美潇湘源头”主题活动启动仪式。近3000名青年志愿者、少先队员参加活动。

3月7日 市妇联在永州市八中体育馆内主办庆祝“三八”国际劳动妇女节101周年大众广播体操比赛。来自市直机关30支代表队700余名妇女干部职工参加比赛。市财政局、市房产局、市纪委、市委组织部系统联队获一等奖。

4月8日 中国书协副主席何应辉一行9人到永州进行书法学术考察。

4月26日 市委、市政府在永州会堂举行庆祝“五一”国际劳动节暨劳动模范表彰大会，市领导龚武生、唐松成、蒋吉秀、唐定、朱映红出席。大会授予王长庆等76人“永州市劳动模范”称号，授予王柏青等24人“永州市先进个人”称号。

5月4日 团市委分设冷水滩、零陵两个分会场举办“学党史，知党情，跟党走”主题教育系列活动，零陵、冷水滩两区800余名学生、基层团干参加活动。

5月 由澳门红十字会援助40万元资金、省政府和市政府各配套40万元资金的永州市红十字会备灾仓库投入使用。

8月11日 市妇联在冷水滩区南华大酒店召开全市妇联系统创先争优经验交流会。全市各县（区）妇联主席、办公室主任，市直机关单位妇委会主任130人参加会议。会后，还举行永州市妇联“排忧解难”服务月爱心助学活动仪式，组织爱心人士为冷水滩、零陵两区10名特困生捐赠1万元助学金。

9月28日 湖南省第十一次市州关工委主任会议在永州市南华大酒店召开。

9月 国家发改委批准永州市残疾人康复中心建设项目。该项目建设总面积为10258平方米，是一个融残疾人康复医疗、教育培训、辅助器具服务等多功能于一体的综合服务设施，总投资3000万元。

11月10日 江华瑶族自治县举办中国著名作家“江华行”采风活动，中国作家协会副主席蒋子龙，湖南省文联副主席夏义生出席，市领导董石桂、赵清茂、刘尤碧陪同。

11 月 25 日至 12 月 3 日 副市长罗双全率市贸促会（永州国际商会）、市商务局等单位负责人以及恒惠食品有限责任公司代表参加“2011 湖南（香港）CEPA 经贸活动周暨亚洲农业及食品展览会”。

11 月 市哲学社会科学成果评审委员会开展永州市第四届哲学社会科学优秀成果评选，评出优秀成果奖 54 项，其中特别奖 7 项、一等奖 2 项、二等奖 10 项、三等奖 35 项。

11 月 永州 94 家农民专业合作社入选全国首批农民专业合作社示范社名录。

12 月 30 日 永州市“号手”表彰暨经验交流会在冷水滩区举行。会上命名永州市公安局刑事侦查支队警犬工作大队等 19 个青年集体为 2010 年度永州市“青年文明号”，命名邓志玲等 56 人为 2010 年度永州市“青年岗位能手”。

2011 年 12 月 9 日，市民聚集宣传栏前观看养老保险新政策

12 月 市总工会积极推进企业集体合同的续签工作，市级企业续签约达 90%。市总工会负责人还分头深入县（区）指导，做到每新建一家企业，工会组织和集体合同签订同步到位。江华、宁远、东安、新田等县，签订率达 100%。

2012 年

1 月 18 日 “历代名人咏永州·全国著名书法家作品邀请展”在零陵文化村永州书画艺术馆开幕，市领导张硕辅、唐定、石艳萍、刘尤碧等出席仪式。

2 月 23 日 永州市“迎三八　话发展”座谈会在冷水滩区召开，全市各界先进妇女典型代表 80 余人参与座谈。

2 月 市总工会组织开展“名师带高徒”活动，全市近 100 家企业参加活动。

3 月 2 日 永州市庆“三八”表彰大会暨市妇联三届七次执委（扩大）会议在冷水滩区长城宾馆举行。市委副书记唐松成出席会议并讲话。会议表彰 134 个先进个人和先进集体。

3 月 市科协组织市畜牧水产学会、市药学会、市预防医学会、市林学会、市农学会、市气象学会 6 家学会 30 多名科技工作者深入蓝山县所城镇，开展科技、卫生、文化“三下乡”活动。

4 月 24 日 新田县被中国民间文艺家协会授予“中国孝德文化之乡”称号。

5 月 22 日 市贸促会（永州国际商会）组织湖南奔腾彩印有限公司、永州市宗元异蛇王酒有限公司等 5 家企业参加“第十五届北京科博会暨湖南重点园区推介会”。

5 月 市关工委在全市开展“五老四教”主题教育巡回宣讲活动，举办 26 场报告会，听众达 2 万余人。

8 月 28 日 共青团永州市第四次代表大会召开，274 名代表出席会议。会议通过《关于号召广大团员青年为加速推进永州赶超崛起建功立业的决定》。会议选举产生新一届团市委领导班子，朱阳辉当选为书记。

8 月 全市首例人体器官捐献成功，捐献者是蓝山县所城镇大麻办事处联云村人厉炬明。

9 月 14—15 日 永州市第四次归侨侨眷代表大会召开，出席会议代表 107 人。会议选举产生永州市第四届归侨侨眷联合会委员 39 人、常务委员 19 人，选举唐建春为市侨联主席。

9 月 17—19 日 永州市工会第四次代表大会在冷水滩区召开，出席大会正式代表 260 人，列席代表 12 人。大会审议通过《永州市第四届会员代表大会决议》，选举产生市总工会第四届委员会委员、常委、副主席、主席，选举产生经费审查委员会委员、主任，选举杨海河为主席。

9 月 19 日 由市贸促会（永州国际商会）和市商务局共同组织永州市代表团赴南宁参加“第九届中国—东盟博览会”和“中国—东盟商务与投资峰会”。永州对接东盟签约项目金额达 1.79 亿美元。在会展中心，恒远发电设备、湘妹食品、格润新能源等企业参加展览展示。

9 月 20—22 日 永州市妇女第四次代表大会在冷水滩区召开，出席会议正式代表 320 人，列席代表 40 人，特邀代表 60 人。会议选举产生市妇联第四届执行委员会委员 48 人、常委 12 人，黄薇当选为市妇联主席。

9 月 24—25 日 市科协第四次代表大会在冷水滩区召开，全市 197 名科技工作者代表参加会议。大会审议并通过关于遵守《中国科学技术协会章程》的决议，选举产生市科协第四届委员会委员 44 人、常委 25 人，伍佑伦当选为市科协第四届委员会主席。

9月28日 壬辰年湖南省公祭舜帝大典在宁远县九嶷山举行，由省长徐守盛主祭。

9月 市红十字会为云南彝良地震举行专题募捐，募捐善款119万元（截至当年12月）。

10月29—31日 市残联第四次代表大会在冷水滩区南华大酒店召开。出席大会正式代表173人，列席代表26人，特邀代表21人。大会选举产生永州市残联第四届主席团，推选理事会领导班子，推选各专门协会主席。

11月7—8日 新加坡国际企业发展局驻武汉代表处主任杨蔚君、新加坡经济发展局驻武汉代表处主任吴佩声率经贸代表团到永州考察、交流。

12月13日 中国贸促会湖南调解中心永州办事处成立。中国贸促会法律事务部副部长王承杰、湖南省贸促会副会长黄芳、市政府副市长唐能武出席揭牌仪式。

2013年

1月24日 中国贸促会在北京召开工作会议，永州市贸促会被评为2010—2012年度全国贸促工作先进单位。

1月 市关工委在东安监狱和永州监狱举行关爱青年服刑人员捐赠仪式。

2月22日 市妇联与市人才交流中心联合举办“春风送岗位”大型专场招聘会，56家企业为求职者提供近千个招聘岗位。参加招聘的求职者2000余人，其中769人在活动现场达成就业意向。

4月1—3日 市政府邀请老挝、马来西亚、越南、泰国、菲律宾等东盟国家的驻华大使馆商务参赞到永州考察并召开投资推介会。

4月10日 市妇联和市劳动就业局联合举办“永州市SIYB巾帼创业培训班”。

4月21日 湖南省共青团员代表会议选举产生湖南省出席共青团第十七次全国代表大会代表。团市委书记朱阳辉、零陵卷烟厂团委书记卢绍林、永州潇湘农村商业银行团委书记胡凯当选为团十七大代表。

4月 市红十字会为四川雅安地震举行专题募捐，截至当年6月20日，募集捐款69.24万元。

5月3日 全市“职工歌手大奖赛”决赛在长丰集团（永州）工人俱乐部举办。

同日 团市委举行永州市纪念五四运动94周年暨“祈福雅安”活动。

5月18日 新田县跨省劳动力技能培训基地在广州市花都区挂牌，这是全国首个农村劳动力异地培训机构。

5月20日 市文联、零陵区政协联合主办“中国名家书画永州展”，展出包括黄永玉、邹传安、杜滋龄等国内著名书画家作品80余幅。

5月21日 市贸促会（永州国际商会）组织市内部分园区和企业参加“第十六届中国北京国际科技产业博览会”和“2013湖南（北京）重点园区推介暨投资洽谈会”，对外发布13个重点招商引资项目，达成意向性投资项目协议一项，合同金额15亿元。

9月7日 “李雨助学基金”“永州市青年企业家爱心助学基金”两个专项基金成立，首期筹得捐款79.1万元。

9月12日 市总工会开展“和美永州·好人好梦”关爱困难职工系列活动，在市体育馆举办公益晚会，收到捐款536.9万元。

10月14日 市文联第四次代表大会在冷水滩区南华大酒店召开，158名文艺家、文艺工作者出席会议。会议审议并通过《永州市文学艺术界联合会章程（修改案）》，选举产生市文联新一届领导机构，吕晓勇当选为主席。

10月21日 全市“携手共创卫生城市 青春筑建美丽永州”系列活动在冷水滩区启动。市委副书记唐松成、副市长刘尤碧出席活动。

11月 市哲学社会科学成果评审委员会开展永州市第五届哲学社会科学优秀成果评选活动，评出优秀成果奖64项，其中特别奖10项，一等奖4项，二等奖15项，三等奖35项。

12月2日 由市妇联、冷水滩区妇联、永州电视台、芒果电台《永州之声》、冷水滩工商个体协会主办的“善行中国 感动永州”大型慈善公益爱心活动在冷水滩区潇湘步行街举行，筹集善款25289元。

12月6—8日 湘粤桂三省六市友好文联联谊会第三届年会及系列文艺活动在永州举行，三省六市文联共同举行系列文艺交流、评奖和展示活动。（三省六市为：湖南省永州市、郴州市，广东省清远市、韶关市、云浮市，广西壮族自治区贺州市）

12月11—12日 永州市女企业家协会2013年年会暨传达中国妇女十一大精神会议在冷水滩区召开。

12月 蓝山县塔峰镇南平社区获“中国自强健身示范点”称号。

2014年

1月9日 “草圣故里之旅”书法艺术系列活动暨沈鹏草书《古诗十条屏》全国巡回展永州首展、中国当代草书名家作品邀请展、青年草书十家展在永州博物馆开幕，展出沈鹏草书《古诗十条屏》及中国当代草书名家作品56幅。

2月13—14日 省委书记、省人大常委会主任徐守盛，省委常委、省委秘书长韩永文，省人大常委会副主任、省总工会主席刘莲玉在市委书记陈文浩的陪同下，深入永州市运输公司、东安县走访慰问困难职工。

2月18日 永州市残联康复工作会议暨省政府为民办实事康复项目启动仪式在冷水滩区召开。

2014年3月4日，“草圣故里·永州印象”书法美术作品展开幕式

3月4日 “草圣故里·永州印象”书法美术作品展在中国人民革命军事博物馆展出。展出时间5天，展出近200幅当代著名书法家和画家的作品。

3月5日 庆“三八”表彰大会暨市妇联四届三次执委（扩大）会议在南华大酒店召开，参会代表150余人。会议表彰169个先进个人和先进集体，市委副书记唐松成出席会议并讲话。

3月17日 “德行潇湘·收藏优雅”永州市女书法家首届爱心书法义卖活动在冷水滩区飞宇国际门窗公馆举行。活动筹款近10万元，资助10名贫困女学生。

4月 市总工会女职工委员会举办全市职工全健排舞大赛，16支队伍参赛。

5月6日 团市委举行纪念五四运动95周年表彰大会。市委副书记唐松成出席会议并讲话。大会表彰2013年度“五四”红旗团组织、优秀团员、优秀团干部、优秀青年创业就业组织和个人、优秀青年志愿者集体和个人等105个先进集体和487名先进个人。

5月17日 市科协在江华瑶族自治县举办主题为“科学生活，创新圆梦”的科技活动。

6月中旬 东安县舜皇山国家森林公园、新田县孝文化公园被评定为2014年度湖南省科普教育基地。

7月 永州市举办“欢乐潇湘·和美永州”大型群众文艺会演，全市1762个文艺演出团队、1.9万人参加演出，观众达55万人次，全方位展示永州的文化底蕴。

8月22日 市妇联荣获“湖南省妇联系统宣传工作先进集体”称号。

8月 市社科联组织“周敦颐与湘学”专题座谈会。

9月20日 甲午年世界舜裔宗亲联谊会暨永州市社会各界祭舜大典在宁远县九

嶷山举行。

9 月 永州市首届“十佳好媳妇”评选活动结果揭晓。

9 月 “《虞舜大典·近现代文献卷》首发式暨舜文化学术研讨会”成功举办。

9—12 月 市关工委和永州电视台《直播永州》栏目联合举办第二届“寻找永州最美孝心少年”表彰活动。

11 月 6 日 由市贸促会（永州国际商会）承办的全省出国展览业务暨东盟自贸区政策培训会议在永州举行，120 余人参加培训。

11 月 由市委宣传部、市旅游外事侨务局、市文联联合举办的“锦绣潇湘·永州发现——寻找永州 100 处最佳摄影点和优秀摄影作品征集评选活动”启动，面向全国摄影专家和爱好者公开征集、遴选反映永州自然风光、名胜古迹、民俗风情、生产生活场景的优秀摄影作品，最终评选出 100 处永州最佳摄影点。

12 月 11 日 “永州青年创新创业园”项目第一期动工。

12 月 永州市建立基本养老服务补贴制度。对全市农村“五保”和城乡低保家庭中 65 周岁及以上的完全失能或部分失能老年人，按照每人每月不低于 20 元（含 20 元）的标准实行补贴。

2015 年

2 月 13—14 日 省委书记、省人大常委会主任徐守盛，省委常委、省委秘书长韩永文，省人大常委会副主任、省总工会主席刘莲玉深入东安县、冷水滩区等地走访慰问劳动模范和困难职工。

2015 年 2 月 13 日，省委书记、省人大常委会主任徐守盛（中）到东安瓷业总公司慰问困难职工

3 月下旬 市就业服务管理局荣获“全国巾帼建功先进集体”称号，蓝山县国税局办税服务厅荣获“全国巾帼文明岗”称号。

3 月 23 日 市作家协会召开第四次代表大会。各县（区）文联主席、作协主席、作家代表等 120 余人参加会议。会议选举郑正辉为市作协主席。

3 月 26 日 市科协牵头主办永州市“放心米粉工程”建设论坛。市人大代表、政协委员、重点食品企业负责人、米粉店老板和米粉生产加工、市场流通、餐饮等环节的专家学者60余人参加论坛。

4月1日 由市侨联主办的“绿色湘江·呵护母亲河”十万鱼苗放湘江大型公益活动在冷水滩区滨江公园举行。

4月13日至5月8日 市关工委联合市教育局、市司法局和团市委开展“关爱明天，普法先行”教育巡回宣讲活动，作宣讲50场。

4月28日 全市劳动模范表彰大会在冷水滩区召开，60名劳动者获得市劳模荣誉称号。向曙光、易佳良、唐定、蒋善生、石艳萍、杨海河等市领导出席。

4月 市政府办印发《关于对全市90~99周岁老人发放高龄生活补贴的通知》，对具有永州市户籍、90~99周岁的老年人按每人每月100元的标准发放高龄生活补贴。

5月4日 永州市纪念“五四”运动96周年暨创新创业创优青年代表座谈会在冷水滩区召开。

5月8日 市红十字会在冷水滩区举行永州市市直医疗卫生志愿服务队成立暨授旗仪式。

5月15日 市贸促会（永州国际商会）组织市内企业赴青海西宁参加“2015中国（青海）国际清真食品用品展览会暨‘一带一路’绿色食品用品展览会”“湖南代表团与青海省湖南商会的对接洽谈会”。山香香料有限公司与巴勒斯坦的客商签订采购及加工协议，成为本届“清食展”参展企业中的“大赢家”。

5月17日 永州市摄影家协会召开第四次代表大会。会议选举张建利为主席。

6月17日 市贸促会（永州国际商会）组团参加2015年意大利米兰世博会，与郴州、衡阳两市共同举办“湖南森林休闲活动日”活动，并出席“湖南活动周”开幕式、“湘恋米兰”经贸洽谈会和“锦绣潇湘·快乐湖南”旅游推广活动。

7月 市红十字会在永州三监狱举办2期培训班，为109名重刑犯人进行救护知识培训，开创“救护知识进监狱”的先河。

7—11月 市总工会举办全市首届职工微信摄影大赛，参赛摄影作品2000余幅。

8月21日 永州市妇女儿童发展规划编制暨评估工作会议召开，对永州市妇女儿童发展规划（2011—2015年）终期评估和新一轮妇女儿童发展规划（2016—2020年）编制工作进行部署。

8月27日 市妇联承办的全省巾帼精准扶贫骨干培训暨妇女创业担保贷款研讨班在冷水滩区南华大酒店召开，来自全省14个市州的扶贫办、人社局、财政局、人民银行的工作人员及市州妇联的分管领导、事业部长和武陵山、罗霄山片区扶贫开发县的妇联主席等140余人参加培训。

2015年8月27日，永州市妇联承办全省巾帼精准扶贫骨干培训暨妇女创业担保贷款研讨班

9月8日　“湖南省华侨产业园”在蓝山挂牌成立，成为全国第一家省级侨联设立的产业园。

9月19日　市文联与双牌县委、县政府联合举办第九届阳明山“和”文化节暨两岸作家写阳明潇湘笔会。湖南省作协副主席兼秘书长王跃文带领《湖南文学》杂志主编及6名编辑出席。永州市80余名文学爱好者参加活动。

9月24日　由省政府主办，永州市政府、宁远县政府承办的乙未年湖南省公祭舜帝大典，在永州市宁远县九嶷山举行，省长杜家毫主祭。

10月22日　市贸促会（永州国际商会）与市商粮局、市国税局、长沙海关驻永办事处等单位共同举办“永州市外经贸政策培训班”，各县（区）分管贸促工作领导和全市外经贸企业负责人100人参加培训。

10月　市哲学社会科学优秀成果评审委员开展永州市第六届哲学社会科学优秀成果评选，评出优秀成果奖69项，其中特别奖6项、一等奖4项、二等奖14项、三等奖35项、优秀奖10项。

11月3日　市妇联在厦门大学举办妇女干部培训班，为期5天。全市各县（区）妇儿工委主任、市（县）妇儿工委成员单位分管领导、部分市直机关妇委会主任64人参加培训。

12月3日　市贸促会（永州国际商会）组织江华昌发农业发展有限公司一行7人参加在香港举行的“2015亚洲（香港）农产品展”及“湖南优质食材推介会”。

第一章 工 会

1995年11月，经国务院批准，撤销零陵地区建立地级永州市。随后，湖南省总工会零陵地区工作委员会更名为永州市总工会（简称“市总工会”），行政管理也从省派出机构改为一级地方工作委员会，管辖2区9县工会。1996—2015年，市总工会紧紧围绕市委各个时期的中心工作，认真履行代表和组织职工参与企业、事业和机关单位的民主管理，维护职工合法权益，引导广大职工群众参加全市各项建设和改革，促进经济社会发展，加强职工政治思想教育和文化技术教育，提高职工整体素质等方面职能。

第一节 机构 队伍

一、机构

（一）市总工会

1996年，湖南省总工会零陵地区工作委员会更名为永州市总工会，属正处级群团组织（为参照公务员法管理单位）。市总工会是全市各级工会组织的领导机关，负责组织和教育职工依照宪法和法律规定行使民主权利，发挥国家主人翁的作用。市总工会机关内设机构有组织宣传部（基层工作部）、生

1999年10月，永州市总工会机关从芝山区搬迁至冷水滩区新址办公

产保护部、民主管理部、法律保障部、财务部（经审办）、女工部、办公室（研究室）7 个部室，部室级别为正科级。

市总工会下辖事业单位 3 家：永州市工人文化宫、永州市职工消费合作社、永州市困难职工帮扶中心（财政全额拨款事业单位）；协会组织 3 个：永州市劳模协会、永州市职工技术协会、永州市职工互助互济协会。

（二）县（区）总工会

新中国成立后，湖南省总工会永州专区办事处着手筹建各县总工会。1950 年 4 月 28 日，江华瑶族自治县总工会率先成立。随后，东安、零陵、祁阳、道县、宁远、永明（今江永县）、新田、蓝山相继成立县总工会。1953 年 12 月，根据省总工会通知精神，各县总工会更名为“工人联合会”。1962 年 11 月，各县工人联合会再次更名为“总工会”。1967 年 1 月，受“文化大革命”影响，各县总工会机构处于瘫痪状态。1968 年 2 月至 1973 年 5 月，随着县革命委员会的建立，各县建立工代会，行使原工会职权。自 1973 年 5 月起，各县总工会陆续恢复。1973 年 6 月，双牌县总工会成立；1984 年 7 月，永州市（今零陵区）总工会成立；1986 年 8 月，冷水滩市（今冷水滩区）总工会成立。至此，湖南省总工会零陵地区工作委员会下辖永州（今零陵区）、冷水滩、祁阳、东安、宁远、道县、新田、江永、江华、蓝山、双牌 11 个县（区）总工会。

1995 年 11 月，原县级冷水滩市更名为永州市冷水滩区，工会随之更名为“永州市冷水滩区总工会”。1996 年 3 月，县级永州市更名为永州市芝山区（2005 年更名为零陵区），工会随之更名为永州市“芝山区总工会”。1996 年，祁阳、东安、双牌、道县、江永、江华、宁远、新田、蓝山更名为永州市所属县级总工会。2002 年，回龙圩管理区、金洞管理区相继成立工会联合会组织。至此，永州市总工会下辖 11 个县（区）、2 个管理区工会组织。县（区）总工会内设机构有办公室、组织宣传部、女工部、生产保护部、财务部等。

截至 2015 年，全市建立基层工会 5599 个（含非公有制企业），其中联合工会 344 家，覆盖单位 10775 家；全市职工总数 53.22 万人（其中农民工 179243 人），工会会员 52.52 万人，职工入会率达 98%，基本形成市、县、乡三级组织，四级网络全覆盖的工会组织体系。

二、队伍

（一）结构

1996 年，市总工会《三定方案》设置行政编制 16 名，2008 年增至 18 名。下属11个县（区）工会组织中，人口在50万人以上的县（区），工会组织设有编制7~9名；人口数相对较少的县（区），工会组织设有编制3~5名。市、县（区）两级工会组织在编人数87人。市直机关、企事业单位有工会组织154个，专、兼职工会工作人员1032人。全市有工会会员26.97万人。

2000年，在机关事业单位机构改革中，对工会组织实行大稳定、小调整的政策，县（区）基层工会精简、调整人员15人（其中精简6人）。市、县两级工会组织专职工作人员约80人。是年，受国有企业发展不景气等因素影响，全市职工24.6万人，比1995年的职工总人数减少1.74万人，工会组织和会员相对减少。

2001年10月，新《中华人民共和国工会法》（简称《工会法》）颁布实施，永州市深入学习贯彻新《工会法》。是时，全市国有企业改革进一步深化，多种经济体制同时并存，市总工会积极推进非公有制经济建立工会组织。2003年，全市工会组织达到2607个，工会会员29.15万人。

2005年，市国企改革办公室、市总工会联合下发《关于在企业改革中同步建立工会组织的通知》，进一步推动工会组建工作的持续发展。截至2006年12月，全市工会组织达3497个（其中新建工会组织890个）。

2012年9月，市工会第四次代表大会召开，市委书记张硕辅寄语全市各级工会按照市委“两个加快，两个率先”的部署，争当和谐社会的促进者、素质一流的新型劳动者。是年，全市各级工会加快发展步伐，特别注重发展农民工加入工会组织。到2015年，全市工会组织发展到5599个，工会会员达52.52万人，比2000年增加29.15万人。

1996—2015年永州市工会组织结构统计一览表

表1-1

年份	职工结构		工会组织	
	职工总数（万人）	工会会员（万人）	工会组织（个）	其中联合工会（个）
1996年	26.34	25.8	2269	87
1997年	25.5	24.0	2269	80
1998年	25.6	23.0	2159	79
1999年	24.6	22.4	2103	60
2000年	24.6	23.37	2100	60
2001年	24.9	23.1	2246	59
2002年	27.3	25.5	2506	62
2003年	30.68	29.15	2607	69

续表1-1

年份	职工结构		工会组织	
	职工总数（万人）	工会会员（万人）	工会组织（个）	其中联合工会（个）
2004 年	32.3	31.89	2816	71
2005 年	33.1	32.5	2967	98
2006 年	34.1	33.89	3497	129
2007 年	34.4	33.90	3584	138
2008 年	35	34.6	3634	168
2009 年	35.6	34.90	3734	170
2010 年	36.3	35.8	3863	196
2011 年	35.80	35.1	4550	208
2012 年	40.1	39.8	4250	293
2013 年	48.9	47.3	5240	308
2014 年	50.4	49.6	5413	335
2015 年	53.22	52.52	5599	344

（二）培训

1. 工会干部培训

1996—2005 年，市总工会工会干部的培训工作，重点放在文化素质的提升上。市总工会持续选送工会干部到中国工运学院深造，鼓励一批专职工会干部在岗报考大专院校深造学习，同时还举办各种类型的学习班或者采取以会代训的形式，提高工会干部的文化水平和自身素质。1996—2005 年，全市各级工会组织举办各项业务培训班 615 期，培训工会干部 20636 人次。

2006 年，根据职工下岗人员不断增多、职工再就业问题更为突出的特点，工会工作有新的变化，工会干部的工作内容和方式有大的转变，工会干部业务素质的提升成为培训重点。市总工会通过争取，工会干部的培训得到市委重视，被纳入市委、县（区）委的培训计划，每年新当选的工会主席进入市委党校和县（区）委党校培训。同时，市总工会与省总工会干校联合办学，每两年集中举办 1 期工会干部培训班，邀请相关领导、大学教授、党校教授到培训班授课。培训内容除工会的基本业务外，根据工会工作日益变化的新形势、新问题、新趋势，增加工会干部急需的法律、工资、社会保障、谈判技巧等综合素质方面的知识和内容，努力推动工会干部快速跟上社会发展的步伐。2005—2012 年，市总工会联合省总工会、市委党

2009 年 3 月 23 日，市总工会召开深入学习实践科学发展观活动动员会

校，举办培训班 8 期，培训工会干部 400 人次。

2012 年，由于工会工作在形式上、内容上有新的发展，对工会干部素质提升有更高要求，对工会干部的培训重点放在提高工会干部在工作实践中的执行力上。经市委同意，市总工会先后与北京大学、厦门大学等知名院校联合开办工会干部研修提高班，有 130 余名工会干部参加培训。

2. 职工队伍培训

2006 年以前，职工培训重点放在文化素质培训。据市总工会于 2000 年开展抽样调查的数据显示，全市职工队伍中，受过小学、初中教育的，占 54.6%；受过大学本科以上教育的，仅占 0.8%。为提高职工文化素质，当时各大中型企业都开办工人夜校，全市有工人夜校 58 所。通过夜校组织工人学文化、学知识。2006 年后，随着企业结构的转型，要求职工文化素质越来越高，培训职工的方式不断更新，渠道不断拓展，市总工会和各县（区）总工会举办各类培训班、开展读书征文、创建“职工书屋”等。到 2010 年，城镇职工（农民工）实际文化水平大多达到高中以上，占职工总数的 86%。

2006 年以后，职工培训重点是提高职工的技术素质。据 2006 年调查数据显示，

2008 年 1 月，电力工人奋力除冰，确保电网安全稳定运行

在全市职工队伍中，无技术等级的占 70.6%，初级技工占 9.4%，中级技工占 12.2%，高级技工占 7%，工人技师占 0.8%。为提高广大职工的生产技术水平，2006 年以来，市总工会协同劳动部门，联合职业技术学院及各大中型企业，积极为职工提高技术素质

提供平台，创造多种途径进行广泛培训。全市建立 27 个职工培训基地和实习基地，免费培训职工。同时，组织开展群众性技术培训、技术比武、技术创新、岗位练兵、名师带高徒等活动。截至 2015 年，全市职工队伍中，初级技工占 45%，中级技工占 35.5%，工人技师占 16%。

第二节　代表大会

1996—2015 年，市工会先后召开四次代表大会。

一、第一次代表大会

1996 年 8 月 28—29 日，永州市工会第一次代表大会在原地区工人文化宫召开，会期 2 天。出席大会的正式代表 200 人。市领导邹金鸶、谢朝月、欧学佳、唐先秋以及省总工会原副主席路明出席大会开幕式。市总工会主席邹梅渲作题为《全面贯彻工会工作总思路，切实把全心全意依靠工人阶级根本指导方针落到实处，努力开创工会工作新局面》的工作报告。报告指出，今后工作重点是抓好四件事：加大推行平等协商和签订集体合同制度的工作力度；完善职工民主管理和民主监督制度；充分发挥工会的阵地作用和群众优势；大力开展社会主义劳动竞赛。

大会选举产生市总工会第一届委员会委员、常委、副主席、主席，选举产生第一届经费审查委员会委员、主任，协商产生第一届女职工委员会委员、主任。

二、第二次代表大会

2002 年 3 月 16—18 日，永州市工会第二次代表大会在冷水滩区召开，会期 3 天。应出席大会的正式代表 188 人，实到代表 185 人，因病因事请假 3 人。市领导龚武生、周永亮、谢朝月、蒋桃生、唐松成、崔永平出席大会开幕式。市总工会党组书记、副主席万爱平作题为《同心同德务实创新团结动员广大职工为推进我市工业化进程而努力奋斗》的工作报告。大会明确，以邓小平理论，“三个代表”重要思想和中共十五大，十五届五中、六中全会精神为指针，认真贯彻全国总工会工会工作总体思路，紧紧围绕市第二次党代会和市委经济工作会议提出的宏伟目标，组织和动员全市广大职工积极投身建设社会主义现代化新永州的伟大事业中，充分调动全市广大职工的积极性，在改革、发展、稳定的大局中更好地发挥工人阶级的主力军作用，开创全市工人运动和工会工作的新局面。

大会选举产生市总工会第二届委员会委员、常委、副主席、主席。从本届起，市总工会主席由市级领导兼任。市委常委、组织部部长唐松成当选为市总工会主席。大会选举产生第二届经费审查委员会委员、主任，选举产生第二届女职工委员会委员、主任。

三、第三次代表大会

2007 年 9 月 20—22 日，永州市工会第三次代表大会在冷水滩召开，会期 3 天。出席大会的正式代表 228 人，列席代表 15 人。市委书记曾庆炎，省总工会党组副书记、副主席肖刚强出席会议并分别作讲话；市委副书记唐长久出席大会开幕式。市总工会党组书记、副主席万爱平作题为《围绕中心认真履责实现新时期永州工会工作的新跨越》的工作报告。大会明确，以邓小平理论和“三个代表”重要思想为指导，坚持科学发展观，坚持全心全意依靠工人阶级的根本指导方针，认真贯彻全国总工会《关于坚持走中国特色社会主义工会发展道路的决议》精神，认真学习贯彻全国总工会《企业工会工作条例（试行）》，团结动员全市广大职工积极投身全面建设小康社会的伟大实践。

大会选举产生市总工会第三届委员会委员、常委、副主席、主席，市人大常委会副主任杨怀康当选为市总工会主席。大会选举产生第三届经费审查委员会委员、主任，协商产生第三届女职工委员会委员、主任。

四、第四次代表大会

2012 年 9 月 17 日，永州市工会第四次代表大会召开

2012 年 9 月 17—19 日，永州市工会第四次代表大会在冷水滩区召开，会期 3 天。出席大会的正式代表 260 人，列席代表 12 人。市委副书记、市长魏旋君和省总工会党组书记、副主席刘革安出席会议并讲话。市领导唐松成、唐定、刘湘凌、董石桂、周德睿、蒋善生、朱映红、唐湘林、石艳萍、杨海河、

吕斌等出席大会开幕式。市总工会党组书记、副主席吴红燕作工作报告。大会明确，坚定不移走中国特色社会主义工会发展道路，团结动员全市广大职工为永州加快科学赶超、开放崛起，全面建设“国家级承接产业转移示范区”，发挥主力军作用。

大会选举产生市总工会第四届委员会委员、常委、副主席、主席，市人大常委会副主任杨海河当选为市总工会主席。大会选举产生第四届经费审查委员会委员、主任，协商产生第四届女职工委员会委员、主任。

1996—2015 年永州市总工会历届领导一览表

表 1-2

届别	职　务	姓　名	任职时间
第一届	主　席	邹梅渲	1996. 08—2001. 09
	市委常委、组织部部长 市总工会主席	唐松成	2001. 01—2002. 03
	党组书记、 副主席	万爱平	2001. 10—2002. 03
	副主席	杨用秀	1996. 08—2001. 10
	副主席	唐茂清	1996. 08—2001. 10
	纪检组长	兰英凤	1996. 08—2002. 01
	经费审查委员会主任	唐亚明	1996. 08—2002. 03
	女职委主任	蒋小金	1996. 08—2001. 10
第二届	市委常委、组织部部长 市总工会主席	唐松成	2002. 03—2007. 08
	党组书记、 副主席	万爱平	2002. 03—2007. 08
	副主席	唐亚明	2002. 03—2007. 08
	副主席	杨　蕊	2002. 03—2007. 08
	副主席	黄春茂	2002. 03—2007. 08
	女职委主任	吴红燕	2002. 03—2007. 08
	纪检组长	郭贵春	2002. 02—2007. 08
	经费审查委员会主任	唐国雄	2002. 03—2007. 08
第三届	市人大常委会副主任 市总工会主席	杨怀康	2007. 09—2012. 08
	党组书记、 副主席	万爱平	2007. 09—2012. 08

续表1-2

届别	职　务	姓　名	任职时间
第三届	副主席	唐亚明	2007.09—2010.06
	副主席	王明求	2007.09—2012.08
	副主席	黄春茂	2007.09—2009.12
	党组副书记、副主席	吴红燕	2008.12—2012.08
	副主席	伍少平	2010.03—2012.08
	副主席	李良剑	2010.08—2012.08
	女职委主任	吴红燕	2007.09—2008.12
	纪检组长	胡海元	2007.09—2012.08
第四届	市人大常委会副主任 市总工会主席	杨海河	2012.09—
	党组书记、 副主席	吴红燕	2012.09—
	副主席	王明求	2012.09—2015.11
	副主席	李良剑	2012.09—
	副主席	唐华栋	2012.09—
	经费审查委员会主任	邓春成	2012.09—
	女职委主任	刘艳艳	2012.09—2015.11
	纪检组长	胡海元	2012.09—2014.08
	纪检组长	刘慧星	2015.11—
	女职委主任	蒋艳萍	2015.11—

第三节　活动

一、劳动模范管理

（一）推荐评选

劳动模范分国家级、省级和市级3个档次。市级劳模由基层工会推荐，市人民政府批准；省级劳模由市总工会推荐，省人民政府批准；国家劳模由省总工会推荐，国务院批准。劳动模范每五年评选一次，并召开表彰大会进行表彰。

劳动模范的推荐标准为：热爱祖国，坚持党的基本路线，模范遵守法律、法规、规章和职业道德，奋发进取，开拓创新，在政治、经济、文化和社会建设方面做出突出贡献。

1996—2015 年，全市获评国家级劳动模范 23 人，获评省级劳动模范 110 人，评选市级劳动模范 377 人。全市有 26 人获全国总工会“五一劳动奖章”。

1996—2015 年永州市获评省、市级劳动模范（先进工作者）数量表

表 1-3

年 份	省级劳模（人）	市级劳模（人）	小计（人）
2000 年	31	100	131
2005 年	31	98	129
2010 年	29	100	129
2015 年	31	79	110
总 计	122	377	499

1996—2015 年永州市获评全国劳动模范（先进工作者）一览表

表 1-4

序号	姓名	性别	工作单位	劳模类别	荣获时间
1	唐刚民	男	祁阳县浯溪镇东风村水库组	全国劳动模范	2000 年
2	龚秋光	男	永州市公安局零陵分局	全国先进工作者	2000 年
3	何江波	男	永州市水文局	全国先进工作者	2000 年
4	周明秀	女	永州市纺织厂	全国劳动模范	2000 年
1	徐荣元	男	东安县大庙口镇乐福村	全国劳动模范	2005 年
2	余锦柱	男	江华县林业局水口瞭望台	全国劳动模范	2005 年
3	雷昌平	男	江永县粗石江镇宋村	全国劳动模范	2005 年
4	朱伟友	男	湖南长丰汽车制造股份有限公司涂装部	全国劳动模范	2005 年
5	陈光正	男	湖南省南岭化工厂	全国劳动模范	2005 年
6	张树明	男	建华精密仪器有限责任公司	全国劳动模范	2005 年
7	李友生	男	永州市人大机关	全国先进工作者	2005 年
1	柏劲松	男	永州市林业科学研究所	全国先进工作者	2010 年
2	邓菊发	男	广汽长丰永州分公司	全国劳动模范	2010 年
3	王满元	男	东安县新圩镇什田村	全国劳动模范	2010 年

续表1-4

序号	姓名	性别	工作单位	劳模类别	荣获时间
4	廖仁旺	男	蓝山县毛俊镇毛俊村	全国劳动模范	2010 年
5	盘晓红	女	蓝山县楠市镇中心小学	全国先进工作者	2010 年
6	谭勇军	男	建华精密仪器有限公司技术部	全国劳动模范	2010 年
1	曾德春	男	道县邮政局四马桥支局	全国劳动模范	2015 年
2	胡　欣	女	江永县女书生态博物馆	全国劳动模范	2015 年
3	刘康林	男	长丰集团有限责任公司	全国劳动模范	2015 年
4	胡昌平	男	零陵区香零山村	全国劳动模范	2015 年
5	王国强	男	祁阳内下管理局水库管理所	全国劳动模范	2015 年
6	张明贵	男	宁远县人大常委会	全国先进工作者	2015 年

1996—2015 年永州市获得全国“五一劳动奖章”一览表

表 1-5

姓　名	性别	民族	出生年月	政治面貌	所在单位	荣获时间
易守顺	男	汉	1960. 09	中共党员	黄阳司冶炼厂	1996 年
陈习存	男	汉	1953. 08	中共党员	黎家坪水泥厂	1997 年
于建勇	男	汉	1953. 12	中共党员	冷水滩造纸厂	1997 年
黄远境	男	汉	1945. 09	中共党员	零陵卷烟厂	1998 年
胡谋超	男	汉	1959. 11	中共党员	东安县公路局	2002 年
李言秀	女	汉	1955. 05	中共党员	永州市电业局	2002 年
张树明	男	汉	1967. 05	民主促进会员	建华机械厂	2003 年
余锦柱	男	瑶	1959. 09	中共党员	江华县林业局水口瞭望台	2003 年
叶友仁	男	瑶	1952. 09	中共党员	湖南四〇九队	2004 年
蒙吉瑛	男	瑶	1962. 11	中共党员	江华县一中	2006 年
唐朝晖	男	汉	1967. 07	无党派人士	永州市中心医院	2006 年
柏劲松	男	汉	1966. 10	中共党员	市林科所	2007 年
邓中华	女	汉	1961. 07	中共党员	祁阳煤矿	2007 年
刘祖民	男	汉	1955. 11	中共党员	市交警支队	2008 年
谢韵帆	女	汉	1968. 06	中共党员	市林科所	2009 年
张辉林	男	瑶	1958. 11	中共党员	江华县农商行	2009 年
肖东民	男	汉	1961. 08	中共党员	永州市中心医院	2009 年

续表1-5

姓 名	性别	民族	出生年月	政治面貌	所在单位	荣获时间
郭助军	男	汉	1966.12	无党派人士	永州市建华精密仪器责任有限公司	2011 年
聂鹏举	男	汉	1982.01	中共党员	湖南省科力尔机电公司	2012 年
万爱平	男	汉	1955.10	中共党员	永州市总工会	2012 年
张 熠	男	汉	1964.03	中共党员	永州市三医院	2012 年
王文革	男	汉	1965.11	中共党员	永州市中医院	2013 年
刘 超	男	汉	1970.04	中共党员	长丰集团股份有限公司	2013 年
曾志方	男	汉	1968.01	中共党员	湖南四〇九队	2014 年
杜宏槐	男	汉	1967.12	中共党员	永州市公安局	2014 年
陈胤臻	男	汉	1986.01	中共党员	银龙混凝土公司	2016 年
秦付保	男	汉	1966.01	中共党员	永州市三医院	2017 年

（二）宣传与关爱

2000 年 4 月 23 日，永州市劳动模范表彰大会在永州会堂举行，100 名市级劳动模范受到市政府表彰。市委书记邹金鸾到会并发表讲话。邹金鸾指出，通过表彰劳动模范，推动形成学习先进、赶超先进的社会氛围。市委每隔五年举行一次“五一”劳模表彰大会。从 2000 年开始，市总工会为弘扬劳模精神，在全社会形成学习劳模、争当劳模的良好氛围，每年 5 月通过各级新闻媒体开展“寻找老劳模、老

2013 年 4 月 28 日，市委、市政府举行仪式欢送全国劳动模范、先进工作者赴京领奖

工匠”活动，举办以讲好“劳模”“工匠”故事为主题的劳模讲坛，对劳模事迹进行大力宣传。同时，市委、市政府每年“五一”前夕举办一次劳模座谈会，运用这一平台，宣传劳模精神和劳模社会价值。从2005年起，历任市委书记曾庆炎、张硕辅、陈文浩先后发表庆祝“五一”国际劳动节电视讲话，强调坚定不移地依靠工人阶级，充分发挥工人阶级的主力军作用，努力推进永州经济社会又快又好发展。永州新闻媒体也于每年的“五一”期间，以“劳动者最光荣”为题，刊发播出部分劳动模范的先进事迹。通过各种形式的宣传，在全社会掀起谋求发展有功、争当劳模光荣、学习劳模时尚的浓厚氛围。

2001年4月29日，全市举行庆“五一”暨市“十杰职工”表彰大会，副市长刘新普宣读表彰决定。2000年度全市“十杰职工”和劳动模范是：零陵卷烟厂厂长蒋效拉、祁阳二玻璃厂厂长张太平、市第一人民医院护士长张小芳（女）、东安一中教师陈小农、市电业局曲河变电站站长欧阳艳梅（女）、双牌水库管理局司机卿永生、冷水滩造纸厂车间主任朱杰、市第二公交公司票务员张小萍（女）、芝山区石山脚乡妇联主任何桂凤（女）、市交警支队车管科科长郑航。

2006年4月28日，市委、市政府召开“庆‘五一’国际劳动节劳模座谈会”。2005年度，湘南爆破器材有限责任公司获“全国五一劳动奖章”，江华瑶族自治县第一中学校长蒙吉瑛、湘江职业公司高级技师易建军获“全国五一劳动奖章”。部分省级劳模代表出席座谈会。

2001—2015年，市总工会多次组织开展劳模“爱岗敬业，乐于奉献”巡回演讲，全国劳模李建新、盘晓红、余锦柱、曾德春等人进社区、进企业，到学校、到机关，用劳模的亲身经历讲事迹、传精神，讲经验、传技能，讲感悟、传知识，用劳模的亲身经历和感人事迹诠释劳模精神的内涵，使劳模的优秀品格成为广大职工群众奋发向上的强大精神动力。

2009年1月22日，省总工会党组书记、副主席肖刚强（中）在市委副书记唐松成（左一）陪同下看望慰问全国劳模龚秋光（左二）

2010—2015年，全市命名45个以劳模领衔的“劳模创新工作室”，将有各种专长的劳模分别组织成科教文卫组、农林水组、工交组，分赴乡镇、社区、企事业单位传授技能技术。激励劳模带头开拓进取，全国优秀农民专业合作社示范社理事长、全省农民脱贫致富带头人、市劳模欧阳植竹几十年如一日，扎根基层，创办宁远县鑫农淮山种植专业合作社，在产业扶贫攻坚中，帮助686户、带动1828名困难群众实现脱贫致富，解决近千名农村剩余劳动力就业。

2002年以来，党和政府十分重视和关爱劳模，切实为劳模办实事、办好事。党中央、国务院批准财政部每年拨专款发放“三金一费”（即慰问金、生活困难补助金、特殊困难帮扶金和体检费）。省委、省政府落实党中央、国务院规定，安排省财政每年向劳模发放“三金”，对困难劳模给予低收入补助和特殊困难帮扶。仅2014年，永州市就向151名国家级、省部级劳模发放低收入补助110余万元，发放三级劳模特困帮扶金70余万元。永州市委、市政府高度重视关爱劳模，每年元旦、春节、“五一”期间和高温季节，均组织开展走访慰问劳模活动。2015年，全市各级工会走访慰问劳模近500人（次），发放慰问金50多万元。

二、维权服务

（一）民主政治权益保障

1996—1998年，市总工会多次召开企业工会负责人会议，学习《工会法》以及上级有关维护职工民主政治合法权益的文件，让大家明确在企业改革中，职工应该享受的民主管理、民主决策、民主选举、民主监督等权利，强调国有企业的重大决策必须提交职代会通过，职代会按照法律法规行使决定权。同时，市总工会组织干部经常性深入企业调查研究，听取职工意见，解决实际问题。零陵卷烟厂在市总工会的指导下，在企业改革中实行民主管理，利用“职代会”这一形式，行使职工民主管理权利，职工代表参加职代会就住房、劳资、人事等方面问题撰写提案100多条，大多得到厂部采纳和落实。职工给厂里提出合理化建议3000多条，这些建议通过综合运用，为企业增加经济效益达200多万元，职工民主权利和主人翁地位与作用得到充分尊重和发挥。到2012年，全市283家国有企业和国有控股企业、2073家事业单位全部建立厂务公开和职工代表大会制度，建制率达100%；规模以上非公企业中，建立工会组织的有748家，推行厂务公开的有584家，推行率78%，建立职代会制度的有599家，建制率为80%。

1999年，中纪委、国家经贸委、全国总工会等联合印发《关于推行厂务公开制度的通知》，市纪委、市经委、市总工会等联合发文在全市国有集体企业推行厂务公开制度。自1999年起，市总工会在不断完善职工代表大会的基础上，全面推行厂务公开，推动企业把重大决策、生产经营管理的重要问题、涉及职工切身利益的问题以及与企业领导班子建设和党风廉政建设密切相关的问题，根据有关法规和制度，通过职工代表大会、厂务公开等多种形式，向企业广大职工公开，使职工及时了解厂情，更好地参与企业决策、管理和监督。市总工会大力推广双牌电站、长丰集团、市邮电局等企事业单位规范厂务公开的经验，全面推动全市企事业单位厂务公开工作规范、深入开展。

2010年11月4日，蓝山毛织企业车间现场（该企业有员工2000多人，农民工占80%）

2015年，市总工会参与市汽车运输总公司改制、湘江纸业公司关停工作。在企业改制和关停问题上，市总工会大胆探索职代会的运作程序，结合两家企业实际，创新采用“调整职工代表结构”“休会讨论”两项职工代表大会操作程序，解决两家企业在职代会表决中容易引发的矛盾，在市汽车运输总公司改制、湘江纸业公司关停过程中，使职工安置方案在职代会上顺利通过。省总工会对永州市总工会的这一做法给予高度评价，认为永州市总工会的做法“填补了《湖南省职工代表大会条例》操作上的空白，为全省企业改制提供了有益经验”。

（二）劳动权益保障

1996年，市总工会根据全国总工会、省总工会的部署，把平等协商集体合同制度作为维护职工劳动报酬权益的“总枢纽”，认真帮助企业解决劳资关系矛盾。截至2002年，全市签订集体合同的企业有1661家。

2003年，零陵区接履桥镇盛柏林等21位农民工，在冷水滩长城酒店装修工地工作30多天，应得报酬12000余元。工程结束后，工程老板却迟迟不付报酬。农民工把情况反映给市总工会。市总工会会同市规划建设局、市劳动和社会保障局组成工作组，到长城酒店现场办公，责令工程老板将工程款如数付给21位农民工。

2007年，市总工会配合市政府相关部门和企业，协助清理拖欠工程款和农民工工资，通过“四条途径”（新出让12块土地；清收土地出让金欠款筹集8000万元；使用开发银行打捆贷款转存账户资金余额4066万元；收回城镇项目业主体外循环的土地出让金3600万元），解决市本级拖欠农民工工资的问题。

2008年，市总工会重视女职工的权益保护，在职工专项集体合同签订中，重点突出女职工就业、同工同酬、休息休假、保险福利待遇等劳动权利，“四期”保护、妇科病普查等特殊权益，技术培训、晋职晋级、参与企业民主管理等政治权利，通过女职工专项集体合同，以契约形式保护女职工正当权利。到2009年，女职工专项集体合同签订率达80%，到期续签率接近85%。2010年，60%以上的非公企业签订女职工专项集体合同。

2010年7月，市总工会在全市依法推动“企业工资集体协商”工作。截至2015年，全市实行工资集体协商的企业达2505家，占建立工会组织企业的80%。

2011年2月10日，“让更多的人拥有就业岗位”大型招聘会暨永州市2011年“春风行动”启动仪式

2012年2月8日，全市企业大型专场招聘会在零陵工人文化宫广场举行，达福鑫光电科技、加贸电子、三杰电子、奔腾彩印等28家规模工业企业入场“招贤”，提供电子、服装等就业岗位3000余个。现场接受求职咨询6200人次，发放《中华人民共和国就业促进法》《务工人员指南》《最新就业政策》等宣传资料8000余份，登记求职1365人，初步与用人单位达成就业意向628人。

2012年2月8日，零陵工人文化宫广场招聘会现场

三、帮扶救助

1992年，市总工会开展“进万家门、解万家难、暖万家心”的送温暖活动。1998年，实施“送温暖工程”，送温暖活动从以往“两节”走访慰问转变为一项制度化、常态化工作。

自1999年开始，推行“双联”工作，市委成立“双联”工作领导小组，组织党政机关干部深入联系困难企业、联系困难职工家庭，实行结对帮扶解困。2000年3月，“双联”工作领导小组召开市直党政机关双联工作会议，组织111家机关单位成立16个参联组，分别联系16家困难企业，每组由一名市级领导挂帅，由一家机关单位牵头，进驻被联企业。参联单位与被联企业“对口帮扶”，参联单位干部与被联企业困难户“结对帮扶”。2000年，市财政局联系零陵煤矿，作为牵头单位，财政局扎实组织开展“双联”活动，积极向上争取资金300多万元，组织参联单位筹资100多万元，对零陵煤矿一口老井进行改造，全矿干部职工一致要求把改造后的这口井命名为“双联井”。截至2001年年底，16个参联组为被联困难企业争取资金4000多万元，捐款80余万元，解决各类困难600余个，对口帮扶困难职工491户。2002年，“双联”领导小组办公室设市总工会。是年，永州市先后6次遭遇洪涝灾害，受灾职工15万余人。市总工会号召并组织全市2000多名工会干部和30万名工会会员积极投入抗灾行动，联合团市委、市妇联发出募捐救灾倡议书。工会将募集到的25万元资金，连同省总工会下拨的6万元救灾款及时转交民政部门统一发放。

2003年7月，永州市困难职工帮扶中心成立；2009年2月，市委、市政府批准永州市困难职工帮扶中心为市总工会二级事业单位，定编3名。

2006年，“双联”单位开始由国有困难企业向非公有制企业延伸，困难农民工纳入“结对帮扶”的对象。

2009年，市“双联”工作领导小组更名为市“双联”和困难职工帮扶工作领导小组，领导小组组长由市委副书记担任，领导小组办公室仍设在市总工会。从2009年起，“双联”工作和困难职工帮扶工作范围扩展，把改制企业、未改制企业、小微企业、困难企业全部纳入“双联”帮扶范围。

2011年2月3日，市委副书记、市长龚武生（右一），市委副书记唐松成（右二），市委常委、市委政法委书记蒋善生（右三）走访慰问节日期间坚守岗位的干部职工

2010—2012年，市“双联”困难帮扶工作开始实施项目化运作，整合参联单位的资源优势，减少资源浪费和无序帮扶。如金秋助学、就业培训、医疗互助等项目，涉及教育、人社、民政等多个部门资

源优势的共享。项目化帮扶收到较好社会效果，得到被联企业和职工的好评。到2012年，全市各级有1400多家机关事业单位参加“双联”工作，被联企业130家，13000多名干部与困难职工结成帮扶对子。

2012年5月18日，新田县跨省劳动力技能培训基地在广州花都区挂牌成立，这是全国首个农村劳动力异地培训机构，为新田县5万名在粤务工人员提供免费的培训机会，让他们由就业“体力型”向“技能型”转型。

2013年9月12日，市委书记陈文浩（前排左二）在“和美永州·好人好梦”公益晚会向爱心企业颁发捐赠证书

2013年8月，市总工会开展“和美永州·好人好梦”关爱困难职工系列活动，并于同年9月12日在市体育馆举办公益晚会，收到社会各界捐款536.9万元，全部用于困难职工帮扶。

2015年2月13—14日，省委书记、省人大常委会主任徐守盛，省委常委、省委秘书长韩永文，省人大常委会副主任、省总工会主席刘莲玉深入东安县、冷水滩区等地走访慰问劳动模范和困难职工。

四、劳动竞赛

2000—2003年，全市各级工会以实现企业扭亏增盈为目的，组织职工开展“创新能手”“创新示范岗位”为内容的系列劳动竞赛活动，帮助企业发展。

2004—2008年，市总工会组织全市厂矿企业开展“社会主义劳动竞赛”，各企业组织工人开展比技术、比贡献竞赛活动2300多场，通过竞赛活动推动技术革新360多项。

2007年10月，市总工会以湖南省总工会提出的“百万职工兴湘，建功立业”为核心内容，在全市开展“双比双降”节能减排竞赛、职工技能大赛、争做知识型职工大赛、女职工“芙蓉杯”竞赛等活动。

2009年，市总工会组织56家大中型企业参加“湖南省第二届技术革新知识电视大赛”，双牌水电站代表荣获全省第三名。

2010—2015年，市总工会会同市劳动局、科技局，先后组织开展7次“百万职

2014 年 9 月 28 日，长丰集团总装车间职工开展技能大比拼活动

工大练兵、十万职工大比拼、万人技能大提升”技能竞赛活动，覆盖 9 个行业、15 个工种。通过技能竞赛和技术比武，推动全市职工学技术、练本领。

在劳动竞赛活动中，以全市女职工“芙蓉杯”劳动竞赛持续最久。女职工“芙蓉杯”劳动竞赛从 1991 年开始，每三年一轮，至 2015 年已进行七轮竞赛比拼。竞赛活动以“比学习赛素质，比创新赛成果，比工作赛业绩，比和谐赛形象”为重点，设有“职业技能比拼”“素质教育大课堂”“书香三八读书征文”“女职工健美舞”“保健知识讲座”“女职工心理咨询”“女职工大病救助”“母婴关爱”等项目，旨在促进女职工思想文化素质上台阶、技术技能上等级。

2015 年 8 月 22 日，“芙蓉杯”竞赛“女职工健美舞”大赛在冷水滩举行

在第七轮“芙蓉杯”竞赛中，有 16 万名女职工参加，举办各种培训班 3125 期，创办女职工业余学校 21 所，创建心理咨询室 20 家，母婴示范点 25 个，一个企业班组获评“全国五一巾帼标兵岗”，2 名女职工获评“全国五一巾帼标兵”，19 个岗位获评“全省芙蓉标兵岗”。全市牵手共建“芙蓉标兵岗”26 对。

第二章　共产主义青年团

1996 年，中国共产主义青年团零陵地区委员会更名为中国共产主义青年团永州市委员会（简称“团市委”）。团市委是中共永州市委领导的正处级群团组织（为参照公务员法管理单位），主要负责领导、管理全市各层级的共青团、青联、学联和少年先锋队。1996—2015 年，团市委紧紧围绕中共永州市委各个时期的中心工作，团结带领广大青少年，投身永州发展大局，充分发挥党的助手和后备军作用。截至 2015 年，全市有团委 1057 个，团总支 806 个，团支部 10457 个（其中非公有制经济组织团支部 762 个），专职团干 355 人，团员 24.71 万人（其中农民工共青团员 6.12 万人）。

第一节　机构队伍

一、机构

（一）团市委

1996 年，中国共产主义青年团零陵地委更名为中国共产主义青年团永州市委员会。1996—2001 年，团市委内设机构 4 个：办公室（联络部）、组织宣传部（共青团永州市直属机关委员会）、工农青年部、学校少年工作部（市希望工程工作办公室），行政编制 11 名，其中书记 1 人，副书记 2 人，正副部长（主任）6 人。下辖 1 家二级事业单位：永州市青少年发展基金会，配财政全额拨款事业编制 1 名。2002—2007 年，内设机构 3 个：办公室（联络部）、组织宣传部（共青团永州市直属机关委员会）、青少工作部，行政编制 10 名，其中书记 1 人，副书记 3 人（其中 1 人兼纪检组长），正副科级领导职数 5 人。下辖 1 家二级事业单位：永州市青少年发展基金会，配事业编制 1 名。2008—2012 年，内设机构 4 个：办公室、组织宣传部、青年工作部（由原青少工作部更名）、权益部（学少部），行政编制及正、副书记职数保持不变，增加正科级领导职数 1 人。下辖 1 家二级事业单位：永州市青少年发展基金会，配事业编制 1 名。2013—2015 年，内设机构 4 个：办公室、组织宣传部（共青团永州市直属机关委员会）、青年工作部、权益部（学少部），行政编制 11 名，其中书记 1 人，副书记 3 人，正副科级领导职数 5 人。2014 年增设永州市青年志愿者指导中心，与市青少年发展基金会合署办公，有全额拨款事业编制 3 名，其中正科级领导职数 1 人。

（二）县（区）团组织

1949 年 10 月，中国新民主主义青年团东安县工作委员会成立，专职团干 1 人，团员 32 人。1949 年 11 月至 1950 年 4 月，新田、零陵、永明（今江永）、江华、宁远、祁阳、道县、蓝山等县相继建立新民主主义青年团工作委员会。1957 年，根据团中央的规定，中国新民主主义青年团更名为“中国共产主义青年团”（简称“共青团”）。“文化大革命”期间，各县团组织活动停止。1972 年，根据中共中央关于“整团建团”的精神，各县（区）的团组织逐步恢复。是年，双牌县建立团县委。1995 年 11 月，零陵地区改建制为“永州市”，全市辖零陵区、冷水滩区、祁阳县、东安县、双牌县、道县、江永县、江华瑶族自治县、宁远县、蓝山县、新田县 11 个县（区）团委，以及回龙圩管理区、金洞管理区、凤凰园经济开发区团组织。中央、省驻永单位和市属单位以及大专院校设团组织综合办公室，有基层专职团干 342 人。截至 2015 年，全市有县区（管理区、经开区）团委 14 个，基层团委 835 个，中央、省驻永单位和市属单位团组织 175 个，大专院校团委 24 个，团（总）支部 10457 个，团员 24.71 万人。

二、队伍

（一）结构

1995 年，共青团零陵地委机关内设办公室、组织宣传部、工农青年部、学校少年部、市直机关团委 5 个部室，有编制 9 名。1996 年，“地改市”后，团市委内设机构和人员编制进行调整。内设机构为 4 个部室，取消原有的市直机关团委，将其工作任务归入组织宣传部。人员编制由原来的 9 名增加至 11 名。下属 11 个县（区）团委机构专职团干也相应调整，各县（区）配有 3~6 名专职团干。全市团的领导机关有专职团干 47 人，兼职团干 716 人，共青团员 26.54 万人。

2001 年，市政府颁发《永州市妇女（儿童）发展规划（2001—2010 年）》，把规划主要目标列入永州市“十五”规划。为加强对少年儿童的管理教育和培养，经市政府批准，团市委机关设下属机构：永州市青少年发展基金会，编制 1 名，属财政全额拨款事业单位。同时，部分县（区）团委也相应增设这一机构。全市团的领导机关专职团干增至53人。是年，团市委召开一届七次全会，部署下年度团的工作，加大团组织的建设与发展。截至2002年年底，全市团组织19046个（其中基层团委3489个，团总支919个，团支部14638个），团员总数达29.09万人，比1996年增加25469人，增长10.4%。

2006年，随着国有企业改革的深入推进，新建企业、新的经济体制陆续出现。面对新的情况，团市委注重在“两新”组织中开展共青团组织建设。是年年底，全市“两新”组织中共建立基层团组织137个（其中基层团委26个），发展团员6438人；全市团（总）支部8979个，团员总数达19.57万人。

2011年，团市委按照“基层团委+社区青年中心”的格局，积极开展城市社区的团建工作。全市85个社区全部建立团组织，组建率达100%。全市团（总）支部达7166个，共青团员36.83万人。其中，流出团员人数为11.91万人，主要流向广州、深圳、浙江等地。2012年年底，全市建立市直驻外团工委9个，县（区）驻外团工委13个，驻外基层团支部34个，基本建成较为健全的市、县两级驻外团工委组织体系。

2011年1月9日，共青团永州市市、县两级驻深圳市工作委员会成立大会

2015年，全市有县区（管理区、经开区）团委14个，基层团委835个，中央、省、市属单位团委175个，大专院校团委24个，团支部10457个，共青团员24.71万人。

（二）培训

1997年，团市委重点组织团员青年学习中共十五大报告精神和邓小平关于建设有中国特色社会主义理论，团市委机关专门集中两天时间学习原文，并开展讨论，自觉在思想上与党中央保持高度一致。下发《关于组织全市团员青年认真学习、宣传、贯彻十五大精神的通知》，并在市委党校举办基层团委书记学习中共十五大精神培训班，集中调训专职团干100多人。

2001年，为继承革命光荣传统，全面贯彻落实中共十五大精神，团市委组织1400多名团员到韶山毛泽东同志故居参观学习，开展“寻革命足迹，做‘四有’新人”思想教育。全市各级团组织以党校为培训中心，以示范村、科技夜校为教学基地，对农村青年实行致富实用技术培训，参训人数1.5万人次。

2002—2003年，团市委下发《关于在全市兴起学习贯彻“三个代表”重要思想新高潮的通知》，动员全市各级团组织通过报告会、座谈会等形式学习、宣传“三个代表”重要思想。团市委负责人深入基层团组织开展讲课、座谈活动，运用以会代训的形式培训团员青年。

2004年年初，团市委下发《关于在全市开展青年培训工程的意见》，并举行青年培训工程启动仪式，现场发放青年工程宣传资料1万余份，捐赠VCD（影音光碟）200台。是年，全市各级团组织通过各种途径举办培训班200余期，培训农村青年7万余人，提高青年农民的实用技能，促使近万名农村剩余青年劳动力实现转移就业。2005年，按照《关于在全市开展青年培训工程的意见》要求，全市各级团组织继续深化青年培训，重点放在“订单培训”和职业技术培训，举办电脑、家电维修、电子、电工等技术培训班100余期，培训青年2万余人。

2006—2009年，团市委深入推进“青年马克思主义者培训工程”，并在武警支队教导大队、永州市职业技术学院建立首批培训基地。一方面，利用基地开展定期培训；另一方面，在全市广泛开展“迈入青春门，走好长征路”“我与永州共前进”等主题教育活动，并选送48名基层团干参加团中央和团省委的培训。2008年年初，市委印发《中共永州市委关于进一步加强和改进青年工作的意见》。2009年7月，团市委联合市委组织部在市委党校举办为期一周的全市乡镇团委书记培训班，系统开展马克思列宁主义、毛泽东思想等政治理论教育和新时期青年工作的要领教育。

2011年，团市委联合市委组织部在市委党校举办团干培训班，来自基层的46名团干参加，以学习贯彻中共永州市委第四次党代会精神为重点培训内容，并进行“我与永州同发展，我为崛起献青春”的主题宣讲。培训期间，团省委副书记陈雪楚以《关于在新形势下的共青团工作》为题，给培训班学员上主题团课。

2012—2013年，团市委对全市中学、中等职业技校的团干进行分批培训，培训2700余人次，同时选派31名团干外出学习培训。

2014年2月底，团市委按照中共永州市委的统一部署，召开共青团系统党的群众路线教育实践活动动员大会，动员全市各级团组织按照“照镜子、正衣冠、洗洗澡、治治病”这一总要求，认真听取群众对共青团工作的意见，改进工作作风和工作方法。团市委机关组织全体党员干部认真学习习近平总书记系列重要讲话和中共十八大以来的重要文件精神。2015年，团市委开展“三严三实”（严以修身、严以用权、严以律己，谋事要实、创业要实、做人要实）专题教育。是年9月，全市金融系统选送11名优秀青年干部到各县（区）团委挂职。

第二节　代表大会

一、第一次代表大会

1996 年 9 月 26 日，共青团永州市第一次代表大会在芝山区（今零陵区）召开，出席会议代表 218 人，列席代表 40 人。邹金鹜、谢朝月等市领导出席。会议围绕永州市第一次党代会精神，以“党有号召，团有行动”为方针，作出工作部署。会议讨论通过《永州市青少年精神文明建设实施意见》，就构筑青年一代强大精神支柱，加强团干队伍建设提出切实可行的规划。会议选举产生共青团永州市第一届委员会委员 31 人，刘四清当选为书记，黄洪德、蒋良铁当选为副书记。

二、第二次代表大会

2002 年 3 月 1 日，共青团永州市第二次代表大会在冷水滩区召开，出席会议代表 199 人，列席代表 52 人。曾庆炎、周永亮、唐松成等市领导出席。会议明确，此后五年，全市各级团组织要带领全体团员，一以贯之地打好青少年教育持久战、团组建设攻坚战；一以贯之地大力推进保护母亲河行动和青年致富行动；一以贯之地建设一支能够不断适应新形势要求的高素质团干队伍；一以贯之地深化思想工程、文明工程、人才工程、创新工程、彩虹工程和维权工程。会议选举产生共青团永州市第二届委员会委员 33 人，黄小明当选为书记，蒋良铁、贺一夫、唐军（女）当选为副书记。

三、第三次代表大会

2007 年 4 月 25 日，共青团永州市第三次代表大会在冷水滩区召开，出席会议代表 230 人，列席代表 60 人。黄天锡、唐定等市领导出席。会议提出，此后五年要突出时代要求，凝聚青春力量，在推进“三个永州”（速度永州、

2007 年 4 月 25 日，中国共产主义青年团永州市第三次代表大会现场

和谐永州、活力永州）建设中充分发挥组织青年、服务青年、代表青年的作用，为永州赶超崛起创造无愧于时代的业绩。会议选举产生共青团永州市第三届委员会委员 37 人，唐军（女）当选为书记，蒋季红（女）、彭韬、聂朝飞当选为副书记。

四、第四次代表大会

2012 年 8 月 28 日，共青团永州市第四次代表大会在冷水滩区召开，出席会议代表 263 人，列席代表 90 人。张硕辅、唐松成、李良铁等市领导出席。会议号召全市广大团员青年艰苦奋斗，开拓创新，努力成为助推赶超崛起的生力军，努力成为建设和谐幸福永州的排头兵，自觉把思想和行动统一到市委的决策和部署上来，在落实“四化两型”“两个加快”“两个率先”战略目标，推进科学赶超、开放崛起、富民强市的伟大实践中创造更加壮丽的青春业绩。会议选举产生共青团永州市第四届委员会委员 39 人，朱阳辉当选为书记，唐旭（女）、唐超学、陈雄当选为副书记。

1996—2015 年永州团市委历届领导一览表

表 2-1

届别	职　务	姓　名	任职时间
第一届	书　记	刘四清	1996. 03—1997. 08
	书　记	龚兴智	1997. 08—2001. 01
	书　记	黄小明	2001. 01—2002. 03
	副书记	蒋良铁	1996. 09—2004. 02
	副书记	黄洪德	1996. 09—2002. 01
	副书记	李农妹	2000. 09—2001. 12
第二届	书　记	黄小明	2002. 03—2005. 07
	书　记	唐　军	2006. 12—2007. 04
	副书记	蒋良铁	1996. 09—2004. 02
	副书记	贺一夫	2002. 03—2007. 04 （自 2006 年 12 月起任党组书记）
	副书记	唐　军	2002. 03—2006. 12
第三届	书　记	唐　军	2007. 04—2010. 01
	书　记	秦志军	2010. 01—2011. 06
	副书记	蒋季红	2007. 04—2010. 01
	副书记	彭　韬	2007. 04—2009. 09

续表2-1

届别	职　务	姓　名	任职时间
第三届	副书记	聂朝飞	2007.04—2010.01
	副书记	左雅婷	2009.08—2012.08
	副书记	唐　旭	2010.09—2012.08
	副书记	唐超学	2010.12—2012.08
	副书记	陈　雄	2011.06—2012.08
	党组成员 纪检组长	唐　旭	2009.08—2010.09
第四届	书　记	朱阳辉	2012.08—2014.09
	书　记	周　亮	2014.09—2016.08
	副书记	唐　旭	2012.08—2013.08
	副书记	唐超学	2012.08—2016.08
	副书记	陈　雄	2012.08—2015.04
	党组成员 纪检组长	周贤志	2013.08—2016.09
	副书记	李　玲	2015.11—

第三节　活动

一、青少年思想政治引领

（一）社会主义理论与思想政治教育

1996年10月，中共十四届六中全会召开，团市委组织各级团组织认真学习六中全会通过的《中共中央关于加强社会主义精神文明建设的决定》。各县（区）团委召开宣讲会、座谈会240余场次，向团员青年开展社会主义精神文明教育，尤其注重在农村开展精神文明创建活动，与移风易俗、建设新农村、实现“两个文明”建设有机结合。

1997年9月，团市委全体机关干部专门集中两天时间，认真学习中共十五大报告原文和邓小平理论的重要章节，认真领会中共十五大提出的“把邓小平理论确定为党的指导思想，把依法治国确定为治国的基本方略，把坚持公有制为主体、多种所有制经济共同发展，坚持按劳分配为主体、多种分配方式并存，确定为我国在社会主义初级阶段的基本经济制度和分配制度”这一重要会议精神。就如何围绕中共十五大精神创新团的工作，与会人员作学习笔记、谈学习体会，开拓工作思路。团市委组织全市各级团组织开展学习教育活动，掀起学习贯彻中共十五大精神的热潮。

2000 年，团市委在市委党校举办共青团十四大精神学习班暨基层团委书记培训班，集中调训专职团干 100 余人，系统地学习团的十四大工作报告、新团章和江泽民总书记的讲话。2001 年 5 月，全市各级团组织全面铺开“三个代表”重要思想的学习教育活动。

2002 年，江泽民总书记在建团 80 周年大会上发表讲话后，团市委号召全市各级团组织以多种形式学习贯彻讲话精神，按照江泽民总书记提出的“四个统一”和“六点希望”，引导基层团干部自觉加强政治理论学习和业务知识学习，努力做新时期的优秀团干。

2003—2005 年，团市委开展“三个代表”重要思想学习实践活动，集中开展 4 期培训班，参训人员 158 人次。

2006 年 3 月 4 日，团市委下发《关于在全市青少年中大力开展社会主义荣辱观教育活动的通知》，并于 5 月 28 日和市文明办联合举办“我心中的荣辱观 · 文明从我开始”主题演讲比赛，以此拉开“知荣明耻、健康成长成材”的学习序幕。2009 年5 月，胡锦涛总书记在中国农业大学发表重要讲话，团市委及时下发通知，举办县（区）团委书记学习班，号召全市广大青年学生认真深入学习领会胡锦涛总书记重要讲话精神，引导青年学生坚持“四个始终”，树立正确发展方向。

2010 年，团市委在全市范围内开展学习胡锦涛总书记“致少先队建队 60 周年贺信”活动，组织青少年参观李达故居、何宝珍旧居等红色教育基地，鼓励争当“四好少年”。

2011—2013 年，团市委开展“我与湖南同发展，我为‘四化两型’作贡献”形势政策教育，举办形势报告会，在“永州青年在线”网站开设学习园地、活动专栏，联系永州实际对团员青年进行思想道德教育，鼓励青年奋发上进。

2013 年，团市委努力拓展思想教育的传播路径，积极以新的思想武装全市广大青少年。全市团组织共开展学习中共十八大、团的十七大会议精神活动 896 场，组织“青春建功中国梦”宣讲会 27 场、社会主义核心价值观巡回报告会 68 场。同时，团市委官方微信公众号“永团在线”就习近平总书记提出的“中国梦”“社会主义核心价值观”等内容，开展正能量思想教育，发布微信 180 条，阅读量超过 25 万人次，单篇最高阅读量突破 6 万人次，公众号综合影响力排全省第三位。

（二）纪念建团及“五四”爱国运动主题教育

1996年4月22日晚，团市委以撤区建市为契机，组织“庆建市、兴永州、献青春”为主题的青年文艺演出活动。“五四”期间，团市委组织“永州青年‘千人万米’长跑暨永州青年‘建文明城市，做文明市民’宣誓签名”活动。通过活动，教育青年做文明市民、兴永州大业、献火热青春。

1997年5月2日，团市委以“知我香港，爱我中华”为主题，开展知识抢答竞赛。5月4日，举办“迎回归　兴永州　献青春”大型文艺晚会。1998年，以“五四”青年节为契机，组织城区万余名已过成人预备期志愿服务的青年学生在市体育馆举行“18岁成人仪式”，并发布《永州市文明青年日常行为规范》《永州市文明大中专生日常行为规范》《永州市中小学生日常行为规范》。

1999年，团市委利用纪念五四运动80周年的有利契机，开展“五四”系列活动。5月3日，召开五四运动80周年纪念大会；5月6日，组织“‘五四’运动与跨世纪的永州”座谈会；在永州电视台开辟《创业者风采》专栏，系统报道全市10家青年文明号，20名青年岗位能手的先进事迹。

2000年，在纪念五四运动81周年期间，团市委组织开展知识辩论赛、书画赛、电脑操作比赛、文艺汇报演出等系列活动。4月至5月底，在全市中小学生中举办“读《钢铁是怎样炼成的》有感”征文赛。

2001年4月30日，团市委组织全市1400多名共青团员前往毛泽东的故乡韶山参观学习，接受革命传统教育，并进行“党在我心中，做四有新人”宣誓。

2002年“五四”期间，团市委组织120多名团员青年在舜皇山国家森林公园开展“走长征路、讲长征故事”活动。在团市委的组织引导下，双牌团县委联合南岭化工厂、双牌水电站举办“永远跟党走”专场文艺宣传演出。2003年，在开展纪念“五四”青年节系列活动中，团市委重点组织青年学习江泽民总书记《在纪念共青团成立80周年大会上的讲话》，通过大会报告、演讲比赛、知识抢答等多种形式，引导团员青年贯彻落实江泽民提出的“四个统一”“六点希望”。

2004年5月20日，在纪念五四运动85周年活动中，团市委表彰第二届“永州十大杰出青年”“十大杰出青年文明号”“十大杰出青年岗位能手”等优秀青年集体和先进个人。团市委号召全市广大团员青年向优秀青年学习，弘扬五四精神、提升青年素质、展示青年风采，为永州经济建设奉献青春。

2005—2006年，团市委利用纪念抗日战争胜利60周年、五四运动86周年、“一二·九”运动70周年等纪念日，开展讲故事、看影片等教育活动，同时组织青少年到李达故居、何宝珍旧居以及其他革命旧址、烈士陵园进行瞻仰、凭吊活动。

2007年，在开展纪念“五四”活动的同时，团市委组织道德模范报告会，邀请全国道德模范获奖者欧阳名友、余锦柱作报告。通过举办该活动，引领青年学模范、知荣辱、促和谐。

2008 年，团市委以纪念建团 86 周年、五四运动 89 周年、改革开放 30 周年和迎奥运为契机，进一步把广大团员青年的思想教育引向深入。2009—2010 年“五四”期间，组织团员青年开展座谈会、主题团（队）日、演讲赛、征文赛等活动，用祖国发展的辉煌成就鼓舞青少年，用青年运动和少先队发展的光荣历史教育青少年，引导广大青少年进一步坚定跟党走中国特色社会主义道路的理想信念，进一步坚定加快赶超崛起的雄心壮志。2011 年，团市委分设冷水滩、零陵两个分会场，举办“学党史，知党情，跟党走”系列主题教育活动，零陵、冷水滩两区学生和基层团干 800 余人参加活动。

2012 年“五四”期间，团市委在团员青年中开展“我与永州同发展，我为‘四化两型’作贡献”教育活动。2013 年“五四”期间，团市委组织开展“重走长征路，传承红军精神”教育活动，全市 1 万余名青少年参加“红色”体验活动。

2014 年 5 月 15 日，全市青少年社会主义核心价值观教育报告会现场

2014 年 5 月 6 日，团市委举行纪念五四运动 95 周年表彰大会。市委副书记唐松成出席会议并讲话。大会表彰 2013 年度“五四”红旗团组织、优秀团员、优秀团干部、优秀青年创业就业组织和个人、优秀青年志愿者集体和个人等 105 个先进集体和 487 名先进个人。同年，团市委牵头，联合市教育局、市司法局、市关工委，组织“五老”（老干部、老战士、老教师、老专家、老模范）宣讲团，分南、北两片区在全市中小学校青少年中开展社会主义核心价值观教育宣讲活动，激励全市广大团员青年弘扬以“爱国、进步、民主、科学”为核心的“五四”精神。

2015 年 5 月 4 日，永州市纪念五四运动 96 周年暨创新创业创优青年代表座谈会在冷水滩区召开。

（三）社会实践主题教育

1996 年，围绕市委“大郊区”战略，团市委在各级团组织中广泛开展“城乡青年手拉手心连心，共建永州新农村”、科技文化支农“百千万”行动，依靠团的组织优势，动员和组织百家科研单位、涉农部门、大中专学校、职业技术学校和城镇中学的万名科技工作者和青年学生，到一千个村开展扫盲治愚、科技辅导活动。

1997年，团市委在全市各中小学校着重开展社会实践、第二课堂、课外学术科技“小发明、小创造”等强素质活动。1998年暑假期间，团市委组织大中专学生及医疗、农机专家100余人到双牌水淹区开展科技、卫生、文化“三下乡”活动，足迹遍及双牌和道县4个乡镇18个行政村，免费为群众诊治1640人次，送药送书价值9730余元。

1999年，团市委在共青团永州市一届五次全会上提出“创农字特色，做山水文章，抓项目带动，走实业之路”的青年农民工作新思路。围绕这一思路，举办100多期培训班，鼓励和引导青年农民领办科技项目，通过团组织的参与，建立多种形式的共建基地。

2001年，团市委启动“向抛荒田进军”行动，号召全市各级团组织通过提供技术、信息、资金等各种服务帮助解决一些实际困难，引导广大农村青年承包、租赁经营土地，在建设生态环保效益型经济进程中脱贫致富奔小康。据统计，2001年上半年，全市青年以各种方式经营抛荒田1.52万亩。

2003年，根据市委、市政府提出的推进工业化进程的部署，团市委把实施创新工程与青年岗位能手创建活动相结合，继续利用“创新项目攻关制”、《青年岗位成才建功手册》等有效载体，深入实施“青工技能振兴计划”。

2005年，团市委开展“参与志愿服务，建设和谐永州”四项主题实践活动（即结成一个帮扶对子，赠送两份期刊，开展“三下乡”，实施四项环保措施）、“争做青年表率，争当时代先锋”学习实践活动、“新时期党员团干部形象”大讨论等活动，切实提高广大团干部的思想政治水平与工作能力。

2011年3月6日，团市委组织团员义务清扫街道

2008年，围绕促进新型工业化，团市委开展青年创新创效行动，深入实施“青工技能振兴计划”，与上海、无锡等地团组织联系，积极推动外地青年企业家到永州考察投资，传送创新创业经验。围绕新农村建设，广泛开展青年农民科技培训，培养农村青年致富带头人100余人。围绕“两型”社会建设，以“同饮湘江水，共建平安林”为主题，开展“四个一”

节约资源、“青年志愿者环保行”等活动，大力推进保护母亲河行动。

2010年，围绕市委关于创建省级卫生城市的部署，团市委开展“创建卫生城市，青年争当先锋”行动，通过电视台、报纸、互联网在全市发起“我为创卫献计策”活动倡议。

2012年，围绕市委“六城同创”的战略部署，团市委将“创卫志愿服务队”升级为“绿色志愿者”服务队，深入开展“保护母亲河”行动，集中开展植绿护绿、清洁水源、节水宣传等活动，建立命名一批“青少年绿色示范园”和“青年示范林”，栽种树苗近50万株，绿化山地1万余亩，争取到“中国平安万亩常青林——2012年绿色希望工程”，栽植松树苗1万余株，绿化面积达1000亩。

2012年10月10日上午，冷水滩城区开展“创建文明城市，点滴从我做起”签名活动，上千名青年学生签名承诺，积极参与创建活动

2013年10月21日，团市委联合市创卫办、市交警支队等单位共同举办的“携手共创卫生城市 青春筑建美丽永州”系列活动在冷水滩区启动。市委副书记唐松成、副市长刘尤碧出席活动。

2014年12月11日，永州青年创新创业园在永州经济技术开发区潇水河畔开工。2015年，团市委全力推进永州市青年创新创业园建设，得到市委、市政府的高度重视，并将其列入2015年度全市重点项目。是年，团市委先后组织2万人次青年志愿者上街开展文明劝导。5月，团市委获评“全市创国卫先进单位”。

二、青年文明号和青年岗位能手创建

1996年，全市有12家单位相继获国家级、省级青年文明号奖牌，其中农行系统获两块国家级奖牌，实现全市国家级青年文明号零的突破。全年命名金融系统青年文明号51家，青年岗位能手90人；命名供销社系统青年文明号6家，青年岗位能手5人；命名电力系统青年文明号5家，青年岗位能手7人。

1997—2014年，团市委每年命名一批市级青年文明号和青年岗位能手（2006年未开展此项活动，2007年未命名青年岗位能手）。

1997—2014 年团市委命名青年文明号和青年岗位能手情况统计表

表 2-2

年　份	命名青年文明号（家）	命名青年岗位能手（人）
1997 年	20	80
1998 年	60	100
1999 年	31	29
2000 年	33	55
2001 年	36	40
2002 年	33	43
2003 年	42	42
2004 年	27	58
2005 年	20	63
2007 年	14	—
2008 年	26	75
2009 年	27	68
2010 年	19	56
2011 年	29	63
2012 年	48	91
2013 年	54	61
2014 年	39	84

三、希望工程

1996 年，团市委进一步拓展希望工程，筹款 30 余万元，资助失学儿童 1500 人，其中新田县筹措希望工程款近 20 万元。1997 年，通过实施希望工程，全市资助失学儿童 2000 人，帮助 14 所学校改善教学条件，申请新建希望小学 4 所，安排“一加一救助”结对双方见面 870 人次。

1998 年，团市委印发《永州 98 希望工程志愿者劝募行动实施方案》，举办“希望之光”义演晚会和“情系下岗职工　小朋友手拉手”活动，募集捐款 172.45 万元，资助贫困学生 2236 人，并争取中央及省青基会援建希望小学 3 所。2000 年，团市委被中国青少年发展基金会授予“全国希望工程攻坚奖”。

2001 年，团市委利用《潇湘团讯》复刊和召开市第二次团代会的契机，对希望学校教师开展培训，组织开展“希望之星”评选活动。针对部分贫困山区失学儿童增多的现象，实施“新世纪结对救助行动”，广泛动员社会各界有识之士，为失学儿童献爱心，完成结对救助 149 对。

2003 年，新田、江永、双牌等县（区）通过希望工程网上结对活动，组织贫困学生与全国各地网友结成对子近百对，筹集希望工程资金数十万元。2005 年，团市委组织承办“让爱心托起明天的太阳”公益助学汇报晚会，募集爱心助学款 12 万多元，并联合常德卷烟厂开展第 8 届“芙蓉学子——与希望同行”助学活动，发放爱心助学款 12 万元，资助贫困大学新生 30 人。

2006 年，市青少年发展基金会及各县（区）筹集希望工程资金近 220 万元，资助大中小学生近 600 人次，援建希望小学 4 所。其中，与常德卷烟厂零陵卷烟分厂联合开展第 9 届“芙蓉学子——与希望同行”助学活动，推出“芙蓉学子”系列专题报道和爱心摄影展，发放爱心助学款 16 万元，资助贫困大学新生 52 人；与市移动公司联合推出“移动富民惠农助学行动”，资助应届贫困高中新生 92 人；与广东省青少年发展基金会和香港中联办合作，筹资 30 万元建设祁阳杜景成希望小学；与长沙青少年发展基金会合作，筹资 25 万元建设江永白沙希望小学。

2010 年，团市委举办“永州希望工程 20 周年答谢晚会”，并通过社会募捐，筹得希望工程款 47.5 万元，同时争取到湖南省青基会 75.5 万元的建校助学款。2011 年，积极响应团省委倡导的“关爱农民工子女基金——圆梦红土地一日捐”活动，团市委筹得善款 17.49 万元，筹款总数位列全省第一。2012 年，团市委与市民政局、市教育局联合开展“小小慈善行　浓浓济困情”大学助学活动，筹款 40 万元，资助贫困师生 254 人。

2013 年，“李雨助学基金”“永州市青年企业家爱心助学基金”两个专项基金成立，首期筹得捐款 79.1 万元，全年资助 260 名家庭贫困的应届大学生及 400 余名贫困中小学生。2014 年，开展希望工程“一元捐”活动，募集捐款 46.18 万元，募款总额列全省第一；开展“微益中国”推广活动，印制分发“微益中国”宣传海报 570 份，新增注册老师 185 人，新增项目 115 个，“微益项目”新增人数及总量均列全省第一。2015 年，围绕“精

2013 年 9 月 7 日，“李雨助学基金”成立仪式现场

准扶贫”，加大“希望工程”工作力度，举办“永州市爱心助学公益晚会”，募集善款善物421万元，对全市1620名贫困大中小学生进行精准帮扶。

四、青年志愿者活动

1996年，永州市第一次党代会、市一次人代会、政协永州一次会期间，团市委组织万名青年志愿者上街清扫城区，千名志愿者为代表、委员提供导游导购服务，为来自农村的代表、委员义务帮耕助种。湖南省八运会永州赛事期间，团市委组织青少年分路段、分区城、分赛场设立共青团和少先队文明卫生监督岗42个；在交通要道、繁华闹市、比赛场馆设立治安巡逻队；在车站、运动员驻地、赛场、旅游景点、文化活动区、繁华商贸区设立青年志愿者导游导购、便民服务网点。

1997年，团市委召开县（区）团委书记会议，部署青年志愿者服务“户、区、路”大行动。3月1日，活动开始，全市10万余名青年志愿者上街下乡、进村入户，开展志愿义务服务和创建文明社区活动。是年，团市委组织青年志愿者开展“三大行动”：一是开展“一助一”长期结对服务。青年志愿者把温暖送进千家万户，与3275户孤寡老人、五保户、军烈属结成长期“一助一”服务对子，普遍实行“四定一包”、规范管理、规范行动。二是开展科技下乡支农服务。组织青年志愿者小分队729支、志愿者36728人，下到全市广大农村开展扫盲、支农、卫生、文化等方面的服务，开办各种扫盲班、科普班、科技班、科技夜校3416期。三是开展大型学雷锋服务。在全市范围内建立一批青年志愿者学雷锋服务基地，从中择优筛选10个基地送团省委报批首届省级挂牌青年志愿者学雷锋服务基地。同时，团市委组织广大青年志愿者响应市委、市政府为建设永连公路募捐的倡议，带头捐款。

1999年，团市委组织青年志愿者无偿献血，全市大中专学生、武警官兵800余人参加。

2000年春节期间，团市委组织开展“把文明带回家”活动，全市各级团组织组织92支青年志愿者服务队，到车站迎接外出打工青年返乡，提供出入站秩序和治安维护、接送大件行李等志愿服务。

2001年，以国际志愿者年为契机，团市委深化“雷锋家乡学雷锋”活动，扎实做好志愿者注册和志愿服务时间、内容登记工作，以点带面推开“四定”（定人、定对象、定时间、定内容）送温暖服务，进一步开展“文明社区”创建活动。

2003年，团市委加大志愿者注册工作力度，全年新增注册志愿者4700余人，新建志愿者服务站47个，志愿服务的组织、项目、队伍和机制建设得到很大提升。是年，团市委印发《关于在全市开展“关爱家园、清洁城市”青少年爱国卫生行动的实施意见》，号召全市青年积极行动起来，组织青年志愿者 1.8 万余人次投身抗击“非典”。

2005 年，结合保持共产党员先进性教育活动，团市委组织全市近万名青年志愿者下基层开展“参与志愿服务，建设和谐永州”主题活动。深入实施“2005 大学生志愿服务西部计划”，接收大学生志愿者 30 人，分别派往祁阳、东安、新田三县开展远程教育志愿服务，并引导志愿者发挥“奉献、友爱、互助、进步”的志愿者精神，积极参与地方经济发展。

2006 年 7 月，团市委牵头，在冷水滩区普利桥镇举办建设新农村志愿服务活动，来自市直相关单位的 200 余名志愿者参与。市中医院的青年专家为当地群众提供免费体检，现场免费发放近 5000 元药品；市职业技术学院的青年教师为当地群众提供种养植方面的技术指导服务；冷水滩区农机局的农机专家为群众维修农用机械；武警永州市支队的战士们为当地的烈军属、五保户开展抢种抢收活动；市直 13 个单位团组织的负责人与当地 13 名留守儿童结成对子，并赠送慰问金和学习生活用品。

2011 年 2 月 10 日，团市委组织青年干部到永州火车站开展“平安春运，和谐春运”志愿服务活动

2008—2011 年，团市委相继开展“争做志愿者，服务新农村”“万支服务队温暖万家”“大中学生志愿者‘三下乡’”“春节平安行”“我为两会作贡献——永州青年志愿者文明行动”“春天行动——义工免费电脑服务进社区”“暑期爱心送考”等志愿服务活动，联系湖南大学等知名院校到永州开展“心之旅”暑期支教、“爱心敬老”等活动，与市消防支队联合成立永州市消防志愿者服务总队，与市民政局、慈善办等有关部门合作，推进志愿者协会建设，探索建立志愿者服务的长效机制。

2012 年，团市委开展青年志愿者规范化建设，推动县（区）建立志愿者协会，建立市、县两级青年志愿者协会 17 家、志愿者工作站 33 个。2013 年，永州市青年志愿者协会成立并召开第一次会员代表大会，开通永州青年志愿者网站和永州青年志愿者认证微博。

2015 年，团市委把注册志愿者工作作为重点工作来抓，全市 6222 名专（兼）

职团干部带头做志愿者，有12.95万名共青团员带头做志愿者，占全市团员总数的58.2%；1.38万名共青团员注册网络文明志愿者。开展“N+1”专项志愿服务行动，建立县级协会134个，高校协会3个，行业、单位、企业协会68个，初步形成全市性协会、县级协会、高校协会和行业、单位、企业协会组成的青年志愿者协会网络体系。

2012年5月2日，永州市青年志愿者们在清扫大街

五、青少年权益保护

1996年，团市委牵头成立永州市未成年人保护委员会（简称“市未保委”），由市委副书记谭政担任组长，团市委书记任副组长，办公室设在团市委。市未保委成立后，召开预防青少年违法犯罪研讨会，并在全省建立首家少年审判庭。

1997年，针对个体私营企业、个体服务行业雇用童工现象，全市各部门联合行动，查处违法现象23起，切实维护未成年人合法权益；在全市建立12个普法网络，通过电视、报纸及黑板报等宣传工具，广泛、深入地对青少年开展普法教育。

1998年，团市委先后举办三期《中华人民共和国未成年人保护法》（简称《未成年人保护法》）学习培训班，有68名专、兼职团干和73名兼职“未保”干部参加培训，促进《未成年人保护法》的贯彻落实。

2000年，结合“3·15”活动，市未保委联合市工商局、市消费者委员会开展一次打击损害未成年人利益的消费品行动。市委宣传部、市综治委、市未保委、市教委、市文化局、市司法局、团市委7家单位以市博物馆为主会场举行《为了明天——预防青少年犯罪》大型图片展览，并在各县（区）进行巡回展出。

2001年，团市委积极推进“青少年维权岗”创建活动，通过法律服务、法律援助、舆论支持、维权咨询等，为青少年提供多种形式的维权服务。全市建立青少年维权岗19个，开展法律服务、维权咨询等活动143次。团市委还配合永州监狱对青少年犯人开展法律知识讲座、法律援助、人生理想教育等活动。2002年，团市委将预防青少年违法犯罪工作纳入全市综治考核。

2003年“国际禁毒日”期间，团市委会同市禁毒委员会在冷水滩区石牌楼社区举办禁毒知识专题讲座；江华团县委与有关单位联合举办“拒绝毒品，珍爱生命”为主题的诗歌朗诵会，宣传禁毒知识，教育广大青少年学生珍爱生命，远离毒品。是年，团市委被评为“湖南省法制宣传教育工作先进单位”。

2005年，市、县两级团委积极配合文化部门开展大规模的网吧专项整治活动，印发宣传资料10余万份，采取集中行动20余次，取得良好成效。2009年，团市委加强青少年维权工作及其维权载体建设，举办“共青团与人大代表、政协委员面对面”活动；联合市综治委、市中级人民法院、市人民检察院、市公安局等13家单位开展优秀“青少年维权岗”创建活动。

2011年，团市委配合文化、公安等相关部门开展“校园周边环境治理行动”、“青少年网络文明”行动、“青少年远离毒品”行动、预防艾滋病“青春红丝带”活动，全市各级团组织开展专题活动80余场，发放宣传资料5.1万余份。

2014年，团市委积极开展“青少年心理健康服务”“青少年网络与新媒体环境”“农村留守儿童安全防护”等专题调研，开展以“维护青少年合法权益，保障青少年健康成长”为主题的青少年法制宣传教育周活动。

2015年，团市委指导成立永州市青少年心理健康教育协会，组织85名专家和会员先后开展青少年心理关爱活动7场，接受青少年心理咨询120余人次。组建由40名律师、35名心理咨询专家组成的永州市青少年维权专家服务团队，为全市青少年提供侵权保护、法律援助、心理咨询等方面服务。

六、青年联合会和学生联合会工作

1998年2月27日，永州市青年联合会（简称“市青联”）成立暨一届一次会议在芝山区潇湘宾馆召开，应到委员159人，实到委员108人。会议选举龚兴智为市青联第一届委员会主席，选举黄洪德、李俊江（瑶族）、蒋良铁、袁火林、万向东、黄青柳、赵妙晴（女）、黄小明（瑶族）为市青联第一届委员会副主席。

2003年10月18—20日，永州市青联第二届委员会第一次全体会议暨永州市学生联合会（简称“市学联”）第一次代表大会在冷水滩区召开。市青联第二届委员会第一次全体会议应到委员176名，实到委员156名。会议选举贺一夫为市青联第二届委员会主席，选举奉明、张建坤、柏继平、唐建国、刘翠玲（女）、祝珍明、刘岳泉、杨文灿、唐军（女）、唐启军、彭韬、桂湘平为市青联第二届委员会副主席。经市青联二届一次常委会通过确定常委会秘书长为彭韬，经主席会议通过确定吴小芳（女）、孔新平为副秘书长。

永州市学联第一次代表大会应到代表98人，实到代表93人。会议选举零陵学院学生会为市学联第一届主席团体，选举永州市第四中学学生会、永州职业技术学院学生会、九嶷山学院学生会、零陵师范学校学生会、道县师范学校学生、零陵工业学校学生会、零陵商业学校学生会、祁阳县第一中学学生会、永州市高级技工学校学生会、东安县第一中学学生会、道县第一中学学生会、永州市第一中学学生会为市学联第一届副主席团体。

2009 年 5 月 20—22 日，永州市青联三届一次全体会议暨永州市学联第二次代表大会在冷水滩区召开。市青联三届一次全体会议应到委员 203 人，实到委员 162 人。会议选举蒋季红（女，瑶族）为市青联第三届委员会主席，选举张树明、唐启君、秦山成、孔新平、唐朝晖、李新宝、李银生、延藏、周吉长、黄晓玲、彭韬、聂朝飞、周贤志（瑶族）、任参阳为市青联第三届委员会副主席。经市青联三届一次主席会议通过，经市委和省青联同意，决定周贤志任秘书长，张超（女）、蒋志臻、刘鑫、佘方麟、潘方清为副秘书长。

2009 年 5 月 20 日，永州市青联三届一次全体会议暨永州市学联第二次代表大会开幕式现场

永州市学联第二次代表大会应到代表 100 人，实到代表 96 人。会议选举湖南科技学院学生会、永州职业技术学院学生会、湖南九嶷职业技术学院学生会、湖南潇湘技师学院学生会、永州一中学生会、永州四中学生会、祁阳一中学生会、东安一中学生会、宁远一中学生会、道县师范学生会、永州市工商职业中专学生会为主席团团体。

2014 年 12 月 16—17 日，永州市青年联合会第四届委员会第一次全体会议暨永州市学联第三次代表大会在冷水滩区召开。市青年联合会第四届委员会第一次全体会议应到委员 239 人，实到委员 203 人。会议选举唐超学为市青联第四届委员会主席；选举艾克海、马永红、李雨（女）、李枫、赵亚辉（女）、蒋建国、佘文芳、雷荣涛、姜欢（女）、叶林茂为市青联第四届委员会副主席。

永州市学联第三次代表大会应到代表 90 人，实到代表 88 人。会议选举湖南科技学院学生会、永州职业技术学院学生会、湖南潇湘技师学院学生会、道县师范学生会、祁阳师范学生会、永州一中学生会、永州四中学生会、东安一中学生会、江永一中写生会、江华职业中专学生会、宁远一中学生会、新田一中学生会、蓝山二中学生会为主席团团体。

七、少先队工作

（一）少先队组织

1978年10月，永州市中国少年先锋队重建，全市建有少先大队198个，少先队员9.3万人。2005年6月，全市有少先队员11万余人。2007年11月25日，经市委和省少工委批准，中国少年先锋队永州市第一次代表大会在冷水滩区海天大酒店召开，来自全市的158名正式代表参会。会议选举产生中国少年先锋队永州市第一届工作委员会，聂朝飞、周金国当选为市第一届少工委主任，吴小芳（女）、杨兰荣当选为市第一届少工委副主任。截至2015年，全市有少先大队284个，少先队员15.4万人。

（二）少先队活动

1996年3月，在永州市少先队“学雷锋志愿服务”活动期间，全市有10多万名少先队员投入到活动之中。

1997年，团市委组织开展“雏鹰假日小队”活动和劳动模范教育活动，让少先队员们在参与活动中受到教育；“六一”期间，组织开展“手拉手”城乡少年互助行动和“三个一”（写一封信、送一件礼品、交流一次思想）活动。

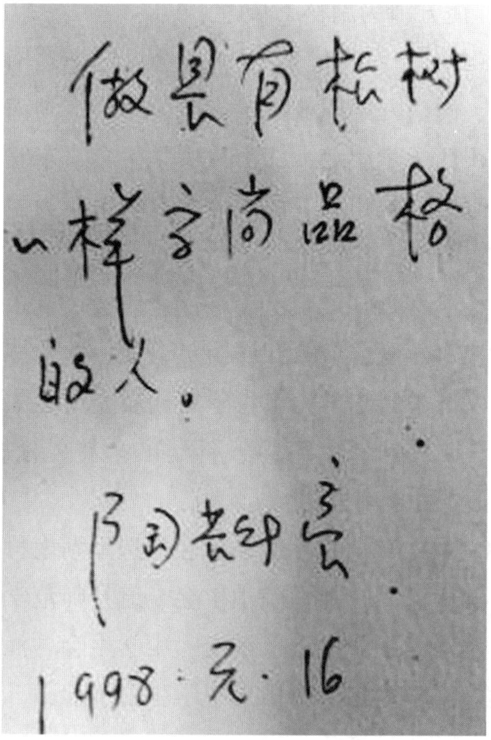

1998年1月16日，陶斯亮为少先队员题词

1998年1月16日，祁阳团县委组织少先队员参加纪念老一辈无产阶级革命家陶铸同志90周年诞辰大会。会议期间，少先队员请陶铸的女儿陶斯亮讲述关于陶铸的革命故事。会后，陶斯亮为少先队员题词“做具有松树一样高尚品格的人”。

2000—2006年，团市委举办“红领巾心向党——传承红色文化，做党的好孩子”主题队会活动，组织少先队员参观李达故居、何宝珍故里及其他革命遗址，使少先队员们受到革命传统教育。其间，组织开展少先队组织建设情况检查。通过检查，健全少先队组织，加强少先队阵地建设，丰富少先队活动，优化少年儿童健康成长环境。

2011 年 6 月 1 日，“红领巾心向党——传承红色文化，做党的好孩子”主题队会活动

2010 年，团市委在全市广泛开展“学习胡锦涛总书记致少先队建队 60 周年贺信”“争当四好少年”活动；以冷水滩区菱角山小学等 4 所学校为试点，开展“雏鹰争章”活动。2009 年，团市委联合市少工委开展少先队建队 60 周年主题队会，帮助少先队员们了解少先队历史；召开表彰大会，对在少先队工作中表现突出的“十佳少先队工作者”进行表彰，同时表彰“为了母亲河”湖南少年儿童环保绘画大赛的永州市获奖者。

2012 年，团市委联合市少工委在全市少先队组织中开展“学先锋，找榜样，争四好”“学习雷锋好榜样，争戴闪闪雷锋章”等活动，在“六一”“七一”“十一”“10·13 建队纪念日”开展丰富多彩的主题队日活动，覆盖少先队员 15.4 万余人。

2015 年，团市委、市少工委联合市教育局开展永州市首届少先队活动课精品课程竞赛活动，评选产生 22 个获奖课程。同时，扎实推进少先队活动课专业化建设，祁阳县“雏鹰争章”名师工作室、零陵区少先队名师工作室相继组建成立。

2015 年 10 月 13 日，宁远团县委组织开展“我是向上向善好队员”主题活动

第三章　妇女联合会

永州市妇女联合会前身为湖南省妇女联合会零陵地区办事处。1996 年 10 月，永州市第一次妇女代表大会召开，永州市妇女联合会（简称“市妇联”）成立。市妇联是中共永州市委领导的正处级群团组织（为参照公务员法管理单位），主要任务是：团结动员广大妇女投身改革开放和现代化建设，促进经济发展和社会全面进步；教育引导广大妇女增强自尊、自信、自立、自强的精神，全面提高素质，促进妇女人才成长；代表妇女参与社会的民主管理、民主监督，参与有关妇女儿童法律规章的制定，维护妇女儿童合法权益；为妇女儿童服务，加强社会各界的联系，协调和推动社会各界为妇女儿童办实事、办好事；巩固和扩大各族各界妇女的团结。

第一节　机构队伍

一、机构

（一）市妇联

1950 年至 1996 年 4 月，湖南省妇女联合会零陵地区办事处（简称省妇联零陵地区办事处）属省妇联派出机构，不设委员会，不直接召开代表大会。1996 年 5 月 18 日，省妇联零陵地区办事处向市机构改革领导小组和市编委办汇报《撤区建市后永州市妇联职能设置内设机构和人员编制方案》，市妇联获批行政编制 14 名。

1996 年 10 月，市妇联成立后，设置办公室、组宣部、儿少部和维权部 4 个部室，在编人数 9 人。1997 年，除保留原有部室外，设立永州市妇女儿童活动中心，核定事业编制 3 名。2002 年，市妇联内设机构有：办公室、组宣部、儿少部和权益部（妇儿工委办公室）4 个部室，设行政编制 11 名，机关后勤服务人员编制 1 名，有专职妇联干部职工 12 人，正副主席 4 人。截至 2015 年，市妇联内设机构有：办公室、组宣部、儿少部和权益部（妇儿工委办公室）4 个部室，有行政编制 12 名。

（二）县（区）妇联

新中国成立后，零陵专区所辖各县相继成立民主妇女联合会，到 1951 年 10 月，东安、祁阳、永明（今江永县）、江华、新田、零陵、宁远、道县、蓝山等县均成立民主妇女联合会。1957 年 10 月，各县民主妇女联合会更名为县妇女联合会。“文化大革命”期间，各县妇联组织瘫痪。1970—1973 年，妇女工作由县革命委员会政治工作组管理。1972 年，双牌县妇联成立。1973 年 6—8 月，各县先后召开妇女代表大会，恢复县妇联组织机构。1995 年 11 月，零陵地区改建制为地级永州市，全市有零陵区、冷水滩区、祁阳县、东安县、双牌县、道县、江永县、江华瑶族自治县、宁远县、蓝山县、新田县 11 个县（区）妇联，以及回龙圩管理区、金洞管理区、凤凰园经济开发区 3 个管理区（经开区）妇联组织。县（区）妇联内设机构一般为办公室、维权部、组宣部和儿少部。此机构设置一直延续到 2015 年。县（区）妇联归口县（区）委组织部门管辖，根据县域人口数量配备专职妇联干部 3~7 人不等。

2015 年，全市有零陵区、冷水滩区、祁阳县、东安县、双牌县、道县、江永县、江华瑶族自治县、宁远县、蓝山县、新田县、回龙圩管理区、金洞管理区妇联 13 个县区（管理区）妇联组织，专职妇联干部 79 人。

二、队伍

（一）结构

1996 年，市妇联成立后配有专职干部 8 人。这一时期，由于“地改市”刚刚实施，妇联机构人员基本上保持原状。

1997 年，随着改革开放的深入发展，妇女工作越来越被各级党委和社会各界所重视，工作队伍得到进一步加强。到 2000 年，各县（区）的妇联专职干部普遍增加 1~3 名。同时，各级党政机关、企业事业单位的妇女组织也在不断完善，这一时期，全市有专职妇联干部 150 人、兼职妇联干部 43 人。

2001 年，市政府颁发《永州市妇女儿童发展规划（2001—2010 年）》，并把规划主要目标列入永州市“十五”规划当中。2002 年，市妇联积极争取市委的重视，市委办印发《关于进一步建立健全市直党政机关和科教文卫等事业单位妇委会组织的报告》。2009 年，市委出台《关于进一步加强和改善党对妇女工作领导的意见》，明确将市、县（区）妇联的工作经费和活动经费列入同级预算。

1998 年，市直机关第一次妇女委员会议召开，赵仁秀当选为市直机关第一届妇委会主任。2002 年，市直机关第二次妇女委员会议召开，陈晓荣当选为市直机关第二届妇委会主任。2008 年，市直机关第三次妇女委员会议召开，李钢当选为市直机关第三届妇委会主任。

2015 年，全市 189 个乡镇、16 个街道办事处、5079 个行政村均建立妇联组织；759 个党政机关、事业单位以及民主党派成立妇委会。全市有专职妇联干部 180 人、兼职妇联干部 759 人。妇联队伍不断扩大，为全市妇女参与经济建设、促进社会文明提供坚强组织支撑。

（二）培训

1996—2015 年，市妇联每年“三八”妇女节前后邀请市级领导到会指导，通过召开各界人士庆“三八”座谈会、市直机关妇女工作支持者座谈会、全市女乡镇党委书记乡镇长座谈会、全市贤内助座谈会、庆“三八”女性参政议政座谈会、全市优秀乡镇女干部座谈会、市直女领导干部联谊会等形式，广泛宣传妇女工作，以会代训，提升妇女干部综合能力。

1996 年，省妇联零陵地区办事处在市委党校举办乡镇妇联主任培训班、市直机关妇委会干部培训班，分别培训 144 人、51 人。

1997 年，市妇联以学习中共十五大精神及妇女工作业务为主要内容，在市委党校举办全市首届妇委会主任培训班，11 个县（区）、市直 14 条战线的 122 名妇委会主任参加培训。

市妇联举办 2010 年全市乡镇妇联主席能力建设培训班

1999—2015 年，以邓小平理论、“三个代表”重要思想和科学发展观为指导，围绕妇女干部受教育、科学发展上水平为目标，市妇联组织全市妇女，特别是妇女领导干部深入学习实践，在全市妇联系统开展“创先争优”活动、保持共产党员先进性教育活动、“三严三实”专题教育、“四深入”活动、党的群众路线教育实践活动。市妇联先后举办全市妇女干部理论骨干培训班、妇联系统骨干培训班、妇联干部调训班、乡镇妇联主席能力建设培训班，每年组织各县（区）妇联主席、乡镇妇联主席及市直机关妇委会主任参加培训，累计培训近 1.6 万人次。

2010 年，市妇联举办“庆百年妇运·话妇女发展”座谈会。全市所有正处级以上的女干部，各行各业涌现出来的女优秀企业家、女能人代表 100 余人参加座谈会。同年，市妇联召开以“岗位奉献·建功成才”为主题的妇女干部座谈会，参加秋季妇干班培训的全体女党员参与座谈。

2011 年，市妇联召开全市妇联系统创先争优经验交流会。市委常委、组织部部长刘湘凌出席会议并讲话。会后还举行市妇联“排忧解难”服务月爱心助学活动，为 10 名特困学生捐赠 1 万元助学金。

2012 年，市妇联与市纪委、市委组织部联合组织召开市级领导干部家属助廉座谈会，并组织永州市“迎‘三八’·话发展”座谈会，社会各界先进妇女典型代表 80 余人参与座谈。

2013 年，市妇联举办“聚巾帼力量　建美丽永州”永州市女领导干部庆“三八”座谈会。市委副书记唐松成主持会议，省政府副省长、市委书记张硕辅出席会议并讲话。

2014 年 11 月，浙江大学·永州市女干部综合能力提升培训班学员合影

2014 年，市妇联在浙江大学举办为期 7 天的永州市女干部综合能力提升培训班，全市各县（区）妇联主席和其他女干部代表 59 人参训。

2015 年，永州市妇儿工委成员单位业务骨干暨市直机关妇委会主任培训班在厦门大学开班。

（三）阵地

2010—2015 年，市妇联大力推动妇联基层组织创新发展，全面开展农村、社区“妇女之家”建设，全市各级妇联依托村级组织和社区活动场所建“家”，进入商务楼宇、非公企业、科技园区以及流动妇女集中地建“家”。截至 2015 年，全市建立村、社区“妇女之家”5000 余个，创建省级示范“妇女之家”10 个、市级示范“妇女之家”65 个、县级示范“妇女之家”130 个。“妇女之家”活跃在城乡基层以及妇女姐妹集中地，通过项目带动、示范创建等，整合发挥综合维权、创业就业、教育培训、家庭教育、社区文化、家政信息、婚姻家庭、帮扶救助、娱乐活动等多种服务功能，成为妇联组织联系和服务妇女群众、参与基层社会治理的重要阵地。

第二节　代表大会

一、第一次代表大会

1996年10月7—9日，永州市妇女第一次代表大会在芝山区（今零陵区）召开，应到代表270人，实到代表264人。省妇联副主席尹大春、市人民政府副市长林克屏致祝词，市委书记邹金鷟作讲话。大会审议通过《全市妇女行动起来，为"九五"计划和2010年远景目标建功》的倡议书，并选举产生永州市妇联第一届执行委员会，其中执委35人、常委11人。

二、第二次代表大会

2002年12月18—20日，永州市妇女第二次代表大会在冷水滩区召开，正式代表272人，特邀代表30人。唐淑娥作《与时俱进　开拓创新　共同谱写永州妇女运动新篇章》的工作报告。省妇联副主席尹大春、市委副书记龚武生分别作讲话。大会号召全市广大妇女认真落实中共十六大精神，求真务实、携手共进，为永州市全面建设小康社会、加快经济社会发展建立新功。会议选举产生市妇联第二届执行委员会委员43人、常委13人。

三、第三次代表大会

2007年9月17—19日，永州市妇女第三次代表大会在冷水滩区召开，出席会议代表300人。唐淑娥作《共谋科学发展　同促社会和谐　团结带领广大妇女为全面建设小康永州而努力奋斗》的工作报告。市委书记曾庆炎讲话，省妇联副主席肖百灵出席开幕式。大会号召全市广大妇女和各级妇女组织在市委、市政府的领导下，高举邓小平理论和"三个代表"重要思想伟大旗帜，凝聚全市妇女的智慧和力量，为加快永州发展、全面建设小康社会而努力奋斗。会议选举产生市妇联第三届执行委员会委员45人、常委13人。

四、第四次代表大会

2012年9月20—22日，永州市妇女第四次代表大会在冷水滩区召开，出席会议正式代表320人，列席代表40人，特邀代表60人。唐淑娥作《建坚强阵地　筑

温暖之家　团结带领全市妇女为建设幸福永州而奋斗》的工作报告。市委书记张硕辅在会上讲话，省妇联副主席龚健、市委副书记唐松成等分别出席开幕式和闭幕式。大会号召全面落实市第四次党代会精神，充分发挥妇联组织作用，建坚强阵地、筑温暖之家，团结带领全市广大妇女为建设幸福永州而奋斗。会议选举产生市妇联第四届执行委员会委员48人、常委12人。

2012年9月20日，永州市妇女第四次代表大会召开

1996—2015年市妇联历届领导一览表

表3-1

届别	职　务	姓　名	任职时间
第一届	主　席	蒋吉秀	1996.03—2002.07
	副主席	陈秀云	1994.09—2002.11
	副主席	吴汝凤	1996.08—2002.12
	副主席	邓白梅	1997.11—2002.12
第二届	主　席	唐淑娥	2002.08—2007.09
	副主席	吴汝凤	2002.12—2003.06
	副主席	邓白梅	2002.12—2007.09
	副主席	黄玉芳	2002.12—2007.09
	副主席	邹晓帆	2003.06—2007.09

续表3-1

届别	职　务	姓　名	任职时间
第三届	主　席	唐淑娥	2007.09—2012.09
	副主席	邓白梅	2007.09—2011.12
	副主席	黄玉芳	2007.09—2010.01
	副主席	邹晓帆	2007.09—2008.12
	副主席	唐　羽	2010.01—2012.09
	副主席	卿宁萍	2010.01—2011.06
	副主席	黄　薇	2011.06—2012.09
第四届	主　席	黄　薇	2012.09—
	副主席	唐　羽	2012.09—
	副主席	黄秋莲	2012.09—
	副主席	魏秋云	2012.09—

1996—2015年永州市出席全国妇女代表大会代表名单一览表

表3-2

年　度	届　别	姓　名	单位及职务
1998年	第八届	蒋吉秀	永州市妇联主席
2003年	第九届	唐淑娥	永州市妇联主席
		杨小娟	中国移动永州分公司大客户经理
2008年	第十届	唐淑娥	永州市妇联主席
		盘晓红	蓝山县楠市镇小学副校长
2013年	第十一届	黄　薇	永州市妇联主席
		胡　欣	江永县上江圩镇浦尾村女书园“女书传人”

第三节　工作与活动

一、妇女发展

（一）“双学双比”活动

1996年，市政府成立永州市农村妇女“双学双比”领导小组、永州市城镇妇女“巾帼建功”竞赛活动领导小组，同时加强妇女先进典型的树立，通过各项评比、表彰、竞赛活动组织妇女在各个领域充分发挥“比”“拼”精神。

1997 年 3 月，市妇联获全省先进地州妇联称号，陈秀云被评为先进个人并记一等功，永辉陶瓷厂厂长许云梅被评为“双学双比”标兵。

1998 年，“双学双比”活动延续，活动宗旨是围绕市委、市政府提出的发展“大郊区、大产业、大基地”战略构想，组织妇女实施大户战略。内容是开展“六个‘千’”竞赛活动，即培植 1000 户种粮大户、1000 户种烟大户、1000 户造林大户、1000 户种果大户、1000 户养猪大户、1000 名种菜女能手。

2001—2010 年，市妇联先后举办 8 期贫困村妇女主任实用技术培训班，参与培训者达 900 多人次。培训班主要学习药材种植，家禽、家畜养殖以及妇女工作业务知识等。

2004 年，市妇联在全国妇联来湘调研座谈会上就妇联组织如何推进劳务经济发展作典型发言。同年，省妇联在永州举办全省妇女发展劳务经济暨贫困县妇联主席培训班。

2006 年，市委实行妇女就业再就业联席会议和新农村建设联席会议两个制度，市委、市政府批转市妇联《关于开展“依靠勤劳双手、建设美好家园、扎实推进社会主义新农村建设”活动实施方案》。市财政每年划拨 10 万元用于妇女就业再就业培训和“依靠勤劳双手、建设美好家园”活动经费。同年，永州市县（区）妇联主席暨新农村建设现场会在祁阳县召开。市妇联在全省新农村建设现场会上以《发挥优势　倡导新风　动员农村妇女在村容整治中大显身手》为题作典型发言。

2009 年，农村妇女“两癌”免费检查项目被纳入国家重大公共卫生服务项目，全市各级妇联、卫生部门共同组织，每年广大农村妇女踊跃参与。截至 2015 年，累计有 20 余万名农村妇女接受宫颈癌免费检查，10 余万名农村妇女接受乳腺癌免费检查。为解决农村贫困患病妇女救治困难，市妇联向“贫困母亲‘两癌’救助

2010 年 2 月，零陵区妇联干部到联系点帮助群众开展备耕工作

专项基金”争取269万元，累计救助269名患病妇女。

1996—2015年，围绕“双学双比”竞赛活动，全市累计举办各类妇女科技培训班4290期，培训妇女214800人次。通过技术培训，涌现出以女性为代表的科技示范户1200户、科技致富带头人5000余名；创建“妇”字号基地12个，面积5000余亩；营建“三八”林20个，面积2000亩；以妇女为主体的项目资金达2000余万元，全市创建“巾帼科技示范基地”220个。

2015年8月27日，市妇联承办的全省巾帼精准扶贫骨干培训暨妇女创业担保贷款研讨班在冷水滩区南华大酒店召开，来自全省14个市州的扶贫办、人社局、财政局、人民银行工作人员及市州妇联的分管领导、事业部长和武陵山、罗霄山片区扶贫开发县的妇联主席等140余人参加培训。

（二）“巾帼建功”活动

1997年1月，永州市女企业家协会成立并召开首届会员大会，发展会员80人。会议选举零陵卷烟厂工会主席王立娴为会长

2002年，市妇联成立的“永州市下岗失业妇女就业指导中心”开始试营。

2003年，市妇联组织开展“净化家园、净化社区、净化环境，从我做起”巾帼志愿者签名活动。同年，召开市直机关妇女再就业工作会议。

2007年，市妇联获全市2006年度就业和劳动保障工作先进单位称号。同年，第三次泛珠三角区域妇女发展合作促进会在长沙举行，市妇联组织异蛇酒业、永州特产、蓝山毛织参加女性最喜爱的产品展。

2011年8月24日，道县妇联组织妇女到县工业园企业务工。图为双木林电子企业生产车间一角

2009—2015年，全市累计发放妇女小额担保贷款近7.69亿元，帮助1.5万余名城乡妇女自主创业，带动4万余名妇女就业，妇女小额担保贷款成为造福广大城乡妇女的致富工程、民心工程。2013年，市妇联荣获全国妇女小额担保财政贴息贷款工作先进集体称号。

2010—2015年，全市各级妇联与人社部门每年年初共同举办“春风送岗

位”专场招聘会，累计组织专场招聘会190余场，为30余万名群众提供免费服务，发放宣传资料60余万份，帮助8万余名女性成功就业，6000余名女性自主创业。

2013—2015年，市妇联发起“岗村共建”活动，联合慈善总会、市文联，组织全市被评为“巾帼文明岗”的单位积极参与“关爱千名潇湘女”活动，为贫困妇女排忧解难，先后募集款物150余万元，帮助贫困妇女儿童3200人次。

1996—2015年，围绕开展“巾帼建功”活动，市妇联积极实施再就业、巾帼社区服务和健康工程，200余名“巾帼建功标兵”、1200个“巾帼文明示范岗”在各行各业发挥品牌示范效应，1万余名“巾帼志愿者”成为开展城镇妇女工作的重要力量；配合有关部门培训下岗、失业妇女近4万人，帮助2万多名下岗女职工和失业妇女实现再就业。

2011年1月26日，东安县井头圩镇农民工妇女在县城一合资企业编织窗帘布花，实现当地就业

（三）庆“三八”活动

1996—2015年，每年“三八”妇女节期间，全市各级妇联都举办丰富多彩的庆“三八”文化体育活动，累计达800余场。市妇联多次举办老年女子门球赛、中青年健美操骨干培训班、庆“三八”女子健美操大奖赛、庆“三八”文艺晚会、妇女健身风采展示、庆“三八”亲情友情爱情才艺展示晚会、庆“三八”联欢晚会及知识抢答赛、市直单位女子广播体操比赛、市直庆“三八”秧歌舞比赛、趣味运动比赛、女子气排球比赛等各类庆祝活动。

2010年“三八”妇女节期间，市直单位女职工参加“三八”文体赛

2014年“三八”妇女节期间，宁远县妇联组织县直属单位妇女干部进村下地帮助农民种植烤烟

1996—2015年，逢双年“三八”妇女节期间，市妇联均召开全市妇女工作表彰大会，对“三八红旗手”“三八红旗集体”等先进集体和个人进行表彰，并在电视、报纸上开辟《巾帼风采》宣传专栏，以便发挥榜样引领作用，引导广大妇女学习。20年来，市妇联受各级表彰奖励达100余次，全市各项妇女工作受到市级以上表彰的先进集体1260次、先进个人1880人。其中，受全国表彰的先进集体40个，先进个人80人；受省表彰的先进集体120个，先进个人200人；受市表彰的先进集体1100个，先进个人1600人。

1996—2015年永州市获全国“三八红旗手”荣誉称号名单一览表

表3-3

年份	姓名	单位
1996年	刘双凤	永州市南津渡办事处
	曹金荣	蓝山县津竹乡
2004年	何玎玉	永州市石油公司
	赵水英	江华瑶族自治县妇联
2006年	唐淑娥	永州市妇联
	周娟华	东安县大盛镇
2008年	伍丽英	冷水滩蔡市镇虾塘村
	盘晓红	蓝山县楠市镇中心小学
	阳国秀	湖南熙可食品有限公司
2009年	邓宁萍	零陵卷烟厂
	罗秋月	江华瑶族自治县贝江乡贝江村
	黄雪云	永州市中级人民法院
	谭群英	永州市异蛇科技实业有限公司
2011年	周彩莲	道县祥霖铺中心小学
2013年	乔晋平	永州市直属机关工作委员会
2014年	李土青	道县旺发厚朴开发有限公司

二、妇儿维权

（一）维权机构

1996 年，市政府妇女儿童工作委员会成员单位进行调整，委员会办公室设在市妇联。市政府副市长林克屏任市妇儿工委主任。

1997 年，市妇联提请市中级人民法院同意成立审理妇女儿童案件领导小组，下设妇女儿童案合议庭，进一步保障妇女儿童合法权益。

2001 年，市妇联成立普法依法治理领导小组。全市劳动保障法律监督检查活动领导小组成立，小组成员由市劳动局、市总工会、市妇联 3 家单位 10 人组成，市妇联充分发挥自身优势，做好妇女劳动保障督查检查活动。同年，永州市综合治理非法使用童工行为工作联席会议制度成立，由市劳动局、市政府法制局、市经委、市公安局、市工商局、市教委、市总工会、团市委、市妇联 9 家单位 18 人组成。

2002 年，永州市维护妇女儿童权益工作联席会议制度建立，由市委政法委、市人大内司委、市妇联、市中级人民法院、市人民检察院、市公安局、市司法局、市民政局、市计生委、市文化局等 13 个部门组成。

2009 年，市妇联成立毒情大排查工作领导小组。

2012 年，调整永州市维护妇女儿童权益工作联席会议领导小组。同年，根据人事变动，市妇联及时调整信访工作领导小组，设立领导接待日，明确市妇联领导轮流每周一到信访中心接待信访。进一步完善日常信访接待制度、信访登记和录入系统制度、重要信件回访以及首问责任制。

2014 年，市妇联联合司法、民政部门试点建立婚姻家庭纠纷调解委员会，探索建立婚姻家庭纠纷多元化解机制。

（二）维权活动

1996 年，市妇联动员和组织广大妇女积极参加“三五”普法学习，不断增强法律意识。当年，市妇联为因性别歧视分不到房、农村责任田、口粮田、土地征收费以及离婚妇女的财产分割和小孩抚养权等受害妇女提供法律援助 70 多次。对已婚或离婚妇女户口所在地未分责任田的问题进行调查，为 1019 名妇女落实责任田 1169.2 亩，解决土地安置费 95.6 万元。

1996—1999 年，全市各级妇联为受害妇女代写法律文书 406 份，代诉维权案件 503 件，参加非诉讼调解 1034 件，接受法律咨询 5138 次，调查侵害妇女儿童权益案件 689 起。其中，市妇联调查 86 起。

1999 年 8 月，市妇联与冷水滩区妇联在中小学开展防毒知识进校园活动

1997—1999 年，市妇联每年组织全市妇联干部学习《未成年人保护法》、《中华人民共和国婚姻法》（简称《婚姻法》）、《中华人民共和国妇女权益保障法》（简称《妇女权益保障法》）等法律法规。同时，每年与市政法部门联合，在冷水滩区繁华地段开展法律宣传、义务咨询服务，挂出禁毒、禁赌宣传图片 300 余幅、版画 60 余幅，接待咨询 1840 余人次。

1996—2000 年，全市妇联系统组织法律知识竞赛 63 场次，参赛人数 41 万余人，举办文艺晚会、故事会、演讲会 245 场次，印发普法宣传资料 21 万余册，其中市妇联印发 12 余万册，把“一法一办一规划”和《中华人民共和国母婴保健法》送到广大妇女手中。2000 年 6 月 27 日，市妇联与市公、检、法、司四家单位及冷水滩区妇联联合在中心城区开展反家庭暴力法律宣传活动，开设 5 个咨询点，接待咨询 640 余人次，发放《关于预防和制止家庭暴力的决议》1100 多份。

2001—2002 年，市妇联组织各级妇联做好新《婚姻法》的学习宣传工作，加大《妇女权益保障法》、新《婚姻法》及其他有关妇女儿童权益法律法规的宣传力度。全市发生的涉及侵害妇女儿童权益的 8 起大案要案，通过各级维护妇女儿童权益工作联席会议研究和协调，都得到圆满解决。

2003—2004 年，在加大宣传力度的基础上，市妇联对妇女参政问题、企业女职工劳动保护状况、下岗女工再就业情况、农村出嫁女土地承包权益情况、家庭暴力情况等进行多次调查，将妇女工作中的热点、难点问题积极向各级各部门汇报，争取支持。同时，积极参与办理人大、政协交办的议案提案，从源头上维护妇女的合法权益。尤其是针对农村妇女土地权益受损问题日益突出的现象，形成《男女平等基本国策与农村妇女土地权益受损的调查与思考》调研报告，获得省妇女学研究会二等奖。为提高妇女干部的知法用法水平，选送 11 名妇联干部参加陪审员培训班，全市有 17 名妇联干部受聘为法院人民陪审员，参与陪审案件 39 件。

2005—2006 年，全市各县（区）派出所都挂牌成立反家庭暴力投诉站，各县（区）法医门诊成立反家庭暴力伤情鉴定中心。

2007 年，市妇联、冷水滩区妇联在冷水滩区石牌楼社区联合举行“送法律进社区”活动，石牌楼社区近 1000 名妇女参加活动。

2008 年 3 月 6 日，市妇联联合有关单位举办“三八”维权周普法宣传活动

2008—2011 年，全市建立反家庭暴力投诉站 181 个、“110”家庭暴力报警中心 12 个、家庭暴力报警点 190 个、妇女维权接待室 136 个、家庭暴力伤情鉴定中心站 15 个、家庭暴力调解委员会 194 个，给予妇女应有的司法援助。市妇联、市委政法委荣获全国维护妇女儿童权益先进集称号；市人民检察院侦查监督处屈芳玲、东安县妇联主席文林春荣获全国维护妇女儿童权益先进个人称号。

2012 年，市妇联举行“三八”维权周送法进社区暨“四深入”活动，现场发放普法资料 2000 余册，为 10 名律师志愿者发放聘书。2013 年，市妇联联系开展“暖心回访月”活动，对除政策咨询以外的所有来信、来访、来电的上访人或相关责任部门进行回访，回访 400 余起。

2014 年，维权联席会议制度、人民陪审员制度、信访制度和法律援助制度进一步完善，将反家暴纳入综治考评范围。市妇联联合政法部门组织志愿者开展禁毒宣传进社区、公开销毁毒品、关爱戒毒人员等活动。在冷水滩区设立全市首个婚姻家庭纠纷人民调解委员会，当年调解 36 起案件。

2015 年，市妇联组织 20 名家庭律师讲师团成员深入社区、农村开展普法讲座、法律咨询和法律援助工作，引导广大妇女崇尚法治、知晓法律、遵纪守法、依法维权。全市举办 19 场普法讲座，组织 1900 余名妇女群众参与，发放各种普法宣传资料 1 万余份。

1996—2015 年，全市妇联系统累计接待来信来访近 4 万起，平均办结率保持在 95%以上。市妇联于 2014 年、2015 年连续两年被评为市信访工作先进单位、市平安单位；2013 年、2014 年、2015 年，连续三年被评为市综治工作先进单位。

（三）参政权利

1996—2000 年，围绕贯彻落实市委、市政府的“大郊区”战略，市妇联在妇女群众中广泛开展“双学双比”“巾帼建功”活动，并在活动中发展、培养女党员。这一时期，女党员占全市党员总数的13%左右。2001年，市政府制定出台《永州市妇女发展规划（2001—2010年）》《永州市儿童发展规划（2001—2010年）》，各县（区）也分别制定出台符合当地实际的妇女儿童发展规划。2002—2005年，女党员占全市党员总数保持在13%左右。2006年以后，全市第三次、第四次妇女代表大会先后召开，大会对妇女工作提出新要求，也给广大妇女以极大鼓舞。从2009年开始，女党员数量保持稳定增长。截至2015年，全市有女党员40781人，占全市党员总数的15%。

1996—2015年永州市女党员统计表

表3-4

年 份	党员总数（人）	女党员数（人）	女党员占比（%）
1996年	203321	26431	12.8
1997年	208324	27082	13
1998年	213904	27807	13
1999年	218861	28451	13
2000年	222761	28958	13
2001年	226998	29509	14.2
2002年	231984	30157	13
2003年	238964	31065	13
2004年	245765	32203	13.1
2005年	249278	32406	13
2006年	253106	34980	13.8
2007年	255016	35213	13.8
2008年	257001	35633	13.86
2009年	257443	36459	14.16
2010年	259903	37017	14.2
2011年	262185	38160	14.5
2012年	264794	38882	14.6
2013年	267873	39506	14.7
2014年	270143	39873	14.7
2015年	271482	40781	15

1996—2015 年，市委、市政府先后四次召开全市培养选拔女干部工作会议。1998 年 3 月，市委组织部、市妇联抓住乡镇领导班子换届这一契机，以培养选拔女干部、发展女党员为主题，组织各县（区）分管党群工作副书记、组织部长召开座谈会，明确配备女干部的目标和措施。截至 2015 年，全市有女干部 29220 人，占干部总数的 28%，比 1996 年增长 5 个百分点。其中，党政机关科级女干部 1280 人，占同级干部总数的 10.9%，比 1996 年增长 1.5 个百分点；县处级女干部 99 人，厅局级女干部 6 人，分别占同级干部总数的 9.47%、16%。11 个县（区）党政班子中都配有女干部，其中有女县委书记 1 人、女县长 1 人、女县委专职副书记 2 人、女常务副县长 2 人；市直单位党政正职女领导干部 13 人。188 个乡镇中，有 182 个乡镇党政班子配备了女干部，占 96.7%，其中，乡镇女党委书记 8 人、女乡镇长 17 人，街道办事处女主任 3 人。

2015 年，全市村民委员会委员中，女性占比 32%，比 1996 年增加 7%。市人大代表 459 人，其中女代表 107 人，占 23.31%，比 1996 年提高 1.01 个百分点；市政协委员 390 人，其中女委员 116 人，占 29.74%，比 1996 年提高 5.22 个百分点。

三、儿童关爱

（一）庆“六一”活动

1996—2015 年，每年“六一”期间，全市各级妇联、妇儿工委办均组织开展留守、困境儿童走访慰问活动。累计开展走访 300 余次，为近 2 万名儿童送去慰问金及物资 800 余万元。

1996 年，根据全国妇联儿少部的安排，市妇联组织 11 名小朋友赴朝鲜参观学习，历时 10 天，其中境外活动 6 天。

1997 年是香港回归之年，为加强对孩子们的爱国主义教育，全市各级妇联紧扣“迎回归”这一主题，举办系列文艺会演。

1998 年，市妇联举办全市庆“六一”颂家庭美德故事比赛暨文艺晚会，并精心组织 50 名少年儿童参加省妇女儿童工作委员会、省妇联联合举办的庆“六一”全省少儿书法比赛，其中九岁女童蒋慧惠的作品荣获金奖。

1999 年，市妇联与市技监局、市建委、团市委等单位联合开展“为了孩子的安全快乐，为了明天”为主题的游乐设施安全质量检查活动，对芝山区怀素公园、朝阳公园、虎岩公园的游乐设施进行检查，针对游乐设施存在的安全质量提出整改意见。

2000—2001 年，市妇联、市妇儿工委办均在永州会堂举办庆“六一”文艺晚会。2001 年，市妇女儿童活动中心被评为全国儿童活动中心先进单位。

2002年，市妇联、市妇儿工委办在市国税局文化活动中心举办庆“六一”“我做合格小公民”少儿演讲、幼儿故事比赛，来自县（区）、市直的38名4~11岁的小朋友参与预赛，21名小朋友的16个节目进入决赛。芝山区零师附小李桃、市机关幼儿园曲柏宇分获演讲、故事比赛一等奖，市委常委、市妇儿工委主任陈金荣观看比赛并讲话。

2004年，市妇联举办的“爱在永州　争当五小公民”少儿书画比赛作品在永州会堂展出，展出42幅获奖作品。

2005年，市妇联举办庆“六一”家庭文化风采赛，来自9个县（区）和5家市直单位选送的14个家庭参加比赛，由东安县妇联选送的家庭获特等奖。

2006年，全市开展超级童星庆“六一”“我健康我快乐我成长”推荐评选活动，经初赛、决赛，宁远、零陵、冷水滩、江华、祁阳等县（区）的21名小选手脱颖而出，被推荐参加湖南省“我健康我快乐我成长”超级童星大赛，3名小朋友获得超级童星称号，其他18名小朋友获最佳才艺奖荣誉。同年，市妇联还举办全市“社会主义荣辱观”征文比赛、庆“六一”小学生广播体操比赛。

2007年，市妇联在市委大会堂举行庆“六一”幼儿歌舞比赛，25个队参赛，市委市政府机关幼儿园、零陵区机关幼儿园获特等奖。

2008年，汶川特大地震后，市妇联在全市儿童中发起“心系灾区小伙伴、爱心奉献我行动”活动。同年，与市妇幼保健院联合在市直各机关幼儿园开展免费体检送爱心活动，评选出健美儿童270余人；开展“学英雄少年、为奥运添彩、做有道德的人”网上签名暨留言活动，举办向“抗震救灾英雄少年”和“抗震救灾优秀少年”学习活动暨第四届全市少年儿童书信文化活动。

2012年12月13日，市妇联开展“四深入”活动暨“恒爱行动”进社区活动

2009年，市妇联组织开展“湖南省儿童先心病免费普查”活动，对全市105名疑似先天性心脏病患儿进行免费体检，筛查出58名儿童确患先心病。

2010年，市妇联举办“大手牵小手”文明随身袋启动仪式，助力国家卫生城市创建。

2011年，市妇联主办“迎建党90周年，创书香型家庭”电视知识抢答赛，20个家庭代表队参赛。

2012年，市妇联主办“安全用药　科学餐饮　健康生活”妇女儿童用药与餐饮安全科普宣传活动和全市“智慧女性引领　健康进我家”——家庭用药餐饮安全知识抢答赛，在市机关幼儿园开展“童心向党·快乐成长”欢庆“六一”文艺会演，举办“学习雷锋·童心向党”书画作品展活动展示作品220余件。继续开展儿童先心病免费普查活动，为145名患儿（包括疑似病例）进行免费检查诊断。

2013年，市妇联、市妇儿工委办举办庆“六一”“我的中国梦”书画展。同年12月2日，由市妇联、冷水滩区妇联、永州电视台、芒果电台《永州之声》、冷水滩工商个体协会联合举办的“善行中国　感动永州”大型慈善公益爱心活动在冷水滩区潇湘步行街举行。活动主要为蒋远香等4个特困家庭募集善款，筹集善款25289元。

2014年，市妇联主办“文明美德伴我成长”——全市庆“六一”中小学生美德故事演讲比赛，来自全市的23名选手参赛。

2015年，市妇联向市长丰小学捐赠《中小学生自护自救安全手册》300册。

（二）“春蕾计划”

1996年，“春蕾计划”开始实施。市妇女儿童工作委员会评选表彰芝山区财委等11个实施“春蕾计划”先进集体、吕南生等18名资助“春蕾计划”先进工作者、王萍等11名优秀春蕾女童。

1996—2015年，“春蕾计划”遍布全市城乡，累计筹集资金540万元，使4万余名儿童从中受益。其中，筹集助学款200万元，资助贫困儿童1.5万人次；筹资100多万元，建设30个安康远程教室和“春蕾计划”远程教育示范点；选送40名孤儿到长沙周南学校就读。“春蕾计划”的实施，为发展女童教育、提高妇女素质做出贡献，成为永州市妇女儿童工作的一个品牌。

四、家庭文明

（一）文明创建

1996年，市妇联积极响应市第一次党代会提出的“建文明城市，做文明市民”的号召，发动各级妇联组织在全市开展创建文明家庭活动，并把家庭文化建设作为参与精神文明建设的重点工程来抓。

1997年，市委办、市政府办转发《关于深入持久地开展创建“五好文明家庭”活动的意见》，成立以市委宣传部、市妇联等18家单位为成员的“五好文明家庭”创建活动协调小组，将“五好文明家庭”创建活动纳入全市精神文明建设总体规划。

1999—2001年，“五好文明家庭”创建活动延续。从2000年9月到2001年9月，市妇联在市商业学校创办“五好文明家庭”活动试点，探索入户培养、因人施教方法。2001年，市妇联“五好文明家庭”创建活动协调小组获全省“五好文明家庭”创建先进集体称号。2001年10月，市妇联召开“世纪金婚”表彰大会，来自县（区）、市直单位的20对老年夫妻获“金婚”夫妻荣誉称号；12月，在全省第二届“五好文明家庭”表彰会上，全市有5个家庭被评为省“五好文明家庭”，1个家庭被授予“五好文明家庭”标兵，市“五好文明家庭”创建活动协调小组荣获省“五好文明家庭”创建活动协调小组先进集体称号。

2011年，市妇联赋予“五好文明家庭”创建新内涵，以“书香飘万家”“学习型家庭”为重点，鼓励广大妇女多读书、求知识，在读书活动中提高劳动技能和文明生活水平。2012年，全市评选出22个省、市“书香飘万家”示范家庭。

2014年，市妇联启动“寻找最美家庭”活动，举办永州市寻找“最美家庭”和首届“十佳好媳妇”评选活动启动仪式。“十佳好媳妇”分别是：祁阳县文明铺镇松林湾村寸香荷、东安县妇幼保健院文孟霞、双牌县泷泊镇卢花凤、零陵卷烟厂刘丛菊、市广电局陈立、江华县国有林场邹秋玲、冷水滩区黄阳司镇刘家排村周好云、新田县二中顾建磊、宁远县九嶷山乡黄河村盘六英、永州异蛇科技实业有限公司谭群英。

2015年，市妇联举行寻找永州“最美家庭”“最美创业”“最美湘女”宣传活动。

（二）家庭教育

1997年，全市各级妇联所办的3705所家长学校举办家长培训班4486期，参加培训的家长达20万人次。各级妇联利用节假日开展家教宣传咨询3.5万余人次，发放各种家教资料30万册（份）。

1999年，市妇联根据省妇联的部署，开展“三优知识进万家（优生优育优教知识进万家）”、“婚育新风进万家”、办家长学校等活动，大力普及家教知识。

2000年“六一”期间，市妇联组织开展“颂家庭美德故事会”活动。祁阳县被评为全国儿童工作先进县。是年，全市有6名家教工作先进个人和6个家教工作先进集体受到省妇联的表彰。

2001年，市妇联在市委大礼堂召开全市庆“六一”家庭教育报告会，省家教协会理事张球、“全国十佳母亲”候选人雷运姣为1000余名家长进行授课。同年，《永州市家庭教育工作“九五”计划》开展终期评估，全市开展家庭咨询1000余次，接受咨询人数达10万多人，举办家教培训班100多期，培训家教骨干8000多人，有近100万名家长参加“三优知识”竞赛；全市表彰先进家长学校132所、优秀家长1800人。

2003年，永州市家庭教育研究会获市民政局批复成立，为社会团体法人性质，业务主管单位为市社科联，挂靠市妇联儿少部。是年，市妇联与市教育局联合印发《永州市家庭教育工作“十五”计划》，举办全市首届家庭科普知识电视竞赛，12个代表队参赛，道县代表队夺冠。同年，永州市家庭科普知识代表队参加全省第二届家庭科普知识电视竞赛活动，获三等奖，市文明办、市妇联、市科协获优胜组织奖。

2004年，市第二届家庭教育研究会暨儿童早期教育委员会成立大会在巾帼大酒店七楼会议室召开。

2005—2006年，在全市范围内开展“家庭道德教育宣传实践月”活动，推进“争做合格家长，培养合格人才”“双合格”家庭教育宣传实践活动。冷水滩区第二小学被中国小公民道德建设暨全国“双合格”家庭教育宣传实践活动领导小组评为全国“双合格”优秀（示范）家长学校。

2007年，《永州市家庭教育工作“十五”计划》完成终期评估并制定出台新一轮规划，市家庭教育指导委员会组建成立。是年，冷水滩区教育局关心下一代工作委员会被全国妇联和教育部评为“十五”期间“全国家庭教育工作先进集体”，东安县白牙市镇第一小学家长学校被评为“全国优秀家长学校”。

2009年，市妇联在全市举办首届“弘孝杯”万户家庭亲子诵读经典活动，开展家庭亲子诵读经典活动公益巡回讲座。

2010年，市妇联举行“家庭护卫行动”全省联动启动仪式，并在市老干宾馆举办全市家庭教育培训班。

2009年5月31日，永州市庆“六一”首届“弘孝杯”家庭亲子诵读经典展演赛获奖选手上台领奖

2011年，市妇联开展永州市第二届“全民阅读进家庭”系列活动，主要包括“与好书同行”亲子共读、“创书香家庭迎建党九十周年”知识抢答赛、评选“十佳书香家庭”等。同年，市妇联召开全市家庭教育研讨暨永州第九中学家庭教育成果推荐会。

2012年，道县唐晓霞家庭、宁远县黎成钢家庭获省第三届“三湘读书月”的“书香家庭”称号。

2013年，市妇联主办“爱在家庭”亲子教育大型公益讲座。全市家长、教师共千余人参加。各县（区）也积极开展百场现代家庭教育公益巡讲“五进”活动（进社区、进乡村、进学校、进企业、进机关），组织公益讲座8场，听众达4170人。

2014年，市妇联举办“建家训、立家规、树家风”进农家启动仪式，并开展现场宣讲活动。全市各级妇联继续开展百场现代家庭教育公益讲座“五进”活动，全市举办公益讲座18场，6000多名家长聆听讲座。同年，市委办、市政府办印发《关于推进家庭教育示范县区创建工作的通知》，启动家庭教育示范县（区）创建工作，明确到2020年全市80%以上的县（区）创建成为市级家庭教育工作示范县（区）。

2015年，市妇联主办“构建亲子教育系列活动之班主任培训班”“一年级家长家庭教育知识培训暨廉洁文化进家庭活动”，市、县妇联全年组织家庭教育公益讲座28场次，受益家庭达800余户。

五、妇儿规划

（一）机构职能

1. 永州市人民政府妇女儿童工作委员会

永州市人民政府妇女儿童工作委员会（简称市妇儿工委），前身为1995年1月成立的零陵地区妇女儿童工作委员会，1996年地改市后，经市人民政府批准为市妇儿工委，是市政府负责妇女儿童工作的协调议事机构，由市直相关部门作为成员单位组成，市人民政府副市长担任委员会主任。其常设办事机构为永州市人民政府妇女儿童工作委员会办公室，设在市妇联。

2. 永州市人民政府妇女儿童工作委员会办公室

永州市人民政府妇女儿童工作委员会办公室（简称市妇儿工委办），负责编制全市妇女儿童发展中长期规划并组织实施和监测评估；协调和推动政府有关部门制定和实施妇女儿童发展规划，维护妇女儿童权益，为开展妇女儿童工作和发展妇女儿童事业提供必要的人力、财力、物力；承办全市妇女儿童工作会、市政府妇儿工委全委会、专题会和经验交流与表彰会；开展调查研究，为政府提供决策依据；指导、督促和检查各县（区）妇女儿童工作委员会的工作；负责日常行政事务，编发各类文件，并完成市政府妇女儿童工作委员会交办的其他工作。

3. 永州市人民政府妇女儿童工作委员会成员单位

市妇儿工委成立之初成员单位为 27 家，后根据职能分工陆续进行了调整，2007 年为 32 家，2011 年为 33 家，截至 2015 年年底，市妇儿工委成员单位为市委组织部、市妇联、市人大内司委、市统计局、团市委、市科协、市残联、市广播电视台、市经信委、市教育局、市民宗委、市科技局、市公安局、市人社局、市民政局、市文广体新局、市商粮局、市卫计委、市扶贫办、市总工会、市住建局、市环保局、市林业局、市农委、市水利局、市财政局、市发改委、市工商联、市城管执法局、市食药监局、市中级人民法院、市司法局，32 家。

（二）工作情况

1995 年，经地委、行署领导同意，成立地区妇女儿童工作委员会，将原地区儿童少年工作委员会并入，由地委分管党群的副书记郑邦淳任主任，地委委员、地妇联主席谢朝月和行署副专员曾斌任副主任，成员单位 27 个，办公室设在妇联，陈秀云同志任办公室主任。同年，妇女儿童工作委员会召开第一次会议召开，各县市也参照地区的做法，健全了妇女儿童工作机构。同年，下发《永州市〈九十年代中国儿童发展规划纲要〉实施方案》。

1996 年地改市后，市妇女儿童工作委员会成员进行调整，由市政府副市长林克屏任主任，办公室仍设在妇联。同年，下发《永州市妇女发展规划》。

1997 年，市妇儿工委召开电话会，庆祝《中华人民共和国妇女权益保障法》（简称《妇女权益保障法》）颁布五周年。同时，由市人大、市妇联对全市贯彻实施《妇女权益保障法》五周年来的情况进行执法检查。

1998 年，市妇儿工委印发《关于印发〈永州市妇女儿童工作委员会工作规则〉和〈永州市妇女儿童工作委员会各成员单位职责分工〉的通知》文件。同年，召开市妇儿工委成员会议，27 个成员单位负责人参加会议。

1999 年，市人大内司委、市妇儿工委办组成 2 个检查小组，分赴道县、新田、芝山、祁阳四县检查“一法一规”（《中华人民共和国妇女权益保障法》《永州市妇女发展规划》）实施情况。同年，召开市妇儿工委第五次会议。

2000 年，市妇儿工委召开成员单位会议，传达省妇儿工委〔2000〕1 号文件精神，通报一年来永州市妇儿工作的情况，提出今后工作意见。

2001 年，市妇儿工委召开成员单位会议，总结《永州市妇女发展规划》及《实施〈湖南省儿童发展纲要〉方案》实施情况，讨论修改 2001—2010 年两个规划的意见。截至 2001 年 4 月，《妇女发展规划》中目标监测指标为 25 项，已达标的有 10 项，期限内可达标的 12 项，未达标的 3 项；《儿童发展纲要》中目标监测指标为 24 项，已达标 12 项，期限内可达标的 5 项，未达标的 7 项。同年，市卫生局、蓝山县妇儿工委被评为实施九十年代省妇儿发展规划先进集体，市妇女儿童活动中心被全国妇联评为全国儿童活动中心先进单位；《永州市妇女发展规划（2001—2010年）》和《永州市儿童发展规划（2001—2010年）》下发。

2003年，市妇儿工委成员单位联席会议召开。同年，省妇联副主席喻民民、省妇儿工委办副主任郑丽东、省妇联组织部副部长胡新民到永州市调研两个规划实施、妇女组织建设、培养选拔女干部工作等情况。

2005年，市妇儿工委成员单位会议召开。同年，市妇儿工委荣获省妇儿工作先进集体称号。

2006年，省扶贫办副主任邱放杰一行到永州检查“两个规划”中期监测评估工作。

2007年，《永州市人民政府妇女儿童工作委员会及成员单位职责》下发，市妇儿工委成员单位调整为32家。

2008年，永州市实施妇女儿童发展规划表彰大会召开，各县（区）妇儿工委主任、妇联主席、受表彰的先进集体代表、市妇儿工委成员单位负责人80余人参加会议。会议表彰了25个先进集体和33名先进个人。

2011年，市妇儿工委成员单位工作会议召开，会议传达省妇儿工委的相关工作精神，对永州市妇女儿童发展规划（2001—2010）的终期评估工作进行具体安排。同年，陆续召开市妇儿工委工作会议、市“两个规划”终期评估督导碰头会、市“两个规划”终期监测专家评估会。当年，由省统计局党组成员、总统计师、省政府妇儿工委副主任李绍文任组长的“两个规划”终期评估督导组一行7人赴永州督导检查“两个规划”实施情况。截至2011年6月，“妇女规划”中可量化主要指标94个，完成指标87个，达标率为92.55%；“儿童规划”中可量化主要指标51个，完成指标44个，占86.27%。同年，发布《永州市妇女儿童发展规划（2011—2015年）》。

2012年，市妇儿工委成员单位会议召开，讨论审议了《永州市妇女发展规划（2011—2015）》（审议稿）和《永州市儿童发展规划（2011—2015）》（审议稿）。

2013年，《中共永州市委3月11日常委会议纪要》特别明确关于市妇联妇儿工委办的工作经费问题，同意按照市本级成年妇女数人均1元的标准纳入市财政预算。

2015年，陆续召开市妇女儿童发展规划编制暨评估工作会议和市妇女儿童发展规划督导评估调度会，部署永州市妇女儿童发展规划（2011—2015年）终期评估和新一轮妇女儿童发展规划（2016—2020年）编制及迎接省妇儿工委终期评估督导工作。同年，省司法厅副厅长傅莉娟任组长、省残联副厅级纪检员曹壮波任副组长的省妇女儿童发展规划终期评估督导组一行到永州，就永州市妇女儿童发展规划（2011—2015 年）实施情况开展为期两天半的终期评估督导。截至 2015 年 10 月，“妇女规划”主要目标 128 项重点可量化指标中，有 90 项提前达标，有 26 项达标进展顺利预期可达标，达标率为 90.63%，有 12 项预期达标困难；“儿童规划”主要目标 51 项重点可量化指标中，有 49 项提前达标，有 1 项达标进展顺利预期可达标，达标率为 98.04%，有 1 项预期达标困难。

永州市妇女儿童发展规划达标环境不断优化，贯彻实施进展顺利，妇女儿童在健康、教育、经济、参与决策和管理、社会保障与福利、环境、法律等领域的权利得到进一步保障，促进了妇女儿童事业与社会、经济的同步发展。

第四章　科学技术协会

永州市科学技术协会前身为零陵地区科学技术协会，独立建制于 1985 年。1996 年 4 月，零陵地区科学技术协会更名为永州市科学技术协会（简称“市科协”）。市科协属正处级群团组织（参照公务员法管理单位），其主要职能定位为“四服务一加强”，即服务科技工作者、服务创新驱动发展战略、服务公民科学素质提高、服务党委政府科学决策，加强自身能力建设。

第一节　机构队伍

一、机构

（一）市科协

市科协是全市科技工作者的群众组织，是市委领导下的人民团体，是党和政府联系科学技术工作者的纽带和发展科学技术事业的助手，接受省科协的业务指导。1996 年更名之初，市科协内设学会工作部、科学技术普及部 2 个业务机构，人员编制 5 名；下辖正科级全额拨款事业单位 1 家，即科技咨询服务中心，人员编制5 名。1996 年 10 月，市科协编制增加到 13 名，内设机构 4 个：办公室、学会工作部、青少年科技工作部、普及工作部。2001 年，青少年科技工作部撤销，市科协内设机构 3 个，行政编制 8 名、机关工勤人员编制 1 名。2012 年增加行政编制 1 名。

（二）县（区）科协

1996 年，全市 11 个县（区）均已成立科学技术协会。县（区）科协归口县（区）党委管理，接受市科协的业务指导。同年 6 月，永州市委常委扩大会议作出决议，县（区）科协机构单设，并全省率先增设内设机构青少年科技工作部。2002 年 2 月，回龙圩管理区科协成立；2007 年 1 月，金洞管理区科协成立。截至 2015 年，全市有县区（管理区）科协组织 13 个，其中县（区）11 个、管理区 2 个。

二、队伍

1996年，市科协有工作人员15人。1996年10月，市科协召开第一次会员代表大会，提出“围绕市委‘大郊区’战略，‘发展科技普及，活跃农村经济’”口号。各县（区）相继建立、完善科协组织，全市11个县（区）有专职科协人员55人，市、县级学会（协会）发展到38个，工矿企业协会5个，创建农村专业技术协会（研究会）105个，拥有会员4500多人。

截至2015年，全市有市级学会（协会、研究会）45个，会员2万余人；有县区（管理区）科协13个，市级企业科协11个，乡镇科协76个，农村专业技术协会180多个，农村科技示范户3.6万户，农村科普基地55个。

第二节　代表大会

一、第一次代表大会

1996年10月26—27日，市科协第一次代表大会在芝山区永州宾馆召开。全市150名科技工作者代表和24名特邀代表参加会议。大会审议通过题为《团结拼搏　开拓进取　为实施科教兴市战略而努力奋斗》的工作报告，审议通过《永州市科学技术协会章程》，选举产生市科协第一届领导班子，选举市科协第一届委员会委员37人、常委19人。张雪当选为市科协第一届委员会主席，袁勇升、单萍、钟含林、黄远境、黄培劲、蒋先柏6人当选为副主席。

省科协副主席朱孟明，市委书记邹金鹭、市长卞翠屏出席大会并讲话。曾昭薰、谢朝月、曾石林、周永亮、郑邦淳、孔宪访、林克屏、邓香花、沈根元等市领导出席会议。

二、第二次代表大会

2002年3月18—19日，市科协第二次代表大会在冷水滩区九嶷宾馆召开。158名正式代表、30名特邀代表参会。会议审议通过题为《励精图治　团结奋斗　为实施科教兴市战略再创新业绩》的工作报告，修改《永州市科学技术协会章程》，选举产生市科协第二届领导班子，选举产生市科协第二届委员会委员43人、常委23人。王芳玉当选为市科协第二届委员会主席，袁勇升、义正荣、刘福忠、戴菊芳、汪华明、窦铁生 6 人当选为副主席。

省科协副主席王笃达，市委副书记周永亮，市委常委、宣传部部长唐长久出席会议并讲话。

三、第三次代表大会

2007 年 8 月 21—22 日，市科协第三次代表大会在冷水滩区召开。全市 159 名科技工作者代表和 34 名特邀代表参加会议。大会审议通过题为《全面贯彻落实科学发展观　为构建和谐永州而努力奋斗》的大会工作报告和永州市科协第三次代表大会关于遵守《中国科学技术协会章程》的决议，选举产生永州市科协第三届领导班子，选举产生市科协第三届委员会委员 45 人、常委 23 人。王芳玉当选为市科协第三届委员会主席，熊幼松、汪华明、窦铁生、刘福忠、田洁、何代林、田庭安 7 人当选为副主席。

省科协党组副书记、副主席田明星，市委书记曾庆炎，市委常委、宣传部部长董石桂出席会议并讲话。

四、第四次代表大会

市科协第四届代表大会主席、副主席合影

2012 年 9 月 24—25 日，市科协第四次代表大会在冷水滩区召开。全市 197 名科技工作者代表参加会议。大会审议通过题为《凝心聚智　为实现永州科学赶超开放崛起而奋斗》的工作报告和关于遵守《中国科学技术协会章程》的决议，选举产生市科协第四届领导班子，选举产生市科协第四届委员会委员 44 人、常委 25 人。伍佑伦当选为市科协第四届委员会主席，熊幼松、汪华明、田洁、窦铁生、田庭安、石循忠、李谋韬、谢交发 8 人当选为副主席。

省政协第九届委员会副主席、省科协副主席龙国键，市委书记张硕辅，市委副书记唐松成，市委常委、组织部部长刘湘凌出席会议并讲话。

1996—2015 年市科协历届领导一览表

表 4-1

届　数	职　务	姓　名	任职时间
第一届（1996 年 10 月至 2002 年 3 月）	党组书记、主席	张　雪	1996. 12—2000. 05
	党组书记、主席	李承科	2000. 09—2001. 10
	党组书记、主席	王芳玉（女）	2001. 10—2002. 03
	党组副书记、副主席	袁勇升	1996. 12—2002. 03
	党组成员、副主席	单　萍	1996. 12—2001. 10
第二届（2002 年 3 月至 2007 年 8 月）	党组书记、主席	王芳玉（女）	2002. 03—2007. 08
	党组副书记、副主席	袁勇升	2002. 03—2007. 08
	党组成员、副主席	义正荣	2002. 03—2003. 06
	党组成员、副主席	唐茂清	2003. 06—2007. 08
第三届（2007 年 8 月至 2012 年 10 月）	党组书记、主席	王芳玉（女）	2007. 08—2012. 10
	党组成员、副主席	熊幼松	2007. 08—2012. 10
	党组成员、副主席	汪华明	2007. 08—2012. 10
第四届（2012 年 10 月—）	主　席	伍佑伦	2012. 09—2014. 09（2012. 08—2013. 12，兼任党组副书记；2013. 12—2014. 09，兼任党组书记）
	党组书记、主席	翟方奇	2014. 09—
	副主席	范昌平	2012. 09—2015. 07（2012. 08—2013. 12，兼任党组书记；2013. 12—2015. 07，兼任党组副书记）
	党组成员、副主席	熊幼松	2012. 10—2014. 11
	党组成员、副主席	汪华明	2012. 10—
	党组成员、副主席	胡海元	2014. 09—

第三节 活动

一、城市科普

1997年，市科协积极开展科普宣传活动。10月开展“科普兴市”宣传活动，展出展板500余块、科技图片2000多张，发放技术资料5万余份。

1998年，市科协与市科委联合举办20年科技成果展，展出展板75块、图片735幅，文字说明3万多字，充分展示和宣传全市改革开放20年来，科学技术普及在提高农民科技素质、促进农村经济发展的作用。

2000—2001年，市科协以“文明创建”为目标，在冷水滩中心城区新建150米长的科普宣传画廊。画廊围绕市第二次党代会提出的“生态环保效益型经济格局”的工作思路，就气候、环境、绿化以及道德文明等内容，布置宣传内容。同时，以三多亭社区为试点，开展文明社区创建活动。

2002年，市科协组织开展厂、会（协会）协作活动，促进科技与经济的同步发展。重点活动有：市水利协会与湘江电站、涔天河水库管理局结对合作；市粮经学会与虎岩粮库结对合作。学会与企业（单位）签订协议书，确定协作的内容和项目，实现优势互补。8月，全省企业科技人员“讲、比”竞赛活动表彰大会在永州召开，全省14个地州市科协及50余家省内大中型企业负责人参加大会，长丰集团企业科协被评为湖南省“讲、比”竞赛活动先进单位，并在会上作经验介绍。

2003年，针对当时国内出现“非典”疫情，市科协城市科普活动重点开展“依靠科学，战胜‘非典’”的宣传。市科协会同有关部门，组织卫生系统的学会、协会举办防治“非典”一条街宣传活动。活动展出展板136块、挂图3600张，发放防治“非典”宣传资料2万余份，接受群众咨询3000多人次。同年3月26日，永州市首届优秀科技工作者表彰大会召开。省科协副主席王笃达、市委副书记周永亮出席大会并为授奖者颁奖。大会表彰优秀科技工作者10人，分别是市电业局总工程师骆长云、湖南跃进机电有限责任公司高级工程师陈勇、江永县香柚研究所高级农艺师何成红、市种子公司高级农艺师谢建华、祁阳县农技中心高级农艺师李阳生、东安县人民医院主任医师陈铸亮、市二医院主任医师肖东民、宁远县人民医院主任医师欧阳德群、零陵学院教授唐建国、道县一中特级教师欧阳先博。

2004年，市科协组织市级学会、协会，与24家企业开展厂、会协作活动。其中电机工程学会与双牌水电站等5家企业协作成果最为显著，被推荐到中国科协和省科协。是年，还在企业中，组织科技人员开展“讲理想，比贡献”竞赛活动，实施139项技术攻关和技术创新项目，创经济效益达2300万元。同年6月，祁阳县被中国科协命名为“全国科普示范县”。

2005—2006年，继续组织学会、协会，与厂矿企业开展厂、会协作活动。其中市粮经学会与虎岩粮库协作，研究总结的“无公害稻米种植、储藏、加工技术与运用”项目纳入国家“星火计划”。同时，为提高广大科技工作者的水平，市科协邀请省内外专家到永州开展科技讲座3场次，制作科技光碟110套发到厂矿企业。

2008年，市科协突出提高全市领导干部、公务员科学素质，在永州新闻网和永州电视台新闻频道开辟科普专栏《一页一栏》，宣传科普法律、法规。同时，开辟科技普及版《科普大篷车》专栏，传播公民道德、生产、生活等方面科学知识，播出156期，播出时间长达2340分钟。

2011年，市科协组织市爱卫办、市水利学会、市环境科技学会、市气象学会等单位，在冷水滩区滨江广场举行“喜迎四次党代会，科普给力创‘国卫’”主题宣传活动。活动由科普展览、科技文艺演出、科普知识抢答三部分组成，参与市民达2000多人。

市科协2012年“科技　卫生　安全”宣传活动现场

2014年6月，东安县舜皇山国家森林公园、新田县孝文化公园入选2014年度湖南省科普教育基地。

2015年，市科协牵头主办永州市“放心米粉工程”建设论坛，市人大代表、市政协委员、重点食品企业负责人、米粉店老板和米粉生产加工、市场流通、餐饮等环节的专家学者60余人参加论坛，交流学术论文34篇，表彰优秀论文10篇。

二、农村科普

1996年，市科协以中国农村实用技术函授大学（简称“农函大”）为阵地，加强农村科技培训。全市建乡镇农函大辅导站180个，占乡镇总数的95%；全年农函大开办培训班700余期，培训人数14750人，占全省农函大培训总人数的三分之一，名列全省第一。

1997 年，为发挥科技示范作用，市科协积极筹建回龙圩农场综合农业科普示范基地、永州市特种养殖培训示范基地、永州市一中青少年科技活动示范基地、冷水滩一小小学生科技活动示范基地，年底全部建成。

1998 年，市科协在永州电视台开辟《农业科技》科普栏目，进行科普教育，推广先进应用技术，宣传报道科技致富典型，坚持每周五播一期。启动全市农民技术职称评定工作，在祁阳县和芝山区先行试点，对 4 个专业、69 名农民技术人员进行评定，评出中级职称 33 人、初级职称 36 人。

1999 年 3 月，市、县两级科技工作者在观音滩镇为农民提供农业科技咨询

1999 年，市科协组织市级有关学会、祁阳县科协、东安县科协在祁阳县观音滩镇和东安县芦洪市镇等地开展科技下乡活动，举办农业新技术授课活动 8 场，听课农民达 1000 余人，发放各类科技资料、科普挂图 3 万余份，赠送专业技术书籍 1000 余套，现场解决有关种、养、加方面的生产难题 32 个，接受科技咨询人数近万人。

2000 年，市科协先后 6 次深入祁阳县观音滩镇、东安县芦洪市镇，开展示范乡镇试点，实施“一村一品”科技兴农，健全镇、村科普网络组织和农民科普活动室。

2001 年，为推动农民学科技积极性，市科协从全市种养殖专业中评选出农民技师职称 31 人、农民助理技师 12 人，评选出冷水滩区伊塘镇、芝山区珠山镇、祁阳县观音滩镇、东安县芦洪市镇、双牌县五里牌镇、道县蚣坝镇、江华瑶族自治县白芒营镇、宁远县冷水镇、蓝山县塔锋镇、新田县知市坪乡 10 个科普示范乡镇。

2004 年，市科协组织专家和县（区）科协负责人到祁阳、江华、江永三县九镇开展农村科普工作情况调研，撰写《关于农村科普工作情况的调研报告》。市科协还与永州电视台联合制作、拍摄东安县群山村葡萄种植科普示范基地、永州市特种养殖专业协会、祁阳县科技示范户文建军 3 个专题片，推动科技普及。

2005 年，市科协与新田县、宁远县科协制作《大五星枇杷栽培技术》《九嶷兔养殖技术》等教学光碟，为农民传授种养技术。据统计，组织 1000 余名科技人员直接送科技下乡进村入户，推广先进实用技术 60 多项，咨询人数 2 万多人，发放科技资料 18 万余份，受益农民达 30 余万人。10 月，市科协推荐的永州市烟草学会被中国科协授予“全国农村科普工作先进集体”荣誉称号，东安县科协主席陈秀兰、蓝山县金地开发有限公司刘先雄、宁远县高级畜牧师李之平获“全国农村科普工作先进个人”荣誉称号。

2006 年，市科协与永州都市频道开辟“新科普、新农村”农村科普专栏，每月制作科普节目 2 期，重播 2 次，大力宣传农村科普工作新典型新经验。

2007 年，加强农村科普“四个一”建设，通过整合资源，加强指导和支持，在全市组建乡村科普工作站 1574 个、科普宣传栏 1610 个，发展科普信息员 2771 人，建立科普志愿者队伍 2601 个。

2008 年，市科协积极组织开展“科技救灾补损”工作。年初，永州遭遇百年罕见的冰雪灾害，农作物受害严重，农村基础设施大部分被毁，市科协及时印发《关于在科协系统迅速开展“科技下乡、抗冰救灾”专题活动的紧急通知》。3 月，市科协组织涉农、涉医学会和相关部门的科技人员深入到零陵区黄田铺镇、邮亭圩镇等乡镇 110 人次，走访慰问省级科技示范户，举办科技培训班，现场指导受灾农户生产自救，发放科技救灾补损技术资料。到 3 月下旬，全市科协系统组织市、县（区）两级 336 个学会（协会、研究会）的 527 名科技工作者，深入灾情最重的 78 个乡镇 342 个村，发放农业技术资料 9.2 万份（册），发放慰问金 16.3 万元，出动车辆 13 台次，组织科技报告会 6 场次，深入田间果园开展技术指导 200 人次，接待群众咨询 3900 人次。

2009 年，市科协组织市职业技术学院、市林学会、市农学会、市药学会、市气象学会、市预防医学会的科技工作者到冷水滩区普里桥镇、回龙圩管理区送科技下乡，为农民送科技、送政策、送物品、送健康，参与科技下乡的科技人员达 120 余人，发放各类技术资料 7.6 万份（册），接受群众咨询 4200 人次，赠送药品、苗木价值达 4.3 万元。

2010 年，市科协实施“科普惠农兴村计划”，通过积极申报，全市有 6 个项目获得中国科协、财政部颁发的“科普惠农兴村计划”项目奖，其中永州市特种养殖专业技术协会、江华县食用菌专业技术协会、江永县橙类专业技术协会、冷水滩区西瓜协会荣获“全国科普惠农兴村先进单位”称号，宁远县冷水镇李运雪、道县梅花镇何昌春荣获“全国科普惠农兴村带头人”称号。4 月，为配合市委、市政府“两万干部下基层、服务发展促和谐”活动，市科协组织涉农、卫生、医药学会等 30 多名科技专家，到金洞管理区凤凰乡送政策、送科技、送医药，发放各类技术资料 5 万份（册），赠送家庭保健箱药品 2.3 万元，提供科技咨询 3000 多人次，走访

2011年2月23日，江永县农技干部指导农民选购新型耕田机助春耕

2015年11月17日，市、县两级科协组织科技人员在蓝山县职业中学举办农民培训班，为农民讲授种植、农机、畜牧等相关知识

慰问科技专家和科技示范户3户。

2012年，市科协组织市药学会、市林学会等6家学会30余名科技工作者深入蓝山县所城镇开展科技、卫生、文化“三下乡”活动。活动发放农业科技、环境保护、气象、安全生产、医学药学等科普资料97种15万份，免费赠送树苗、药品价值3万余元，义诊1360人次。

2014年，市科协、市食品药品监督管理局、市粮经学会、零陵区科协等13家单位在零陵区富家桥镇大庙头市场举办以“尚德守法，提升食品安全治理能力”为主题的“食品安全”科普宣传活动，普及食品安全科普知识，提高公众对食品安全认知力和科学素养。活动发放食品安全宣传资料1.5万份，现场接受咨询800人次，义诊200人次，派送应急药品1万余元，发放价值5000余元的“放心米粉”。同年，市科协、市妇联、市林业局、市第三人民医院等10余家单位100余名科技人员在冷水滩区牛角坝镇，开展科技下乡科普惠农服务活动，向农民群众大力宣传党的惠农政策，普及现代农业知识，推广农业新品种新技术。现场展出各类科普展板50块、宣传挂图30幅，接受农业技术咨询200人次，义诊100多人次，免费发放科普读物及农技资料2.6万余份，免费发放树木树种和药品药具价值达3万余元。

三、青少年科技创新教育

1996年，为激发青少年科技热情，市科协在全市中小学生中举办科学幻想绘画比赛，选出60件作品参加全省科学幻想绘画比赛，获一等奖1人、三等奖2人。

1997年，在省科协的指导下，市科协筹建市一中青少年科技活动示范基地、冷水滩区一小小学生科技活动示范基地。

1998年，市科协组织开展永州市第二届青少年科技发明创造比赛和科学讨论会，收到芝山、东安、蓝山、宁远、双牌五县（区）选送参赛作品28件、论文21篇，评选优秀作品一等奖6项、二等奖8项、三等奖8项，优秀论文一等奖4篇、二等奖6篇、三等奖7篇。

1999年，市科协与市教委联合举办永州市第五届青少年“生物与环境”科学实践活动竞赛，各县（区）推荐40项作品参赛，评出一等奖作品5件、二等奖作品15件。

2000年，市科协与市教委联合举办永州市第三届青少年科技创新大赛活动。在各县（区）推荐的126项科技作品、项目和136篇论文作品中，评出优秀科技创新发明项目一等奖12个、二等奖20个、三等奖25个，优秀科幻绘画一等奖7个、二等奖13个、三等奖34个，优秀小论文一等奖8个、二等奖9个、三等奖51个，优秀创新方案一等奖6个、二等奖9个、三等奖19个，并选出39个优秀项目和作品代表永州市参加湖南省第二十一届青少年科技创新大赛，荣获全省一等奖9个、二等奖6个、三等奖24个。

2002年4月，市科协组织青少年参加全省第二十三届青少年科技创新大赛，选送参赛的26件作品获省优秀项目一等奖13个、二等奖3个，科幻绘画一等奖9个。

2003年，市科协与市教育局、市环保局、市科技局联合举办永州市第7届青少年科技创新大赛，评选出一等奖32项（幅）；与市教育局组织永州市青少年参加全省第二十四届青少年科技创新大赛，荣获优秀作品二等奖7项、三等奖9项，荣获优秀科技实践活动二等奖1项、三等奖3项，荣获科幻绘画一等奖1幅、二等奖2幅、三等奖5幅。

2004年，市科协举办永州市第8届青少年科技创新大赛，收到作品265件，评选出一等奖33件（幅）。推荐优秀作品参加全省第二十五届青少年创新大赛，获全省一等奖3件（幅）、二等奖11件（幅）、三等奖11件（幅）。

2005年，零陵区富家桥镇中学被省科协授牌为“湖南省青少年科技教育基地”。

2006年，举办全市第10届青少年科技创新大赛，收集作品520余件，评选出优秀项目（含科技实践活动）一等奖21个、二等奖46个，优秀科幻绘画作品一等奖10个、二等奖34个，评出优秀组织奖4个、优秀科技教师3人。推荐参加第27届湖南省青少年科技创新大赛的作品中，荣获优秀项目一等奖1项、二等奖4项，优秀科技实践活动一等奖1项，优秀科幻绘画一等奖1幅、二等奖1幅。其中，江永县一小学生周佩创作的科幻绘画《智能章鱼　血管医生》经省科技创新大赛组委会推荐参加第21届全国青少年科技创新大赛，获得一等奖。

2009年，市科协推荐的新田县骥村中心学校学生唐正午的科技创新作品《矿难救生器》获第24届全国青少年科技创新大赛一等奖；组织参加2009年湖南省中小学机器人竞赛，获一等奖1项、二等奖1项、三等奖5项。

2013年，市科协开展“防灾减灾科普知识”进校园活动，向中小学生传授如何防范应对灾害，普及逃生避险基本技能，提升紧急情况下自救互救能力。邀请市疾控中心和消防支队的专家在冷水滩区京华中学分别为师生们进行“H7N9的安全预防知识”和“应急救生逃生知识”专题讲座。

2014年，市科协组织16支队伍参加全省第七届青少年机器人大赛，获得一等奖2个、二等奖2个、三等奖5个，永州职院附小被评为优秀组织单位。

2015年，市科协联合市教育局、市科技局、市经信委在永州四中举办永州市“全国科普日”主场活动暨全市青少年科技创新成果展。运用实物演示和平面展板，将全市2010年以来荣获省级二等奖以上的创新作品、青少年机器人作品和自制玩教具作品进行现场展示和创客表演，以现场互动方式，使参观者直接感受科技创新成果，亲身体验科技创新魅力。活动期间，市科协特邀全国著名科普专家周又红老师从北京到永州，围绕“科技创新就在我身边”主题，在永州四中报告厅举办一场大型青少年科技创新科普知识讲座，全市各县（区）科协、参与科技创新师生600余人聆听讲座。

四、社团管理

截至2015年年底，市科协登记在册的所属市级学会、协会45个，有单位会员1425个，个人会员32651人。市级学会、协会以自然科学和应用科学为主，涉及医疗卫生、农业、林业、工业、教育、城市建设等领域，大多都有健全的组织机构，有理事会、理事长和秘书长，工作人员多为兼职。

（一）自然科学优秀学术论文评选

自1996年开始，市科协与市人事局、市科技局每两年开展一次全市自然科学优秀学术论文评选。2006年后，由市委组织部、市人社局、市科协、市科技局4家单位联合主办。截至2015年，开展10届评选表彰活动，征集自然科学优秀论文

1063篇，表彰优秀论文874篇。

（二）最佳学术活动评选

市科协对市级学会及其专业委员会、县（区）科协举办的学术活动，定期开展“最佳学术活动”评选。每两年评选一次。截至2015年，评选出“最佳学术活动”76项、“优胜学术活动”68项。

（三）专题调研和决策咨询

1999年2月，市科协与市农委、市科委联合组织开展“全市农村科技工作考察”，撰写《永州市农村科技工作调查报告》，大力推广永州市特种养殖专业技术协会股份制合作经济形式和“协会+公司+农户”运营理念。

2000年11月，市科协与市委组织部联合在全市范围开展“知识分子现状与管理”调查研究，向市委提交《加强知识分子工作，促进人才队伍建设》调研报告。

2001年8—10月，市科协在全市唯一的中国公众科学素质调查观测县——道县的道江、蚣坝、清塘、东门4个观测乡镇，完成8村（居委会）40户对象户的调查工作，形成《公众科学素质水平亟需提高》调查报告。

2014年6月，市科协组织市粮食经济科技学会、市粮食行业协会对全市多家粮油和米粉企业进行走访调研，为开展“食用油和米粉放心工程”建设取得第一手资料，撰写的《永州市食用油和米粉放心工程建设活动》一文在《中国粮食经济》第7期上发表，撰写《永州市米粉行业情况调查报告》报市食安委办公室，撰写的通讯报导《一碗小米粉、浓浓民生情》在2014年12月27日《永州日报》头版刊登。

第五章　文学艺术界联合会

永州市文学艺术界联合会前身为零陵地区文学艺术界联合会，成立于1978年8月，当时未召开代表大会。1989年5月，零陵地区文学艺术界联合会第一次代表大会召开。此后，相应的各专业文艺家协会成立。1995年，零陵地区文学艺术界联合会更名为永州市文学艺术界联合会（简称“市文联”）。市文联是中共永州市委领导的，由各文学艺术家协会、各县（区）文联所组成的文艺界人民团体，是市委、市政府联系全市文艺工作者的桥梁和纽带，繁荣发展社会主义文艺、建设文化强市的重要力量，属正处级群众团体组织（为参照公务员法管理单位)。至2015年，市文联下辖团体会员22个，其中县（区）文联组织11个、市文联直属文艺家协会组织11个。全市文联系统有专职人员42人，市文联各文艺家协会市级会员达5400多人。

第一节　机构队伍

一、机构

（一）市文联

1989年5月，经中共零陵地委、零陵地区行署批准，零陵地区文学艺术界联合会第一次代表大会召开。地区文联内设机构2个，即办公室、《潇湘文艺》杂志编辑部，编制4名。1995年年底，零陵地区文学艺术界联合会更名为永州市文学艺术界联合会。

1996年9月3—4日，市文联召开“地改市”后第一次代表大会。会后，市文联机构进行调整，内设办公室、《潇湘文艺》杂志编辑部，有编制5名。市文联归口市委宣传部管理，属正处级参照公务员法管理单位。市文联下辖冷水滩区、祁阳县、东安县、双牌县、道县、江永县、江华瑶族自治县、宁远县、新田县、蓝山县10个县（区）文联组织以及市文联直属的市作家协会、市美术家协会、市书法家协会、市摄影家协会、市音乐家协会、市舞蹈家协会、市戏剧曲艺家协会、市民间文艺家协会8个文学艺术团体。1997年11月零陵区文联成立。

2002年，经市编办批准，市文联增设编制至8名，其中设主席1人、副主席1人、调研员1人。内设机构进行调整，设综合办公室1个，加挂《潇湘文艺》编辑部牌子。

市文联的宗旨是：坚持文艺为人民服务、为社会主义服务的方向和“百花齐放、百家争鸣”的方针，坚持文艺贴近实际、贴近生活、贴近群众的原则，弘扬主旋律，提倡多样化，为繁荣和发展永州的文学艺术事业，建设社会主义先进文化，构建社会主义和谐社会而努力奋斗。市文联负有团结引导、联络协调、服务管理、自律维权的职责。通过组织会员开展深入生活、文艺创作、成果展示、理论研讨、学术交流、文艺评奖、书报刊出版、对外交流、权益保护等工作，推动永州文学艺术事业的进步发展。

（二）市级文艺家协会

市级文艺家协会分市文联直属文艺家协会（即为市文联团体会员单位）和市文联非直属文艺家协会（即以市文联为指导单位的挂靠文艺家协会）两种类型。

市文联直属文艺家协会于1996年前后相继成立，最早的是永州市曲艺家协会，于1985年成立；最晚的是永州市演艺协会，于2009年9月成立。截至2015年年底，市文联直属文艺家协会有市作家协会、市美术家协会、市书法家协会、市摄影家协会、市音乐家协会、市舞蹈家协会、市曲艺家协会、市文艺评论家协会、市戏剧家协会、市民间文艺家协会、市演艺协会11个（各协会成立的具体时间及相关内容见第十七章“其他社会团体”），有会员2019人。

市文联非直属文艺家协会于1996年前后相继成立，最早的是永州市诗词协会，于1985年4月成立；最晚的是永州市检察官文联，于2015年9月成立。截至2015年年底，接受市文联指导的非直属文艺家协会有市直属机关书画家协会、市老年书画家协会、市女书书法家协会、市交谊舞协会、市诗词协会、市京剧协会、市女书法家协会、市硬笔书法家协会、市女书说唱艺术协会、市楹联协会、市观赏石协会、市企业书画家协会、永州潇湘国学院、永州九嶷书画院、永州潇湘文化艺术馆、永州龙溪堂石刻院、永州怀素书画研究院、永州市检察官文联18个（非直属文艺家协会具体内容见第十七章“其他社会团体”），拥有会员3400余人。

（三）县（区）文联

1958年12月，祁阳县率先成立文学艺术界联合会，因无编制和专项资金，不久即停止活动。1985年3月至1989年12月，江华、新田、祁阳、宁远、双牌、冷水滩、江永、道县8县（市）文联成立，1991—1997年，东安、零陵、蓝山3县区文联成立。至1997年年底，永州市所辖11个县（区）全部成立文联组织。每个县（区）文联有编制1~3名，配备专职文联主席1人，内设综合办公室。1996年“地改市”后，市文联召开第一次代表大会，县（区）文联队伍得到充实，人口较多的县（区）一般配备4~5人，人口相对较少的县一般配备1~3人，县（区）文联有专职人员38人。2015年，县（区）文联专职人员增至42人。

县（区）文联除道县文联为副科级单位外，其余均为正科级单位，负责组织当地文学艺术活动的开展，传播先进文化和培养文学艺术人才。行政隶属当地县（区）委宣传部门，业务上接受市文联指导。

二、队伍

1989年，零陵地区文联召开第一次代表大会。内设机构2个，配有专职人员4人。

1996年“地改市”后，市文联召开第一次代表大会。内设机构2个，配有专职人员5人。各县（区）文联相继召开代表大会，并配备相应的文联专职人员。随着市文代会的召开，市级作家协会、美术家协会、书法家协会、摄影家协会、音乐家协会、舞蹈家协会、戏剧家协会等直属文艺家协会相继召开成立大会。大部分非直属文艺家协会也在此后成立。这些市级文艺家协会，没有配备专职人员，但每个协会都有3~8名兼职管理人员，市文联各文艺家协会兼职管理人员100多人，加上市、县文联专职管理人员，有专、兼职人员200余人。

2001年，市第二次党代会提出调整结构创特色、改革开放添活力、逐步形成生态环保效益型经济格局的工作思路，并制定未来五年的经济发展目标。“经济搞上去，文艺要助力”，各级各部门对文艺的发展必然推动经济发展的认识进一步提高，对文联的工作也进一步重视。文联机构的设置和人员的配备进一步得到调整充实。2002年，市文联编制由原来的5名增至8名。各县（区）文联的专职人员，在原有38人的基础上充实到42人。

2010年后，县（区）文联分别召开新一届代表大会，规划新一轮文艺发展思路，选举新一届县（区）文联领导班子。在稳定专职“主席”数量的基础上，兼职副主席数量大都由原来的1~2人增加到3~5人。仅兼职副主席一项，县（区）文联增加人员49人。与此同时，市级文艺家协会组织也日趋活跃。至2015年年底，全市文联系统有专职工作人员50人，市文联直属文艺家协会市级会员达2019人，非直属文艺家协会市级会员达3400余人。部分非直属文艺家协会队伍不断壮大，如市诗词协会拥有市、县两级会员达3016人，其中市级会员460人，农民会员1005人。

第二节　代表大会

一、第一次代表大会

1996 年 9 月 3—4 日，市文联第一次代表大会在零陵卷烟厂召开。118 名代表出席会议。全体代表遵照中共永州市委关于“团结、鼓劲、繁荣”的指示精神，重温马克思列宁主义、毛泽东文艺思想和邓小平同志关于文艺工作的论述，审议并通过原零陵地区文联第一届委员会主席团《工作报告》和修改后的《永州市文联章程》。大会协商产生由 39 人组成的市文联第一届委员会；会议选举产生市文联第一届领导机构，李长廷当选为主席，鲁秉林、杨克祥、汪竹柏当选为专职副主席，邓开衡、赵妙晴当选为兼职副主席，吕晓勇当选为秘书长。

会议还推举毛寄颖、蒋贤哲、唐曾孝、唐清明、彭式昆为该届文联委员会名誉委员。

湖南省文联党组书记周江沅代表省文联致祝词，市委书记邹金鹭，市委副书记、市长卞翠屏致贺信，市委副书记曾昭薰代表市委、市政府致祝词，市委常委、宣传部部长周永亮出席会议并讲话。

二、第二次代表大会

2002 年 5 月 23 日，市文联第二次代表大会在零陵宾馆召开。110 名代表出席会议。会议组织学习江泽民同志在全国第七次文代会上的讲话精神。会议审议并通过市文联第一届委员会主席团《工作报告》和修改后的《永州市文联章程》。大会选举产生市文联新一届领导机构，胡功田当选为主席（兼党组书记），杨克祥、吕晓勇当选为专职副主席，王孟义、刘翠玲、胡柱明当选为兼职副主席，吕晓勇兼任秘书长。

市委副书记周永亮出席开幕式并讲话。

三、第三次代表大会

2007 年 9 月 5—7 日，市文联第三次代表大会在冷水滩区南华大酒店召开。189 名代表出席会议。会议回顾总结全市过去五年的文艺工作，描绘此后五年的文学艺术发展蓝图。大会审议并通过市文联第二届委员会主席团《工作报告》和修改后的

《永州市文联章程》，协商产生由39人组成的市文联第三届委员会，发布《给全市文艺界老同志的致敬信》。大会选举产生市文联新一届领导机构，黄爱平当选为主席，吕晓勇、彭楚明当选为专职副主席，刘翠玲、王孟义、唐继炳、杨金砖、唐孟冲、刘翼平、曹兰芳、陈林静当选为兼职副主席，何红喜当选为秘书长。

省文联党组书记罗成琰、市委书记曾庆炎出席会议并讲话。中国文联国内联络部给大会发来贺电。出席会议的市领导有唐长久、李良铁、陈金荣、唐松成、杨南平、刘事青、刘湘凌、董石桂、周德睿、唐定等。

四、第四次代表大会

2013年10月14日，市文联第四次代表大会在冷水滩区南华大酒店召开。158名代表出席会议。会议回顾总结全市过去六年的文艺工作，描绘未来五年的文学艺术发展蓝图。会议审议并通过市文联第三届委员会主席团《工作报告》《永州市文学艺术界联合会章程（修改案）》，发布《给全市文艺界老同志的致敬信》。大会选举产生市文联新一届领导机构，吕晓勇当选为主席，彭楚明当选为专职副主席，王中燕、刘翠玲、刘翼平、伍志军、杨金砖、唐孟冲、唐朝晖、曹兰芳当选为兼职副主席。

市委书记陈文浩，省文联党组成员、副主席唐成红出席并讲话。出席会议的市领导有严志辉、唐松成、高建华、唐定、董石桂、易佳良、蒋善生、朱映红、石艳萍、舒平、张恒洲等。

2013年10月14日，市文联第四次代表大会开幕

1996—2015 年永州市文联历届领导一览表

表 5-1

届别	职　务	姓　名	任职时间
第一届	主　席	李长廷	1996. 09—2002. 05
	副主席	鲁秉林	1996. 09—2002. 05
	副主席	杨克祥	1996. 09—2002. 05
	副主席	汪竹泊	1996. 09—2002. 05
	副主席（兼）	邓开衡	1996. 09—2002. 05
	副主席（兼）	赵妙晴	1996. 09—2002. 05
	秘书长	吕晓勇	1996. 09—2002. 05
	名誉委员	毛寄颖	1996. 09—2002. 05
		蒋贤哲	1996. 09—2002. 05
		唐曾孝	1996. 09—2002. 05
		唐清明	1996. 09—2002. 05
第二届	主　席	胡功田	2002. 05—2007. 09
	副主席	杨克祥	2002. 05—2007. 09
	副主席	吕晓勇	2002. 05—2007. 09
	副主席（兼）	王孟义	2002. 05—2007. 09
	副主席（兼）	刘翠玲	2002. 05—2007. 09
	副主席（兼）	胡柱明	2002. 05—2007. 09
	秘书长（兼）	吕晓勇	2002. 05—2007. 09
第三届	主　席	黄爱平	2007. 09—2009. 12
	主　席	吕晓勇	2010. 01—2013. 10
	副主席	吕晓勇	2007. 09—2010. 01
	副主席	彭楚明	2007. 09—2013. 10
	副主席	唐华栋	2011. 02—2012. 09
	副主席（兼）	唐继炳	2007. 09—2013. 10
	副主席（兼）	唐孟冲	2007. 09—2013. 10
	副主席（兼）	王孟义	2007. 09—2013. 10
	副主席（兼）	刘翠玲	2007. 09—2013. 10
	副主席（兼）	杨金砖	2007. 09—2013. 10
	副主席（兼）	刘翼平	2007. 09—2013. 10

续表5-1

届别	职　务	姓　名	任职时间
第三届	副主席（兼）	曹兰芳	2007.09—2013.10
	副主席（兼）	陈林静	2007.09—2013.10
	秘书长	何红喜	2007.09—2011.07
第四届	主　席	吕晓勇	2013.10—2014.10
	主　席	蒋蒲英	2014.10—
	副主席	彭楚明	2013.10—2015.6
	副主席	李　科	2015.11—
	副主席（兼）	王中燕	2013.10—
	副主席（兼）	刘翠玲	2013.10—
	副主席（兼）	刘翼平	2013.10—
	副主席（兼）	伍志军	2013.10—
	副主席（兼）	杨金砖	2013.10—
	副主席（兼）	唐孟冲	2013.10—
	副主席（兼）	唐朝晖	2013.10—
	副主席（兼）	曹兰芳	2013.10—

第三节　活动

一、展览与演出

1997年11月9日，永州市文联与新田县委宣传部联合举办“肖建民画展”，展出作品60余幅。

1998年1月16日，无产阶级革命家陶铸同志90周年诞辰纪念大会暨电视剧《陶铸》首播式在祁阳举行。陶铸女儿陶斯亮出席纪念大会。

2000年7月5日，市舞蹈家协会副主席刘翠玲创作编导的舞蹈节目《飞》《春啊春》，在第二届“小荷风采”全国少年儿童舞蹈会演中双双荣获金奖，并被中国文联选定参加国际儿童艺术节、全国优秀少儿舞蹈展演。

2002年11月，市文联与江永县政府联合举办第六届湘粤桂三省区10县（市）南岭瑶族盘王节暨中国女书国际研讨会。活动中，演出瑶族长鼓舞、女子龙舞、芦笙舞、傩舞、祭祀舞、挖山舞、扇子舞、旱船舞、背篓舞、龙狮舞、大型团体操等55个节目，游行方阵16个，参加演出人员4840人，其中乡镇场节目27个，演员808人。

2005年，市文联联合双牌县政府，积极筹建阳明山文学创作基地；4月28日，“湖南省作协阳明山创作基地”授牌仪式在双牌阳明山举行。

2006年，市文联牵头组织永州、衡阳、郴州三市书法家在永州市博物馆举办“墨舞大湘南”书法联展，促进三市之间的文化艺术交流。

2007年，市文联组织市女书法家协会举办“中国人寿之夜”快乐书画爱心拍卖会，拍卖书画成交额12.45万元，全部用于资助永州市贫困学生。

2009—2010年，市文联组织对永州作者著述的《脚手架》《永州这本书》以及《文艺生活》杂志开辟的“艺术永州”专辑开展评论。其间，邀请中国作家协会副主席蒋子龙、省文联副主席夏义生到江华开展采风活动。

2013年，市文联联合零陵区政协主办“中国名家书画永州展”，展出包括黄永玉、邹传安、杜滋龄等国内著名书画家作品80余幅。市文联举办“健康中国·美丽零陵”书画艺术家采风行，海军原副司令员、中国将军书画院名誉院长赵兴发，中国将军书画院执行院长黄万荣，著名书画家汪国新等出席该次活动，并挥毫泼墨现场创作。

2012年8月28日，零陵区文联在零陵工人文化宫举办“红色的记忆”少儿歌舞才艺表演晚会

2014年，市文联积极承办由市政府主办的“草圣故里之旅”书法艺术系列活动暨沈鹏草书《古诗十条屏》全国巡回展永州首展，该次系列展除展出沈鹏草书《古诗十条屏》之外，还展出中国当代草书名家作品56幅。3月4日，“草圣故里·永州印象”书法美术作品展在中国人民革命军事博物馆展出。展出时间5天，展出近200幅当代著名书法家和画家的作品。市文联参与举办“欢乐潇湘·和美永州”大型群众文艺会演活动，全市1762个文艺演出团队1.9万人参演，观众人数达55万人次，全方位展示永州的文化底蕴，为广大群众献上喜闻乐见的文化大餐。

2015年9月19日，市文联与双牌县委、县政府联合举办第九届阳明山“和”

文化节暨两岸作家写阳明潇湘笔会。湖南省作协副主席兼秘书长王跃文带领《湖南文学》杂志主编及6名编辑出席。永州市80余名文学爱好者参加活动。

2015年5月25日，市文联组织文艺志愿者到零陵区凼底乡黄陂村慰问抗战老兵

二、创作与评奖

（一）创作

在市文联的组织领导下，全市广大文艺工作者积极投身到波澜壮阔的社会主义现代化建设洪流中去，创作出一批弘扬时代主旋律、鼓舞人民奋发向上的好作品。1996—2015年，全市文艺工作者在市级以上刊物发表小说、散文、诗歌、文艺评论、报告文学作品等4800余篇，其中省级以上刊物发表2120余篇；创作音乐作品600余首；创作戏曲、舞蹈节目750多个，演出500多场次；摄影、美术参展作品1380余幅；书法参展作品950余件。

1996—2001年（第一次文代会期间），全市文艺工作者发表小说、散文、诗歌、文艺评论、报告文学作品等2500余篇。其中长篇小说5部，中篇小说7部，短篇小说和散文集35部，诗集17部，儿童文学集2部，文艺评论（理论）集2部。戏曲、影视创作方面，发表剧本5部。演出活动虽然受到市场经济冲击，观众减少，但"送戏下乡"活动拉近了文艺工作者与观众的距离。戏曲协会每年送戏下乡不少于10场次，同时积极组织节目参加全国全省的戏曲节目调演会演，获得一致好评。反映无产阶级革命家陶铸生前光辉业绩的电视剧《陶铸》，在其家乡祁阳县开拍。美术摄影创作方面，全市创作各类美术、摄影作品1600余幅，入选国内外各种类型美术展览的作品 600 多幅，获奖作品 180 多幅，其中发表于海内外各种画集及报刊的美术作品 100 余幅，出版个人画集 3 部。音乐、舞蹈创作方面，先后创作作品 100 余件，演出 120 余场次。陆良民出版永州市第一部个人歌曲作品专辑《陆良明歌曲选集》。市书协与市文联共同组织出版《永州当代书法作品集》《永州历代书法选》。

2002—2007 年（第二次文代会期间），市文联组织广大文艺工作者，纪念毛泽东 110 周年诞辰，重温毛泽东《在延安文艺座谈会上的讲话》，进一步激发广大文艺工作者为人民写好作品、写好作品为人民的创作激情。5 年间，全市出版文学专著 100 部、戏剧作品 3 部、音乐作品集 2 部、书画集 9 部。其中，市书法家协会编辑的《永州当代书法集》《何绍基传世墨宝》《绿天墨韵——永州书法篆刻作品选》，既传承永州书法历史文化，又体现当代书法品位，具有收藏价值。此外，全市各文艺家协会还在各级各类报刊、各种展演、比赛活动中，发表、展演大量文艺作品。

2007—2013 年（第三次文代会期间），全市文艺界紧紧围绕“写永州、画永州、唱永州、演永州”开展“四个永州”系列创作活动，先后举办“礼赞湘江·湖南作家潇湘行”“奔腾杯”永州山水人文散文征文大赛、“永州作家田园行”等系列创作活动，并组织市内作家 50 余人到零陵区福田茶场、道县脐橙基地、江永桃川香柚基地等县（区）农村进行采风创作，创作各类歌颂永州的文学作品 530 余篇。市美协、市摄协先后在东安上界头，江永千家峒，零陵周家大院，新田谈文溪、龙家大院分别建立“创作写生基地”，把美术、摄影创作与旅游开发、新农村建设融为一体，创作作品 150 余件，主办或参与举办多种美术展览 20 余次，积极推介永州。市书法家协会邀请中国书协名誉主席沈鹏、主席张海、中国书法院院长王镛等众多国内著名书法家创作历代名人咏赞永州的书法作品 200 余幅，珍藏于永州书画艺术馆并结集出版。市音乐家协会、市舞蹈家协会、市曲艺家协会积极参与和开展全市社区文化、农村文化、企业文化、校园文化、广场文化等群众性文艺演出活动，每年达数十场，表演歌颂永州的节目 50 多个。市文艺评论家协会组织评论家撰写发表评论永州文艺家及其作品的评论 200 多篇。

2013—2015 年（第四次文代会期间），全市文艺界继续开展“四个永州”系列文艺创作活动，文艺工作者们写永州、画永州、唱永州、演永州，创作、展览、演出大量作品。据统计，全市文艺工作者在全国各类报刊发表各种形式的文艺作品 1800 余件，展览书法、美术、摄影作品 1200 余幅，演出戏剧、小品、曲艺、音乐作品 180 余件（首）。出版长篇小说、诗歌作品集、散文作品集、书法作品集、美术作品集 12 部。其中，2014 年 11 月，由市委宣传部、市旅游外事侨务局、市文联

2015年9月9日，"欢乐潇湘　和美永州"群众美术　书法　摄影展开幕式

联合举办的"锦绣潇湘·永州发现——寻找永州100处最佳摄影点和优秀摄影作品征集评选活动"启动，面向全国摄影专家和爱好者公开征集、遴选反映永州自然风光、名胜古迹、民俗风情、生产生活场景的优秀摄影作品，最终评选出100处永州最佳摄影点和200幅优秀摄影作品。

（二）评奖

1. 市级文艺评奖

2009年，"永州市文艺奖"设立。该奖项是永州市文学艺术成果最高奖励。由市委、市政府授权评审委员会评定，市委宣传部负责组织协调，市文联负责具体实施。一般每两年评奖一次，分文学、艺术两大类作品，13个奖项，包括小说、诗歌、散文（报告文学）、美术、书法、摄影、音乐、舞蹈、民间文艺、戏曲、电影、电视、文艺评论。凡在市级以上国家正规刊物（场所）、出版社公开发表、出版、展出、演出、播出，在全市、全省乃至全国有较大影响的本土文艺作品均可参加评选。每届获奖作品一般在30件左右。2009—2015年，先后进行两次文艺奖评选活动。

第一届"永州市文艺奖"于2010年下半年组织开评，2011年7月颁奖，评出2007年1月1日至2010年6月31日之间发表、出版、展出、公演、放映、播出的小说、诗歌、散文（报告文学）、美术、书法、摄影、音乐、舞蹈、民间文艺、戏剧曲艺、电影电视剧、文艺评论（含文艺理论研究）等类别优秀作品奖27件：《我的光明你的眼》（短篇小说。作者：何一飞），《田野花开时》（短篇小说。作者：陈茂智），《黑白人生》（小说集。作者：黄志新），《老站》（诗歌。作者：蒋三立），《乐家茂诗选》（诗歌。作者：乐家茂），《三十年后大湾村》（诗歌集。作者：田人），《永州赋》（散文。作者：曾昭薰），《踏歌潇湘——潇水寻芳》（散文。作者：彭楚明），《放牧流水》（散文集。作者：凌鹰），《脚手架》（报告文学。作者：刘翼平），《老娘》（美术。作者：海天），《大爱无言》（美术。作者：刘斌），《自做诗行草条幅》（书法。作者：邹武生），《草书对联》（书法。作者：罗峰林），《岩中晚宴》（摄影。作者：周承伟），《架起水上生命通道》（摄影。作者：黄海），《喂喂当当唱山歌》（音乐。作词：周明礼，作曲：唐孟冲），《我来自湖南》（音乐。作词：谢江波、刘柏根，作曲：谢高仁），《搏击潇湘》（舞蹈。作者：刘翠玲、齐超波），《抓紧妈妈的手》（舞蹈。作者：郭慧明），《江华民族民间文艺丛书》（民间文艺。主编：周生来），《女书习俗——坐歌堂》（民间文艺。作者：江永县委宣传部），《十五贯》（戏剧。作者：肖红卫等），《蔡九重出江湖》（戏剧。作者：李日晖），《王婆夸机》（曲艺。作者：张文正等），《武当龙影》（电影。编剧：张智勇），《传统文艺鉴赏理论的现代观照》（文艺评论专著。作者：周甲辰）。

2015年9月19—20日，第九届阳明山“和”文化节暨两岸作家写阳明潇湘笔会

第二届“永州市文艺奖”于2014年上半年颁奖，评出2010年7月1日至2012年6月30日之间发表、出版、展出、公演、放映、播出的小说、诗歌、散文（报告文学）、美术、书法、摄影、音乐、舞蹈、民间文艺、戏剧曲艺、电影电视广播剧、文艺评论（含文艺理论研究）等类别优秀作品奖28件：《小薇》（短篇小说。作者：陈茂智），《鲜花盛开》（短篇小说集。作者：何一飞），《野牛岭峡谷》（中篇小说。作者：李长廷），《对决》（长篇小说。作者：郑正辉），《重访石洞源》（诗歌。作者：伍锡学），《泛棹湖上》（诗歌。作者：秦蓓蕾），《在风中朗诵》（诗歌集。作者：蒋三立），《天堂里的一条河》（散文。作者：凌鹰），《爱心雨露润春蕾》（报告文学。作者：吴开嫦），《小文章大道理》（散文集。作者：蒋平），

《但是它已经发生了》（美术。作者：郑适），《温暖的心》（美术。作者：刘斌），《黄庭坚七言诗十首》（书法。作者：欧阳维忠），《楷书柳宗元石涧记》（书法。作者：刘新平），《男子汉》（摄影。作者：赵扬名），《古街喜事》（摄影。作者：曹湘华），《又唱山歌给党听》（音乐。作词：周明礼、唐生瑜，作曲：唐孟冲、谢芳），《为中国喝彩》（音乐。作词：杨舜涛，作曲：周光耀），《祖国我永远为您放歌》（音乐。作词：唐生瑜，作曲：张郴州），《下河嗓子放排歌》（音乐。演唱：赵世宜），《阿哥阿妹齐跳乐》（舞蹈。作者：贺国毅、胡赤娟、成静、高蓉华），《重生》（舞蹈。作者：何启秀、唐小翠），《瞭望台的除夕》（小品。作者：蔡爱军），《超越时空话永州》（音乐剧。作者：龙国庆、周明礼、樊智超、李科、朱光永、蒋海涛），《一封未写完的信》（广播剧。作者：吕晓勇、周明礼、池金涛、池德玉），《寻根文学与舜文化根源性地位》（文艺评论专著。作者：陈仲庚），永州作家作品评论系列 8 篇（文艺评论单篇。作者：杨金砖），《南蛮之地与生命哲学》（文艺评论单篇。作者：李鼎荣）

2. 其他文艺奖

除市文联组织实施的市级文艺奖以外，全市文艺工作者还积极参加各类国家级、省级文艺奖项的评选活动。

永州市第一次文代会期间（1996—2001 年），获奖作品 245 件。较有影响的作品有：江南雨编剧的电视剧《陶铸》获湖南省委宣传部第四届“五个一工程奖”，歌曲《将进酒》（胡柱明词，周光耀、唐孟冲曲）获湖南省委宣传部第五届“五个一工程奖”，刘翠玲创作的舞蹈《小小交通警》获文化部、教育部颁发的一等奖，蔡爱军编撰戏剧《三个和尚》获湖南省第三届新剧目会演金奖。

永州市第二次文代会期间（2002—2007 年），获奖作品 281 件。较有影响的作品有：歌曲《乡下老妈》（志强、乎秀、德才词，唐孟冲、谢芳曲）获湖南省委宣传部第八届“五个一工程奖”，唐开荣绘画《春天的故事》获湖南省第二届“三湘群星奖”美术比赛金奖，谢小芬编导的舞蹈作品《红鬃烈马》获全国第二届校园舞蹈会演特等奖，李怡怡、欧阳维忠书法作品入选全国第八届书法篆刻展。刘新平楷书册页《纪念白求恩》获湖南省书协纪念毛泽东 110 周年诞辰书法大赛一等奖。

永州市第三次文代会期间（2007—2013 年），获奖作品 279 件。较有影响的作品有：《黄爱平诗选》获全国第九届少数民族文学创作“骏马奖”（作者：黄爱平），《盘王之女》（李长廷统筹、集体创作，大型瑶族舞蹈诗剧）获 2007 度湖南省委宣传部第九届“五个一工程奖”，郑适绘画《一起走过的日子》入选文化部、中国美协、中国人民解放军总政治部庆祝中国人民解放军建军 80 周年美术作品展览，歌曲《喂喂当当唱山歌》（周明礼词、唐孟冲曲）获湖南省委宣传部第十届

“五个一工程奖”，谢小芬编导的舞蹈《凤舞朝阳》获香港紫荆花大赛金奖，欧阳维忠书法作品《行书古诗九首》获第一届“湖南省文学艺术奖”。

永州市第四次文代会期间（2013—2015 年），获奖作品 291 件。较有影响的作品有：广播剧《余劳模交班记》、歌曲《梦在飞翔》获湖南省委宣传部第十二届精神文明建设“五个一工程奖”，谢小芬编导的舞蹈作品《我的梦》获“情耀中华”全国青少年才艺大赛金奖，何一飞微型小说《绝鉴》获得“黔台杯”第二届世界华文微型小说大赛一等奖，蒋凤娥等人编导的《婆婆上大学》获中部六省戏曲大赛二等奖，何江平摄影作品《戏水长龙》获 2014 年“锦绣怀柔·华彩会都”全国摄影大赛优秀奖（中摄协主办），许作高工艺美术作品《孝行天下》《家》分获湖南省工艺美术精品展金奖、银奖。

第六章　归侨侨眷联合会

1984 年 12 月，零陵地区归侨侨眷联合会成立。1996 年，零陵地区归侨侨眷联合会更名为永州市归侨侨眷联合会（简称“市侨联”）。市侨联是中共永州市委领导下的由归侨侨眷组成的人民团体，是党和政府联系广大归侨侨眷和海外侨胞的桥梁和纽带，是团结服务归侨侨眷和海外侨胞的群众组织，属正处级群团组织（为参照公务员法管理单位）。至 2015 年，全市 11 个县（区）建立侨联组织。全市各级侨联根据中国侨联章程，按照国内海外工作并重、老侨新侨工作并重的总体思路，积极主动、独立自主地开展工作，履行服务经济发展、依法维护侨益、拓展海外联谊、积极参政议政、弘扬中华文化、参与社会建设工作职能，广泛团结归侨侨眷和海外侨胞，充分运用海内外“两个平台”，协助政府部门招商引资、招贤引智。

第一节　机构队伍

一、机构

（一）市侨联

市侨联前身为零陵地区归侨侨眷联合会。1996 年，零陵地区撤区建市，零陵地区归侨侨眷联合会更名为永州市归侨侨眷联合会。至 2015 年，市侨联内设综合办公室、对外联络科，编制 6 名。其中，主席 1 人，副主席 1 人。指导管理永州市侨商会、永州市闽侨总商会两个二级社团组织。

2015 年 9 月，湖南科技学院成立侨联，成为全市侨联基层组织建设的一个标志性成果。

（二）县（区）侨联

1996—2001 年，各县（区）的归侨侨务工作，大部分归口县（区）统战部门管理。

2002年，全市进行机构改革，市委、市政府对侨联工作予以高度重视，对侨联组织机构设置进行专门研究，确定人员和编制。各县（区）按照市委、市政府指示精神，结合本地区归侨侨眷的实际情况，在机构设置和人员的安排上，做出明确规定。冷水滩区将外事侨务办并入侨联工作，形成人、财、物相对集中的侨务工作机构，明确行政编制3名；芝山区（现零陵区）侨联由1名行政编制改为2名事业编制；江华瑶族自治县侨联在原来1个行政编制的基础上增加1名事业编制；蓝山县侨联由原来1名行政编制增加为2名行政编制、1名事业编制，并第一个成立县级侨联党组，党组书记由侨眷担任；祁阳县侨联由1名事业编制改为1名行政编制；宁远县侨联设置3名行政编制；新田、江永、东安3县侨联各设置1名编制；道县侨联设2名编制；双牌县安排统战干部代理侨联日常工作。

2008—2009年，全市进一步抓好县（区）侨联组织建设，扩大侨联组织网络。江永县于2009年12月召开第一次归侨侨眷代表大会，成立江永县侨联第一届委员会。东安、新田、双牌恢复和建立侨联组织。零陵、冷水滩区侨联和蓝山、江华县侨联着力推进乡镇、社区和大专院校、大中型企业基层侨联组织建设。

至2015年年底，全市11个县（区）均成立侨联组织，有机构编制，有人员，有经费，有场地，有活动。全市有专职侨联工作人员33人、兼职人员105人。

二、队伍

2001—2004年，市侨联配合市人大民族华侨外事委员会举办归侨侨眷代表座谈会，学习《中华人民共和国归侨侨眷权益保护法》及《中华人民共和国归侨侨眷权益保护法实施办法》。在提高市级单位归侨侨眷思想认识的基础上，组织全市各级侨联开展学习贯彻“两法”活动。

2005—2010年，全市侨联干部队伍和广大归侨侨眷开展“与党同心”“与十二五同行”的“同心同行”主题教育和实践活动，凝聚广大侨联干部和侨界人士的智慧和力量，促进侨联各项工作的开展。市侨联组织各县（区）侨联及侨商会100人次，参加由中国侨联、湖南省侨联举办的各类经济与法律政策学习培训班。2007年5月，结合学习省人大常委会新颁布的《湖南省归侨侨眷权益保护实施办法》，市侨联举办2期培训班，参加人数180余人，发放侨务法规宣传资料1200多份。

2011—2015年，市侨联组织全体委员、侨资企业负责人、侨联工作者等100余人次，参加礼仪、外事培训，推动他们掌握与海外人士打交道的基本礼仪和规矩。在庆祝建党90周年期间，市侨联召集100多位侨界代表人士，举行专题报告会、座谈会及歌咏比赛。围绕纪念辛亥革命100周年，突出振兴中华、民族复兴主题，市侨联举办书画展览、纪念征文、座谈交流等活动。

第二节　代表大会

一、第一次代表大会

1996 年 12 月 20—21 日，永州市第一次归侨侨眷代表大会召开。出席大会代表 45 人，其中归侨代表 8 人，侨眷代表 34 人，港澳眷属代表 3 人。大会听取并审议筹委会工作报告，通过《永州市第一次归侨侨眷联合会章程》，选举产生永州市第一届归侨侨眷联合会委员、领导班子成员。委员 9 人。

会议强调，市侨联要充分发挥职能作用，加强与全市归侨侨眷的联系，倾听他们的呼声和意见，反映他们的建议和要求，想方设法解决他们在工作、学习和生活等方面的困难，真正成为市委、市政府联系全市归侨侨眷的桥梁和纽带。要发动和带领全市归侨侨眷投身于改革开放和经济建设，为促进全市经济社会发展做出应有贡献。

二、第二次代表大会

2002 年 1 月 20—23 日，永州市第二次归侨侨眷代表大会召开。出席大会代表 86 人，其中归侨代表 5 人，侨眷代表 78 人，港澳台胞代表 3 人。大会听取并审议市侨联第一届委员会工作报告，选举产生市第二届归侨侨眷联合会委员、领导班子成员。委员由第一届 9 人增加到 35 人，并设常务委员 17 人。

会议强调，市侨联要切实加强自身建设，切实履行职能，认真贯彻执行党的侨务政策，真正发挥桥梁和纽带作用，加强与归侨侨眷的广泛联系，倾听他们的意见和呼声，设法解决他们在工作、学习、生活中存在的困难；要带领全市归侨侨眷投身于全市改革开放和经济建设，充分发挥归侨侨眷参政议政和民主监督作用，依法维护归侨、侨眷的合法权益和正当权利；开展内引外联活动，做好招商引资工作，为永州赶超发展做出新的贡献。

三、第三次代表大会

2007 年 5 月 22—23 日，永州市第三次归侨侨眷代表大会召开。出席大会代表 127 人，其中归侨代表 7 人，侨眷代表 101 人，港澳台眷属代表 15 人，特邀代表 4 人。大会听取并审议永州市侨联第二届委员会工作报告，选举产生永州市第三届归侨侨眷联合会委员、领导班子成员。委员 37 人，常务委员 19 人。

四、第四次代表大会

2012 年 9 月 14—15 日，永州市第四次归侨侨眷代表大会召开。出席大会代表 107 人，其中归侨代表 15 人，侨眷代表 89 人，港澳台胞代表 3 人。省侨联党组书记李宁，市委书记张硕辅，市委副书记唐松成，市委常委、组织部部长、统战部部长刘湘凌等领导出席会议。大会听取并审议永州市侨联第三届委员会工作报告，选举产生永州市第四届归侨侨眷联合会委员、领导班子成员。委员 39 人，常务委员 19 人。

1996—2015 年永州市侨联历届领导一览表

表 6-1

届　别	职　务	姓　名	任职时间
第一届	主　席	李体坚	1996. 12—2000. 09
	副主席	肖文辉	1996. 12—1998. 10
		郑德清	2000. 09—2002. 01（主持工作）
第二届	主　席	郑德清	2002. 01—2007. 05
	副主席	柏继平	2002. 01—2007. 05
第三届	主　席	郑德清	2007. 05—2012. 09
	副主席	柏继平	2007. 05—2012. 09
	副主席（兼）	钟　伟	2007. 05—2012. 09
		桂　湘	2007. 05—2012. 09
		唐阳春	2007. 05—2012. 09
第四届	主　席	唐建春	2012. 09—
	副主席	柏继平	2012. 09—
	副主席（兼）	钟　伟	2012. 09—
		孙耀梅	2012. 09—
		孙锦宇	2012. 09—

第三节　参政议政

1996—2002 年，市侨联作为市政协的一个界别，积极参政议政，充分发挥其民主监督作用，通过侨界政协委员提出议案，反映社情民意、侨界心声。积极参与涉侨法律、法规的制定与修改，督促检查《中华人民共和国归侨侨眷权益保护法》的实施。在市政协第一次会议上，侨界政协委员上交提案 12 个。

2003—2006 年，全市侨联干部尤其是侨界的人大代表、政协委员深入基层、深入实际，了解侨情民意，倾听广大归侨侨眷和海外侨胞的呼声，抓住侨界普遍关心的难点和热点问题，反映他们的困难和问题，为参政议政提供第一手资料。侨界的人大代表和政协委员，积极撰写议案、提案和建议 32 条，其中涉及贯彻《中华人民共和国归侨侨眷权益保护法》的议案、提案 12 条。

2007—2008 年，按照省人大常委会新颁布的《湖南省归侨侨眷权益保护实施办法》有关规定，全市各级侨联积极向党委汇报，争取更多的侨界优秀人士当选为人大代表和政协委员。永州市政协第三届委员会，侨界政协委员由上届的 7 人增加到 9 人，进一步充实侨界参政议政的力量，拓展侨联参政议政的平台，为发挥侨联的独特作用奠定良好基础。同时，市侨联加强与人大代表和政协委员的联系，组织他们深入调查研究，反映侨情民意，提出许多有价值的意见和建议。2008 年，市“两会”期间，侨界人大代表、政协委员提交议案和提案 9 件，2 名侨界政协委员在大会上发言。

2011 年 1 月 10 日，侨界政协委员在市政协三届五次会议上发言

2009—2011 年，全市各级侨联调动侨界人大代表、政协委员的积极性，围绕政府关心、侨界关注的热点难点问题，深入调查研究，撰写出有价值的议案、提案 62 件。其中侨界市政协委员撰写的《重视和加强我市学前教育的建议》《加强中心城市公共文化建设的建议》两篇

调研文章，均在市政协三届五次全会上作为大会发言，且都被评为市政协优秀提案。由市侨联撰写的《关于做实新闻发言人制度》的大会发言得到市委书记张硕辅批示："这份发言具有很强的现实性、针对性，措施具体，建议市委宣传部采纳、吸收。"该提案获得大会优秀发言三等奖。

2014 年，在市政协四届三次大会开幕式上，侨界政协委员陈凯作《以"扁平化、网格化"改革为突破口，提升城市社区管理水平》的大会发言，得到市委书记陈文浩当场批示："结合社会治理机制改革，认真研究社区管理，做实基础，夯实软实力。"

2015 年，侨界政协委员向市政协提交《永州雾霾治理的思考》《净化冷水滩空气　做实幸福永州》《建设冷水滩学校过街地道刻不容缓》等 9 篇提案，向中国侨联提交《侨联工作存在的突出问题、挑战和对策》、市侨联主席唐建春的《关于讲好中国故事的情况反映》等，均引起有关部门高度关注。

2012 年 1 月 6 日，市政协四届一次会议侨联届委员协商"两院"工作报告

第四节　侨务活动

一、公益事业

1999 年，中国侨联提出以组织捐建百所侨心学校、资助千个重教项目、万名优秀贫困学生为主要内容的"侨心工程"。"侨心工程"是中国侨联向海内外侨界倡导的一项公益活动。永州市侨联积极响应号召，组织全市各县（区）侨联参与"侨心小学"建设。同年 12 月，市侨联将江华瑶族自治县桥头铺镇茅坪村小学考察材料呈报湖南省侨联。2000 年 1 月，湖南省侨联将永州申办"侨心小学"作为湖南省实施"侨心工程"的重点项目呈报中国侨联争取立项。中国侨联委员、市侨联主席李体坚多次到中国侨联汇报，争取永州申办"侨心小学"项目落地。

2000 年 11 月，市侨联柏继平到中国侨联华侨经济文化基金会拜访理事长竺新源，汇报永州申办“侨心小学”的迫切请求。2002 年 10 月，江华茅坪村“侨心小学”得到香港银行家廖烈智的支持，中国华侨经济文化基金会将廖烈智所捐赠的 20 万元划拨湖南省侨联。秀文侨心小学——湖南省第一所“侨心小学”落户永州市江华县。11 月，秀文侨心小学按照建筑规划设计全面动工，江华县政府按 1 : 1 的比例拨付配套建设资金，项目于 2003 年 3 月竣工。自 2004 年起，茅坪村小学的学生全部在新校舍上学。

2003—2015 年，市侨联努力争取上级资金，先后建成宁远县湾井镇下灌村侨心小学、零陵区接履桥镇翊翔侨心小学、江永上甘棠侨心小学和黄甲岭侨心小学。2015 年，全市侨心小学达到 7 所。

“绿色湘江·呵护母亲河”鱼苗放湘江公益活动现场，市民排队领鱼苗

2015 年 4 月1 日，由市侨联主办的“绿色湘江·呵护母亲河”十万鱼苗放湘江大型公益活动在冷水滩滨江公园举行。活动由侨资企业永州中南口腔医院发起并承办，筹资 8 万元购买经检疫合格的青鱼、草鱼、鲤鱼、鲢鱼等鱼苗。市侨联协调市公安局、市畜牧水产局、市义工协会、市企业家联合会、阿波罗男子医院、友谊万喜登、花儿与少年等 21 家单位和企业协办，投放鱼苗 10 万尾，市民踊跃参与，800 多人自发参加投放。

二、联络联谊

1997 年 3 月，泰国蒙古族王子“凤”先生应市侨联邀请，到永州考察正在投资兴建的宋家洲水电站。市委书记邹金鸯、市长王道生参与接待。5 月，“凤”先生在香港买下陈勋先生宋家洲水电站 50%的股份，并签订投资 4000 万美金的合同。

1998 年 1 月，市侨联多方筹集资金，创办永州市追丰异蛇酒业有限公司。公司生产的异蛇雄酒、异蛇胆酒，参加“大连国际酒类精品博览会”和“1998 长沙全国糖酒会”深受客户青睐，销售合同签约 300 多万元，居同行业首位，产品销往山东及大连、北京等地。

同年，市侨联加强与海外交流联系，开展一系列外引内联工作。年内，促成香港晶远投资公司与芝山区石山脚乡达成协议，投资 6000 万港元创办年出栏瘦肉型生猪 30 万头的养殖场。为促成港商徐镇城到永州投资，市侨联先后陪同到东安、江永、江华、新田、永州市人民医院等县（区）部门考察投资环境，徐镇城与东安、江永两县人民医院达成医疗设备投资意向。7 月 28 日，在永州深圳招商周活动上，促成澳门富兴工程贸易公司、香港中汶公司与新田印刷厂签约，投资 3000 万港元，合作开发印刷项目。

1999 年，各县（区）侨联积极组织广大归侨侨眷以座谈会、文艺晚会、知识竞答等形式，歌颂伟大祖国诞辰五十周年取得的辉煌成就，庆祝澳门回归祖国怀抱。市侨联还注重与“两广”侨联（即广东省侨联、梅州市侨联、汕头市侨联、江门市侨联、新会市侨联、南宁市侨联、桂林市侨联）的联谊工作。2000 年，市侨联主席李体坚应泰国“客属同乡会”的邀请，参加“曼谷客属会议”。

2001 年 10 月中旬，市侨联一行 3 人应广东省侨联和部分驻粤外商邀请，赴广东深圳、广州、佛山、江门、清远等地进行考察，与广东省 8 个市的侨联及部分外资企业负责人逐个交流，重点考察外商投资的工业企业，了解到外商投资的一些新意向，向市委、市政府提交《关于赴广东考察部分外资企业情况的汇报》。

2001 年，市侨联抓住“第六届世界华商大会”首次在中国召开这一机遇，确定长丰集团为市侨联组团单位，由秘书长柏继平为团长，组织长丰集团总经理及其他 4 人一道组团参加中国南京第六届世界华商大会。在北京市侨联的支持下，在南京国际会展中心室外展厅主要位置争取到 4 个展位。这次大会有来自 77 个国家和地区的 103 个海外华人社团 3300 名华商和港澳台及内地嘉宾 5000 人参加。中央电视台《新闻联播》连续两天报道永州企业，为长丰集团赢得商机，为猎豹汽车走出国门创造条件。

2002 年 2 月，应广东省侨联邀请，市侨联参加广东省清远市 48 个重点项目奠基剪彩仪式暨香港清远友好协进会成立大会。9 月，市侨联再次组团到广东学习考察，先后拜访深圳市侨联、深圳市侨商会、佛山市侨联以及在南海市投资的港澳客商，向他们介绍永州市招商引资项目和区域经济、人文优势，并邀请他们到永州考察投资环境。广东省侨联副主席陈庆前和广东省侨联经济部、人事部负责人，应邀回访永州，寻访“永州文化”。

2003 年，市侨联采取“走出去、请进来”的形式，为县（区）和企业招商引资牵线搭桥。先后三次南下广东，与广东省侨联及深圳、东莞、江门、佛山、清远、南海等地侨联建立密切联系，同时向港澳、海外的客商、朋友去函去电，宣传永州，介绍永州招商引资的优惠政策和良好的投资环境。在市侨联的邀请下，先后有10多批客商到永州市考察项目。香港润嘉有限公司与江华签订6亿元、兴建4座水电站的框架协议；广东南海东环房地产有限公司两次到永州考察芝山何仙观、东安湘江水电项目。配合市委统战部引进的九嶷山永福寺重建等旅游开发项目，正式签订合同。该项目由广东三水养生山庄有限公司投资开发，总投资1亿元。

2004—2007年，全市侨联把服务永州改革开放和经济建设作为工作重点，积极动员广大归侨侨眷为实现永州全年经济社会发展目标做出贡献。四年来，全市各级侨联邀请和接待到永州探亲、旅游、考察、投资的海外侨胞、港澳同胞及友人180多人次，达成合作项目12个，签约资金6000余万元，到位资金1280万元。与此同时，市侨联为侨资企业在项目筹备建设和经营管理等方面提供全方位服务，及时协调和处理建设和经营中的矛盾和问题。

2008年，市侨联根据不断变化的侨情，始终把加强海内外联络工作作为加快改革、扩大开放的一项重要工作来抓，适时调整工作重点，积极开展各种形式的联谊活动。重要节日和重点侨务对象的生日，市侨联都寄发贺卡、慰问信，或致电问候。全年发出贺卡和贺信930多份，接待侨商和华侨华人23起、118人次。

2009—2010年，市侨联继续采取“走出去，请进来”的方式，既与海外华人、华侨及其社团沟通联系，交流感情，又充分利用“天下侨联是一家”的优势，加强与外省市侨联的联系，延伸海外联谊工作渠道。先后在港澳和海外建立同乡会3个，并与7个海外社团建立密切联系。2010年1月，在蓝山县召开永州市侨联工作暨侨联系统招商引资承接产业转移经验交流会，并以此为契机，参与招商引资和承接产业转移活动20余次，邀请和接待到永州考察、投资的海外侨胞、港澳同胞及友人1780人次；兴办侨资企业70多家，其中蓝山县引进侨资企业40多家，侨联系统引进外资逾15亿元人民币。2月25—27日，应湖南省侨联邀请，美国传统中国武术总会、美国刘莉莉国际鹰爪国术总会会长刘莉莉一行13人到道县进行文化交流和经贸投资考察，市侨联热情接待，经双方协商，美国传统中国武术总会与道县人民政府签订投资10亿元人民币的美国工业园项目意向书。祁阳县侨联通过美籍华人杨旸，与美国图尔莎县签订“经济发展姊妹县”。

2011年，全市各级侨联围绕中心、服务大局，充分运用海内海外“两个平台”，发挥财力、智力两种资源，协助政府部门做好招商引资招贤引智工作，为永州经济建设服务。积极发挥“沟通、引导、服务、联络”职能，坚持“以侨引侨，以侨联外”全方位拓展海内外联系渠道，组织海外侨商和侨资企业参与政府部门主办的招商引资和承接产业转移各类经贸活动。同时，认真做好安商、稳商工作，支持他们做强做大。在侨资企业遇到问题时，及时帮助妥善处理。年初，永州奥都混凝土有限公司在施工中，因有关人员操作不当，造成重大交通事故，经济损失近百万元。对此，市侨联积极与零陵区委、区政府联系协调，及时妥善地处理，维护社会稳定，维护公司正常生产经营秩序。全年全市侨联系统参与招商引资和承接产业转移活动20余次，邀请和接待到永州考察、投资的海外侨胞、港澳同胞及友人780人次。全市各级侨联引进外资合作项目18个，新办侨资企业22家。

2012年7月，市侨联启动“海外人才智力援乡工程”，先后邀请唐政洪、王增钰、蒋海燕、奉向东、冯小荣、谢忠恩、黄厚斌、唐春林等海外专家学者到永州讲学，引起热烈反响。冯小荣博士被湖南科技学院聘为该校首位“海外名师”。王增钰博士、谢忠恩博士指导东安县人民医院年轻医生开展医疗工作，带动整个医院学科水平的提高。周柏华医生参与国家自然科学基金项目研究，成长为永州市心血管内科专业学科带头人。冯小荣博士指导湖南大自然集团公司取得多项科研成果。通过“海外人才智力援乡工程”，全市聘请到永州工作的国（境）外专家800人次，其中经济专家350人次，文教专家450人次，长期在永服务的国（境）外专家保持在80人左右，高层次人才和紧缺人才所占比例逐年增加。

2013年，市侨联向海外华侨华人、归侨侨眷发送新年贺卡贺电800封，给他们致以节日问候。1月31日，市侨联举办迎春茶话会，30余名归侨侨眷代表参加。

2011年1月11日，侨界代表在市三届人大五次会议上听取政府工作报告

2014—2015年，市侨联多次组织前往广州、深圳、东莞等地，拜访广东省侨联和深圳市、清远市侨联等，联络感情，广交朋友，带去永州旧城改造、企业改制等招商项目，并大力宣传和介绍永州招商引资优惠政策和投资环境。市侨联协助蓝山侨联成立蓝山旅游开发公司、湖南省蓝山广泰旅行社，广东客商连海敏对该公司投资690万元开发蓝山景区，首期投入80万元；吸引外商在江永成立明亮电力有限公司，开发小

水电，到位资金500万元。配合市委、市政府国企改革工作，市侨联对接来访的“澳门中山良都同乡会”会长和其他成员以及英籍华人张合群，帮助他们与永州市大型改制国企冷水滩耐火材料厂的合作开发项目牵线搭桥。

2015年11月13日，市人民政府副市长罗双全（前排中）在冷水滩区会见美籍华人奉华琳（二排左四）

2015年9月，湖南省第一个华侨产业园落户蓝山

2015年，市侨联通过前期工作，积极向湖南省侨联提议并推动“湖南省华侨产业园”于9月8日在蓝山挂牌成立，成为全国第一家省级侨联设立的产业园。中国侨联经济科技部长安晨，省侨联党组书记朱建山，省侨联党组成员章伯岗以及市委书记陈文浩，市委副书记张严，市委常委、组织部部长、统战部部长董石桂，副市长罗双全和40余名海外侨领侨商出席挂牌活动。此后，市侨联又多次组织海外侨领侨商赴蓝山考察投资项目，促成富鸿集团投资30亿元的风电项目签约。

第七章　社会科学界联合会

永州市社会科学界联合会（简称“市社科联”），前身为零陵地区社会科学联合会，成立于1994年9月，是学术性群众团体。永州市社会科学界联合会属正处级事业单位（参照公务员法管理），是党委、政府与各社科类学术团体联系的桥梁，也是社科类社团组织的业务主管部门，承担着建设、发展和繁荣社会科学事业的职责。

第一节　组织机构

一、市社科联

1994年9月，经原零陵地委、行署批准，成立零陵地区社会科学联合会。“地改市”后，零陵地区社会科学联合会更名为永州市社会科学界联合会。1999年12月16日，永州市社会科学界联合会第一次代表大会召开。会议总结自零陵地区社会科学联合会成立六年来的工作成绩，提出此后五年的工作意见，审议通过《永州市社科联章程》，选举永州市社科联第一届委员会委员、常务委员、主席、副主席。主席：陶桂连（市委宣传部常务副部长，原零陵地区社会科学联合会常务副主席），副主席：蒋星珉（市委讲师团副主任，原零陵地区社会科学联合会秘书长）、欧桐生（市委政研室副主任）、佘国华（零陵师范高等专科学校副校长）、庄建斌（市委党校副校长）、袁火林（市财政局副局长）、王建民（市体改委副主任），秘书长：吴秋香（讲师团正科级秘书），常务委员为陶桂连、蒋星珉、欧桐生、佘国华、庄建斌、袁火林、王建民、吴秋香8人，委员63人。

1996—2015年市社科联历任领导一览表

表 7-1

序号	职　务	姓　名	任职时间
1	主　席	何绥文	1994—1999
2	主　席	陶桂连	1999—2002
3	副主席	蒋星珉	
4		欧桐生	
5		佘国华	
6		庄建斌	
7		袁火林	
8		王建民	
9	主席（兼）	蔡建军	2002—2005
10	主　席	蔡建军	2005—2006.09
11	主　席（兼）	蒋三立	2006.09—

二、基层社科团体

在市社科联的指导下，1999年8月，永州市海外联谊会成立。2000年7月12日，永州市经济发展研究会成立。2001年11月10日，永州市柳宗元研究学会成立。2003年7月20日，永州市舜帝文化研究会成立。2006年，永州市物价协会、女书研究会、女书书法研究会成立。2009年7月24日，永州市历史文化研究会成立。至2015年，全市有社科团体组织37个，会员4200余人。

2001年11月10日，柳宗元研究所挂牌

2000年9月，为加强基层社科团体管理，市社科联制定出台《永州市社会科学学术团体管理条例》；2005年11月，印发《关于进一步加强社科类社团组织管理的意见》，进一步明确社科类社团组织主管单位、挂靠单位的管理责任，规范社科类社团的业务活动和组织建设；2006年，市社科联对全市社科类团体开展年检，合格率100%，评选永州市烟草公司职工政研会、永州市柳宗元研究学会等8个社团为优秀社团。

市社科联基层社团组织一览表

表 7–2

序号	社团名称	成立时间	法定代表人（负责人）
1	永州市卫生经济学会	1986 年 10 月	傅铁荣
2	永州市统战理论研究会	1991 年 7 月	蒋正平
3	永州市建设职工思想政治工作研究会	1992 年 1 月	李华陵
4	永州市思想政治工作研究会	1993 年 6 月	唐和林
5	永州市城镇集体工业联社	1994 年 10 月	胡安凌
6	永州市烟草公司职工政研会	1995 年 6 月	李刚华
7	永州市法官协会	1995 年 9 月	肖平柏
8	永州市律师协会	1995 年 12 月	蒋双生
9	永州市检察学会	1996 年 5 月	蒋利清
10	永州市电业关心下一代协会	1998 年 6 月	曾春明
11	永州市钱币协会	1998 年 11 月	胡向勇
12	永州市海外联谊会	1999 年 8 月	陆才子
13	永州市经济发展研究会	2000 年 7 月	谭明顺
14	永州市工艺美术协会	2001 年 4 月	屈正芳
15	永州市监察学会	2001 年 8 月	蒋玉清
16	永州市柳宗元研究学会	2001 年 11 月	翟满桂
17	永州市地方志学会	2002 年 3 月	高　波
18	永州舜帝文化研究会	2003 年 7 月	潘雁飞
19	永州市税务学会	2005 年 4 月	肖显发
20	永州市演讲学会	2005 年 9 月	何昌盛
21	永州市基层法律工作者协会	2005 年 11 月	唐益国
22	永州市金融学会	2005 年 11 月	张　毅
23	永州市物价协会	2006 年 3 月	吴昌高
24	永州市女书研究会	2006 年 5 月	刘忠华
25	永州市女书书法研究会	2006 年 5 月	欧阳红艳
26	永州市印刷行业协会	2007 年 11 月	张文勇

续表7-2

序号	社团名称	成立时间	法定代表人（负责人）
27	永州市孝文化研究会	2008 年 7 月	蒋经仟
28	永州市历史文化研究会	2009 年 7 月	陈　弘
29	永州市政协理论研究会	2010 年 3 月	宋可福
30	永州市勤工俭学研究会	2010 年 8 月	贺润华
31	永州市企业养老保险学会	2011 年 7 月	唐忠德
32	永州市地方税收研究会	2012 年 1 月	何多珍
33	永州市群众文化学会	2013 年 11 月	赵　斌
34	永州市艺术摄影学会	2013 年 11 月	胡新元
35	永州市文化产业研究会	2013 年 11 月	王明兴
36	永州市周易文化研究会	2013 年 11 月	张九公
37	永州市青年企业家协会	2014 年 7 月	邹莹波

第二节　活动

一、社科普及与宣传

1999 年，市社科联组织推动所属学会和广大社会科学工作者，以不同形式开展一系列宣传普及和咨询服务活动。举办各类培训班、学术讲座、报告会、知识竞赛、理论考试 200 多场次，参加活动的人员在 10 万人次以上。其中，市消费者协会以纪念“3·15”国际消费权益日为契机，广泛开展《中华人民共和国消费者权益保护法》和《中华人民共和国反不正当竞争法》的宣传服务活动，解决消费者投诉案件 2000 余件。市新闻学会组织年度新闻评优工作，推出一大批重大成果。市卫生经济学会举办“医院财务会计培训班”，市城市金融学会举办“金融知识培训班”，市建设职工思想研究会举办“政务信息工作培训班”，市秘书学会组织“千人秘书知识竞赛”，市烟草系统政治工作研究会组织“烟草行业思想政治工作座谈会”，市图书馆学会编印“图书管理工作简报”。市社科联与市企业职工政研会、市农村政研会组织社科工作者深入企业、农村调查研究，开展咨询服务，为实际工作者出谋划策，为基层群众排忧解难。

2000年，市社科联向全市社科工作者下发邓小平理论学习资料3600册、理想信念教育丛书5200册、“三个代表”重要思想学习资料1万余册；举办两期理论辅导员培训班，培训理论骨干和学会负责人200余人；在《永州日报》刊出理论专版24个，在永州电视台、永州有线台播出理论学习讲座8次，在《零陵师专学报》开辟《社科人才》专栏，创办社科宣传园地——《永州社会科学》。

2002年，市社科联召开全市社科科普宣传月活动新闻发布会，举办“生态环境效益型经济”和“小城镇建设问题”社科科普论坛专题报告，组织各学会、协会在冷水滩区零陵中路开展“社科普及宣传一条街”活动。

2004—2006年，市社科联组织开展“发展经济，壮大财政”社科普及宣传。制定《永州市社科联实施全民科学素质工作领导小组工作规则》和《永州市社科联全民科学素质行动计划纲要实施工作方案》，研究部署市社科联2007—2010年贯彻实施《科学素质纲要》的工作计划。2006年，永州市柳宗元研究学会与零陵区政府合作举办“清明祭柳”活动。

2007—2009年，在市社科联的协调帮助下，江永县上甘棠村、零陵区干岩头村被评为第三批中国历史文化名村。2007年4月，市社科联组织开展社科普及宣传月活动，8月召开全市社会科学普及工作座谈会。2009年清明节，以清明祭柳活动为契机，邀请海内外著名柳学专家学者汇聚永州，开展柳学研究交流活动。

2010年，出版理论通俗读本《科学发展观图释》，印制1万多册免费发放给基层党员干部；在全市建设社科宣传栏3421个，确定城乡科普信息员4675人，社科志愿者队伍人数达2.2万人。同年5月，市社科联制定《永州市社会科学界联合会2010年社科普及规划》《2010年永州市社会科学普及宣传活动实施方案》，并三次召集全市社科界和经济界理论专家学者，商讨如何加快社科研究，多出实际性的社科应用成果，更好地为永州经济社会发展服务。

2012年3月，市社科联通过多方组织协调，促成永州市历史文化研究会、永州市柳宗元研究学会与永州电视台联合推出大型电视文化栏目——《潇湘讲坛》，弘扬永州文化，传递科普信息。截至2015年年底，《潇湘讲坛》播出150多期。

二、理论研究

2000—2002年，市社科联撰写《关于永州是世界稻作农业和中华道德文明之源的初步考证研究报告》，搜集整理永州古文化与旅游产业开发研究成果，编辑出版《永州社会科学研究》《永州古文化与旅游产业开发研究》专辑。永州市法官协会就“裁判文书说理”开展课题研究，出版《法官判案如何说理》一书。

2006年，市社科联为湖南科技学院教授王田葵撰写的《舜文化传统与现代精神》出版发行举办座谈会，支持舜文化研究专刊《舜风》杂志出版发行。2007年，湖南科技学院教授邓楠撰写的《寻根文学价值观论》获湖南省第十二届优秀社科学术著作出版资助，湖南科技学院蒋华博士撰写的《笑话中的语言学》获湖南省优秀哲学社会科学普及著作出版资助。2014年3月，市社科联组织学会专家参与“品质活力永州建设”课题调研。

市社科联积极帮助、支持基层社科组织落实课题研究经费。帮助永州市历史文化研究会、永州市柳宗元研究学会和永州舜帝文化研究会落实课题研究经费260多万元，推动舜文化、柳文化、理学文化、女书文化、瑶文化等方面的研究，相继出版《〈柳宗元集〉诠释》《柳宗元社会心理思想研究》《柳宗元研究》《虞舜大典》《永州历史文化研究》等著作70余部，为《品读永州》《柳宗元研究》《潇湘意》《舜风》等学会刊物落实工作经费280多万元，编撰出版推介永州的《永州三色》《爱上永州的99个理由》《潇湘古郡零陵》系列图书，编辑出版《潇湘意》会刊以及《何仙姑研究》《祁剧雅苑》二级会刊，创办永州历史文化网。

2013年1月19日，永州历史文化研究会年会暨潇湘文化精神研讨会召开

三、学术研讨

1998—1999年，市社科联积极组织开展各类学术研讨活动。1998年，市社科联组织召开全市社科界纪念真理标准讨论二十周年座谈会。1999年，指导永州市质量管理协会组织召开“质量标准化工作研讨会”，永州市法官协会举办“司法制度改革研讨会”，永州市机构编制工作学会组织“编制管理与机构改革研讨会”，永

州市建设信息研究会组织“城市建设工作课题调研”，永州市党建学会组织“农村、企业基层党建工作课题调研”。

2000 年，市社科联组织各学会、研究会积极开展学术研讨活动。永州市工交企业文化研究会开展“国企改革的难点与对策”专题调研，永州市建设信息研究会组织“永州中心城市建设研究”，永州市检察学会举办“党风廉政建设责任制问题”理论研讨会。上半年，市社科联会同市委宣传部举办“商贸经济与永州发展”理论研讨会，征集论文 50 余篇，为“工贸强市”发展战略的实施提供理论依据。9 月，为配合市委、市政府公祭舜帝陵大典工作，市社科联参与组织舜文化理论研讨会。10 月 24—28 日，市社科联首次以正式代表身份参加在上海举行的全国社科联第五次学会工作会议。11 月 18 日，市社科联组织开展全市扩大内需理论研讨会。

2006 年 4 月，市社科联邀请岳麓书院院长、博士生导师朱汉民到永州以“千年学府的现代复兴”为主题举办学术报告会，探讨教育与现代化的关系，以及教育与管理等问题。市委党校中青年班学员、市直宣传系统各单位代表、市内各大中专院校代表、市级社会科学学会负责人 500 多人出席报告会。邀请湖南科技学院教授王田葵在市委党校以“舜文化传统与现代精神”为主题，作学术报告，500 多人现场聆听报告。

2007 年 1 月，市社科联召集部分社科工作者围绕“知荣知耻，和谐发展”主题开展座谈会。4 月，市社科联在市委党校举办以企业自主创业创新为主题的专场报告会，邀请市工商联副会长、江南集团董事长刘轩华主讲，300 多人参会听课；派人参加全省社科理论战线教学科研骨干研修班，部分社科团体代表还赴上海、南京等经济发达地区实地参观考察；与市委宣传部联合组织召开全市学习方永刚事迹座谈会，市直各有关单位负责人、市内各大专院校政治课教员代表、社科理论界部分专家学者 30 多人参加座谈会。5 月 18 日，市社科联与湖南科技学院联合协办湖南省第 29 届“三湘论坛”学术报告会，论坛的主题是：中国旅游业发展的回顾与展望，长沙学院博士易伟新等在湖南科技学院开坛讲学，市直有关单位代表、大专院校师生代表 280 多人参加报告会。5 月，江永女书研究者、女书传人蒲丽娟参加首届中国成都国际非物质文化遗产节博览会，并向联合国教科文组织赠送《清除对妇女歧视宣言（女书长卷）》。市社科联组织永州舜帝文化研究会代表赴山西运城开展学术交流活动，宣传推广舜文化。

2008—2010 年，市社科联组织开展各类学术研讨活动。2008 年 5 月 28—30 日，市社科联与市移动公司联合组织“传统文化经典竞赛与管理者心智提升”大型研讨会，吉林大学知名学者金海峰担任主讲，全市各界人士 500 余人参加研讨会。2009 年 10 月，市社科联下发《关于在全市社科团体组织开展深入学习实践科学发展观

2010 年 10 月 12 日，永州市庚寅公祭柳宗元大典在柳子庙举行，永州市委副书记、市长龚武生（右二），中国柳宗元研究会会长孙昌武（右一）为柳子庙碑文揭牌

活动的通知》，活动时间为 2009 年 10 月至 2010 年 2 月。2009 年 12 月 23—25 日，市社科联承办全省社会科学界联合会会议。2010 年 5 月，市社科联协助永州市柳宗元研究学会举办第五届国际柳学研讨会。2010 年 10 月 12 日，永州市庚寅公祭柳宗元大典在柳子庙举行。

2014 年 8 月，市社科联组织“周敦颐与湘学”专题座谈会；9 月，协助永州舜帝文化研究会组织“第四届中国（宁远）大舜文化研讨会”；11 月，协助湖南省社会科学院、湖南科技学院、湖南省舜文化研究会、山东省大舜文化研究会和湖南省舜文化研究基地联合举办“《虞舜大典·近现代文献卷》首发式暨舜文化学术研讨会”。

四、社科评奖活动

2000 年年初，市社科联出台《永州市首届社科优秀成果评奖实施方案》，成立由有关部门领导和知名专家学者组成的“永州市社会科学评审委员会”，设立市级优秀社科成果政府奖。

2003 年 3 月 24 日，市委办公室印发《永州市社会科学优秀成果评奖办法》；2004 年 2 月 5 日，成立永州市哲学社会科学成果评审委员会。委员会组成人员为：

主　任：李良铁　市委常委、市委宣传部部长

副主任：蔡建军　市委宣传部副部长、市社科联主席

委　员：刘尤碧（市财政局局长）、管天球（零陵学院院长、教授）、刘平娥（永州职业技术学院党委书记、教授）、潘惠强（长丰集团总经理、高级经济师）、文锦菊（市委党校副校长、教授）、屈仁成（市人事局副局长）、张高太（永州电业局党委书记，高级政工师）、张新国（湖南日报驻永州记者站站长、主任记者）、陈仲庚（零陵学院教授）。

2008 年 1 月 15 日，市社科联印发《永州市优秀社会科学专家评选办法》，制定《全市社科课题管理办法》《全市十佳社科工作者评选细则》等规范性文件，为社

科评奖工作提供制度依据。

2013 年 4 月 8 日，永州市哲学社会科学成果评审委员会组成人员进行适当调整。调整后组成人员如下：

主　任：石艳萍　市委常委、市委宣传部部长

副主任：蒋三立　市委宣传部副部长、市社科联主席

李光富　市财政局局长

委　员：文锦菊（市委党校校长）、蔡建军（市物价局党组书记、局长）、周林生（永州电业局局长）、杨金砖（湖南科技学院图书馆馆长、教授）、蔡自新（永州市历史文化研究会副会长）、王中军（永州职业技术学院副院长、副教授）、张新国（湖南日报驻永州记者站站长、主任记者）、蒋剑翔（永州日报社副总编、主任记者）。

2000—2015 年，市社科联先后开展 6 届社科优秀成果评奖活动，评选出优秀社科成果 345 项。

第一届

2000 年 11 月，组织开展永州市首届社会科学优秀成果评奖，社会科学优秀成果奖评出 53 项，其中二等奖 6 项，三等奖 12 项，优秀奖 30 项，特别奖 5 项。获奖名单如下：

永州市首届社会科学优秀成果评奖统计表

表 7-3

作者	成果名
二等奖（6 项）	
文美林	《试论知识农业及发展对策》（论文）
佘国华	《新〈合同法〉通论》（专著）
何解定	《世纪之交：个体私营经济的发展趋势》（论文）
杜方智	《对师专学生实施劳动技术教育的思考与实践》（论文）
胡宗健	《当代湖南文艺评论员选集》胡宗健卷（专著）
唐　文	《司法文书实用修辞》（专著）
三等奖（12 项）	
文锦菊	《试论邓小平抓机遇的领导艺术》（论文）
邓绍松、梁仁初	《攻下资产重组这一难关》（论文）
邓国文	《关于培育特色产业促进山区经济发展的建议》（论文）

续表7-3

作者	成果名
何礼利	《新时期共产党员的作风修养》(专著)
陈雁谷	《筑画中徐霞客“哭静闻禅侣”诗的情和艺》(论文)
李德勋	《舜文化与儒文化》(论文)
张泽槐	《永州史话》(专著)
杨　烨	《浅论邓小平团结思想的四个特点》(论文)
欧桐生、李燕军	《对接两广通边出海加速我市外向型经济发展》(论文)
陶桂连	《用邓小平理论来指导全党的工作》(论文)
蒋秧生	《创新：乡镇企业永恒的主题》(论文)
蒋昌和	《民本思想的反作用是中国封建社会延长的根本原因》(论文)
优秀奖(30项)	
王　健	《粮食市场管理存在的问题及对策》(论文)
邓丽华	《从思想文化视角看邓小平理论的历史作用》(论文)
齐光文	《浅析政治意识的大众化》(论文)
庄建斌	《建立高效率权利监督约束机制的关键》(论文)
孙文清	《广告时效浅探》(论文)
向望东	《农村有效需求不足的成因及对策》(论文)
江永县香柚开发总公司	《农产品灾害性价格的类型成因及防治途径》(论文)
朱道忠、欧小松、聂志成	《面向21世纪素质教育适应性研究》(专著)
吕国康	《建立教育社会化的新体制——兼谈社区教育》(论文)
李凯中	《论社会主义义利观》(论文)
何维力	《思想政治工作研究》(论文)
李清泉	《落后地区经济国际化进程》(论文)
陈益富	《加强国有企业党建的实践与思考》(论文)
李顺利	《对永州市农副产品流通的调查与思考》(论文)
陈仲庚	《阿Q形象再认识》(论文)
陈铸里	《商鞅的改革思想及其现实意义》(论文)
郑文飞	《干部教育要强调理论联系实际的学风》(论文)
杨海河	《对林业分类经营改革中几个问题的思考》(论文)
杨玫芳	《加强人大对乡镇财政监督的探讨》(论文)

续表7-3

作者	成果名
欧阳禹	《农业产业化与农村信用社的金融服务》（论文）
杨金砖	《关于伍锡学〈田畴草〉读后的随感》（论文）
徐新干	《坚持五个结合　创建文明村镇》（论文）
郭金元	《试论无限防卫的条件》（论文）
唐志强	《邓小平与澳门回归》（论文）
蒋星珉、吴秋香	《市场经济条件下的道德建设》（论文）
蒋璟萍	《提高学生心理承受能力是转型期高校德育的一项紧迫任务》（论文）
蒋玉生	《社会分层与新闻采访人际沟通角色对等的要求》（论文）
彭观仞	《中学语文版书研究》（专著）
潘剑锋	《精神文明建设与素质教育》（论文）
魏志耕	《基础教育转轨与高师成人教育改革》（论文）
特别奖（5项）	
邹金鹫	《实施大郊区战略　加快零陵发展步伐》（论文）
曾昭薰	《区域经济散论》（专著）
邓三龙	《领导干部与创新》（专著）
周永亮	《内陆地区向沿海发达地区学什么》（论文）
沈根元	《实施“三大”战略　振兴零陵财政》（论文）

第二届

2006年，经市哲学社会科学成果评审委员会评定，永州市第二届哲学社会科学优秀成果奖有53项，其中特别奖8项，一等奖2项，二等奖9项，三等奖34项。

永州市第二届社会科学优秀成果评奖统计表

表7-4

作者	成果名
特别奖（8项）	
曾庆炎	《欠发达地区更要坚持和落实科学发展观》（论文）
周永亮、郑国茂	《舜帝百问》（系列论文）
唐长久等课题组	《加快永州生态优势向经济优势转化研究》（编著）

续表7-4

作者	成果名
曾昭薰、陈　岩	《创业教育概论》（专著）
陈建民	《学校德育新论》（专著）
谷明光	《文化自觉与辩证思维》（专著）
邓　楠	《文学批评新视野下的文本解读》（专著）
刘平娥	《加强专业实训基地建设，培养护理技能型紧缺人才》（论文）
一等奖（2项）	
蔡建军	《永州古文化保护与旅游经济发展》（专著，省社科规划基金项目）
王田葵、何红斌	《舜文化传统与现代精神》（专著）
二等奖（9项）	
王明生	《瑶族历史览要》（专著）
唐海君	《〈论共产党员的修养〉与执政党建设》（专著）
张官妹	《三子与三溪》（专著）
文锦菊	《论邓小平的机遇观》（论文）
谢小军	《论国有商业银行信贷资产质量问题》（论文）
李小安	《对我国民营企业融资问题的思考》（论文）
潘剑峰	《弘扬孝文化是农村养老的现实选择》（论文）
裴春秀	《“不适应”管理困境解决机制研究》（论文）
杨金砖	《潇湘文学与潇湘文化研究》（系列论文，省社科规划基金项目）
三等奖（34项）	
周秀英、骆正军、何祖佳等	《人文素质教程》《应用语文教程》《现代护理英语教程》等（系列丛书）
卢桂珍	《心理与情商逆商教育》（编著）
刘忠华等	《闺中奇迹——中国女书》（主编）
宁远一中课题组	《人皆可以为尧舜》（编著）
翟满桂	《柳宗元与湖湘文化》（系列论文）
唐振龙	《目标约束下货币政策的动态非一致性》（系列论文）
李清泉	《新形势下工业发展战略的必然选择》（系列论文）
徐　辉	《农业保护的关键在于提升农业的国际竞争力》（系列论文）
罗　譞	《毛泽东的价值观与诗歌创作》（系列论文）
王涘海	《论“十七年文学”中的情爱意识》（论文）

续表7-4

作者	成果名
樊新民等课题组	《欠发达地区银行业可持续发展的瓶颈分析永州个案》（论文）
刘吉祥	《人生价值观的科学导向》（论文）
蔡自新	《关于永州历史文化名城的研究报告》（论文）
雷玖夏	《宣传思想工作要为构建和谐社会营造良好氛围》（系列论文）
吕国康	《论柳宗元的“德治”与“民本”思想及其渊源》（论文）
魏志耕	《论社区教育与学习型社会的构建》（论文）
易远宣等	《切实加强审计能力建设》（论文）
伍绍思	《开创终身学习的学习型社会新局面》（论文）
吴　瑜	《试论新形势下高校职工思想现状与对策》（论文）
蒋湘衡	《中青年干部如何做“三个代表”的忠实实践者》（论文）
魏冬云	《对青少年“英语热”的冷思考》（论文）
罗湘明	《论网络时代的大学生思想政治工作》（论文）
管怀国	《新世纪中篇小说作为一种文体之可能》（论文）
伍建桥	《地方高职创业教育与企业指导的实践与思考》（论文）
翟惠根	《浅谈高校思想政治工作创新》（论文）
李晶等	《谈如何做好高职毕业生思想政治教育工作》（论文）
曾晓兰	《电子信息时代档案工作面临的挑战与对策》（论文）
欧阳冬子	《用“三个代表”重要思想对社会主义再认识》（论文）
陈石庆	《构建和谐社会要高度重视基层人民内部矛盾的化解》（论文）
王再兴	《与时俱进——跳出历史周期率的金钥匙》（论文）
李跃军	《抓住重要战略机遇期，加快永州经济发展步伐》（论文）
郑文飞	《构建和谐社会要高度重视提高欠发达地区农民政治参与水平》（论文）
何　铁	《科学选择和培育区域新兴主导产业，加快区域工业化进程》（论文）
黄　燕	《用科学发展观指导民营经济发展》（论文）

第三届

2009 年 2 月，经市哲学社会科学成果评审委员会评定，永州市第三届哲学社会科学优秀成果奖有 52 项，其中特别奖 5 项，一等奖 2 项，二等奖 10 项，三等奖 35 项。

永州市第三届社会科学优秀成果评奖统计表

表 7-5

作者	成果名
特别奖（5 项）	
龚武生	《坚持用农业产业化引领农村经济发展》（论文）
唐松成等课题组	《树立公共财政理念，推动永州又好又快发展》（编著）
佘国华	《劳动法条文最新释义》（专著）
邓　楠	《论强势文化语境之下的民族文学建设与发展》（系列论文）
周秀英	《职业与美》（专著）
一等奖（2 项）	
文锦菊	《领导艺术的哲学观照》（专著）
潘剑锋	《传统孝道与中国农村养老的价值研究》（专著）
二等奖（10 项）	
刘少兵	《党的先进性建设研究》（专著）
翟惠根	《职业素质教育论》（专著）
卿利军	《永州农业地理标志保护战略研究》（系列论文）
肖秀阳	《高职院校图书馆的改革与创新》（专著）
杨金砖	《潇湘文学研究》（系列论文）
翟满桂	《清奇弘丽——长江流域的诗词》（专著）
钟　敏	《基于现代区域经济理论的县域经济发展战略——以永州市为例》（论文）
李京玉	《高师声乐教学的研究与实践》（系列论文）
刘翼平	《零陵文化丛书》（丛书）
蒋井泉	《灵活运用干部差额选拔方式须把好“四关”》（论文）
三等奖（35 项）	
陈石庆	《新时期思想政治工作纵论》（专著）
郑文飞	《对领导干部带头践行社会主义荣辱观的思考》（论文）
欧阳冬子	《论吸收社会各阶层先进分子入党的必然性》（论文）
李忠翠	《信用缺失的经济学分析》（论文）
蒋秧生	《统筹城乡发展，全面建设小康社会的重大战略》（论文）
李跃军	《统筹城乡发展论纲》（专著）
王再兴	《农村社会和谐是构建和谐社会的基石》（论文）

续表7-5

作者	成果名
唐晓波	《全球化背景下我国主流意识形态整合功能的优化》（论文）
何　铁	《论江泽民自主创新思想与新世纪中国现代化战略选择》（论文）
唐厚裕、何仙凤	《中国民族文化劣根性：构建社会主义和谐社会不可忽视的“堕力”》（论文）
罗湘明	《学分制条件下高职学生思想政治工作创新研究》（论文）
骆正军	《柳宗元思想新探》（专著）
赵新国	《边远落后地区农村职业技术教育的现状与发展研究》（系列论文）
胡彩业	《人魂——八荣八耻纵论》（专著）
熊礼杭	《青年学生现代社会责任意识的培养》（论文）
朱仁华	《欠发达地区高职院校后勤社会化改革的定位与思考》（论文）
欧阳群宏	《高职院校毕业生就业研究》（系列论文）
周甲辰	《传统文艺鉴赏理论的现代观照》（专著）
李清泉	《落后地区经济发展与农村城市化》（专著）
王泽林	《“新农村建设”视野中农民教育的创新》（论文）
朱雪芳	《道南一脉——从杨时到李侗》（论文）
徐纯先	《一人公司风险防范体系研究》（专著）
乐伶俐	《女书的教育解读》（系列论文）
莫顺斌	《杂文文体理论与批评》（系列论文）
王涘海	《十七年文学研究》（系列论文）
张能泉	《中日现代唯美主义作家关系研究》（系列论文）
卢劲松	《国家助学贷款发展的现状、问题与对策》（论文）
王衡霞	《永州贫困农村小学儿童课外信息获得研究》（系列论文）
吕国康	《柳宗元研究》（系列论文）
汪华明	《永州市民办中小学的喜与忧》（论文）
周生来	《浅析瑶族古代服饰的文化特质》（论文）
吴同和	《愚悟集》（专著）
胡新元	《浅谈书法欣赏的逆反心理》（论文）
雷运福	《〈钴御潭〉诗是柳宗元的佚诗》（论文）
李国春	《大学生思想道德教育》（系列论文）

第四届

2011年11月，经市哲学社会科学成果评审委员会评定，永州市第四届哲学社会科学优秀成果奖有54项，其中特别奖7项，一等奖2项，二等奖10项，三等奖35项。

永州市第四届社会科学优秀成果评奖统计表

表7-6

作者	成果名
特别奖（7项）	
董石桂	《永州这本书》（编著）
佘国华	《物权法学》（著作）
刘高志	《怀素书法全集》（编著）
邓　楠	《和谐社会构建中的中国文化与文学建设》（系列论文）
管天球	《湖南油茶科技产业中生态产业链研究》（系列论文）
文锦菊	《科学发展观视域下的城乡教育公平探讨》（论文）
周秀英	《高校教师薪酬制度问题及对策研究》（论文）
一等奖（2项）	
赖中霖、张国权	《中国共产党永州历史（1921—1949）》（专著）
翟满桂	《柳宗元与舜文化研究》（著作）
二等奖（10项）	
周　勇	《涔天河水库扩建提升永州“大旅游”的战略构想与对策研究》（论文）
闫亮亮	《严复的“中先西后”观及其对翻译〈天演论〉的影响》（论文）
李　晶	《青少年心理保健》（编著）
杨　涛	《柳宗元民本思想研究》（系列论文）
李祥红	《瑶族盘瓠龙犬图腾文化探究》（专著）
刘翠湘	《惠特曼探索》（著作）
宋振文	《电视传播价值论》（专著）
杨再喜	《唐宋柳宗元传播接受史》（系列论文）
杨金砖	《潇湘文学作品研究》（系列论文）
周玉华	《元结、柳宗元永州山水游记探究及应用研究》（系列论文）

续表7-6

作者	成果名
三等奖（35项）	
吕国康	《柳宗元评说》（专著）
潘剑锋	《孝道与中国农村养老研究》（系列论文）
唐朝继	《高校党建评估论》（著作）
罗湘明	《互联网视野下高校思想政治教育新论》（著作）
王再兴	《农村公共服务概论》（专著）
郑文飞	《行使人大监督权的现实思考》（论文）
张能泉	《谷崎润一郎研究》（系列论文）
罗敏杰	《企业技术人才需求规格与高职人才培养模式研究》（著作）
蒋苏琴	《二语习得研究》（系列论文）
王淑一	《普通话训练实用教程》（编著）
刘忠华	《建国以来我国高考语文知识的社会学审视》（系列论文）
李跃军	《建设农村现代流通体系促进农业发展与农村消费的问题研究》（论文）
雷运福	《南宋特科状元乐雷发》（专著）
朱雪芳	《杨时对《易传》、《中庸》、《孟子》的阐释——以本体论为中心》（论文）
蒋秩生	《关于加快永州市县域经济发展的思考》（论文）
柏春林	《中国共产党领导的多党合作在湘实施研究》（系列论文）
龚　晨	《信息化背景下领导干部的媒体运用能力研究》（系列论文）
何云峰	《道州记忆》（专著）
彭立婷	《永州历史文化资料目录汇编》（著作）
唐厚裕	《论政协委员在中国共产党建设学习型政党战略中的优势与作用》（论文）
莫顺斌	《现代杂文与小品文比较研究》（专著）
郑银芳	《认知语言学与二语习得》（著作）
杨　军	《探索与创新党的建设科学化》（著作）
袁岳驷	《统筹城乡发展机制研究》（论文）
孙　雁	《高校思想政治教育内容新论》（著作）
向　前	《刑事案件超审限研究》（论文）

续表7-6

作者	成果名
周湘平	《女书文化发展与江永新农村建设——以“普美女书”文化为个案的实证研究》（论文）
王中军	《高校学生党课培训教程》（著作）
刘少兵	《建设学习型党组织的路径选择》（论文）
姚从军	《互模拟理论的逻辑研究》（系列论文）
蒋　华	《指示代词“这/那”的立体研究》（著作）
翟惠根	《全球化时代高校学生网络道德意识培养的路径》（论文）
李忠翠	《突发公共事件中的政府媒体公关》（论文）
蒋新红	《个性写作教学理论与实践》（著作）
贺夏蓉	《观展/表演范式下女书及女书文化传承场域变迁与文化变异》（论文）

第五届

2013年11月，经市哲学社会科学成果评审委员会评定，永州市第五届哲学社会科学优秀成果奖有64项，其中特别奖10项，一等奖4项，二等奖15项，三等奖35项。

永州市第五届社会科学优秀成果评奖统计表

表7-7

作者	成果名
特别奖（10项）	
张硕辅	《人才是后发地区赶超崛起的关键因素》（论文）
唐　定	《提高政协委员科学履职的能力》（论文）
董石桂	《永州廉文化探微》（论文）
朱映红	《加强和创新社会管理要紧扣五个“点”》（论文）
石艳萍	《社会主义核心价值体系“三字经”》（编著）
熊春明	《守住“四条底线”，维护司法权威》（论文）
文兆平	《适用羁押措施处置突发维稳案件的思考》（论文）
刘子秀、王中军、李元雄	《地方性高职院校增强党员教育实效性研究与实践》（编著）
邓　楠	《对话与建构——和谐社会构建中文化与文学热点问题探析》（专著）

续表7-7

作者	成果名
文锦菊	《毛泽东邓小平江泽民抢抓机遇领导艺术探析》（论文）
一等奖（4项）	
陈仲庚等	《虞舜大典·近现代文献卷》（编著）
赖中霖	《康熙九年永州府志注释（上下）》（编著）
李跃军	《开放型经济与永州发展》（专著）
王中军	《网络文明建设中网民自律培育》（专著）
二等奖（15项）	
姚从军	《互拟及其在模态逻辑、集合论和计算机科学中的作用研究》（系列论文）
吴小林	《社会主义核心价值体系与当代大学生价值观建构》（专著）
傅宏星	《钱基博集（第2辑）》（编著）
市委党校课题组	《关于永州市耕地抛荒情况的调查研究》（调研报告）
周甲辰	《舜帝传说与传统道德的深层建构》（专著）
姜化林	《RDA与信息资源组织研究》（系列论文）
陈安民	《大学生“有业不就”现象的解读》（论文）
杨　军	《群众监督与反腐倡廉机制创新研究》（专著）
翟满桂	《柳宗元与永州研究》（系列论文）
熊金星、熊元义	《不能为“红学”而“红学”——简论姚雪垠的“红学”贡献》（论文）
周　欣、肖立生、孙兴彻	《周敦颐哲学思想研究》（系列论文）
李花蕾、张京华	《湖南地方文献与摩崖石刻研究》（专著）
蒋国政	《城镇化与农村劳动力转移问题研究》（论文）
谢　中、蒋美成、卢　璐	《黄埔第一杰——蒋先云》（专著）
张国权、王金梁	《神州瑶都江华》（专著）
三等奖（35项）	
唐厚裕	《蒋先云研究系列论文》（系列论文）
刘少兵	《关于我市非公有制企业党建工作的调查与思考》（论文）
陈小军	《党的先进性建设的三重思考》（论文）
李何斌	《关于提高党的建设科学化水平的几点思考》（论文）
郑文飞	《浅论学习型党组织建设》（论文）
刘燕屏	《文化大繁荣背景下的永州旅游文化整合》（论文）

续表7-7

作者	成果名
范仰棋	《加快建设“绿色永州”步伐，努力打造“四化两型”建设第一平台》（论文）
周　勇	《粮食安全与永州耕地后备资源开发的战略思考》（论文）
蒋秧生	《县域农业发展方式转变初探》（论文）
周湘平	《江永兰溪“勾蓝文化”与生态特色旅游开发研究》（调研报告）
胡　骏	《过山瑶“迁徙文化”与“千家峒文化”耦合研究》（调研报告）
李忠翠	《行政忠诚政府公信力建设新视角》（论文）
欧永宁	《马克思主义中国化视阈下的中国模式研究》（系列论文）
宋振文、周宇剑、金　广、邓丽丽、宋琼芳	《文化消费时代大学生核心价值观教育途径创新研究》（系列论文）
雷志柱	《知识网络组织构建与管理研究》（专著）
周芳检、李治章、何福林、雷志柱、蒋石红	《湖南油茶产业发展模式与经营机制研究》（系列论文）
吴海文	《利用永州文化资源培育大学生品格探索》（系列论文）
于　皓	《亚文化视角下的女书和谐社群研究》（系列论文）
赵洪涛	《文艺理论与文化研究》（系列论文）
贡贵训	《湖南永州方言“丑话”的否定功能》（论文）
肖献军	《唐代湖湘诗歌研究》（系列论文）
杨再喜	《柳宗元的文学思想及其传承研究》（系列论文）
周玉华	《唐代文学与永州历史文化研究》（系列论文）
潘雁飞	《瑶族〈盘王大歌〉里反映的瑶族文化意识与瑶族文化特征》（论文）
张能泉	《谷崎润一郎对中国题材的取舍》（论文）
何丽萍	《汉语焦点结构的生成语法研究》（系列论文）
蒋苏琴	《二语习得中跨学科教育及惯用语块研究》（系列论文）
周飞战	《女书暨瑶文化研究》（系列论文）
骆正军	《柳宗元心态及情感的研究》（系列论文）
汪　珍	《认知视域下文学翻译研究》（系列论文）
雷运福	《柳宗元集版本探徽》（专著）
李刚华	《有章程有服务更要有活力——关于永州烟农专业合作社建设的调查与思考》（论文）

续表7-7

作者	成果名
周生来	《试论民族文化对民族地区经济发展的促进作用》（论文）
张　伟	《千古之谜·潇湘奇观》（编著）
张胜英	《中华德文化成语辞典》（编著）

第六届

2015年10月，经市哲学社会科学优秀成果评审委员会评定，永州市第六届哲学社会科学成果奖有69项，其中特别奖6项，一等奖4项，二等奖14项，三等奖35项，优秀奖10项。

永州市第六届社会科学优秀成果评奖统计表

表7-8

作者	成果名
特别奖（6项）	
陈文浩	《牢固树立四种思维促永州科学发展》（论文）
永州市委专题课题组	《打造品质活力永州的战略研究报告》（论文）
董石桂	《永州市与党外人士联谊交友工作的现状分析及对象思考》（调研报告）
文兆平	《构建法律框架下的信访体制——以涉检信访为视角》（论文）
罗重海	《民事诉讼中公民代理问题》（调研报告）
文锦菊	《欠发达地区生态文明建设的模式选择及对策——以湖南省永州市为例》（系列论文）
一等奖（4项）	
樊艳君	《基于关键能力培养的职业教育人才培养模式研究》（专著）
赖中霖、桑亚平、文三毛	《毛泽东与永州》（编著）
翟满桂	《舜文化与中华民族道德文明研究》（专著）
宋振文	《社会主义核心价值大众化传播研究》（专著）
二等奖（14项）	
蒋国政	《农村社会结构变迁格局下金融供需与农民增收问题研究》（论文）
杨再喜	《唐宋柳宗元传播接受史研究》（专著）
谢双明	《马克思主义东方农民问题的理论及其在中国的发展研究》（专著）

续表7-8

作者	成果名
龙运荣	《新媒体时代党报创新与社会发展》（专著）
周　欣	《周敦颐思想的影响研究》（系列论文）
李花蕾	《经传释词》（编著）
周甲辰	《毛泽东诗词的文化阐释》（专著）
周孟战	《孙真人千金方动词研究》（专著）
陈安民	《劳动公益诉讼破解就业歧视的新视角》（系列论文）
何丽萍	《CP 分裂假设与汉语语言现象研究》（系列论文）
蒋笃家	《思考型教师的感悟》（专著）
张泽槐	《幾微集》（专著）
宋菊香	《在承接产业转移中促进经济发展方式转变——以永州为例》（系列论文）
贡贵训	《怀远方言研究》（专著）
三等奖（35 项）	
赖中霖、刘于生、徐邦兴	《明·洪武永州府志注释》（编著）
傅扬帆	《从税收视角看永州经济税源建设》（论文）
周玉华	《永州市历史文化与古代文学研究》（专著）
唐海潇	《新时期党群关系建设的思维创新》（系列论文）
欧永宁	《马克思主义民族化视野下的中国模式研究》（专著）
张　毅	《农村金融需求差异性问题研究》（论文）
唐美华	《欧美生态文学与生态批评研究》（专著）
谢景林	《打造潇湘生态城》（论文）
刘　堑	《文化视野下的翻译研究》（专著）
彭宁红	《英语语音学习导论》（专著）
周湘平、胡　骏	《化边缘为资源江永女书文化产业的策略研究》（调研报告）
蒋苏琴	《二语习得中的预制语块研究》（专著）
苏小康	《致力打造食品加工强县》（论文）
王晚霞	《〈濂溪志〉八种汇编》（编著）
黄　燕	《努力打造永州对接中国—东盟自贸区的“升级版”》（论文）
朱雪芳	《周敦颐理学传播研究系列论文》（系列论文）
黄艳芳	《美国华裔文学与诗歌中的中国文化解读》（专著）

续表7-8

作者	成果名
肖献军	《唐代两湖流域诗歌比较研究》（专著）
吴同和	《舜文化研究系列论文》（系列论文）
秦小国	《将“岭北生态画卷”描绘得更美》（论文）
王再兴	《软实力，永州科学赶超的突破口》（论文）
谭家权、肖利江	《历史文化名村保护与开发的思考——以蓝山滨溪村为例》（论文）
江宝庭	《老师指导下的广播电视英语听力自主学习实证研究》（论文）
蒋洪波	《永州市公安系统推进优秀团队建设的实践与启示》（论文）
李定坤	《康德义务论与当代生命伦理实践及理论发展研究》（专著）
黎明柳	《激活民族文化遗产打造特色文化品牌》（论文）
周生来	《瑶族古文字探析》（论文）
胡玲梅	《论地方高校教育中的瑶族舞蹈传承》（系列论文）
潘雁飞	《论“五教”的历史传播方式与心性的护持之法》（论文）
范仰棋	《永州市推进生态文明制度建设的“策”与“决”》（论文）
赵小玲	《私营企业养老保险工作中存在的问题及对策思考》（论文）
刘忠华	《永州作家系列评论》（系列论文）
王　婷	《让“红歌”融入教学——高校思想政治理论课教学模式探讨》（论文）
张　棋	《信贷资产质量前瞻性预测与压力测试》（论文）
永州市委政研室课题组	《大力建设桂柳永街生态旅游经济带》（调研报告）
优秀奖（10项）	
李志扬、许均平、张　毅、陈　瑞	《新型农业经营主体土地承包经营权抵押贷款需求研究》（论文）
李刚华	《关于新形势下永州烟草持续稳定发展的调查与思考》（论文）
李卫林、潘长文	《审判长负责制改革的应然分析及路径完善》（论文）
王虹超	《人民监督员制度的改革与完善》（论文）
肖显发	《关于国税服务经济社会发展的思考》（论文）
赵洪涛	《文艺理论与文化研究》（系列论文）
唐厚裕	《毛泽东为人民服务思想实践的当代启示》（系列论文）
曾　芳	《永州方言官话和土话比较研究》（系列论文）
张能泉	《谷崎润一郎与中国现代文学关系研究》（系列论文）
蒋利清	《两大诉讼法修改后涉检信访工作积极应对》（论文）

第三节　省级获奖

一、获奖单位

2009 年，永州市社科联被评为全省社科联先进集体。

2012 年，永州市社科联被评为湖南省社科联管理先进单位。

二、获奖个人

2010 年，蒋三立被评为全省社科联先进个人。

三、获奖作品

2009 年，论文《学会与基地结合，在合作中创辉煌》（作者陈仲庚），被评为省“学会发展相关问题研究”优秀论文奖。市社科联选送的科普主题报告，被评为全省科普主题报告一等奖。

2010 年，《零陵文化丛书》（作者刘翼平等）被评为湖南省第十届哲学社会科学优秀成果三等奖。

2011 年 1 月，市社科联推送的《科学发展观图释》（湖南人民出版社出版，作者：董石桂、唐定）被评为湖南首届优秀社科普及读物。

第八章　残疾人联合会

永州市残疾人联合会（简称“市残联”）成立于1996年。市残联属正处级群团组织（参照公务员法管理单位），其服务宗旨是弘扬人道主义思想，发展残疾人事业，促进残疾人平等、充分参与社会生活，共享社会物质文化成果。截至2015年，全市11个县（区）、2个管理区、1个经济开发区以及乡镇、村（社区），都建立残疾人组织机构和相关协会组织，形成四级覆盖网络。

第一节　机构队伍

一、机构

（一）市残联

永州市残疾人联合会前身为零陵地区行政公署三项（白内障、儿麻、聋儿）康复工作办公室。1990年，撤销零陵地区行政公署三项办，设立零陵地区残疾人工作联络处，为地区民政局一个内设科室（副处级）。“地改市”后，零陵地区残疾人工作联络处撤销，成立市残联，为副处级单位，归口市民政局管理。

1997年3月，市残联从市民政局分离单设，升格为正处级单位，归口市政府办管理，属市人民政府领导下的中国残疾人联合会的地方组织，是将残疾人自身代表组织、社会福利团体和事业管理机构融为一体的全市综合性残疾人事业团体。是时，市残联机关内设综合办公室1个，定行政编制4名，机关后勤人员事业编制1名；下设2家直属事业单位，即永州市残疾人劳动就业服务站和永州市残疾人用品用具服务站，均为正科级财政全额拨款事业单位。其中，永州市残疾人劳动就业服务站定事业编制4名，永州市残疾人用品用具服务站定事业编制3名。

2001年，市委、市政府《关于印发永州市机构改革方案的实施意见的通知》明确，市残联是将残疾人自身代表组织、社会福利团体、事业管理机构融为一体的残疾人事业团体，履行“代表、服务、管理”职能。是时，市残联机关内设1个综合办公室（加挂康复科、宣教就业科的牌子），具体承担市残联机关日常工作。

2002年，市直机关事业单位机构改革时，市残联机关内设一个综合性办公室（加挂康复科、宣教就业科的牌子），具体承担市残联机关日常工作。市残联机关行政编制4名，其中理事长1人、副理事长2人、科级领导职数1人，机关后勤服务人员编制1名。至2015年，市残联机关行政编制9名，机关后勤服务人员编制1名，内设机构未变。下设机构永州市残疾人劳动就业服务站事业编制4名，永州市残疾人用品用具服务站事业编制4名。

（二）协会组织

市残联管理的各类残疾人协会有永州市盲人协会、聋人协会、肢残人协会、智力残疾人及亲友协会、精神残疾人及亲友协会5个协会。各协会的主要职责是争取社会各界对残疾人的关心、理解和支持，弘扬中华民族扶残助残的传统美德，协助、配合残联，推动全市残疾人事业的健康稳步发展。1998年，永州市盲人协会、永州市聋人协会、永州市肢残人协会、永州市智力残疾人及亲友协会、永州市精神残疾人及亲友协会相继成立，均设主席1人。

（三）县级残联

1990年1月，双牌县残疾人联合会在零陵地区率先成立，隶属于县民政局，编制2名。1991年3—7月，江永、新田、冷水滩、永州（今零陵区）、东安、江华、蓝山、宁远8县市相继成立残疾人联合会。1993年，道县残疾人联合会成立。各县（区）残疾人联合会成立之初均为副科级，隶属于各县市民政局。截至2000年，各县（区）残疾人联合会均升格为正科级事业单位，均从民政局分离出来，内设办公室（加挂群工宣教就业股牌子）、康复股（办）。2011年3月，金洞管理区、回龙圩管理区残疾人联合会成立，为副科级事业单位，属民政局管理。2015年10月，市经开区残疾人联合会成立，隶属区社会发展局，与社会发展局合署办公。

二、队伍

（一）队伍结构

“地改市”后，市残联成立，为副处级机构，归口市民政局管理，定编5名。1997年3月，市残联升格为正处级单位；至2015年，市残联及下属机构的人员编制由8名增至18名。

1997—2000年，全市各县（区）的残联先后升格为正科级单位，增设下属2家服务站。各县（区）残联人员编制由1~4名增加为5~8名。部分县（区）所辖乡镇也设立残疾人工作机构，明确专人负责残疾人工作。全市残疾人机构的人员编制增加，工作人员有 100 多人。

2001—2005 年，永州市开展机关企事业单位机构改革，对全市机关单位实行减员裁编。对残联机构和人员编制实行大稳定、局部小范围调整政策。其间，全市各级残联机构人员编制没有大的变动。

2006—2010 年，全市残联机构建设和人员队伍建设从市、县（区）向乡镇、村、社区延伸，工作队伍迅速发展壮大。2006 年年底，全市 11 个县（区）有 188 个乡镇、115 个社区组建残联组织，有工作人员 347 人；有农村残协主席 108 人、残疾人专职委员 103 人、基层残联专职理事长 64 人、兼职理事长 102 人，残疾人工作队伍迅速发展壮大，共计 1000 余人。2009 年，全市 188 个乡镇中有 186 个建立残联，5060 个行政村（居委会）中有 5020 个建立残协，全市有残疾人专职委员 3672 人，形成市、县（区）、乡镇、村（社区）四级联动的工作队伍格局。

2011 年，市残联把加强工作队伍建设的重心转向全面提高队伍素质上来，打造一支有“服务意识、大局意识、奉献意识、发展意识”，自觉恪守“人道、廉洁、服务、奉献”职业道德，发扬“团结、实干、开拓、高效”工作作风的工作队伍。

（二）队伍培训

2003—2005 年，全市残联系统全面开展“三个代表”重要思想和中共十六大精神学习教育活动，并结合全市开展的“三增一创”、优化环境、抗击“非典”、整顿机关干部作风等活动，开展宗旨信仰教育，全面提升残联工作队伍的责任意识和服务意识。2003 年，选送 4 名基层残联理事长参加湖南省残联在长沙举办的基层残联理事长政治理论研修班培训。

2006 年，市残联推荐 3 名干部到市委党校（行政学院）进行学习培训。2007—2008 年，市残联组织开展学习贯彻中共十七大精神系列活动。

2015 年 11 月 3 日，市残联在“三严三实”专题教育中，走进冷水滩区蔡市镇邓家铺村调研

2015 年，市残联集中开展“三严三实”专题教育。5 月 29 日上午，市残联党组书记、理事长顾晓姣带头讲《自觉践行“三严三实”，争做合格党员干部》的专

题党课，全市残联“三严三实”专题教育活动全面铺开。市残联党组按照“严以修身、严以用权、严以律己，谋事要实、创业要实、做人要实”的要求，结合自己的思想、工作、学习和生活实际，围绕“三个研讨内容”开展学习和研讨，并召开党组专题民主生活会，开展批评与自我批评，强化党性修养和党性教育，加强党组领导班子自身建设和队伍建设。

第二节 代表大会

一、第一次代表大会

1998 年 4 月 22 日，市残联第一次代表大会在冷水滩区召开。出席大会代表 80 人，特邀代表 50 人，列席 35 人，共计 165 人。大会的主要议程是：听取和审议大会主题报告，确定今后五年残联工作的方针和任务；选举产生永州市残疾人联合会第一届主席团；召开第一届主席团第一次会议，选举产生主席团主席、副主席，推举执行理事会理事长，宣布副理事长名单，选举产生残疾人各专门协会主席。

理事长罗建南代表市残联作报告，报告回顾总结永州市残联成立以来所作的工作以及经验和教训，报告明确今后五年全市残联工作的指导思想、主要目标任务和主要措施。

二、第二次代表大会

2003 年 8 月 25—26 日，市残联第二次代表大会在冷水滩区南华大酒店召开。出席大会代表 96 人，特邀代表 60 人，列席 40 人，省残联领导 5 人，共计 201 人。大会的主要议程是：听取和审议第一届主席团报告，确定今后五年的工作方针和任务；选举产生永州市残疾人联合会第二届主席团；召开第二届主席团第一次会议，选举产生主席团主席、副主席，推举执行理事会理事长，宣布副理事长名单，选举产生残疾人各专门协会主席；组织各县（区）召开按比例安排残疾人就业工作座谈会。

理事长禹满玉作题为《继往开来，与时俱进，努力开创我市残疾人事业新局面》的报告。大会根据永州市残疾人联合会第二次代表大会全体会议通过的选举办法，选举产生永州市残疾人联合会第二届主席团，主席团成员 36 人，其中健全人 18 人、残疾人及残疾人亲属 18 人，选举产生永州市残疾人联合会第二届执行理事会，理事会成员 3 人，其中理事长 1 人、副理事长 2 人。

三、第三次代表大会

2008年4月22—23日，市残联第三次代表大会在冷水滩区南华大酒店召开。出席大会代表168人，代表总数中残疾人占60%以上。大会的主要议程是：听取审议永州市残疾人联合会第二届主席团工作报告，确定今后五年永州市残疾人事业发展总方向、目标和任务；选举产生永州市残联第三届主席团，推选理事会领导班子；推选各专门协会主席。

理事长禹满玉作题为《高举中国特色社会主义伟大旗帜，全面贯彻落实十七大精神努力开创我市残疾人事业新局面》的报告。大会根据《中国残疾人联合会章程》，按照第三次残疾人代表大会全体会议通过的选举办法，采取无记名投票方式，选举产生出永州市第三届残疾人联合会主席团，主席团由36名委员组成；主席团第一次会议举手表决产生主席1人、副主席7人；推选理事长1人、副理事长2人；推选专门协会主席5人。

四、第四次代表大会

2012年10月30日，市委书记张硕辅在市残疾人联合会第四次代表大会上讲话

2012年10月29—31日，市残联第四次代表大会在冷水滩区南华大酒店召开。出席大会代表173人，列席代表26人，特邀代表21人。在代表中，残疾人代表97人，占代表总数的56%；有一定数量的残疾人妇女和农村残疾人代表。大会的主要议程是：听取审议永州市残疾人联合会第三届主席团工作报告，确定此后五年永州市残疾人事业发展方向、目标和任务；选举产生永州市残联第四届主席团，推选理事会领导班子；推选各专门协会主席。

理事长王芳玉作题为《高举人道主义旗帜，发展残疾人事业，为建设和谐永州、幸福永州作贡献》的报告。大会根据《中国残疾人联合会章程》的规定，按照永州市残疾人联合会第四次代表大会全体会议通过的选举办法，采取无记名等额投票方式选举产生永州市残疾人联合会第四届主席团，主席团由63名委员组成；

本届主席团第一次会议举手表决产生主席1人、副主席10人；聘请名誉主席1人；推举理事长1人、副理事长2人；选举专门协会主席5人。

1996—2015年市残联历届主席团主席、副主席一览表

表8-1

届　别	职　务	姓　名	性别	任职时间	备注
第一届	主席团主席	邓三龙	男	1998.04—2003.08	
	主席团副主席	刘建林	男	1998.04—2003.08	
	主席团副主席	罗建南	男	1998.04—2003.08	
第二届	主席团主席	崔永平	男	2003.08—2008.04	
	主席团副主席	曹小华	男	2003.08—2008.04	
	主席团副主席	张亚元	男	2003.08—2008.04	
	主席团副主席	蔡自新	男	2003.08—2008.04	
	主席团副主席	谭昌怡	男	2003.08—2008.04	
	主席团副主席	张金生	男	2003.08—2008.04	
	主席团副主席	禹满玉	女	2003.08—2008.04	
第三届	主席团主席	刘事青	男	2008.04—2012.10	
	主席团副主席	盘玉花	女	2008.04—2012.10	
	主席团副主席	张亚元	男	2008.04—2012.10	
	主席团副主席	唐定奇	男	2008.04—2012.10	
	主席团副主席	禹满玉	女	2008.04—2012.10	
	主席团副主席	蒋东智	男	2008.04—2012.10	
	主席团副主席	郭德贵	男	2008.04—2012.10	
第四届	主席团主席	舒　平	男	2012.10—2015.04	
	主席团主席	蒋善生	男	2015.05—	
	主席团副主席	何明玲	女	2012.10—	
	主席团副主席	蒋跃鹰	男	2012.10—	
	主席团副主席	周国定	男	2012.10—2015.04	
	主席团副主席	谭红一	男	2012.10—2015.04	
	主席团副主席	王芳玉	女	2012.10—2015.04	
	主席团副主席	王建昆	男	2012.10—	
	主席团副主席	石小平	男	2012.10—	
	主席团副主席	唐永跃	男	2012.10—	

续表8-1

届　别	职　务	姓　名	性别	任职时间	备注
第四届	主席团副主席	周淑芳	女	2012. 10—	
	主席团副主席	唐钢耀	男	2012. 10—	
	主席团副主席	齐爱社	男	2015. 05—	
	主席团副主席	雷燕平	男	2015. 05—	
	主席团副主席	顾晓姣	女	2015. 05—	

1996—2015 年市残联执行理事会历届领导一览表

表 8-2

届　别	职　务	姓　名	性别	任职时间
第一届	党组书记、理事长	罗建南	男	1997. 06—2003. 04
	副理事长	禹满玉	女	1997. 06—2003. 08
	副理事长	匡富春	男	1997. 06—2003. 08
第二届	党组书记、理事长	禹满玉	女	2003. 08—2008. 04
	副理事长	匡富春	男	2003. 08—2008. 04
	副理事长	刘小军	男	2003. 08—2008. 04
第三届	党组书记、理事长	禹满玉	女	2008. 04—2008. 09
	理事长	范昌平	男	2008. 10—2012. 08
	党组书记	范桑洪	男	2010. 01—2012. 10
	副理事长	匡富春	男	2008. 04—2012. 08
	副理事长	刘小军	男	2008. 04—2009. 03
	副理事长	于东铭	男	2008. 12—2010. 01
	副理事长	盛华光	男	2008. 10—2012. 10
	副理事长	李少君	女	2010. 01—2012. 10
第四届	理事长	王芳玉	女	2012. 10—2014. 12
	党组书记、理事长	顾晓姣	女	2015. 04—2017. 03
	党组书记	范桑洪	男	2012. 10—2014. 10
	党组副书记 副理事长	范桑洪	男	2014. 10—
	副理事长	李少君	女	2012. 10—2015. 09
	副理事长	唐荣华	男	2012. 10—
	副理事长	万平波	男	2015. 09—

第三节 活动

一、残疾人康复

1996—2015年，市残联围绕残疾人“人人享有康复服务”总目标，逐年制定年度康复计划和五年康复规划，把残疾人康复作为残联工作年度考核的重要内容，逐步完善残疾人康复体系，推进残疾人康复中心建设，形成以专业康复机构为骨干、社区为基础、家庭为依托的残疾人康复网络。通过开展康复需求调查，实施视力残疾康复、听力言语残疾康复、肢体残疾康复、智力残疾康复和精神残疾康复等项目，积极推进社区康复，把康复服务引入千家万户，不断满足残疾人康复需求，逐步实现残疾人“人人享有康复服务”目标。20年来，全市有20余万人次残疾人得到不同程度的康复服务。2001年5月，永州市被湖南省政府残工委授予“湖南省残疾人工作先进市”称号；2002年8月，市残联被国务院残工委、财政部、民政部等7部委授予“全国残疾人康复工作先进集体”称号。

（一）白内障复明及低视力适配

1997年，永州市制定出台《永州市实施视觉第一中国行动计划方案》，白内障复明手术及低视力器具适配工作在全市广大城乡全面展开。1997—2002年，国际狮子会、卫生部和中国残联开展“视觉第一中国行动”，组织国家医疗队先后5次到永州开展白内障复明手术活动，全市有10653名白内障患者重见光明，660名低视力残疾人通过配戴助视器提高视力。

2003年，市残联积极参加市政府组织实施的香港“健康快车”白内障复明行动和“视觉第一中国行动”二期工程。“健康快车”是香港特别行政区同胞向祖国人民赠送的医疗车，旨在为内地“老、少、边、穷”地区白内障患者免费做复明手术。香港“健康快车”于6月21日抵达永州，11月3日结束。4个多月时间，为全市1467名白内障患者做复明手术，人工晶体植入率100%，手术成功率100%。在2003年实施的“视觉第一中国行动”二期工程中，全市有2767名白内障患者重见光明，人工植入晶体2144例，脱盲率99.8%，脱残率94%。2004—2005年，继续推进“视觉第一中国行动”二期工程，2006—2008年，在开展“视觉第一中国行动”二期工程的同时，增加实施“复明十号”工程，推进白内障患者康复进程，到2008年4月，全市有13728名白内障患者重见光明，1107名低视力者通过配戴助视器提高视力。

2010—2015年，市残联继续实施“白内障复明工程”，到2015年年底为全市13589名白内障患者实施复明手术。

（二）辅助器具适配

1. 假肢

2001—2005年，市残联根据中残联“长江新里程计划”和省残联有关规定，开始兴建一个高标准、高质量的普及型假肢装配站，2003年建成竣工，投入使用，首批成功为30名肢体残疾人装配普及型小腿假肢。同年，市残联制定出台《关于开展普及型小腿假肢免费安装暨“助行行动”实施方案》，计划为100名小腿缺肢者免费安装长江普及型假肢。2004年1月，市残联启动“助行行动”工程，在全市范围内开展普及型小腿假肢免费安装，全年为市内100名小腿缺肢者免费安装长江普及型假肢。2005年，继续在全市开展普及型小腿假肢免费安装暨“助行行动”活动，市残疾人福利基金会资助4万元，全年完成小腿假肢安装101例，大腿假肢安装24例。

2006—2010年，市残联修改和完善《在全市开展普及型假肢免费安装暨“助行行动”活动方案》，采取向上级残联争取一点、市残联和县（区）残联补助一点、社会爱心企业和爱心人士捐赠一点的方法，保障经费。安装假肢的材料由聚钢改为合金钢，每例假肢比原来的减轻重量0.5公斤多，保质期延长1倍。2006年，成立永州市长江假肢矫形康复中心，全市完成小腿假肢免费安装102例，大腿假肢安装18例。从2007年开始到2010年，逐年加大经费投入，加大工作力度。到2010年，全市免费安装小腿假肢566例、大腿假肢424例。

2010年11月，市残联贯彻落实《永州市人民政府办公室转发市残联等部门关于加快推进永州市残疾人社会保障体系和服务体系建设实施意见的通知》精神，在继续开展“助行行动”的同时，实施“爱心助行”和“天使助行”计划，一方面为肢体残疾人开展矫治和系统训练，使其恢复自理；一方面进行假肢安装，免费适配假肢或矫形器，免费发放轮椅、拐杖等服务。2015年，为贫困肢体残疾人免费安装假肢103例。

2. 器具

1996—2000年，市残联为全市残疾人提供6505件次特殊用品和辅助用具。

2001—2005年，市残联全面贯彻实施“长江新里程计划”，扎实推进残疾人用品用具供应服务工作，逐步形成以市残疾人用品用具服务站为中心，县（区）供应站点为依托，辐射全市的残疾人用品用具服务工作新格局。其间，全市为残疾人提供9385件特殊用品或辅助器具。

2006—2010 年，围绕“保障残疾人基本生活，加强基层残疾人工作”，市残联于 2006 年制定印发《关于认真抓好残疾人社区康复工作的通知》，坚持城市抓社区、农村抓乡镇，加强基层康复服务工作。同年，为残疾人提供特殊用品用具 2218 件，矫形器安装 41 例，低视力配用助视器 87 人。2007 年，市残联印发《动员社会力量参与残疾人辅助器具供应服务“十一五”实施方案》，推动器具供应服务工作全面开展。“十一五”期间，累计为残疾人提供辅助器具 15920 件。

2011—2015 年，按照《永州市残疾人事业“十二五”发展纲要》要求，残疾人康复工作以残疾人综合服务设施建设为重点，加强残疾人辅助器具中心建设。全市城市社区建立康复室，乡村建立康复工作指导站，配备康复器具，开展康复服务。2011 年，全市向残疾人配送轮椅 800 台、助听器 500 部、拐杖 700 副、盲杖 300 根。2014 年，市残联组织湖南恩德莱康复器具有限公司及永州职业技术学院附属医院的技术人员到各县（区）开展流动适配，打通“最后一公里”，把服务送到残疾人家门口，全年完成辅助器具适配任务 936 人次。同年，争取到深圳狮子会捐赠轮椅 230 台。2015 年，市残联采取主动下乡、上门服务等办法，进一步加大残疾人康复工作力度，选送 300 名低视力患者到永州职业技术学院附属医院进行助视器等辅器适配，为 325 名肢体和听障残疾人进行辅助器具适配，全年免费发放轮椅 1798 台、拐杖 1960 副、坐厕椅 1260 台。

（三）贫困残疾儿童抢救性康复

1996—2000 年，市残联对残疾儿童康复服务，主要是采取开展系统训练、矫治手术等方式来进行，在零陵区和东安县分别建立听障语训部，对聋儿进行康复训练。“九五”期间，有 513 名聋儿经过聋儿语训能开口说话，759 名智残儿童经过系统训练认知和自理能力增强，572 名重度精神病患者得到综合治疗。

2001—2005 年，市残联加大为贫困残疾儿童康复服务力度，在加强对残疾儿童训练的同时，开办“家长学校”，对残疾儿童家长开展培训。“十五”期间，对 58 名脑瘫儿童和 231 名智残儿童进行系统的康复训练，对 384 名聋儿及 516 名家长进行培训，其中有 112 名聋儿通过康复语训进入普幼、普小随班就读。

2006—2010 年，市残联先后制定《贫困聋儿康复项目实施办法》《贫困智残儿童康复项目实施办法》《贫困脑瘫儿童康复项目实施办法》等文件。2006 年，有 78 名智残儿童得到康复训练，73 名听力障碍儿童及 36 名家长得到康复培训，资助贫困听障儿童 21 人。2007 年，智残儿童康复训练 87 人，智残儿童家长培训 43 人，听力语言康复训练 197 人，培训家长 86 人，专项救助贫困聋儿 16 人。2008 年，肢体残疾儿童康复训练 17 人，智残儿童康复训练 87 人，智残儿童家长培训 57 人，听力语言康复训练 239 人，培训家长 103 人，专项救助贫困聋儿 13 人。2009 年，组织实施国家彩票公益金聋儿康复项目和“听力重建、启聪行动”项目。全市投入康复经费519万元，培训低视力儿童家长573人，盲人定向行走训练242人，聋儿康复训练328人，培训聋儿家长526人，智力残疾儿童康复训练214人，培训智力残疾儿童家长157人。是年，举办全市3~6岁聋儿听力语言康复明星选拔赛，并组队参加湖南省3~6岁聋儿听力语言康复明星大赛，获得三等奖1个、优胜奖2个；指导教师二等奖1个、三等奖1个、优胜奖1个的好成绩。2010年，开始组织实施0~6岁贫困残疾儿童抢救性康复项目。湖南省政府、永州市政府把0~6岁残疾儿童抢救性康复纳入政府2010年“为民办实事”之中，市残联把0~6岁残疾儿童抢救性康复作为康复服务的重点，认真组织实施，制定切实可行方案，立即在全市开展普查摸底，切实把这一惠民工程做细做实。

2011—2015年，市残联于2011年年初制定印发《永州市0~6岁贫困残疾儿童抢救性康复项目实施方案》，把0~6岁贫困残疾儿童抢救性康复项目作为残疾人康复服务的重点，成立项目实施领导小组，举办项目启动仪式，通过广播、电视、报刊、网络广泛宣传，制作工作进度表，每周进行一次督查，及时通报工作进展情况，定期向省残联和市委、市政府上报专报。截至2011年10月，全面完成省残联和市委、市政府下达的130名0~6岁贫困残疾儿童抢救性康复项目任务。2012年，全市各级残联继续以0~6岁贫困残疾儿童抢救性康复为康复服务工作重点，通过实施残疾儿童抢救性康复项目，装配矫形器，免费发放残疾人辅助器具，帮助残疾人改善身体机能，提高生活质量，全面完成119名残疾儿童抢救性康复训练任务。2013年，市残联完成190名0~6岁贫困残疾儿童抢救性康复项目任务。为逐步实现就近康复，方便广大残疾人，市残联经多方努力并经上报批准，确定永州市妇幼保健院、永州市职业技术学院附属医院、湖南省恩德莱辅助器具有限公司、永州新希望康复中心、永州星旺儿童康复中心5家康复机构为省为民办实事项目（0~6岁贫困残疾儿童抢救性康复项目）的定点康复服务机构。截至2013年10月，全面完成190名0~6岁贫困残疾儿童抢救性康复任务，其中脑瘫儿童78人（送湘雅博爱医院康复训练59人，永州市妇幼保健院19人），人工耳蜗17人（湘雅医院筛查手术），智障、自闭症、矫形器适配、低视力适配95例。2014年9月，市残联提前完成全年173名0~6岁贫困残疾儿童抢救性康复和对90户贫困残疾人家庭进行无障碍改造两个省为民办实事项目的目标任务。2015年，市残联承担的省重点民生实事项目任务，主要是完成188名0~7岁贫困残疾儿童抢救性康复。截至10月，市残联先后选送50名智障儿童到永州新希望康复中心、60名脑瘫儿童到湘雅博爱康复医院、25名自闭症儿童到永州星旺儿童康复中心、65名脑瘫儿童到市妇幼保健院、40名智障儿童到新田心语康复中心和永州星旺儿童康复中心进行康复训练、35名人工耳蜗初筛救助对象到湖南省残疾人康复研究中心进行筛查和综合评估，率先在全市超额完成省重点民生实事项目任务，被市委、市政府评为重点民生实事工作先进单位。

（四）康复机构建设

1. 公办康复机构

1997年3月，市残联从市民政局分设出来，独立办公，只有3间不足30平方米的简陋办公室，无残疾人康复机构和场所，制约残疾人事业发展。1999年6月，市残联购置市供销社日杂大楼，作为市残疾人综合服务中心，占地2亩，建筑面积为2429.46平方米。2000年，宁远县残联购买一座临街小院作为县残疾人服务中心。

2001年，市残联对所辖各县（区）各拨付5万元，支持各县（区）建设（改建）康复或综合服务机构。截至年底，双牌、江华、宁远、东安4县建成综合服务楼并投入使用，江永、冷水滩、祁阳正在建设，新田、道县将民政局的旧办公楼划拨给残联作为残疾人服务中心。到2005年，全市11个县（区）都有集残疾人康复、培训、教育和办公于一体的综合服务设施，建筑面积均在1000平方米以上。2009年，零陵区残联争取520万元政府投资，建成新的残疾人综合服务大楼。

2011年9月，国家发改委批准立项的永州市残疾人康复中心项目，是“十二五”首批试点公益项目。项目建设总面积为10258平方米，总投资约3000万元，其中中央预算类投资800万元，是一个融残疾人康复、培训与指导、辅助器具服务、残联康复中心办公等多功能于一体的综合服务设施。项目位于冷水滩区上岭桥镇二广高速公路连接线与龙塘路交汇处西北角，占地面积16.77亩。截至2015年5月，项目完成征地、青苗补偿等工作，地质勘探规划设计和招投标工作正同步进行。

2. 民办康复机构

随着0~6岁残疾儿童抢救性康复项目的深入开展，以及残疾人就近康复的需要，市内一批民办康复机构相继成立。2010年6月，永州新希望康复中心创办，位于冷水滩区零陵中路96号；2012年5月，永州星旺儿童康复中心创办，位于零陵区荔枝路3号；2015年12月，新田心语康复中心创办，位于新田县陶然路17号。此3家康复机构均为非营利性的民办非企业单位，均先后承担部分残疾儿童抢救性康复项目。2013年，永州新希望康复中心的“田园式”康复模式在全省作经验推广，并申请为“省人工耳蜗康复训练基地”；永州星旺儿童康复中心进行综合改革，规范各项管理，服务场地及配套设施得到改善，为残疾人就近康复提供较好条件。

3. 社区康复机构

“十五”期间，市残联加强基层残联建设，坚持城市抓社区、农村抓乡镇的导向，加大基层残疾人康复机构建设力度。社区重点抓宁远、祁阳、冷水滩、零陵 4 个县（区）的残疾人工作和社区康复工作试点，乡镇重点抓祁阳全国乡镇残疾人工作示范县（区）创建活动。通过抓基层、抓典型、组织现场参观、推广经验等形式，推动全市基层社区、残疾人康复机构和乡镇康复机构建设。2010 年，市残联进一步加大全市残疾人社区康复、示范社区创建活动，其中江华县被定为“全国残疾人社区康复示范县”，零陵区被定为“全省残疾人社区康复示范区”。2009 年，零陵区在建成区残疾人综合服务大楼的同时，投入 60 万元建成 21 个社区康复室。

二、残疾人教育就业

（一）残疾人教育培训

1. 残疾人教育

1996—2000 年，全市各级政府及教育部门将残疾儿童少年特殊教育纳入普及九年义务教育，全市有特殊教育学校 1 所，在校学生 125 人，普通学校设特殊教育班 3 个，随班就读的盲、聋、弱智三类残疾儿童少年 7815 人。同时，市残联协助教育部门做好高考和中专考试的上线残疾考生录取工作，帮助残疾考生迈入大学校门，圆大学梦。

2001—2005 年，市残联认真贯彻落实《残疾人教育条例》和第三次全国特殊教育工作会议精神，将残疾儿童少年教育纳入义务教育体系，初步形成以随班就读和特教班为主体、特殊教育学校为骨干的残疾儿童少年义务教育格局。全市有市级特殊教育学校 1 所，特教班 8 个，在校学生 200 多人。2005 年，全市开展对未入学适龄残疾儿童少年普查，普查结果表明，全市盲、聋、弱智三类残疾儿童少年入学率由 2000 年的 65%提高到 2005 年的 80%，辍学率为 5%，随班就读率为 85%。在残疾人高等教育方面，市残联协同教育部门落实《普通高等学校招生体检工作指导意见》，做好高考上线残疾考试录取工作，确保每名上线残疾考生进入理想高等学府。“十五”期间，全市 67 名高考上线残疾考生全部进入高等院校就读，其中有 3 人攻读硕士研究生、1 人攻读博士研究生。

2006—2010 年，市残联协同教育部门进一步贯彻落实《残疾人教育条例》，实施阳光特殊教育工程和科技教育助残服务教育，从政策和机制上，鼓励和扶持普通中小学设立特教班或开展随班就读，全市附设辅读班 457 个，就读学生 2728 人，特殊教育学校 1 所，特教班 10 个，在校学生近 300 人。适龄残疾儿童少年入学率由 2005 年的 80%提高到 2010 年的 86%，109 名高考上线残疾考生圆大学梦。

2011—2015 年，市残联协同教育部门深入贯彻落实国务院《关于发展特殊教

2013年12月，市残联理事长王芳玉到永州市特教学校看望盲人按摩培训班学员

育的若干意见》《残疾人教育条例》及《特殊教育提升计划》和全国特殊教育工作电视电话会议精神，继续实施阳光特殊教育工程和科技教育助残服务项目，巩固和完善以随班就读和普通学校附设特教班为主体、特殊教育学校为骨干的残疾儿童少年义务教育体系。经市政府研究同意，在道县再建一所市级特殊教育学校。2015年，市级特殊教育学校增加到2所，逐年提高适龄残疾儿童少年入学率。适龄残疾儿童少年入学率由2010年的86%提高到2015年的90%。

2. 助学解困

1996—2000年，在全市把适龄残疾儿童少年纳入九年义务教育的基础上，市残联组织开展系列助学解困活动，资助贫困家庭残疾儿童少年入学接受教育。

2001—2005年，市残联多形式多渠道帮助贫困残疾学生上学，使贫困残疾学生不因贫困失学辍学。2003年，市残联制定出台《关于解决特教学校残疾学生生活补助费的通知》，随后又制定出台贫困残疾学生免学杂费、免教科书费文件，帮助贫困残疾儿童少年上学就读。市残联通过争取上级残联给予扶助、从市残疾人福利基金会中提取一定比例的资金等办法，资助贫困残疾人就学。其间，从市残疾人福利基金会中拨款15万元，支持市特殊教育学校，解决特困残疾学生的就学困难问题；每年安排6万元定期资助100名贫困残疾学生，临时资助340名残疾学生。

2006—2010年，市残联、市教育局全面落实义务教育“两免一补”助学政策，加大对残疾学生和残疾人家庭子女学生的资助力度，将残疾人教育纳入地方国民教育发展规划，建立健全扶残助学等政策保障制度。对义务教育阶段残疾学生在落实“两免一补”政策的基础上，针对残疾学生的特殊困难和需求，增加补助项目，提高补助标准。对接受中等以上教育的贫困残疾学生，减免有关费用，优先提供助学金和教育贷款。五年资助 2647 人次，资助金额达 408.6 万元。市残联注重加强国家通用手语、盲文培训，每年对残联工作人员开展手语培训，全市残联系统工作人员手语培训持证基本实现全覆盖。

2012 年 8 月 23 日，零陵区残联工作人员走访慰问邮亭圩镇新街村听力语言残疾人

2011—2015 年，市残联进一步加大助学解困力度。残疾人教育工作以彩票公益金助学项目和“通向明天——交通银行残疾青少年助学计划”为契机，整合资源，建立扶残助学制度，推动特殊教育工作发展。对残疾贫困学生在落实“两免一补”政策的基础上，实行“三免二补”（免杂费、免教科书费、免住宿费，落实医疗保障有关政府补贴政策和家庭经济困难寄宿生生活费补贴）政策，落实社会低保。2014 年，市残联争取国家残疾人事业“十二五”专项彩票公益金 3 万元，资助 10 名学龄前残疾儿童接受学前教育；争取省残联、市财政支持，明确孤残幼儿优先享受每人每年 1000 元学前教育资助。市残联安排 8 万元对 60 名贫困残疾大学生和贫困残疾人家庭大学生子女给予资助。

3. 实用技术、技能培训

1996—2000 年，市残联采取社会办、政府助等多种形式，大力开展残疾人职业培训，推动残疾人掌握实用技术和职业技能。先后举办刺绣、盲人按摩、电脑、汽车维修、食用菌栽培等 100 多期培训班，培训各类残疾人 3158 人。将在中医按摩培训中心培训的 81 名盲人，全部推荐到广东等沿海地区就业，月收入均在 1000 元以上。

2001—2005 年，市残联加强残疾人实用技术和职业技能培训，坚持以市场为导向，以培训促就业为方针，开展有针对性、实用性和有效性的培训。2003 年，市残联针对广东、广西、上海等地的一些盲人按摩院来电来信要求推荐按摩师的情况，筹集资金 30 余万元，从湖南省特殊教育学校聘请专门教师，开展专业教学，对参加残疾人培训班的人员，采取包吃、包住、包培训、包推荐工作的“四包”免费培训。全年举办3期盲人免费按摩培训班，培训学员116人，全部推荐到外省外地工作。2001—2005年，全市举办各类残疾人培训班218期，投入资金662万元，培训残疾人6600余人，就业率90%以上。其中盲人按摩培训和残疾人电脑培训是永州市残疾人培训的亮点。全市五年举办11期盲人按摩培训和5期电脑培训班，培训学员790人，就业率90%以上。

2006—2010年，市残联建立和完善残疾人职业教育培训和保障机制。在特殊教育学校建立残疾人职业教育培训基地，鼓励和开展适应经济社会发展需要的残疾人职业教育培训。2008年，市残联成立“永州市残联为民办实事活动领导小组”，投入培训经费255万元，培训残疾人1338人，完成任务1150人的121%。市残联工作人员禹小娟荣立三等功，东安县残联、零陵区残联被省残联授予“为民办实事——残疾人职业技能和实用技术培训先进单位”称号。2009年、2010年均如期完成省、市政府“为民办实事”项目残疾人培训任务。其间，全市免费开办农技培训、家政培训、电脑培训、盲人按摩、家电维修等各类培训班250多期，投入培训资金1200多万元，培训学员7505人，其中培训盲人按摩师520人，培训残疾人家庭子女1796人，其他残疾人2373人，依托社会培训机构和农技下乡服务组织培训3816人。

2011—2015年，全市各级残联组织继续将残疾人家庭的子女纳入培训对象进行培训，积极与沿海等经济发达地区衔接，开展订单式培训，提高残疾人就业率。2011年，为完成市政府“为民办实事”项目中下达给市残联的1300名残疾人职业技能和实用技术培训任务，市残联采取市、县（区）残联集中和分散相结合的方式，全年投入培训经费268万元，培训残疾人1409人，超额完成市政府下达的培训任务。2012年，继续采取市县（区）残联集中和分散相结合的方式开展培训，10月底全面完成1200名残疾人就业培训任务。同时，市残联在市特殊教育学校开办第六期盲人中级按摩班，培训45名盲人按摩师，结业后就业率100%。2013年，全市实用技术与职业技能培训任务1360人，实际完成1424人，超额完成64人。此外，完成创业培训224人，订单式培训60人；完成省特教中专培训任务25人，向省培训基地祁阳丰立电脑学校输送学员220人。市残联举办的第十三期盲人中级按摩培训班，35名盲人在市特殊教育学校通过6个月的培训，全部通过资格考试，就业率100%。2014年，完成残疾人职业技能与实用技术培训895人，超额完成35人。2015年，组织978名残疾人进行职业技能与实用技术培训。市残联选送59名盲人和肢体残疾人到株洲盛康职业技术培训学校进行盲人按摩和淘宝云客服专业培训，并为8家盲人按摩培训机构申报盲人按摩进社区项目补助。

（二）残疾人就业及残保金征收

1. 残疾人就业

1996—2000年，市残联逐步扩宽残疾人就业渠道，启动按比例安排残疾人就业工作。2000年，推动市政府下发《关于永州市按比例安排残疾人就业规定》，按比例安排残疾人就业工作启动。“九五”期间，安排2132名残疾人在机关、厂矿、企业（含私营企业、股份制企业）、事业单位就业。

2001—2005年，市残疾人就业服务站以摸清残疾人就业底子为重点，以收取就业保障金为手段，以促进各单位按比例安排残疾人就业为目的，对182个财政拨款的市直行政、事业单位开展调查、摸底和核实。对没有达到安排残疾人就业比例的单位，通过财政代扣收取残疾人就业保障金。2004年，市政府分别于3月、5月、10月三次召开按比例安排残疾人就业工作专题会议，对按比例安排残疾人就业作出具体部署。“十五”期间，通过依法按比例安排残疾人就业、办福利工厂安排就业、扶助自主创业等形式，全市帮助5132名残疾人实现就业，其中，市本级按比例安排残疾人就业268人，安排1306名残疾人在行政机关事业单位就业。城市有劳动能力的残疾人就业率达80%，农村有劳动能力的残疾人就业率达85%。

2006—2010年，市残联采取以加大按比例安排残疾人就业力度为基础，推动福利企业优惠政策的落实，稳定残疾人集中就业，鼓励和扶持残疾人自主创业、个体从业，协调做好农村残疾人转移培训和异地就业，帮助农村残疾人从事农副业生产，拓展盲人就业渠道，发展和规范盲人按摩业，举办残疾人择业招聘会，协调企业提供合适的岗位供残疾人选择，为残疾人就业提供网络信息服务等措施，拓宽就业渠道，拓展残疾人就业面，提高残疾人就业率。五年间，全市安排1518名残疾人到行政机关、企事业单位就业；推荐残疾人就业2373人，19家福利企业有544名残疾人集中就业，农村残疾人就业2816人。

2011—2015年，市残联开展残疾人就业援助和就业服务活动，与市人社局、财政局联合实施“城镇百万残疾人就业工程”，全面落实福利企业优惠政策和分散按比例安排残疾人就业政策，鼓励有一定经济实力和一技之长的残疾人自主创业、个体从业，做好各类残疾人就业调查和摸底工作，举办残疾人就业招聘会，建立残疾人就业信息网络，为残疾人提供就业信息和岗位推介服务。2015年年底，全市全年新增残疾人就业1759人，其中市本级385人，集中安排残疾人就业256人，个体从业残疾人18355人，比上年均有增加。

2. 残保金征收

1999年，市残联贯彻落实国务院办公厅《关于进一步做好残疾人劳动就业工作若干意见的通知》，开始在部分单位试征残疾人就业保障金。2000 年，市残联组织残疾人就业服务站等相关单位，采取以摸清残疾人就业底细为重点，以收取就业保障金为手段，以促进各单位按比例安排残疾人就业为目的的办法，对 182 家财政拨款的市直行政、事业单位进行调查、摸底和核实。对没有按照规定比例安排残疾人就业的单位，通过财政代扣收取残疾人就业保障金 35. 43 万元。

2001—2003 年，市残联在全市 11 个县（区）全面启动收缴残疾人就业保障金项目，对没有按照要求安排残疾人就业的单位，实行财政代扣，税务代征残疾人就业保障金。2004 年，进一步加大残疾人就业保障金的收取力度，使按比例安排残疾人就业工作真正落到实处。同时，进一步规范残疾人就业保障金的收取，实行由政府指定财政、税务、工商部门代扣、代征。2005 年，贯彻落实《湖南省人民政府办关于残疾人就业保障金征收有关问题的通知》精神，加大残疾人就业保障金的收取力度，进一步加强代扣、代征工作。2001—2005 年，全市收缴残疾人就业保障金 1141 万元，其中，市本级收缴 316 万元。

2006 年，市政府办制定出台《永州市地税代征保障金工作流程（试行）》，对中央、省驻永州单位等 365 家，市直行政事业单位 175 家依法进行年审。2006—2010 年，逐年加大残疾人就业保障金征收力度，进一步规范和完善代扣代征程序。到 2010 年年底，全市征缴残疾人就业保障金 4303. 425 万元，其中市本级收缴残疾人就业保障金 1285 万元。

2011—2015 年，残疾人就业保障金的征缴工作全面走向规范化和制度化。到 2015 年，全市征收残疾人就业保障金 7946. 36 万元，每年增收额在 10%左右。

（三）残疾人扶贫解困

1998 年 6 月，市委、市政府制定出台《残疾人扶贫攻坚计划》，明确将残疾人扶贫工作纳入经济社会发展计划，针对残疾人特点开展专项扶贫，广泛开展“帮、包、带”活动，动员社会力量帮助残疾人脱贫。“九五”期间，全市争取国家康复扶贫贷款 1385 万元，帮助 3 万多名残疾人脱贫，1 万多名残疾人过上小康生活。

2001—2005 年，市残联紧紧围绕“稳定解决残疾人温饱主题，带领残疾人共同奔小康”这一主题，着力改善残疾人平等参与社会生活的物质条件和精神环境，帮助残疾人脱贫奔小康。“十五”期间，全市争取国家各项残疾人扶贫资金 2000 多万元，扶持残疾人 4. 8 万人，帮助 1. 5 万名残疾人脱贫。

2006—2010 年，全市各级党委、政府坚持将残疾人扶贫纳入大扶贫范畴统一部署，同步实施，制定完善针对贫困残疾人家庭特点的扶贫政策措施，积极解决贫困残疾人的特殊困难和需求。其间，市、县（区）残联积极推进农村残疾人扶贫开发，扶持农村残疾人实用技术培训基地建设，全面开展农村残疾人实用技术免费培训，组织开展各种“帮、包、带”活动，确保每一个贫困残疾人家庭至少有一名联系帮扶人。

2011年9月19日，中国聋哑康复研究中心主任胡向阳（左一）一行深入冷水滩区残疾人家庭走访慰问

2011—2015年，市委、市政府在整村推进“扶贫”过程中，选择适合残疾人脱贫的项目，广泛动员社会力量共同参与农村残疾人扶贫工作，帮助贫困残疾人参加生产活动，落实特惠政策，保证各项扶持措施真正落到实处。2011年，全市通过项目带动，投入资金251万元，扶持贫困残疾人2362户。2014年，市残联为民康养殖、五洲药业、友民水稻3家机构申报湖南省康复扶贫贴息贷款资金25万元；配合住建局为390户农村贫困残疾人落实安居工程；为南有新田菌业有限公司申请湖南省扶贫基地；为1290名精神残疾人和智力残疾人提供阳光家园居家托养服务，每人每年补助600元。2011—2015年，市残联实施阳光结对帮扶工程和无障碍环境服务建设项目、志愿者服务项目、残疾人个性化服务项目，构建良好的残疾人生活环境，社会各界纷纷加入帮扶残疾人行列，全市残联系统结对帮扶贫困村31个，残疾人家庭399户，形成扶残助残浓厚氛围。

2011年2月1日，市残联组织开展走访慰问困难残疾人活动

三、残疾人宣传文化体育

（一）残疾人事业宣传

1. 网站建设

2010年，市残联开通永州残联网站，利用网络覆盖面广、时效性强等优势全面宣传残疾人事业。随后，建设开通残联系统局域网和业务网络平台，加大残联系统内部的上下衔接和信息对接；加强与永州红网、永州新闻网、永州市广播电视台、《永州日报》、永州人民广播电视台等新闻媒体的宣传合作，广泛宣传推介残疾人政策法规、残疾人自强模范和扶残助残先进典型，扩大残联的社会影响力，树立责任残联、温馨残联和阳光残联形象。

2. 新闻宣传

2001年，市残联会同新闻媒体在全市陆续推出《独臂绘彩虹——记湖南省劳动模范李陶社》《传递自强火炬的人——记湖南省自强模范蒋继凤》《一个残疾青年的求学之路》《双拐激扬的青春——记首届永州市广大杰出青年李旭斌》等系列报道，引起社会各界广泛关注。2001年，由省记协、省残联举办的“湖南省第六届残疾人事业好新闻”评选中，永州市有10件作品获奖，其中二等奖1个，三等奖2个，优秀奖7个。2002年10月，市残联举办全市残疾人新闻文学促进会暨作品讨论会，会议呼吁社会各界关心残疾人疾苦，更加理解、帮助残疾人，支持残疾人事业的发展。2003年，在由省记协、省残联举办的“湖南省第七届残疾人事业好新闻”评选中，永州市有2件作品获奖，其中三等奖1个，优秀奖1个。“十五”期间，永州市残联系统在省内外各级主要新闻媒体刊（播）发各类新闻稿件648条，印发宣传单5.23万张。市残联连年编印刊出《残疾人工作简报》，每年12期，60期。

2006年，市残联在省内外各类新闻媒体刊（播）发表各类残疾人事业新闻稿件170余条，印发宣传单20万余张，编印刊出《残疾人工作简报》17期。2009年，永州电视台及各县电视台制作播出宣传残疾人专题节目37期达486分钟，《永州日报》开设专版，永州广播电视台每周5分钟播报残疾人专题节目。2010年，市残联同永州电视台、永州人民广播电视台，永州日报社等主要新闻媒体单位，制作专题节目45期，刊（播）发稿件12篇，报道各地扶残助残先进事迹和残疾人自强不息的先进典型。

2011—2015年，全市残联系统发表各类新闻信息1360余篇，其中省级以上主要媒体报道永州市残疾人工作26篇。组织拍摄制作系列专题70余篇，并在永州电视台各频道“黄金”时段播放，对扶残助残先进典型和自强不息、带头创业就业残疾人自强模范开展系列宣传报道。

3. 公益宣传

1999 年 5 月，市残联在市委大会堂举办“全市残疾人自强模范演讲报告会”。2001 年，市残联抓住《中华人民共和国残疾人保障法》颁布实施十周年这一契机，开展多种形式的系列公益宣传活动。

在每年的“爱眼日”“爱耳日”“麻风病防治日”“世界精神卫生日”“国际盲人节”等残疾人重大节日期间，市、县残联都采取不同形式，开展助听、助行、助明、助残义诊治疗等活动，到主要街道或重要公共场所设点，发放宣传资料，开展现场咨询服务，宣传残疾人事业。2002 年 3 月 3 日（“全国爱耳日”），市、县残联组织开展“听力助残——救助贫困聋儿”主题系列公益宣传活动。市残联组织永州市职业技术学院附属医院五官科医务人员 18 人，分别在冷水滩区和零陵区城区主要街道设点，现场宣传爱耳知识，发放宣传资料 2 万多份，接待 1 万余人次；各县（区）残联分别在县城主要街道设点，宣传爱耳知识，接受人们咨询，发放宣传资料。2004 年 5 月 26 日，由省委宣传部、省直机关工委、省文明办、省总工会、团省委、省妇联、省残联联合组成的“情系我的兄弟姐妹，帮扶贫困残疾人”演讲报告团受邀到永州演讲，900 余人聆听报告。2015 年，在“爱耳日”“爱眼日”“残疾人文化周”“残疾人健身周”“全国特奥日”期间，市残联组织开展一系列宣传活动，会同广播电台、永州电视台开办“耳聋防治、康复知识”讲座，利用短信平台、发送残疾人公益短信 10 万条，通过电视、网站、网络发表新闻 136 篇，拍摄制作系列专题片 10 篇。

4. 助残日活动

1991—2015 年，每年 5 月第三个星期日，市、县残联均以多种形式开展“全国助残日”活动。全市累计出动宣传车辆 1 万多台次，悬挂宣传横幅 1 万条次，张贴宣传标语 10 万张次，发放宣传资料上 100 万份次；发表电视演讲 500 余次，走访慰问特困户 10 万人次，发放慰问金 1000 万余元；在城区主要街道和农村农贸市场设点宣传残疾人事业 1 万余场次；组织残疾人文艺会演 150 余场次，开展书法、绘画比赛 100 余场次；组织残疾人和残疾人工作者在主要街道开展流动宣传 150 余场次；每年动员社会各界为全市残疾人事业捐款捐物，支持残疾人事业发展。

（二）残疾人文化艺术

1996—2000 年，全市残疾人文艺活动广泛开展，市、县（区）残联综合服务设施开辟专门文化活动场所为残疾人提供图书资料、开展残疾人特殊文化艺术活动。市残联在省级文化会演和文艺比赛中获得 2 个三等奖。

2001 年，市残联组队参加湖南省第五届残疾人文艺会演，唐斌获二等奖、胡少华获三等奖。2002年，双牌县肢体残疾人何甜甜作为省残疾人艺术团成员赴台湾开展两岸文化交流。2003年10月8日，市残联与团市委在市中心步步高超市广场联合举办扶残助残大型文艺演出，引起社会各界的广泛关注。

2005年，市残联组织残疾人文艺会演队参加湖南省第六届残疾人文艺会演，组织编排的舞蹈《中华好男儿》获银奖，代表团获“优秀组织”奖。

2009年，市残联组团参加湖南省第七届残疾人文艺会演，道县籍选手蒋剑臣获声乐组三等奖。同年，市残联认真组织、精心选送残疾人书法、绘画作品参加中残联组织的庆祝新中国成立60周年全国残疾人书法、绘画大赛，有10幅残疾人书法作品入选“新中国成立60周年全国残疾人书画展”。

2010年5月，市残联在市特殊教育学校举办聋哑学生文艺演出和“十字绣”“洛铁画”展。

2011年，在永州市首届文化艺术周活动中，各县（区）残联选送残疾人摄影、书法、绘画、美术作品70余件，参评作品27件，有16幅作品获奖。市残联从中选送10幅作品参加湖南省第二届残疾人文化周活动，全部获奖，其中二等奖1个、三等奖6个、优秀奖3个。

2012年7月，市残联举办全市残疾人文化周活动，选拔优秀演员组团参加全国第八届残疾人文艺会演。9月，市残联在冷水滩区举办首届全市残疾少儿艺术基本功及形体比赛，来自11个县（区）的100多名残疾人少儿参加比赛。市残联从参赛选手中筛选出优秀选手，参加全省残疾少儿艺术基本功及形体比赛，获得组织奖。同年，市残联邀请北京“心灵之声”艺术团到永州成功举办“文化助残放飞梦想”文艺晚会。

2013年，市残联选送4名少儿参加全国残疾少儿艺术会演。同年，组织参加湖南首届百强残疾人艺术精英选拔大赛，选送作品76幅，其中获奖作品8幅，永州市残联荣获组织奖。

2014年8月，市残联组团参加湖南省第八届残疾人文艺会演，获声乐类一等奖1个、舞蹈类二等奖1个。

（三）残疾人体育

1996—2000年，永州市残疾人运动员在国际、国内比赛中，获金牌30枚、银牌18枚、铜牌12枚。

2001—2005年，永州市残疾人运动员在参加全国、全省各类残疾人运动会比赛中获得金牌68枚、银牌45枚、铜牌26枚。2005年，永州市被定为全省唯一的一个残疾人体育训练基地。

2006年，市残联选拔训练5名残疾人运动员参加第七届全省残疾人运动会，获

11 枚金牌、16 枚银牌、11 枚铜牌，打破全国纪录 1 项，永州市代表团获得“体育道德风尚奖”。

2010 年，市残联挑选出 18 名残疾人运动员组织参加第八届全省残疾人运动会，获 9 枚金牌、7 枚银牌、8 枚铜牌，永州市代表团被授予体育道德风尚奖。

2011 年，市残联积极挖掘和培养残疾人体育后备人才，向省残疾人运动员代表团选送 4 名运动员，参加 10 月在杭州举行的第九届全国残疾人运动会，湖南代表团获得 12 枚金牌，其中永州市新田县邓船波夺得男子 4×100 米自由泳接力第 4 名和男子个人自由泳第 6 名。

2014 年，市残联选拔 25 名残疾人运动员，组团参加第九届全省残疾人运动会，永州市代表团 25 名队员参赛，涉及田径、游泳、乒乓球、举重和盲人象棋 6 个项目，获得 20 枚金牌、16 枚银牌、5 枚铜牌，女子（T35）100 米破全国纪录。

四、残疾人权益维护

（一）残疾人来信来访

1996—2000 年，全市各级残联组织接待残疾人来信来访 2420 人次，均进行妥善处理，帮助残疾人解决具体问题和实际困难，维护残疾人合法权益，没有出现集体上访事件。

2001—2005 年，全市各级残联组织接待残疾人来信来访 13752 次，帮助残疾人解决困难 10580 件（次），全市没有发生残疾人集体上访事件，受到省残联表彰。市、县两级残联组织建立理事长信访接待日制度，为残疾人办实事做好事，实现两个转变：“即变上访为下访，变坐等服务为上门服务”。

2006—2010 年，市残联坚持“预防为主、教育疏导、依法处理、防止激化”原则，前移信访关口，建立健全信访网络机制和理事长信访接待日制度，信访值班工作实行 24 小时值班和全体工作人员轮班制度，健全责任追究制，按照“三定一保”（即定人员、定责任、定时间，保证残疾人满意）的要求，确保“件件有回音、事事有落实”，及时回应和解决残疾人的呼声和诉求。其间，市、县两级残联受理来信来访 53576 人次（件），其中来访 39147 人次，来信 13767 件，处理重点信访案件 17 起，集体上访 29 起，有效制止残疾人群体到京上访 1 起，办结率 100%。

2011—2015 年，市、县两级残联组织成立信访工作领导小组，落实理事长负总责、分管领导具体抓、其他领导“一岗双责”工作机制和工作责任，帮助来访残疾人解决实际困难。其间，市、县两级残联接待残疾人来信来访 35306 件次（市本级 1184 件次），上级交办 176 件，集体上访 295 人次。上级交办件和网上信访件全部办结并及时给予回复，办结率100%。及时落实有特殊困难的残疾人车主救助政策，帮助解决实际困难，全市为残疾人争取并发放机动轮椅车燃油补贴676万元。

（二）残疾人法律救助

自1996年以来，市残联积极整合社会资源，逐步建立和完善残疾人法律救助机构和法律救助网络，为残疾人提供法律救助服务，维护残疾人的合法权益。2008—2012年，全市各级残疾人法律救助工作站为残疾人解决涉及法律、法规、政策等维权方面的问题465件，有168件残疾人权益维护案得到办结，有226件涉及残疾人的侵权事件得到及时调处，为残疾人减免律师咨询费、代理费和诉讼费50多万元，为残疾人挽回经济损失400多万元，有效维护残疾人的合法权益。2010年，道县残联编写的《维权工作实例选编》由中国和平出版社出版发行，道县残联的工作经验在全省推广。2011年，道县和祁阳县残疾人法律救助工作站被省残联授予"湖南省残疾人法律救助工作明星站"称号。截至2015年，全市残联系统成立残疾人法律救助工作站12个，其中省级站8个。

（三）残疾人无障碍服务

2001—2015年，全市积极推进无障碍环境建设。2012年8月1日，国务院《无障碍环境建设条例》实施后，无障碍建设陆续纳入市、县城市建设总体规划，在筹建和建成的主要街道、大型公共社会设施、商业广场、休闲娱乐场所、车站码头等，加强无障碍设施建设、管理和维护，全市无障碍环境得到有效改善。市、县（区）残联积极加强无障碍建设宣传，开展贫困残病人家庭无障碍改造等社区无障碍服务，推动全市无障碍环境建设。

五、残疾人福利基金会

1995年6月12日，永州市残疾人福利基金会成立，是当时全省唯一一家地市级残疾人福利基金会。2002年，经市人民政府批准，调整市残疾人福利基金会理事会领导成员。周绍宏任永州市残疾人福利基金会理事会理事长。2010年5月，永州市残疾人福利基金会召开理事会议，审议并通过《永州残疾人福利基金会章程》和《永州市残疾人福利基金会募捐管理和使用暂行办法》，选举刘新普为理事长。

1998年7月，市政府出台《关于在全市范围内为残疾人福利基金会募集资金意见的通知》，提倡全市广大干部职工每人每年自愿捐献不少于一天的工资资助残疾人。市残联广泛宣传动员，号召社会各界贡献力量扶残助残。市委、市政府领导带头捐献，"一日捐"活动逐渐成为广大干部职工的自觉行动。2004年，全市募集资金265万元，帮扶残疾人2610人，其中市本级募集资金27.5万元。

2008 年，永州市残疾人福利基金会的募捐工作遭受社会非议和质疑，募捐活动暂停。2009 年，市残联党组积极协调，争取多方理解和支持，重新组织开展募捐活动。当年，募集资金 40 万元。

2011 年，市残疾人福利基金会面向全市各级机关、企事业单位和社会爱心人士广泛开展“助残一日捐”活动，全市残疾人福利基金会募集资金超过 200 万元，其中市本级 27.18 万元。同时，对市残疾人福利基金会实行单独建账管理，每年在基金会年度大会上和市残疾人联合会网站上公布募捐款及使用清单，接受财政、审计、纪检监察和社会各界的监督。

2012 年 12 月 21 日，市委常委会明确，把慈善、助学、助残事业发展纳入经济社会总体规划，加大慈善、助学、助残资金的募集力度，凡有财政拨款的市直党政机关、群团组织、事业单位和差额拨款事业单位以及干部职工（特殊人员除外）开展“一日捐”活动。单位干部职工分别为慈善、助学、助残事业捐出一日工资，单位分别捐出一日的办公经费。“一日捐”活动从 2013 年开始。截至 2015 年，此项活动无间断。

2013 年，市残疾人福利基金会通过开展“助残一日捐”活动，收到 160 多家单位和个人的捐款 77.6 万元。其中，通过开辟新的募捐渠道，市残疾人福利基金会与省盘龙拍卖公司组织爱心艺术品拍卖会，获得助残资金 22 万元。是年，运用募集善款，走访救助特困残疾人 217 人次，赠送轮椅 200 台、助听器 30 台，购辅助器具和发放救助金 72.36 万元。

2014 年，市残疾人福利基金会通过开展“助残一日捐”活动，收到 131 个单位和个人的爱心捐款 54.13 万元。为残疾人免费发放轮椅 200 台，共计 10.74 万元；为残疾人免费发放助听器 30 台，共计 4.98 万元；走访慰问县（区）（管理区）贫困残疾人家庭 148 户，共计 18.99 万元；对 60 名贫困残疾人及残疾人子女开展“助医、助学行动”，共计 8.4 万元；特困救助贫困残疾人 34 户，共计 7.73 万元。

2015 年，市残疾人福利基金会通过开展“助残一日捐”活动，收到 173 个单位和个人的爱心款 59 万元。为贫困残疾人发放急难救助金 25.92 万元，助学金7 万元，购置助听器、轮椅等辅助器具 12.29 万元。

1996—2015年永州市残疾人工作获省部级以上表彰、奖励情况统计表

表8-3

名 称（姓名）	时间（年）	荣誉称号	颁奖单位
永州市	1996	湖南省残疾人工作先进市	湖南省人民政府
永州市	2001	湖南省残疾人工作先进市	湖南省人民政府
蒋继凤	2001	湖南省自强模范	湖南省人民政府
唐永和	2001	湖南省自强模范	湖南省人民政府
李陶社	2001	湖南省自强模范	湖南省人民政府
刘建林	2001	湖南省扶残助残先进个人	湖南省人民政府
欧阳维西	2001	湖南省扶残助残先进个人	湖南省人民政府
涂乙林	2001	湖南省扶残助残先进个人	湖南省人民政府
龙楚元	2001	湖南省扶残助残先进个人	湖南省人民政府
雷隆相	2001	湖南省扶残助残先进个人	湖南省人民政府
钟含林	2001	湖南省扶残助残先进个人	湖南省人民政府
夏幵前	2001	湖南省扶残助残先进个人	湖南省人民政府
熊一雄	2001	湖南省扶残助残先进个人	湖南省人民政府
刘玉珍	2002	湖南省残疾人康复工作先进个人	湖南省人民政府
永州市残联	2002年8月	全国残疾人康复工作先进集体	国务院残工委、财政部、民政部等7个部委
刘玉珍	2005	湖南省残疾人信访工作先进个人	湖南省人民政府
永州市	2006	全省“十五”期间残疾人工作先进市	湖南省人民政府
祁阳县观音滩镇	2006	全国残疾人工作先进镇	国务院残工委
零陵区芝麻坪社区	2006	全国残疾人工作先进社区	中国残联
黄 鑫	2006	第二届盲人中国象棋比赛第一名	中国残联
张秋琳	2007	全国麻风畸残康复工作先进个人	卫生部、中国残联
江华瑶族自治县	2010	全国残疾人社区康复示范县	中国残联
零陵区	2010	全省残疾人社区康复示范区	湖南省残联

续表8-3

名　称（姓名）	时间（年）	荣誉称号	颁奖单位
张秋琳	2011	湖南残疾人工作先进个人	湖南省人民政府
周小林	2011	全国第八届残疾人运动会女子田径 800 米金牌	中国残联
蒋艳玲	2011	全国第八届残疾人运动会女子举重 52.5 公斤级铜牌	中国残联
江　衡	2013	全国残疾人田径锦标赛 2 金、1 铜和体育道德风尚奖	中国残联
蓝山县南平社区	2013	中国“自强健身示范点”	中国残联
蒋艳玲	2015	全国残疾人举重女子 50 公斤级第三名	中国残联
夏晓晓	2015	全国田径锦标赛女子 T35 级 200 米金牌	中国残联
永州市残疾人运动员代表团	2015	全国第九届残疾人运动会 2 金、3 银、1 铜	中国残联

第九章　中国国际贸易促进委员会永州市支会（中国国际商会永州商会）

2003年4月，中国国际贸易促进委员会永州市支会（中国国际商会永州商会）［简称为“市贸促会（永州国际商会）”］成立。市贸促会（永州国际商会）是遵循国家政策法令利用外资、引进国外先进技术、开展各种形式经济技术合作，增进永州工商企业界同世界各国各地区人民经济贸易往来的群团组织。截至2015年，市贸促会（永州国际商会）先后组团60余次、组织170多家企业参加国际国内大型经贸活动，经贸洽谈310余场。参与洽谈和签约的项目78个，外资意向投资53.76亿美元，内资意向投资58.26亿元人民币。

第一节　机构队伍

一、机构

2003年4月，经省机构编制委员会办公室批准，明确市贸促会（永州国际商会）为正处级机构，内设综合部，机构职数为会长、副会长各1人，正副科级职数各1人，核定全额拨款事业编制5名。

2007年2月，湖南省实施公务员法工作领导小组《关于永州市有关人民团体和群众团体参照〈公务员法〉管理的批复》，同意市贸促会参照公务员法管理。

2009年10月，市贸促会（永州国际商会）增设业务部、增编2名，增配正科级领导职数1名，人员编制增至7名。

2011年6月，市贸促会（永州国际商会）将业务部分设为法律会务部和国际联络展览部，在综合部加挂“永州国际商会秘书处”牌子，在国际联络展览部上加挂“永州市对接东盟工作领导小组办公室”，增编3名，增配科长职数1人，人员编制增至10名。

2010年3月设立市贸促会党组。2010年6月，永州设立原产地证出证认证点。

2012 年 11 月，设立中国贸促会湖南调解中心永州办事处。

二、队伍

（一）队伍结构

2003 年，市贸促会（永州国际商会）成立之初，机构有专职人员 5 人；有贸促委员 57 人，市国际商会兼职副会长 14 人，会员单位 90 家。

2010 年，全市贸促委员增至 84 人，会员单位增至 145 家。市国际商会有兼职副会长 13 人、理事会理事 48 人，并成立一个分支机构——永泰商会。

（二）队伍培训

2004 年 4 月，市贸促会（永州国际商会）先后组织 4 家企业负责人到长沙参加由来自北京的欧盟问题专家讲授课程的两轮培训。

2007 年 11 月，市贸促会（永州国际商会）在市委党校举办“永州 2007 创新思维大型专题讲座”。12 月上旬，市贸促会组织 5 名会员企业代表前往深圳、广州、长沙、湘潭等地，与当地贸促会开展学习交流。12 月 14 日，市贸促会在永州国际大酒店举办“管理、营销实战业务培训班”，20 多家企业负责人参加培训。

2008 年 5 月 16 日，由市贸促会（永州国际商会）主办、湖南古今文化有限公司承办的“税收政策与纳税”专题讲座在市委党校开讲。培训班由中国知名税务律师陈建昌教授主讲，从理论、案例、实践等多个方面讲述现代税务政策与税务策划技巧。来自全市 180 多家企业的 280 余人聆听讲座。

2010 年，市贸促会（永州国际商会）组织 3 次培训。年初，邀请省贸促会法律事务部部长邓罗兴到永州主讲贸促法律服务工作，介绍贸促签证、国际商事调解和仲裁事务；8 月，邀请省贸促会出证认证中心专家到永州主讲原产地证出证认证业务知识；年末，邀请应对国际贸易摩擦领域知名专家、中国贸促会法律顾问处处长张顺到永州主讲“走进东盟法律事务暨应对国际贸易摩擦”知识。

2011 年，市贸促会党组班子成员积极参加各类培训。其中，1 人参加市委组织的优秀青年处级干部赴清华大学学习，1 人参加市委党校处干班学习，1 人参加中国贸促会组织的“贸促服务支持体系培训”，1 人参加中国贸促会组织的“国际培训管理者的培训”。

2012 年，市贸促会（永州国际商会）组织企业参加由省贸促会主办、欧洲企业服务网络华中中心和英国 lntertek 集团共同承办的“新危机下如何开拓海外市场”专题讲座。

2013 年 3 月，市贸促会（永州国际商会）组织湖南湘妹食品有限公司、永州市泉辉罐头有限公司等会员企业外贸部门负责人参加省贸促会在株洲举办的“2013年第一期出国展览业务知识培训会”。

2014年11月6日，2014年全省贸促系统展览工作会议在永州举行

2014年9月，市贸促会（永州国际商会）组织人员到蓝山县、宁远县、道县为外贸企业开展“点对点”出证认证和经贸法律知识专场培训，培训人员100人。同年11月，由湖南省贸促会主办、市贸促会承办的“全省出国展览业务暨东盟自贸区政策培训”在永州举行，全省14个市（州）贸促会分管领导、展览部部长和部分进出口企业代表、商贸界人士120余人参加本次培训，中国贸促会展览部副部长梁海光、省贸促会副会长黄芳、市政府副市长罗双全出席会议并讲话。

2015年7月，市贸促会（永州国际商会）在祁阳县举办一期“点对点”的专场培训，20家外贸企业分管进出口业务的部门主管、手签员和祁阳县商务局领导班子成员及股室负责人参加培训，帮助企业适应新形势新情况，更好掌握新的出证认证业务知识，高效率办好电子原产地证书（Electronic Certificate of Origin，简称ECO电子出证业务）。10月，市贸促会与市商粮局、市国税局、长沙海关驻永办事处、湖南商检永州办事处、中国银行永州支行等单位共同举办“永州市外经贸政策培训班”，各县（区）分管贸促工作领导和全市外经贸企业负责人100人参加培训。

第二节　代表大会

一、第一次会员代表大会

2004年5月9日，市贸促会（永州国际商会）召开第一次会员代表大会。会议听取并审议市贸促会会长唐铭蔚作的工作报告，通过永州国际商会章程，采取推举和选举的方式，确定市贸促会会长、副会长、秘书长以及54名贸促委员，确定永州国际商会 14 名兼职副会长、48 名理事会理事，并聘请市政府副市长蒋吉秀、长丰集团总经理潘惠强担任名誉会长。是年，市贸促会（永州国际商会）发展会员企业 90 家。

二、第二次会员代表大会

2010 年 4 月 8 日，市贸促会（永州国际商会）第二次会员代表大会在冷水滩区召开。参加会议代表 164 人，特邀嘉宾 38 人。大会选举产生市贸促会第二届委员会委员 84 人，永州国际商会第二届理事会理事 45 人，选举产生第二届市贸促会（永州国际商会）会长、副会长，选举产生永州国际商会专（兼）职副会长、秘书长、副秘书长。

2003—2015 年市贸促会历届领导一览表

表 9-1

届别	职务	姓名	任职时间
第一届	党组书记、会长	唐铭蔚（女）	2003. 06—2010. 01
	党组成员、副会长	李　烨	2003. 06—2004. 12
	党组成员、副会长	唐柏平	2007. 11—2008. 12
	党组成员、副会长	李辉群	2007. 11—2012. 06
	党组成员、副会长	刘大平	2008. 12—2010. 01
第二届	党组书记、会长	黄玉芳（女）	2010. 01—
	党组成员、副会长	陈　慧	2010. 01—
	党组成员、副会长	何光辉	2012. 06—2013. 07
	党组成员、副会长	李少君（女）	2015. 09—

2003—2015 年永州国际商会历届领导一览表

表 9-2

届别	职务	姓名	任职时间
第一届	名誉会长	蒋吉秀（女）、潘惠强	2004. 05—2010. 04
	会长	唐铭蔚（女）	2003. 06—2010. 01
	副会长	李　烨（兼秘书长）	2003. 06—2004. 12
		陈　丽（女）	2006. 07—2007. 10
		唐柏平	2007. 11—2008. 12
		李辉群	2007. 11—2010. 04
		刘大平	2008. 12—2010. 01
	兼职副会长	孔　敏、刘友生、陈　勇、奉　明、罗良冬、蒋玉华、廖大富、廖金元、王仁元、阳国秀（女）、刘春旦、陆才子、聂葆生、熊丽萍（女）	2004. 05—2010. 04

续表9-2

届别	职务	姓名	任职时间
第二届	特邀顾问	黄天赐、李良铁、龚武生、陈金荣、唐长久、唐松成、周德睿、唐　定	2010. 04—
	名誉会长	蒋吉秀（女）、朱映红、邓菊发、周吉长、雷武军	2010. 04—
	会　长	黄玉芳（女）	2010. 01—
	副会长	李群辉	2010. 04—2012. 06
		陈　慧	2010. 01—
		万平波	2010. 01—2015. 09
		李少君（女）	2015. 09—
	兼职副会长	王双云、张　勤、张小青、张松青、罗良冬、何洁松、刘　群、陆才子、沈凡超、罗济民、郭远军、唐建成、聂葆生	2010. 04—

第三节　工作与活动

一、出证认证

2009 年，市贸促会（永州国际商会）积极申办出证认证业务，按照中国贸促会和湖南省贸促会的要求做好硬件和人员配套，签证点的设立基本成形。

2010 年 6 月 22 日，中国贸促会批准在永州设立原产地证出证认证点。市贸促会具备签发原产地证资格。8 月 26 日，市贸促会（永州国际商会）原产地签证点授牌仪式暨对接东盟·出证认证业务培训会议在南华大酒店举行。中国贸促会法律顾问处处长张顺为签证点授牌。省贸促会副会长宋伟红，市委常委、统战部部长蒋吉秀，市人大常委会副主任赵清茂，市政协副主席刘宏来，市政府正厅级干部荣燕明，省贸促会法律事务部部长邓罗兴等领导出席会议。省内兄弟市州贸促会分管法律事务工作的副会长、法律事务部部长，各县（区）商务局分管贸促工作的副局长以及有关企业负责人 110 余人参加会议。市贸促会（永州国际商会）以开展原产地证签证试运作为契机，深入企业调研，积极为企业服务。全年走访企业 40 余家，为科力电机、恒远发电等 17 家外贸企业办理原产地证签证注册手续，并为相关企业办理一般原产地证 35 份，为永州出口企业在产品通关、减免关税、享受最惠国待遇等方面积极提供帮助。

2011 年，市贸促会永州国际商会印制《出证认证业务指南》，办理一般原产地证书 280 份，代办领事认证 12 份，新增原产地证注册企业 10 家。

2012 年，市贸促会（永州国际商会）提出“零差错”工作目标，先后出台《出证认证业务指南》《出证认证管理制度》《原产地证注册企业管理制度》，对办证的各个环节进行完善和规范。是年，市贸促会（永州国际商会）办理原产地证 802 份，涉及金额 1906 万美元，较上年同比分别增长 192%和 74%；代办领事认证 22 份。

2013 年，市贸促会（永州国际商会）办理一般原产地证 440 份，涉及金额 2123.4 万美元；代办领事认证 20 份、商事证明书 3 份，实现出证认证“零差错”工作目标；全市新增一般原产地证注册企业 2 家，新增出证企业 3 家。同时，市贸促会（永州国际商会）组织开展 2012 年度一般原产地证注册企业年检年审和原产地证企业端数字证书注册工作，按照规定程序完成 20 家外贸进、出口企业原产地证注册年检年审和 9 家企业端数字证书注册工作。

自 2014 年 5 月 1 日起，市贸促会（永州国际商会）免费为全市进出口企业办理原产地证。全年签发涉外法律文件 529 份，其中一般原产地证 475 份，优惠产地证 6 份，领事认证 43 份，商事证明书 5 份，全市新增原产地证注册企业 6 家。市贸促会（永州国际商会）办理出证认证实现“电子化”，当年为 12 家企业及时办理电子 CA 证书。

2015 年，全市新增原产地证注册企业 5 家，市贸促会（永州国际商会）办理涉外法律证明文书 1020 份，其中一般原产地证 968 份，优惠原产地证 5 份，代办领事认证及商事证明书 47 份，涉及出口金额 4502 万美元，较上年同期增长 2 倍，创 5 年来同期签证量新高。同时，全面落实企业减负政策，对全市范围内所有外贸企业实行免费办证，为外贸企业减负近 5 万元。

二、组织会展

2003 年，市贸促会（永州国际商会）组团参加湖南（胡志明市）经济贸易展览会，申请展位 2 个，参展产品涉及机械设备、建材、化工、医药等多个行业，签约总金额达 200 万美元。组织联系以汽车零配件制造、市政道路建设、农副产品加工、旅游业开发等行业为主的招商团 34 人，参加 2003 年中国湖南日韩专业招商会，签约总金额达 4400 万美元。

2004—2005 年，市贸促会（永州国际商会）先后组织市内企业参加“2004‘去东方’欧盟多行业合作伙伴洽谈会”、英国伦敦“中国博览 2004—贸易暨投资展”“魅力中国 2005—（英国）中国文化教育旅游产业展览会”“2005 香港中小企国际市场推广日暨湖南（香港）中小企业推介会”“2005 年越南国际贸易展览会”

等境外国际展览会，组织44家企业参展参会，展位数11个，贸易成交合同金额1500万美元，意向成交合同4606万美元。

2006年，市贸促会（永州国际商会）组织企业参加5个国际国内经贸展览会，分别为：5月，参加“第九届中国北京科技产业博览会”；8月，参加“苏格兰—湖南教育经贸交流周”；9月，参加“中国中部投资贸易博览会”；11月，参加“2006香港中小企国际市场推广日暨湖南中小企业（香港）推介会和台湾招商周活动”；12月，参加“2006年越南国际贸易展览会”，申请展位1个，展出5家企业的产品和资料。

2007年，市贸促会（永州国际商会）组织企业参加“泛珠商会合作暨产业承接项目洽谈会”，发布项目50个，引资1500万元，引资总额排名全省第三。组织市内建华机械、永怡电子等3家企业参加“2007年越南国际贸易展览会”，设展位3个，会上会见客商30多个，达成意向协协议5个。

2008年，市贸促会（永州国际商会）组团参加“2008年广州博览会”，达成意向性合作协议5个，签订合作协议3项，合作金额420万元；组织企业参加“2008年美国拉斯维加斯亚洲商品采购大会”，设展位2个，展出东安宏达制衣厂、炫彩服饰有限公司服装产品和熙可罐头、江永香姜罐头、异蛇酒系列产品、献华茶叶等永州名特优产品，深受前来参会的采购商青睐。其中，炫彩服饰有限公司与洛杉矶天古公司签订供货协议20万美元。

2009年，市贸促会（永州国际商会）牵头组织23家企事业单位和部分县（区）代表41人，参加“第十二届北京科博会暨湖南产业承接大会”。参会期间，发布20个重点招商引资项目，签订意向协议2个，总金额达1.2亿元。

2010年4月，市贸促会（永州国际商会）牵头组织承办永州市参加上海世博会工作。市政府成立由市委副书记、市长龚武生为顾问，市委常委、常务副市长唐松成为主任，市委常委、统战部部长蒋吉秀，副市长朱映红为副主任，市政府办、市发改委、市贸促会等11个市直部门和11个县（区）主要负责人组成的永州市参加2010年上海世博会筹备工作委员会（简称“组委会”）。组委会组织相关单位，提前对永州特色产品、民俗风情、特色文化开展专题调研，搜集资料，为参加“2010年上海世博会”做好准备工作。2009年9月至2010年4月，市贸促会先后3次召集有关县（区）、市直相关部门召开参博工作调度会议，细化、明确参博任务，落实参博工作要求和责任。世博会期间，永州以“潇湘源头·魅力永州”为主题，积极参与各项活动，展示永州的特色文化和特色产品，并于7月22日举办“永州城市日”活动，邀请500多名国内外客商参加活动，签约项目71个，协议引进外资172亿美元，内资140.8亿元人民币。5月26日，组织湖南跃进机电有限公司等

6家企业参加“第十三届中国北京国际科技产业博览会”“湖南（北京）重点园区推介暨投资洽谈会”，通过湖南贸促网发布两批20个重点招商引资项目，发放《永州市招商引资手册》及企业宣传资料1000多份。10月，组团参加中国—东盟第七届博览会，借助博览会平台，在广西南宁成功举办“永州走进东盟经贸洽谈会”。会上，市委副书记、市长龚武生作市情推介，中国贸促会副会长于平致辞，缅甸驻南宁总领馆总领事敏隋先生代表东盟十国外事、商贸机构致辞。缅甸、泰国、马来西亚、老挝、越南、柬埔寨、菲律宾等东盟国家商协会负责人、商界领袖，中国—东盟商务与投资峰会秘书处、广西贸促会负责人，湖南贸促会副会长宋伟红，永州市领导蒋吉秀、赵清茂、余华生，永州各县区（经开区、管理区）负责人、商务局局长，有关企业以及客商代表120余人参加会议。博览会期间，龚武生作为国内唯一政府领导代表在中国—东盟商会领袖论坛发言。

2011年，市贸促会（永州国际商会）组织企业参加的展会主要有：组织跃进机电设备有限公司、宗元异蛇王酒销售有限公司等7家企业10余人参加“第十四届北京科博会暨湖南重点园区推介洽谈会”，在湖南贸促网发布重点招商引资项目28个，会上发放永州招商手册和企业宣传资料800多份。组织湖南恒惠食品有限公司参加“香港CEPA经贸活动周暨亚洲农业及食品展览会”，并在湖南承接产业转移（香港）推介会上，永州作为湘南国家级承接产业转移示范区之一进行重点推介，湖南恒惠食品有限公司在“亚洲农业及食品展”上与香港彩运贸易有限公司签订1600万美元的肉品供销订单，并与俄罗斯采购商、冰岛设备供应商现场建立贸易关系。活动期间，永州发布项目22个。组织华源线缆有限责任公司、华威太阳能高科技有限公司等企业参加“2011亚欧中小企业（长沙）经贸洽谈会”，参展企业分别与英、韩、日五家公司就本行业前沿技术、国际经贸服务进行洽谈。组织恒丰机械等企业参加“2011东盟机械展”，为开拓东盟市场进行针对性洽谈。组织湖南大自然制药有限公司参加“2011第12届马来西亚MIFB国际食品展”，现场签订贸易意向和协议7份，合同金额100万美元。

2012年，市贸促会（永州国际商会）组织企业参加的展会主要有：与市国土资源局联合组织永红煤矿、东兴矿业等企业代表参加在广西南宁举办的“2012中国—东盟矿业合作论坛暨推介展示会”。5月22—27日，组织湖南奔腾彩印有限公司、永州市宗元异蛇王酒销售有限公司等5家企业8名代表参加“第十五届北京科博会暨湖南重点园区推介洽谈会”，其间，邀请北京春风智慧投资咨询有限公司执行董事徐友富等9名客商参加“第四届湖南（北京）重点园区推介暨项目对接洽谈会”，会上发放招商手册及相关企业宣传等资料1000多份，并分别与参会客商进行洽谈，积极推介永州招商引资项目。7月13—16日，组织泉辉罐头食品有限公司参加“2012 中国（青海）国际清真食品及用品展览会”展览展示、高峰论坛、推介洽谈、专题培训等系列活动，争取参展企业免展位费、免特装费的展位 1 个，展出泉辉罐头食品有限公司的产品。9 月 19—23 日，与市商务局共同组织永州市代表团赴南宁参加“第九届中国—东盟博览会”和“中国—东盟商务与投资峰会”，在“湖南省境外园区招商推介会”上举行“中国—东盟商务理事会永州办事处”授牌仪式，永州对接东盟项目签约达 1.79 亿美元；恒远发电设备、湘妹食品、格润新能源等企业在南宁会展中心参加展览展示。12 月 19 日，副市长罗双全率永州代表团参加由省政府举办的“2012 绿色湖南（香港）经贸活动月”活动，在“绿色湖南（香港）经贸推介会”“湘人·湘企·湘情 2013 迎新（香港）联谊会”等活动中，播放《话说湖南》之《国家级承接产业转移示范区》永州专辑宣传片，罗双全副市长做推介演讲。湖南都成食品有限公司和湖南湘妹食品有限公司参加活动月期间的亚洲（香港）农产品展览展示，并分别与江苏中港农资市场有限公司、香港淘化大同食品有限公司签订合作意向书。

2013 年，市贸促会（永州国际商会）先后组织企业参加“2013 年德国汉诺威工业博览会”“2013 中国（青海）国际清真食品及用品展览会”“第十六届中国北京国际科技产业博览会”“2013 湖南（北京）重点园区推介暨投资洽谈会”“2013 湖南（香港）投资贸易洽谈周”“2013 中国·绥芬河国际口岸贸易博览会”“第十届中国—东盟博览会和商务与投资峰会”“第三届中国欧亚博览会”“‘湖南长沙香港周’暨‘香港时尚购物展·长沙’”“2013 湘农、湘艺、湘瓷台湾行”等商贸活动。其中，在“第十六届中国北京国际科技产业博览会”“2013 湖南（北京）重点园区推介暨投资洽谈会”上，对外发布 13 个重点招商引资项目，达成意向性投资项目 1 项，合同金额 15 亿元。

是年，组织编写永州第一个会展业报告——《2012 永州会展业发展报告》。

2014 年，市贸促会（永州国际商会）组织企业参加的展会有：3 月 12—14 日，组织湖南奔腾彩印有限公司等企业参加“俄罗斯玩具和婴幼儿用品展览会”，设立展位 1 个，展示 5 类产品 30 个品种，接待洽谈商客 100 多人次，有合作意向的 18 家。5 月 13—18 日，组织永州山香香料有限公司参加“2014 年韩国国际食品展”，设展位 1 个。5 月 13—18 日，组织都成食品、奔腾彩印、异蛇科技等企业，参加“第十七届中国北京国际科技产业博览会”“2014 湖南（北京）重点园区推介暨投资洽谈会”“2014 亚欧中小企业洽谈会”等大型活动，达成合作意向 2 项。8 月 8—11 日，副市长罗双全率永州代表团参加“2014 中国·绥芬河国际口岸贸易博览会”，设专门展位 2 个，万家鹅业有限公司与海敬贸易有限公司签订 2000 万元的销售合同。9 月 16—19 日。与市商务局共同组织永州市代表团参加“第十一届中国—东盟博览会和商务与投资峰会”，并举行“永州—东盟专题推介暨项目签约仪式”。12 月 4—6 日，组织江华县绿瑶食用菌合作社、江永特色农副产品、江永义华花生 3 家企业 13 人参加“2014 亚洲（香港）农产品展”，申报 2 个展位并展出 20 多种农产品。

2015 年，市贸促会（永州国际商会）组织企业参加的展会主要有：5 月 15—18 日，组织山香香料有限公司参加“2015 中国（青海）国际清真食品用品展览会暨‘一带一路’绿色食品用品展览会”及“湖南代表团与青海省湖南商会对接洽谈会”。山香香料有限公司展出的山苍子提取油备受关注，与巴勒斯坦客商签订采购及代工协议。6 月 18—24 日，副市长罗双全率市贸促会（永州国际商会）及有关企业负责人赴意大利米兰，参加 2015 年米兰世界博览会“湖南活动周”开幕式、“湘恋米兰经贸洽谈会”和“锦绣潇湘 · 快乐湖南”旅游专题推广等一系列经贸活动。6 月 19 日，永州具有浓郁人文特色的展品在米兰世博园中国馆一层“人”主题展区展出。6 月 22 日，在“湖南活动周”期间，著名湘籍音乐家谭盾联合意大利斯卡拉爱乐乐团举行“中国 · 湖南之夜——谭盾专场音乐会”，表演江永《女书》等代表作品。6 月 19—23 日，世博园中国馆宴会厅滚动播放“潇湘文化之源 · 品质活力水州”的宣传片，2000 余册中英文版的宣传画册向各国友人展现锦绣潇湘的魅力。6 月22 日，永州与郴州、衡阳共同举办“湘南森林休闲城市活动日”活动。永州市代表团还拜访德国伍珀塔尔市政府官员，双方就各自城市经济社会发展情况进行交流，并就生物制药等项目合作交换意见。

三、联络交流

2003 年，市贸促会（永州国际商会）积极组团参加国际经济贸易展览会的同时，注重联络交流，拓展永州经贸信息。组织以汽车零配件制造、市政道路建设、农副产加工、旅游业开发等行业为主的代表团 34 人，参加中国湖南日韩专业招商会，将永州市 50 多个重点招商项目翻译成日文、韩文，编制成册进行发布，并发放各种招商资料 1000 多份，着力宣传永州，推介招商项目。

2004 年，市贸促会（永州国际商会）召开永州市首批出国劳务人员座谈会，推介永州开放型经济模式，并建立永州对外劳务信息网站。

2005 年，市贸促会（永州国际商会）注重邀请外商到永州考察，加强联络沟通。先后邀请英国 BARANAGE 公司总裁杜格、英国自动服务 GB 有限公司常务董事彼得沃顿（Peter Watton）等英国客商到永州考察。

2006 年，为扩大永州对外开放，拓展经贸合作商机，市贸促会（永州国际商会）邀请博世西门子集团公司 Michael Bock、柬埔寨王国金龙工艺精品有限公司董事长尹卫东以及上海、广州客商到永州考察。是年，市贸促会（永州国际商会）走访6个县（区）的40多家会员企业，并将他们反映的情况综合，及时向市里分管领导汇报，或与相关部门联系，妥善处理。

2007年，市贸促会（永州国际商会）接待各类客商13批60多人次，分别邀请福建省百联实业有限公司、深圳市宝安区众亿电厂、广西梧州香港恒泰宝石工艺饰品有限公司、湖南胖哥食品有限公司、广西柳州市华亨粉业食品有限公司、香港贸发局武汉代表、加拿大麦格集团控股有限公司北京代表处等境内外企业代表到永州考察，助推永州企业走出去。

2008年，市贸促会（永州国际商会）利用自身优势，充分调动各方因素，努力做好外联工作。组织永州市岚山食品有限公司、永州市献华中药材种植有限公司参加"广东省湖南永州商会春茗会"。与广东省湖南永州商会共同组织广东省优秀企业家61人，到永州凤凰园经济开发区、祁阳工业园区、东安工业园区等地开展投资考察活动，市领导黄天锡、龚武生、李良铁、陈金荣、蒋吉秀、唐定、朱映红等出席12月24日晚在冷水滩区南华大酒店举行的"广东省优秀企业家来永投资考察活动欢迎晚宴暨合作项目签约仪式"，现场签订合作协议10个，总投资额达5亿元。

2009年，为助推永州市农业产业化项目建设，市贸促会（永州国际商会）邀请意大利阿比公司有限公司董事长Mr Danilo、蒸谷米技术专家Mr Appiani和深圳市博时投资发展有限公司代表到永州考察。

2010年，市贸促会（永州国际商会）不断拓展国际联络。5月，邀请斯里兰卡民主社会主义共和国努瓦拉·艾丽亚市友好代表团到永州进行友好访问。其间，举行了经贸洽谈会。会上，市贸促会（永州国际商会）负责人和努瓦拉·艾丽亚市副市长常德赛格共同签署《中国国际贸易促进委员会永州市支会与斯里兰卡国家商会努瓦拉·艾丽亚市支会合作协议》，双方结成友好商协会。斯里兰卡代表团还与永州国际商会副会长单位科力电机、恒远发电等企业负责人进行经贸洽谈，达成合作意向。7月，为加强与东盟十国的经贸往来，促进永州外向型经济发展，市政府第六十七次常务会议研究决定，成立永州市对接东盟工作领导小组，办公室设贸促会，市政府副秘书长郑亚平兼任办公室主任，市贸促会会长黄玉芳、市商务局局长钱国平、市口岸办主任李燕军任副主任。8月，邀请老挝湖南商会经贸考察团到永州交流考察。市委书记黄天锡会见考察团一行。考察团一行先后参观考察凤凰园、冷水滩、祁阳、零陵等县（区）工业园和有关企业。广丰农化有限公司与老挝丰达机械有限公司达成除草剂项目的合作意向。

2010年10月，"中国—东盟第七届博览会"在广西南宁举办。市贸促会借助博览会平台，在广西南宁举办"永州走进东盟经贸洽谈会"。会上，中国贸促会副会长于平致辞，市委副书记、市长龚武生作市情推介，缅甸驻南宁总领馆总领事敏隋代表东盟十国外事、商贸机构致辞。缅甸、泰国、马来西亚、老挝、越南、柬埔寨、菲律宾等东盟国家商协会负责人、商界领袖，中国—东盟商务与投资峰会秘书处、广西贸促会负责人，湖南省贸促会宋伟红副会长，永州市领导蒋吉秀、赵清茂及各县区（管理区、开发区）负责人、商务局长，有关企业及客商代表120余人参加会议。博览会期间，龚武生在中国—东盟商会领袖论坛发言，并主持召开“永州走进东盟经贸洽谈会”，为深化与东盟合作和对接建立起新的平台。

2010年10月，市委副书记、市长龚武生（左二）在“中国—东盟商会领袖论坛”上发言

2011年，为努力实现把永州打造成全省对接东盟桥头堡的奋斗目标，市贸促会（永州国际商会）积极履责，在统筹协调、积极对接、政策研究等方面做了大量的工作。邀请泰国工业部投资促进委员会宋萨·霖绊彦副秘书长到永州访问并举办“泰国—永州投资推介会”。组织恒丰机械等企业负责人参加“2011中国—东盟矿业合作论坛暨推介展示会”。组织零陵恒远发电设备有限公司、永罐食品有限责任公司、天龙米业有限责任公司、恒丰机械有限责任公司等企业负责人到泰国、新加坡、马来西亚进行为期十天的经贸考察，并在泰国工业部投资促进委员会总部举办“永州—泰国投资座谈会”。

自2012年开始，市商务局设立对接东盟科，市对接东盟办公室改设商务局。2012年，市贸促会（永州国际商会）积极组织有关企业参加各种交流联谊会。组织参加“第一届欧盟欧企网（EEN）中方合作伙伴全体会议、欧企网华中心

（EENCC）授牌仪式暨中欧合作项目推介交流会”。组织湖南奔腾彩印有限公司、永州市宗元异蛇王酒销售有限公司等5家业8名代表参加“第十五届北京科博会暨湖南重点园区推介洽谈会”，其间，发放永州招商手册及相关企业宣传资料1000多份，并积极推介永州招商引资项目。组织参加由省政府举办的“2012绿色湖南（香港）经贸活动月”活动，湖南都成食品有限公司和湖南湘妹食品有限公司分别与江苏中港农资市场有限公司和香港淘化大同食品有限公司签订合作意向。

2013年，市贸促会（永州国际商会）积极组织企事业单位参加“2013湖南（香港）投资贸易洽谈周”“中美企业合作对接项目（CMP）湖南办公室揭牌仪式暨湖南—美国企业对接洽谈会”等经贸交流活动。协助邀请老挝、马来西亚、越南、泰国、菲律宾等东盟国家的驻华大使馆商务参赞到永州考察并召开投资推介会。是年，市贸促会（永州国际商会）黄玉芳会长和永州国际商会副会长、零陵恒远发电设备有限公司董事长郭远军被聘请为“湖南省东盟文化研究中心”顾问。

2014年，市贸促会（永州国际商会）组织7家企业分别参加“2014湖南供港农产品知识讲座暨交流会”“湖南国际商会与柬埔寨湖南商会贸合作交流会”“第八届中国—拉美企业家高峰会”“2014湖南—东南亚经贸文化交流活动”等活动。9月16—19日，市贸促会（永州国际商会）与市商务局共同组织代表团赴南宁参加“第十一届中国—东盟博览会及商务与投资峰会”，并举行“永州—东盟专题推介暨项目签约仪式”。

2015年，市贸促会（永州国际商会）组织参加“2015中国—东盟博览会旅游展”“中国—阿拉伯国家博览会”“中阿工商峰会”等活动，主动寻找对接东盟合作机遇。邀请中港食品安全交流协会会长刘松新到永州，就永州家禽、肉类等农产品出口香港与农产品企业进行考察和对接。

四、咨询服务

2004年5月15日，东安焊接材料有限公司因铁路运输集装箱缺乏，导致近50吨货物无法按时运抵上海出口港，而该公司与对方合同约定的期限即将到期，有可能蒙受损失，于是向市贸促会（永州国际商会）求助，咨询有关问题。市贸促会（永州国际商会）立即协调相关单位与铁路部门联系，经过交涉，问题得到妥善解决，使企业利益免受损失。8月20日，会员企业南华大酒店有限公司与经济管理部门发生摩擦，市贸促会组织人员赶到现场，按照外经外贸的有关法律法规进行协调，妥善解决矛盾。12月，香港商人姜雅玲在东安县投资200多万元创办永州永溢木业有限公司，生产经营遇到困难向市贸促会求助。市贸促会（永州国际商会）于12月3日联系东安县优化办，召集各相关部门领导召开紧急会议，提出解决方案，帮助企业脱困。

2005年，市贸促会（永州国际商会）走访冷水滩、祁阳、零陵、东安、蓝山、宁远6个县（区）的会员企业，解决一批企业面临的困难和问题。是年3月，对港资企业永溢木业有限公司反映的投资环境问题，市贸促会（永州国际商会）进行深入调查，多方协调，帮助企业向市委、市人大、市政府有关领导反映情况，使企业反映的问题得到妥善解决。10月，永州猷华中药材种植开发有限公司与柬埔寨王国金龙旅游开发公司签订金额82.34万美元的购销合同，与台湾客商签订金额47.8万美元的意向合同，与加拿大保滋绻签订每年100万美金的购销合同。因多种原因，该公司与上述3家外资企业产生矛盾。为协调解决问题，市贸促会（永州国际商会）与市质量技术监督局研究协商，采取措施，促成永州猷华中药材种植开发有限公司与3家外资企业达成一致意见。

2006年，市贸促会（永州国际商会）走访县（区）36家会员企业，帮助企业排忧解难。如，对湖南潇湘综合开发有限公司外商代表反映在永投资所遭遇的困难及投资环境问题，市贸促会（永州国际商会）立即向市、区主要领导和有关部门领导反映情况，帮助沟通协调，使其经济纠纷依法进入仲裁程序。

2009年，市贸促会（永州国际商会）走访30多家企业，听取群众、客商、基层工作人员的意见和建议，帮助企业解决生产生活过程中遇到的困难和问题50余件。其中，帮助祁阳天圣有机农业有限公司与意大利客商达成合作意向，引进外资2亿美元。

2011年，为及时掌握各县（区）对接工作开展情况，更好地推动全市对接东盟工作整体推进，市贸促会（永州国际商会）先后两次到各县（区）进行调研，走访10多个工业园区、40多家企业，了解各县（区）对接东盟园区平台建设、项目包装发布实施、对接工作成效等情况，及时向市政府提交《永州市对接东盟工作情况汇报》。

2012年12月，中国贸促会湖南调解中心永州办事处成立，同时举办中国—东盟贸易纠纷解决机制讲座。中国贸促会法律事务部副部长王承杰、湖南省贸促会副会长黄芳、市政府副市长唐能武出席。王承杰作“中国—东盟贸易纠纷解决机制”专题讲座。

2013年，对不同行业、有进出口实绩的恒远发电、熙可食品等6家企业开展国际商业欺诈调研，形成专题调研报告，向国家、省贸促会提出意见和建议。

2014年，市贸促会（永州国际商会）与市商务局联合举办“法律服务政策与操作实务培训”，为企业提供出证认证、商事调解、仲裁等方面业务指导和技术咨询；在祁阳、蓝山、道县、宁远分别组织外贸企业集中培训，送法律服务上门；落

2012 年 12 月 13 日，中国贸促会湖南调解中心永州办事处成立揭牌仪式

实国家、省贸促会关于做好原产地证办理工作、减轻企业负担的有关文件精神，从5 月 1 日起免收签证费；建立国际贸易风险防范和预警机制，在注册外贸企业中发布预警信息 2 条；与市中级人民法院合作调解 1 起建设用地使用权转让合同纠纷案件。是年，市贸促会（永州国际商会）为企业争取国际经贸法律援助资金 20.21 万元。

2015 年 7 月，市贸促会（永州国际商会）在祁阳举办手签员“点对点”培训；10 月，与市商粮局、市国税局、长沙海关驻永办事处、湖南国检永州办事处、中国银行永州分行等单位共同举办永州市外经贸政策培训，为企业提供政策咨询。

附：2003—2015 年市贸促会（永州国际商会）受表彰情况

2010—2012 年度全国贸促工作先进单位颁奖，永州市贸促会会长黄玉芳（左三）领奖

2003 年，获得 2003 中国湖南（日韩）专业招商活动组织工作三等奖。

2009 年，获省贸促会颁发“贸促工作先进单位”称号。

2010 年，获省贸

促会颁发“招商引资先进单位”称号、“第十三届科博会”优秀组织奖。

2011 年，获省贸促会颁发“贸促工作先进单位”称号。

2011 年，获湖南省委、省政府颁发“湖南省参加与 2010 上海世博会先进集体”“全省贸促系统招商引资工作先进单位”称号。

2012 年 1 月 16 日，永州国际商会副会长、湖南零陵恒远发电设备有限公司董事长郭远军（左二）获“中国企业走进东盟优秀企业家”称号

2013 年，获中国贸促会颁发“2010—2012 年度全国贸促工作先进单位”称号。

2014 年，获省贸促会颁发“贸促系统商事法律服务先进单位”称号。

2015 年，获全市 2014 年度绩效评估工作良好等次。

第十章　红十字会

永州市红十字会前身为中国红十字会零陵县分会，成立于1927年。市红十字会是从事人道主义工作的社会救助团体，秉承“人道、博爱、奉献”的红十字精神，发挥作为党委、政府在人道领域联系服务群众的桥梁和纽带作用。

第一节　机构队伍

民国16年（1927年），中国红十字会零陵县分会成立。民国24年（1935年），中国红十字会零陵县分会在芝山镇小西门开办仁济诊所，为民义诊，免费种牛痘，发展会员215人。1949年，中国红十字会零陵县分会改组为零陵县红十字会，唐作霖任会长，范传银为总干事，下设红十字诊所。1966年“文化大革命”开始后，红十字会国内活动停止，零陵县红十字会组织机构随即解散。1989年1月，零陵地区行政公署办公室发文批准建立零陵地区红十字会，定编3名，挂靠地区卫生局。1996年，零陵地区红十字会办公室更名为永州市红十字会办公室。1996年7月，市编办印发《关于核定人员编制的通知》，核定市红十字会办公室人员编制4名。

2002年，经市机构编制委员会审核，市政府办印发《关于永州市红十字会职能配置、内设机构和人员编制的规定》，明确“永州市红十字会办公室为副处级事业单位”，编制4名。

2007年2月，省实施公务员法工作领导小组下发文件《关于永州市有关人民团体和群众团体参照〈公务员法〉管理的批复》，明确将市红十字会列入参照公务员法管理范围。

2015年7月，市编办印发《关于市红十字会办公室更名等有关事项的通知》，明确永州市红十字会办公室更名为永州市红十字会，核定全额拨款事业编制4名，领导职数为：会长1人（兼）、专职副会长1人（副处级）、正科级领导职数1人、副科级领导职数1人。截至2015年年底，市红十字会内设机构1个（综合科），人员编制6名；下设二级事业单位1家（永州市红十字会备灾中心），编制3名，其中备灾中心主任1人（副科级），工作人员2人。

第二节　代表大会

一、第一次代表大会

1997年6月16日，永州市第一次红十字会代表大会召开。来自全市各县（区）、各行业的红十字会会员代表，各级党政部门的领导和企事业单位以及个体私营企业、社会各界代表89人参加会议。会议选举产生由42名理事组成的永州市红十字会第一届理事会，市政府副市长钱荣棠当选会长，市政府副秘书长朱厚光、市卫生局局长傅铁荣当选副会长，并聘请市委副书记、市人民政府市长王道生和市委副书记曾昭薰为名誉会长。理事们一致同意建立“市红十字备灾救助基金”（简称“博爱工程”），并将每年的5月定为募捐宣传月，开展“5·8”纪念活动。

二、第二次代表大会

2009年9月11日，永州市红十字会第二次会员代表大会暨第二届理事会在冷水滩区南华酒店召开。会议选举产生由71名理事组成的新一届理事会。在第二届理事会上，市政府副市长戴菊芳（女）当选市红十字会会长，李潮（女）当选市红十字会专职副会长，伍友华（女）当选市红十字会秘书长，并聘请市委副书记、市人民政府市长龚武生为市红十字会名誉会长，聘请永州电视台新闻综合频道副总监钟伟为市红十字会形象大使。

2009年9月11日，永州市红十字会第二次会员代表大会在冷水滩区召开

1996—2015年市红十字会历届领导一览表

表10-1

届别（时间）	职务	姓名	任职时间
1996年	常务副会长	傅铁荣	1996.01—1996.12
	办公室主任	田娅玲	1996.01—1996.12
第一届（1997.6—2009.9）	名誉会长	王道生	1997.06—1999.08
		曾昭薰	1997.06—2000.12
	会　长	钱荣棠	1997.06—2002.10
		赵清茂	2002.10—2007.02
		戴菊芳	2007.02—2009.09
	常务副会长	傅铁荣	1997.01—1999.07
		张国权	1999.07—2001.09
		杨美兆	2001.10—2008.10
		史兆良	2008.12—2009.09
	专职副会长	黄海星	2000.09—2003.06
		李国安	2003.06—2009.09
	秘书长	田娅玲	1997.06—2005.06
	办公室主任	郭秋玲	2005.06—2006.07
	办公室主任	李　潮	2006.07—2009.06
	办公室主任	伍友华	2009.06—2009.09
第二届（2009.9—2015.12）	名誉会长	龚武生	2009.09—2011.11
	会　长	戴菊芳	2009.09—2013.09
		刘尤碧	2013.09—2015.12
	常务副会长	史兆良	2009.09—2015.04
		周长光	2015.04—2015.12
	专职副会长	李　潮	2009.09—2015.09
	专职副会长	伍友华	2015.09—2015.12
	秘书长	伍友华	2009.09—2015.12

第三节 赈灾募捐

一、赈灾救灾

1995 年 4—6 月，道县、蓝山县、江华瑶族自治县、宁远县、江永县等县遭受暴雨、冰雹、龙卷风的袭击，有 78 个乡镇 825 个村近 80 万人受灾，其中受伤 497 人，死亡 4 人，毁田 7810 公顷，损房 3169 间，倒房 4563 间，直接经济损失达 5000 万元。零陵地区红十字会及时下发救灾棉被、棉衣及药品等救灾物资，价值 30 万元；投入防治“二号病”药品近 10 万元；争取红十字会国际联合会大米35 吨，香港红十字会棉衣 2500 件、棉被 1775 床，以及药品、急救器材等救灾物资，总价值 60 多万元；派出红十字医疗队 193 支，参加队员 1122 人，救治伤病员 60959 人次。同年7 月，零陵地区红十字会在江华瑶族自治县举办“备灾救灾管理培训班”。

1997 年 4 月中旬，冷水滩区普里桥镇、黄阳司镇和竹山桥镇三镇遭受罕见的飓风和冰雹袭击，有 36 个村 239 个村民小组 6763 户 2. 4 万多人受灾，死亡 3 人，重伤 32 人，轻伤 137 人，倒塌房屋 1047 间，损坏房屋 4521 间，直接经济损失 680 万元。市红十字会争取到救灾大米 10 吨，直接发放到受灾地区。为预防“二号病”（霍乱，俗称“二号病”）在“老疫区”复发流行，市红十字会协助卫生防疫部门及时采取防范措施，向省红十字会争取到消、杀、灭药品 58 件，价值 75920 元，分别转发到疫区，及时进行饮用水及环境消毒。

1998 年 6 月，芝山区（今零陵区，下同）发现首例“二号病”。至 8 月 2 日止，全市有 9 县（区）90 个疫点发生疫情。市红十字会、市卫生局组派救灾医疗队 32 个，出动会员 1490 人次，及时拨发防治药品 453 件，价值 8. 1 万元。收到永州市九智制药集团公司捐赠的价值 2 万元的治疗“二号病”特效药诺氟沙星胶囊 20 件，及时送往芝山区、祁阳县等地的疫区。是年，市红十字会接收来自兄弟省市及国内外红十字会救灾物资 8 批，价值 234. 46 万元，全部分期、分批、有重点地转发到各地灾区。

2000 年入夏时节，东安县大庙口镇舜皇山国家森林公园所在地杨江流域骤降特大暴雨，引起山洪暴发成灾，直接经济损失 1220 万元。市红十字会、东安县红十字会在灾情发生后，及时组织会员赶到现场，配合政府部门抢救伤员、安置灾民，并发放价值 7. 93 万元的药品、生活用品。6—9 月，江华瑶族自治县、芝山区等县（区）发生罕见的夏秋连旱灾情，尤其是 7—9 月，旱情严重，给当地农业生产和群众生活造成困难，市红十字会及时向上级红十字会报灾、申援，同时从备灾仓库调拨价值26.32万元的物资发放到灾区；收到上级红十字会转发的药品、棉被等价值11.898万元的救灾物资，发放救灾物资70.31万元，其中药品30.51万元，全部发送到灾民手中。

2001年，道县、祁阳县、东安县、双牌县等县相继遭受特大洪涝灾害的袭击。市红十字会及时汇报灾情，争取上级红十字会的援助，接到湖南省红十字会转发的救灾物资两批（价值30万元），全部及时发送到各地灾民手中。

2002年3月，永州遭受龙卷风冰雹灾害，入汛后又连续发生6次洪涝灾害。灾情发生后，市红十字会收到来自香港和国际联合会及国内外红十字会捐赠的救灾大米、帐篷、饼干、服装、棉被、药品等救灾物资，价值102万元，全部发送到各地灾区。香港红十字会派出赈灾代表到重灾区道县柑子园乡油湘村、黄金村实地考察灾情，并亲自发放救灾粮。在永州市"抗灾救灾工作"表彰大会上，市委、市政府对红十字会为永州灾区所做出的贡献给予肯定，市红十字会秘书长田娅玲被评为"抗洪救灾先进个人"，并荣记三等功。

2003—2007年，市红十字会积极与上级红十字会沟通，做好灾情汇报，争取支持。2003年争取到各类救灾物资价值101.23万元，争取欧盟人道主义办公室救灾资金42.5万元；2004年募集救灾资金16.59万元；2005年组织调运、发放32.25万元的救灾物资；2006年向澳门红十字会争取到两个博爱新村援建项目资金80余万元；2007年争取到上级红十字会及社会各界救助物资400余万元，为基层医疗单位争取到免费赠送的医疗设备价值200余万元，向香港救世军争取到价值258.44万元的救助大米和棉被。

2008年冰冻灾害期间，欧盟代表实地考察永州受灾受捐情况

2008年1月11日至2月3日，永州遭受百年不遇的冰冻灾害，市红十字会筹集5万元购买食品、矿泉水及一些常用药品；争取到香港救世军援助的大米和棉衣、棉被，价值230万元。是年，市红十字会争取到上级红十字会及爱心企业援助永州市重建项目15个，共计302万元。其中援建乡镇小学2

所，价值50万元；援建乡镇卫生院5所，价值100万元；援建村卫生室4个，价值20万元；援建灾民新村2个，价值76万元；援建改水项目1个，价值16万元；市红十字会备灾仓库援建项目1个，价值40万元。

2009年6月，永州境内连降大雨，全市11个县（区）普遍受灾，洪涝灾害较重的祁阳县、双牌县、蓝山县三县损失惨重。市红十字会争取各类救灾物资20余万元，用于救助灾区。同年11月下旬，争取到上级红十字会救灾大米46.95吨，价值15万元，用于救助祁阳县受灾村民。

2010年5—6月，永州先后出现10次强降雨，特别是6月13—22日，全市遭受多年罕见的大暴雨袭击，11个县（区）普遍受灾。6月23日，省红十字会常务副会长曾凡国赴永州查看灾情及救灾进展情况；6月25日，中国红十字总会副会长王海京、赈济部副部长李立东、香港红十字会赈灾专员蔡穗升等一行4人，到永州考察“6·20”洪灾情况，并紧急调拨价值近30万元的救灾物资支援永州的救灾工作。是年，市红十字会接受上级红十字会以及社会各界捐款物500多万元。其中，接受香港救世军援助价值325.7万元的大米、消毒药品；接受社会爱心人士、爱心企业的定向捐款10万元。

2011—2015年，为支持永州灾后重建工作，市红十字会积极向上级红十字会汇报情况，努力争取援建项目和资金。2011年，争取各类救灾物资近36万元，争取灾后重建项目2个，援建资金55万元，为零陵区富家桥健康教育培训项目追加资金3万元。同年5月，投资120万元的新建备灾仓库投入使用，仓库面积为600平方米。2012年，争取到价值20余万元的各类救灾物资，争取到上级红十字会援建项目6个：冷水滩区伊塘镇伊塘村、祁阳县茅竹镇大塘村卫生室列入红十字会卫生室援建项目，每个援建卫生室5万元；宁远县冷水镇高壁村、中和镇矮婆砠村改水工程项目，各15万元，共计30万元；宁远县冷水镇毛家村、四方井村修路项目各20万元，共计40万元。2013年，争取到各类救灾物资近80万元。2014年，争取到省红十字博爱家园项目5个（宁远4个、江永1个），每个项目资金35万元；争取到各类救灾物资4批，价值92万元。2015年，组织下发各类救灾物资（价值20多万元），惠及受灾群众2000多人。

二、募捐活动

1997年，市红十字会收到各县（区）灾情报告14份，归纳汇总上报省红十字会3份。争取到香港红十字会和国际红十字组织捐赠的救灾大米30吨、药品58件、棉被915床，价值23.2715万元。

1999年，争取到海内外红十字会组织捐赠的价值57.69万元的救灾物资；争取到上级红十字会转拨的药品、衣物、食品等救灾物资3批，价值91.55万元。

2001年，双牌县红十字会为2位重病患者发起“奉献爱心，拯救病人”的募捐活动，募得捐款近4万元。

2004年3月6日，市红十字会联合团市委及永州市渝洲房地产实业有限公司，举办主题为“舜德情——英雄的生命需要你来延续”大型募捐义演活动，为身患尿毒症的永州市前全国水球冠军赵洪波进行现场募捐。渝洲房地产公司当场捐款3万元。此次募捐活动，接受捐款66877.7元，全部用于资助赵洪波换肾治疗。

2005年1月10日，市红十字会向全市各界人士发出“为印度洋地区地震和海啸灾民捐款”倡议，得到全市各级党政机关、社会团体、企事业单位和广大市民的大力支持。到2月6日止，收到捐款6.64万元。

2006年8月20日，市红十字会与永州新闻综合频道联合，为15名成绩优秀、家庭贫寒而无力支付学费的寒门学子，向社会各界募捐，帮助他们联系爱心企业和个人结成捐助对象，捐助他们大学期间的全部学费，市红十字会单独捐助2万余元的日常生活物资。同年6月，为帮助永州市四中学生曾泽龙、二中学生黄高翔战胜白血病魔，市红十字会同永州市渝洲房地产公司一道发起募捐，各募捐2万多元，募捐款全部用于他们两人的救助治疗。

2007年10月，市红十字会联合永州市渝州房地产有限公司募集5万元善款，资助10名寒门学子顺利踏入大学校门。

2008年，市红十字会组织社会各界为四川汶川特大地震灾区募捐

2008年5月，四川汶川发生“5·12”特大地震，市红十字会为四川灾区募捐爱心善款781.51万元，援助物资价值148.34万元。

2009年8月，市红十字会联合永州市台办共同组织“永州市涉台系统援助台湾灾区同胞捐赠仪式”大型募捐活动，向受“莫拉克”台风侵害的台湾同胞进行爱心募捐，得到永州市涉台系统、台资企业、台胞、长丰集团驻永各分公司及社会各界人士的大力支持，为台湾同胞募得爱心善款19.93万元。

2010 年，青海玉树发生地震，市红十字会为灾区募集善款 108.93 万元。

2011 年 1 月，市红十字会联合芒果电台《永州之声》为祁阳县特困先天性心脏病患儿小红艳进行爱心募捐，募得爱心捐款 14887 元。同年 6 月，与湖南潇湘永州国际影城有限公司联合举行爱心捐助活动，为冷水滩区身患白血病的汤淳捐款 4291.1 元。

2012—2014 年，市红十字会发扬“一方有难，八方支援”的人道主义精神，为受灾地区发起、开展募捐活动。2012 年为云南省彝良地震募捐善款 119 万元，2013 年为四川省雅安地震募捐善款 69.24 万元，2014 年为云南省鲁甸地震募捐善款 16.3 万元，善款全部用于灾区抗灾救灾。2013 年，与市卫生局联合设立“天使基金”，动员医疗机构献爱心，所募得善款用于帮助卫生系统困难职工和贫困学生完成学业。2014 年，蓝山县红十字会为保护和抢修县内文物塔下寺筹资，募集爱心修缮款 120 余万元。

2015 年，开展“安全知识进校园，我为孩子捐本书”活动，募捐 2 万册书。6 月 25 日，在长丰小学操场内举行捐书发放仪式，近 800 名学生参加仪式。8 月，市红十字会与爱心企业家联合一起为天津火灾中永州籍受伤消防战士周倜开展爱心捐款，送去 17071.3 元慰问金。

三、人道救助

1995 年春节前夕，东安县红十字会名誉会长蒋宗海、常务副会长蒋玉祥带领红十字会干部深入到绿埠头边远山村访贫问苦，当场向特困户伍丙谷老人捐款 420 元，送去大米 100 公斤和一些棉衣、棉被。冷水滩区红十字会会长黄邦文带领红十字会干部于“国际麻风日”慰问岭口麻风村的麻风病人，送去慰问款 540 元，以及棉被、食品等。冷水滩区红十字会于“6・1”儿童节当天组织医务人员为市福利院的残疾儿童进行体检，建立儿童免疫接种卡，给福利院捐款 500 元。

1997 年，全市有 2 万多名红十字会会员和志愿者参加各类社会服务活动。各级红十字会派出红十字医疗队 37 支，会员 288 人，携医带药深入贫困灾区开展巡回医疗义诊服务，救治灾民群众 2.5 万人次；组织 43 位高级职称的医务人员上街义诊、咨询，为城镇居民提供免费服务 2.5 万余人次；组织 2800 余名红十字志愿工作者和青少年会员到各级老干所、社会福利院、光荣院及居委会，为 360 多位老干部、老红军等老年人进行免费体检和治疗，开展志愿服务。

1998 年，全市有 3.6 万名红十字会会员和志愿者参加社会救助活动。组派红十字医疗队 26 支，会员 397 人次，携医带药深入贫困灾区，开展咨询义诊服务，救治灾民群众 2.69 万人次；组织 162 位中、高级职称医务人员上街义诊、咨询，为城镇居民提供免费服务2.5万人次。

1999年中秋节，市红十字会和冷水滩区红十字会一行9人带着价值5000元的衣服（152件）和中秋月饼，到冷水滩区岭口麻风村走访慰问。12月，市红十字会将20床救灾棉被和2箱羊毛衫送到零陵卫校救助特困生。是年，江华瑶族自治县红十字会成功引入捐资助学工程，上海籍台胞陈甄别、潘建光夫妇委托江华县红十字会在白芒营镇寻找10名四年级贫困学生，承担他们读至高中毕业的全部学费。

2000年12月5日，市红十字会组织爱心人士到冷水滩区儿童福利院开展“送温暖”活动

2000年春节前夕，市红十字会组织开展“献爱心、送温暖”活动，调拨一批价值28.07万元的御寒衣被及药品、食品，全部发放到11个区县，用于救济和慰问困难群众。市红十字会联合冷水滩区红十字会、区卫生局、民政局等单位，携带价值10769元的御寒衣物到冷水滩区岭口麻风院慰问走访。

2001年春节前夕，市红十字会在全市范围内广泛开展红十字“博爱送万家”活动，发放春节慰问物资18.06万元。市红十字会到芝山区和冷水滩区的两家儿童福利院看望残疾儿童和社会弃婴，送上价值近万元的儿童棉衣、童被等新年礼物；东安县红十字会在春节前夕与重阳节到远离县城的4个乡镇，为12户特困户送去节日的问候和礼物，资助现金1800元，同时免费给敬老院23名老人进行健康体检。冷水滩区红十字会在春节前夕组织干部到伊塘镇瑶家村慰问十多名孤寡老人和特困户，重阳节期间派出4名医务人员为4名孤寡老人做全身健康检查，同时送上慰问金和节日礼物。

2002年春节前夕，市红十字会将价值10万余元的御寒衣被及日用品，分别发放到全市11个县（区）；各级红十字会分别组成红十字送温暖慰问团，深入到各地贫困灾区和各个麻风村、社会福利院、贫困户及孤寡老人家中，为他们送去红十字会的关爱和温暖。市红十字会先后到冷水滩区社会福利院和芝山区儿童福利院，为残疾儿童和被遗弃的孤儿送去御寒衣被等春节礼物；走访慰问特困企业——市木材加工厂的特困职工及下岗工人，送去御寒棉衣；到市直3所医院慰问不能回家过年的特困病人，为这些患者分别送上春节礼物和200元慰问金。

2004年1月12日，市红十字会调拨一批价值15万元的春节慰问物资，将其全部下发到全市11个县（区）红十字会，用于慰问在上年洪、旱两大自然灾害中的受灾严重户及贫困户。春节前夕，全市各级红十字会以不同形式开展红十字“博爱送万家”慰问活动，先后走访慰问受灾户及贫困户300多户，发放慰问物资20余万元，直接受益群众达5320人。

2005年1月，永州市红十字会在会院内举行“迎新春·博爱送万家”活动启动仪式。全市各级红十字会开展不同形式的红十字“博爱送万家”慰问活动，先后走访慰问受灾户及贫困户600多户，发放的慰问金及慰问物资达15万元，直接受益群众达2000多人。同年5月15日（全国助残日），市红十字会组织走访慰问聋哑儿童，送去价值1万余元的慰问物资。

2006年1月19日，市红十字会组织干部到宁远县杨柳田村、白宫殿村慰问不慎被火灾烧毁房屋财产的11户灾民，送去5500元慰问金和近万元生活物资。

2007年春节期间，蓝山县红十字会组织20名贫困家庭儿童参加由湖南省红十字会和中华联合财产保险公司发起的“温暖送人间，爱心过大年”一帮一活动（活动内容为组织全省范围内100名贫困家庭儿童赴省红十字会过春节）。1月10日，市红十字会知识宣讲大会在永州市职业技术学院医学院举行，300余名学院师生参加听课。同时，为50名贫困学生发放价值6000余元的生活物资。

2008—2009年，市红十字会扎实开展“博爱送万家”活动。2008年年初，市红十字会全体工作人员到冷水滩皮肤病防治所，为麻风患者送去大米、油、棉衣、糖等价值3.5万元的慰问物资。2009年，市红十字会在“博爱送万家”活动中，筹集52万余元的救灾物资分发给全市各贫困灾区的特困户及孤寡老人等弱势群体。

2010年1月，市红十字会“博爱送万家”活动走进麻风村

2010年，红十字“博爱送万家”活动在湖南省保留的4个重点麻风村之一的永州市冷水滩区岭口麻风村启

动，市红十字会把慰问金和棉衣、棉被、食用油、家庭包等价值2000余元的慰问物资送到每一位麻风病患者手中。10月，市红十字会组织30多名志愿者，到零陵区石山脚乡五里堆村看望贫困户胡石明一家，为其送去棉被2床、棉大衣4件、大米2袋、食用油1桶，现场募集善款540元。11月，市红十字会组织志愿者深入到金洞林场石鼓源乡桂林村，将一批价值8万余元的救灾衣物发放到当地老百姓的手中，全村992人受益。是年，市红十字会为19名贫困白血病患儿申报“小天使基金”，其中10名通过省红十字会和中国红十字总会的资格审查，被确定为资助对象。

2011年，全市红十字会工作会议暨红十字“博爱送万家”活动启动仪式在冷水滩区举行，市红十字会调拨棉衣、棉被、衣物等各类慰问物资近25万元，受益群众近3000人。暑假期间，市红十字会组织永州职业技术学院临床系、护理系、医学检验系、药学系等系的30名青年志愿者，组成4个医疗服务小分队赴零陵区石山脚镇、水口山乡，冷水滩区伊塘镇，祁阳县下马渡乡等地开展义诊活动，义诊380人次，健康咨询586人次，赠送药品和医疗器械价值6500多元。是年，为17位白血病患儿申报“小天使基金”。

2012年，市红十字会为新田县20名贫困学生争取到“湖南省红十字会富丽真金助学基金”助学项目。20名贫困学生与项目单位签订捐资助学协议书：义务教育阶段每人每年救助1000—2000元；高中阶段每人每年救助2000—3000元；大学阶段每人每年救助5000—8000元。为宁远县高考状元欧阳春宝募集助学金16000元，助其圆大学梦；争取爱心人士王葆宁捐资15万元，用于资助江华瑶族自治县瑶族小学贫困学生生活补助；与冷水滩金鹰卡通幼儿园联合在冷水滩区普利桥镇楠木冲小学开展爱心助学活动，对10名贫困学生每人资助800元，并赠送学习用品。

2013年春节前后，市红十字会陪同市级领导和组织红十字志愿者到零陵区茆江桥社区、邮亭圩镇岿山村，冷水滩区伊塘镇伊塘村、黄阳司镇天平村等地开展送温暖活动6次，走访慰问困难户60户。是年，市红十字会开展“阳光助学”关爱活动，争取到苏宁电器公司慰问金1万元，帮助10名特困学生完成大学梦。零陵区红十字会筹集慰问金4.5万元，购买棉被、衣服等生活物资走访慰问300人。宁远县红十字会筹集7.5万元款物走访慰问2000人。

2014年，市红十字会在“博爱送万家”活动中，筹集价值46万元的救助物资分发到全市13个县区（管理区）。是年，为20余名贫困白血病患儿申报专项资金，8名贫困白血病患儿的申请资料通过省红十字会和中国红十字总会的资格审查，每人获得3万元资助；为2名先天性心脏病儿童申报“天使阳光基金”。

2015年，在“博爱送万家”活动中，市红十字会筹集到价值20多万元的救助物资分发到全市 13 个县区（管理区）。春节期间，组织红十字志愿者到零陵区邮亭圩镇、冷水滩区岭口麻风村、凤凰园凌云社区、医疗机构重症病房等地开展送温暖活动 4 次，走访慰问困难户 80 多户，为他们送去大米、食用油、棉被等慰问物资和慰问金。“六一”儿童节期间，与金鹰卡通幼儿园联合开展爱心义卖活动，义卖所得的善款 14968. 3 元全部用于资助贫困学生。是年，为 24 名贫困白血病患儿申报“小天使基金”，为 10 名先天性心脏病儿童申报“天使阳光基金”，有 14 名白血病患儿得到救助（每人获得 3 万~5 万元资助）。

第四节　宣传培训

一、红十字精神传播

1995 年，全市各级红十字会于“5・8”世界红十字日期间，突出宣传《中华人民共和国红十字会法》（简称《红十字会法》），出动宣传彩车 5 台，牵拉大型宣传横幅 24 条，开办各种宣传栏 500 期，散发宣传资料 1. 2 万余册（张），义诊咨询服务 5000 人次，接受群众咨询 30 万人次；有 9 个县（区）的领导参加当地开展的“5・8”宣传活动，冷水滩区、新田县、宁远县、东安县的红十字会会长发表“5・8”电视讲话。江华瑶族自治县红十字会撰稿刊登在《江华周报》“5・8”专版上。道县、江永县红十字会出动彩车，插上会旗，安装高音喇叭连续播放三天，行程 300 公里，向 28 个乡镇近 16 万名农民宣传《红十字会法》《中华人民共和国妇女权益保障法》《中华人民共和国母婴保健法》。是年，全市征订《中国红十字报》698 份、《博爱》杂志 348 份，向红十字报刊社、省地级报刊投稿 100 余篇，被采用 51 篇（次）。

1997 年 5 月 6 日，道县红十字会组织举办“庆‘5・8’迎回归”文艺晚会。新田县红十字会在县电视台播放《人类和平使者》专题片。江华瑶族自治县、双牌县、芝山区红十字会在城区主要街道开展义诊、咨询、宣传活动，受益群众 3. 7 万余人。1998 年，市电视台、永州有线电视台对市红十字会“5・8”活动进行连续报道，11 个县（区）电视台均对当地红十字会活动进行报道。

1999 年 5 月 8 日，市红十字会组织芝山、冷水滩两区 19 家团体会员单位的 120 多名红十字会员，在街头开展大型义诊、咨询服务活动。来自零陵卫校和永州二中的 48 名红十字青少年手捧募捐箱向行人宣传“人道、博爱、奉献”精神，劝导人们启迪爱心，为“博爱工程”募捐。是年，全市 11 个县（区）组织 3. 6 万余名会员开展宣传、纪念活动。

2000—2001年，市红十字会于“5·8”世界红十字日纪念宣传活动期间，采取出动宣传车、悬挂横幅、张贴标语、散发宣传资料、上街义诊等形式开展纪念宣传活动。2000年5月8—12日，市红十字会在永州电视台、永州有线电视台连续三天点歌和播放公益广告以及《生命之光》《奉献爱心》等影视宣传片。各县（区）红十字会会长发表电视讲话9篇（次），播放宣传片29集（次），点歌32首（次），播放红十字会电视标语60多条（次），在市、县级报纸上发表报道16篇，开展主题活动23场次。2001年5月8日，市红十字会在永州电视台、永州有线电视台同时播放纪念“5·8”世界红十字日宣传主题及祝贺词，连续五天播放红十字会专题宣传片《中国红十字》。同年5月11日，市红十字会在冷水滩区南华大酒店举行永州市首批“红十字募捐箱”启动仪式，首批设置募捐箱的6家单位负责人向市红十字会递交安全保卫责任书，并代表员工向募捐箱投放第一批募捐款。各县、区红十字会领导发表电视讲话9篇（次），播放红十字会宣教片26集（次）。

2002年“5·8”期间，市红十字会在冷水滩区南华大酒店举行纪念“5·8”世界红十字日暨红十字募捐箱开箱捐赠仪式。市红十字会会长、市人大常委会副主任钱荣棠，市政府副市长赵清茂，市政府副秘书长胡建瑞，市红十字会常务副会长、市卫生局局长杨美兆参加捐赠仪式。参加会议的市直基层红十字会和各方代表自发进行募捐，当场收到捐款2450元。是年，市红十字会在全市公共场所放置募捐箱25个。全市各级红十字会在“5·8”期间出动宣传车16台次，悬挂大型横幅、标语350条，发放宣传资料3.15万份，出动会员1380人次。

2003—2004年，市红十字会结合实际情况开展“5·8”世界红十字日宣传活动。2003年“5·8”期间，双牌县红十字会联合县卫生局向全县各单位发出《抗击“非典”献爱心》倡议书，利用报纸、电视台等新闻媒体进行宣传，其间，先后收到全县85家单位捐款5.36万元，全部用于购置防“非典”药品。2004年“5·8”期间，市红十字会与市中心血站联合组织街头无偿献血活动，完美有限公司100余名职工和200余名市民参加活动。

2005—2009年，全市各级红十字会通过发放宣传资料、下乡义诊常态化开展“5·8”世界红十字日纪念宣传活动。2009年，全市开展红十字咨询宣传、艾滋病防治宣传等各类宣传活动60余次，发放宣传资料1万份。

2011年5月7日，市红十字会联合市卫生局、市中心血站，在冷水滩区滨江广场开展“携手人道促和谐，志愿服务为民生”的大型宣传活动。省红十字会党组成员、副会长王广宇，市政府副市长、市红十字会会长戴菊芳，市政府副秘书长郑亚平，市红十字会的部分常务理事及相关领导出席活动。活动现场举行红十字志愿者造血干细胞捐献、无偿献血、市直各医院大型义诊咨询、广场文艺活动，还制作放置20多块有关红十字运动知识、造血干细胞知识、无偿献血知识、艾滋病预防知识和甲型H1N1流感防治知识的大型宣传展板，悬挂宣传横幅6条，有100多名红十字志愿者进行义务宣传和发放宣传品、宣传单。据统计，活动中，发放各类宣传资料2000多份，接受各类义诊咨询500人次，志愿者现场献血及捐献造血干细胞血样50余人。

2011年5月7日，市红十字会组织开展第64个“5·8”世界红十字日纪念宣传活动

2012年5月8日，市红十字会携江永县红十字会在江永县上江圩镇中学举行“红十字书库”捐赠暨救护培训进校园活动。市红十字会专职副会长李潮为上江圩镇中学“红十字书库”授牌。

2013年“5·8”期间，市红十字会组织“博爱杯”红十字知识竞赛，来自全市各县（区）及市直红十字会团体会员单位的19支代表队参加此次竞赛。

2014年5月8日，市红十字会在冷水滩区普利桥镇楠木冲小学开展“救护知识宣传及应急演练”活动，市红十字会救护培训师资、永州职业技术学院附属医院物流中心主任韩萍向全体师生讲授红十字人道主义精神，以及食道异物梗阻、溺水自救互救、心肺复苏、创伤止血包扎等方面的救护

2014年5月8日，市红十字会在冷水滩区普利桥镇楠木冲小学开展救护培训应急演练

知识。

2015 年 5 月 8 日，市红十字会在冷水滩区举行永州市市直医疗卫生志愿服务队成立暨授旗仪式，重温红十字人道主义精神，10 支志愿服务队 100 余人参加仪式。

二、救护培训

1995 年 10 月中旬，零陵地区红十字会举办全地区国道红十字救护站站长管理培训班，重点培训交通事故营救救援知识，参加培训人数 30 余人。是年，与交警部门配合，培训机动车驾驶员 2548 人。

1997 年 11 月 25—27 日，市红十字会在冷水滩区倚江宾馆举办“永州市建筑施工行业卫生救护师资培训班”，来自全市 11 个县（区）的中、高级医务人员及红十字会干部 33 人参加培训。宁远县红十字会与县建委举办卫生救护培训班，各建筑公司的业务经理、部门经理及施工安全员 40 余人参加培训；新田县红十字会与县建委深入到全县各个施工单位，抽调本县高级医师开办建筑施工人员培训班 2 期，参训人数 130 余人；道县红十字会和交警部门联合举办机动车驾驶员卫生救护培训班 2 期，受训驾驶员 97 人；江华瑶族自治县红十字会为县消防中队 14 名官兵进行卫生救护培训。是年，为有效开展交通事故的应急救援，市红十字会在境内国道沿线设红十字救护站 56 个（含宁远县、新田县在省道旁建立救护站 3 个），沿线救护站参与抢救交通事故 11 起，救治伤残者 270 余人次。其中，双牌县境内 207 国道线上的麻江乡、茶林乡、永江乡等路段先后发生 4 起车祸，伤 87 人，死亡 24 人。事故发生时，双牌县红十字会及时组织红十字救护站出动急救员及医护人员 40 余人次，出动车辆 4 台次，救护伤残人员 243 人次。

1999—2003 年，全市各级红十字会举办各类卫生救护培训班 19 期，受训人员达 4460 多人。其中，市红十字会举办 4 期救护培训，参训人数达 2690 人；江永县、新田县、宁远县红十字会联合各自县建委举办建筑行业卫生救护培训班，培训建筑包头、施工员及工人 1300 多人；道县红十字会与交警部门联合对 73 名机动车驾驶员进行外伤四项技术救护培训；蓝山县红十字会对辖区内的乡村医生进行急救技术培训，参加培训人员 120 人；东安县红十字会对青少年会员进行救护培训 314 人。

2004—2009 年，全市各级红十字会举办备灾救灾培训班 23 期，培训会员及红十字志愿者 1174 人；开展应急救护知识普及培训，培训 2000 余人次；组织各县（区）消防官兵进行初级救护知识培训，培训消防官兵 50 人。2009 年 11 月，市红十字会在永邵高速公路永州收费管理站内，对 140 余名永邵高速公路沿途各收费站的收费员进行红十字初级救护知识培训。

2010 年，市红十字会依托永州职业技术学院附属医院的教学师资力量，成立永州市红十字群众性初级卫生救护培训基地，建立一支由 12 人组成的救护培训师资队伍。4 月 15 日，对正在市委党校进修培训的处级干部班、科级干部班、政法干部班、乡镇长班、青年干部班的 200 多名学员，进行初级卫生救护技能培训；6 月 15 日，在市中级人民法院对 50 多名法官进行救护知识培训。

2010 年 5 月 7 日，永州市红十字系统首届救护技能竞赛暨救护培训基地挂牌仪式

2011—2012 年，市红十字会对全市 11 个县（区）的 172 名消防官兵、消防员进行灭火现场紧急救援救护培训。全市各级红十字会开展救护培训班 50 余期，培训人员达 8000 余人，其中市红十字会举办救护培训班 3 期，培训人员 100 多人。市红十字会被湖南省红十字会授予“2011 年度救护培训工作先进单位”。在湖南省红十字会举办的首届“全省红十字应急救护技能大赛”中，永州代表队荣获三等奖。

2013—2015 年，全市各级红十字会开展救护培训班 42 期，开展 3 场大型群众性应急演练活动，培训 6495 人次，群众性救护知识普及培训达 1 万多人次。2015 年 7 月，受省监狱局委托，市红十字会在永州三监狱举办 2 期培训班，为全省在监服刑的 109 名重刑犯人进行救护知识培训，开创“救护知识进监狱”先河。

第五节　“三献”活动

一、无偿献血

《中华人民共和国献血法》于 1997 年 12 月 29 日修订通过，自 1998 年 10 月 1 日起施行，以法律形式确立无偿献血制度。自此，永州市无偿献血工作起步。

1998 年 5 月 9 日，永州市首次公民无偿献血活动在芝山区中医院门前开展。当天 13 位志愿者献血，其中，市中心血站站长周仁忠带头献血，另有个体老板 2 人、大学生 4 人、武警战士 6 人。市委宣传部副部长吕南生、市政府副秘书长朱厚光为无偿献血者颁发证书。《永州日报》以《滴滴鲜血，涓涓真情——永州市首次无偿献血活动侧记》为题，在头版头条报道无偿献血情况；市电视台、永州有线电视台均对献血活动作专题报道。6 月 8 日，江华瑶族自治县红十字会在县二医院举行“江华首届无偿献血”仪式，16 名志愿者献血 3250 毫升。《江华周报》开辟“无偿献血”专版，全文刊登《中华人民共和国献血法》和副县长余华生撰写的《无偿献血——救助与你一样热爱生命的人》专稿。

1999 年 3 月 17 日，市红十字会联合团市委、市卫生局、市中心血站在零陵师范召开“永州市青年志愿者无偿献血动员大会”，126 名青年志愿者现场献血。全年，芝山、冷水滩两区有来自部队、厂矿企业、大中专学校的 806 名志愿者无偿献血，捐献血液 189. 15 升。是年，全市有 1628 人参加无偿献血，献血量为 437. 5 升，占全市临床用血量的 12. 9%。

2000 年，市政府成立无偿献血工作领导小组，由副市长、市红十字会会长钱荣棠任组长。各县（区）也分别成立无偿献血工作领导机构。全市有 9 个县（区）先后召开无偿献血动员大会，其中祁阳县、道县、东安县、冷水滩区、蓝山县、江永县、江华瑶族自治县等县（区）全面开展并实施无偿献血工作，进入实施采血阶段。同年11 月14 日，在冷水滩区凤凰影剧院召开无偿献血表彰大会，对 1999 年永州市无偿献血工作中的先进单位和先进个人进行表彰和奖励。是年，全市参加无偿献血人数 2377 人，献血总量达 477. 23 升。

2001 年 11 月 5 日，宁远县司法局干警李彩云（左一）献血后领到献血证

2001—2005 年，全市自愿参加无偿献血的人数逐年增长。2001 年，全市参加无偿献血人数 2351 人，献血量达 486. 75 升。蓝山县首次开展无偿献血活动，献血人数 353 人；江永县红十字会在 2001 年年初首次组织无偿献血活动，献血人数 238 人。2002 年，全市有 4475 人无偿献血，献血量达 1079. 91 升。2003 年，蓝山县、道县、新田县、江永县、宁远县、东安县、祁阳县、双牌县 8 个

县先后组织无偿献血活动，献血人数4986人，献血总量达1210.17升。2004年，全市有5977人参加无偿献血，献血总量达1465.33升；同年，全市无偿献血工作会议暨2002—2003年无偿献血先进集体和先进个人表彰大会在冷水滩区南华大酒店召开，市委、市人大、市政府、市政协“四大家”领导出席大会，为14个先进集体和31名先进个人颁发荣誉证书。2005年，全市组织有规模的大型无偿献血活动30多次，献血人次近1.28万人，献血总量4117.73升。

2006—2015年，全市每年无偿献血量均保持在5000升以上。2006年，全市无偿献血人数达1.51万人，献血量达5298.55升，进入全省先进行列，全市临床医疗用血100%来自无偿献血。2007年，全市无偿献血人数1.8万余人次，献血量6007.6升。2008年，全市无偿献血人数1.76万人次，献血量5317.1升。2009年，全市无偿献血人数1.8万余人次，献血量5410.5升。2010年，市红十字会在全市无偿献血工作会议上向与会代表和全市人民发出无偿献血倡议书，当年全市无偿献血人数1.8万余人次，献血量5414.7升。2011年，全市无偿献血人数接近2万人，献血量5736.7升。自2012年起，全市每年无偿献血人数均在2万人以上，献血量均在7000升以上。2013年6月14日，永州市无偿献血宣传月启动仪式暨庆祝世界献血者日活动在滨江广场举行。市委常委、宣传部部长石艳萍，市人民政府副市长刘尤碧等领导出席活动，市无偿献血工作领导小组成员单位、市直医疗单位代表及广大无偿献血者400多人参加活动。2015年，全市获全国无偿献血表彰114人，获省表彰776人。

1999—2015年永州市无偿献血情况统计表

表10-2

年份	献血人次（人）	献血量（毫升）
1999年	1628	437500
2000年	2377	477230
2001年	2351	486750
2002年	4475	1079910
2003年	4986	1210170
2004年	5977	1465330
2005年	12779	4117730
2006年	15097	5298550
2007年	18229	6007600
2008年	17575	5317100

续表10-2

年份	献血人次（人）	献血量（毫升）
2009 年	18099	5410500
2010 年	18704	5414700
2011 年	19932	5736700
2012 年	22881	7516100
2013 年	22745	7599600
2014 年	22216	7546300
2015 年	22781	7633700

说明：1998 年，永州市举行首次无偿献血活动，但献血数据未统计

二、造血干细胞捐献

2004 年，市红十字会造血干细胞捐献工作启动，通过在广播电台、电视台直播造血干细胞捐献知识、开办专题讲座、发放宣传资料等方式进行宣传。截至 2008 年年底，全市有 1000 多人报名成为捐献干细胞志愿者，有 800 多人的资料进入湖南省造血干细胞捐献者资料库。

2008 年 8 月 6 日，市红十字会工作人员王晶在湘雅三医院成功捐献自己的造血干细胞，成为永州市首位造血干细胞捐献者，也是全国红十字会系统内首位造血干细胞捐献者。

2010 年 11 月，造血干细胞捐献者刘丽（左四）赴京捐献欢送仪式

2010—2015 年，造血干细胞捐献工作稳步发展。2010 年，市红十字会在永州职业技术学院的工程信息学院、医学院、商贸学院开展造血干细胞知识讲座。同年 11 月 29 日，永州市第 2 例造血干细胞捐献者——新田县人民医院护士刘丽，在北京道培医院为一名香港的白血病患者成功捐献出自己的造血干细胞。2011 年，对符

合条件的志愿者，按规定流程进行血样采集，采集血样 482 份。2012 年，采集造血干细胞血样 503 份。2013 年 9 月，市红十字会在永州职业技术学院对在校学生进行造血干细胞捐献知识讲座，全年有 1000 余人报名成为造血干细胞捐献志愿者，采集 468 名志愿者的造血干细胞血样，其中进行造血干细胞高分采样 12 人，初配成功进行体检 2 人，成功捐献造血干细胞 1 人。2014 年，全市采集造血干细胞血样 302 人份，高分采样 9 人，成功捐献 4 人。仅江华瑶族自治县就有 3 名志愿者成功捐献。2015 年，全市招募造血干细胞志愿者 135 人，成功捐献 2 人。

2008—2015 年永州市造血干细胞捐献情况表

表 10-3

<table>
<tr><th>年份</th><th>捐献者</th><th>捐献者单位（县区）</th></tr>
<tr><td>2008 年</td><td>王晶</td><td>永州市红十字会</td></tr>
<tr><td>2010 年</td><td>刘丽</td><td>新田县人民医院</td></tr>
<tr><td>2013 年</td><td>黄会战</td><td>东安县</td></tr>
<tr><td rowspan="4">2014 年</td><td>吴建川</td><td>零陵区</td></tr>
<tr><td>欧江勇</td><td>江华瑶族自治县</td></tr>
<tr><td>唐永贵</td><td>江华瑶族自治县</td></tr>
<tr><td>伍爱辉</td><td>江华瑶族自治县</td></tr>
<tr><td rowspan="2">2015 年</td><td>刘瑞平</td><td>江华瑶族自治县</td></tr>
<tr><td>曾志军</td><td>祁阳县</td></tr>
<tr><td>合计</td><td colspan="2">9 人捐献</td></tr>
</table>

三、人体器官捐献

2012 年，永州市人体器官（遗体）捐献工作开始试行。市红十字会参与宣传、协调及见证人体器官捐献工作。当年 8 月，全市首例人体器官捐献成功，捐献者是蓝山县所城镇大麻办事处联云村人厉炬明（36 岁），因重度颅脑外伤、脑死亡不治去世，其家人自愿将其肝脏、肾脏、角膜进行无偿捐献。

2013—2015 年，通过广泛宣传，全市越来越多的人了解并认可人体器官捐献，人体器官（遗体）捐献工作持续发展，完成人体器官捐献 37 例。

2012—2015 年永州市人体器官捐献情况表

表 10-4

年份	器官捐献人数	备注
2012	1	为永州市首例人体器官捐献
2013	13	
2014	5	
2015	19	
合计	38	

第六节　红十字青少年（活动）

1995 年，零陵地区红十字会组织开展少年儿童“我心中的红十字”绘画征文竞赛，有 5 所中小学校近 2000 名学生参赛，收到作品近 100 篇，选送省红十字会参赛 8 篇，市三中学生孟伟、市一小学生唐蒙蒙均获优秀奖。8 月，海峡两岸红十字青少年夏令营在湖北省宜昌市开营，市红十字会选派零陵卫校优秀红十字青少年会员李彬参加。东安县红十字会组队代表永州参加湖南省第三届红十字青少年夏令营活动，并获“卫生救护操作”竞赛第二名。

1997 年，零陵卫校红十字会组织红十字青少年到市老干所和芝山区社会福利院开展“三定一包”（定人员、定时间、定服务内容、包户服务）服务活动。此后，连续多年组织红十字青少年于每年春节前夕、“5・8”纪念日和老年节，自带劳动工具清扫道路、疏通阴沟、擦门擦窗，给卧病在床的老人梳头、按摩，已形成制度。

1998 年，全市各级红十字会组织 2600 余名红十字青少年和志愿工作者到各级老干部、社会福利院、光荣院及居委会，为 360 多名老干部、老红军及残疾人进行免费体检和治疗，对部分生活困难及病残老人赠送各类食品及捐款捐物。

1999 年 7 月，市红十字会举办以“人道、和平、力量”为主题的“永州—桂林红十字青少年夏令营”活动，来自全市各县（区）的 35 名红十字青少年参加。

2001 年，全市发展红十字会基层组织 38 个。其中，农村红十字会组织 22 个，会员 244 人；学校红十字会基层组织 16 个，青少年会员 3863 人。冷水滩区红十字会成立教育系统红十字青少年工作委员会；东安县红十字会组织红十字青少年 1000

余人上街打扫卫生，开展红十字会知识笔答赛和征文竞赛；江永一中红十字会“爱心社”募得善款1.26万元，资助特困生37人；零陵区、东安县红十字会在暑假期间举办红十字青少年夏令营；市红十字会选送2名优秀红十字青少年参加在三峡举办的全国红十字青少年夏令营。

2004—2010年，红十字青少年活动逐渐与救助、救护培训活动相结合。2004年，蓝山县红十字会与县委宣传部、团县委联合举办以“人道、博爱、奉献”为主题的青少年演讲比赛。2005年9月，市红十字会组织以“救护弱势群体”为主题的纪念活动，为50名贫困学生发放被子、衣服等生活用品，给现场200多名学生及教师讲授救护知识。2007年1月10日，市红十字会在永州职业技术学院医学院举行“永州市红十字会扶助贫困学生物资发放暨红十字会知识宣讲”大会，为300余名学院师生进行红十字基本知识和造血干细胞知识讲座，为50名贫困学生发放价值6000余元的生活物资。2010年9月初，将救护技能知识纳入永州职业技术学院新生军训内容，对该院的5400名入学新生进行为期1天的应急避险救护知识培训。

2011年8月，市红十字会组织11名红十字青少年志愿者到冷水滩区潮水敬老院开展献爱心、帮扶老年人的志愿活动。参加此次活动的志愿者有来自赴国外留学的研究生、国内高等院校学生及永州市内的中小学生。

2012—2015年，红十字青少年活动主要是红十字志愿服务，对贫困学生进行走访调查。2012年8月23日，市红十字会秘书长伍友华带领红十字会工作人员与红十字青少年志愿者，对冷水滩区楠木冲小学的14名贫困学生家庭进行走访调查。2014年7月30日至8月7日，市红十字会组织红十字志愿者通过“访、看、谈、评”形式确定15名家庭困难、品学兼优的资助对象。2015年4月25日，对冷水滩区伊塘学校的15名在校贫困学生家庭进行走访调查。同年12月10日，市红十字会在永州职业技术学院附属学校（零陵二小）开展“安全教育主题宣传暨亲子讲座”活动，对学校学生及家长800人进行红十字运动知识讲座及应急救护技能训练。

第十一章　湖南省九嶷山舜帝陵基金会

2004 年 9 月 17 日，湖南省九嶷山舜帝陵基金会（简称“舜帝陵基金会”）在长沙成立。省政协原主席王克英为基金会第一届理事长。舜帝陵基金会是为九嶷山舜帝陵保护、整修、建设、管理、宣传筹措资金的公募基金组织。基金会成立后，开展募捐活动，募集资金支持舜帝陵园规划设计、项目建设；参与湖南省人民政府、永州市人民政府公祭舜帝大典的组织、协调工作；加强舜文化的研究与传播，开展与黄帝陵基金会、炎帝陵基金会、世界舜裔宗亲联谊会等相关团体的交流与合作。

第一节　组织机构

一、机构

1998 年，宁远县九嶷山舜帝陵抢修工程竣工，恢复明清时期的舜帝陵庙风貌。修复后的舜帝陵庙场地狭小，不能适应祭舜与旅游观光发展要求。2004 年 4 月 14 日，省委副书记、省长周伯华主持召开省政府第二十八次常务会议进行专题研究，同意成立舜帝陵基金会。2004 年 9 月 17 日，舜帝陵基金会在长沙成立。基金会原始基金数额为 400 万元。基金会内设办公室、募捐联络部、宣传研究部。

舜帝陵基金会设宁远、长沙两个联络处。联络处的主要职能是：宣传舜帝文化和九嶷山舜帝陵，联系和推荐海内外华人友好团体、企事业单位和个人自愿为舜帝陵捐献资金，组织开展各种形式的募捐活动，完成理事长、副理事长、秘书长交办的任务。

二、队伍

2007 年 3 月 13 日，湖南省机构编制委员会同意设立舜帝陵基金会办公室，为正处级公益一类事业单位，由永州市人民政府管理。其内设综合科、宣传联络科，核定全额拨款事业编制 6 名，其中，主任 1 人、副主任 1 人，正副科长 3 人。

2013 年 6 月 19 日，舜帝陵基金会办公室主任不再由秘书长兼任，按实职配备，并核定办公室编制 6 名，其中专职正、副主任各 1 人，分别为正、副处级领导实职，综合科、宣传联络科各设科长 1 人，工作人员 2 人。

第二节　理事会

一、第一届理事会

2004 年 9 月 17 日，舜帝陵基金会成立大会

2004 年 9 月 17 日，舜帝陵基金会在长沙九所宾馆召开成立大会。湖南省政协原主席王克英，省政府副省长许云昭，省政协副主席王汀明，省委副秘书长钟万民，省政府副秘书长姜儒振，省政协副秘书长胡伟林，其他省直有关部门单位的领导，永州市委书记曾庆炎，宁远县委书记蒋善生、县长李光富等出席大会。会议审议通过《湖南省九嶷山舜帝陵基金会章程》；通过关于聘请全国政协原副主席毛致用、世界舜裔宗亲联谊会常务委员会主席陈守仁担任名誉理事长的决议；通过王克英为基金会理事长，省政协副主席王汀明，省中烟工业公司总经理周昌贡、长沙卷烟厂厂长卢平、常德卷烟厂厂长曾献兵、长丰集团董事长李建新为基金会副理事长，永州市委原副书记、原巡视员谭政为基金会秘书长。

《湖南省九嶷山舜帝陵基金会章程》规定，基金会第一届理事会人选由业务主管单位、主要捐赠人、发起人分别提名并共同协商确定；理事会换届改选时，由业务主管单位、理事会、主要捐赠人共同提名候选人并组成换届领导小组，组织全部候选人共同选举产生新一届理事会成员。

（一）第一届理事会名录（2004 年 9 月至 2010 年 11 月）

名誉理事长：

毛致用　　全国政协原副主席

陈守仁　　世界舜裔宗亲联谊会常务委员会主席

理事长：

王克英　　湖南省政协原主席

副理事长：

王汀明　　省政协副主席

周昌贡　　省中烟工业公司总经理

卢　平(女)　长沙卷烟厂厂长

曾献兵　　常德卷烟厂厂长

李建新　　长丰集团董事长

曾庆炎　　省政府科技顾问（2008 年 3 月 31 日增补）

理事（按姓氏笔画顺序排列）：

王　祥　　省泰格林纸集团董事长

王汀明　　省政协副主席

王克英　　省政协原主席

王建根　　省移动通信公司总经理

文会国　　省电信公司总经理

乐根成　　省凯达集团董事长、总经理

卢　平(女)　长沙卷烟厂厂长

刘　平　　省物资产业集团公司总经理

刘鸣泰　　省新闻出版局局长

江景星　　省石油公司总经理

李　安　　省交通厅厅长

李友志　　省财政厅厅长

李建新　　长丰集团董事长

李维建　　省电力公司总经理

汪世昌　　中国联通公司湖南分公司总经理

余长明　　省民政厅厅长

张德明　　巴陵石化公司董事长、总经理

陈叔红　　省计委主任

周永亮　　中共永州市委副书记
周昌贡　　省中烟公司总经理
金则恭　　省文化厅厅长
曾献兵　　常德卷烟厂厂长
蒋善生　　中共宁远县委书记
蒯同文　　中国人寿保险公司湖南公司总经理
谭　政　　中共永州市委原副书记、市委巡视员
秘书长：谭政（兼）

（二）第一届监事会名录（2004 年 9 月至 2010 年 11 月）

姜儒振　　省政府副秘书长
胡伟林　　省政协副秘书长
李佩玮(女)　省民间组织管理局局长
赵清茂　　永州市政府副市长
邓丽华(女)　中共宁远县委副书记

2005 年 7 月 10 日，聘请滕文生、秦光荣、李新华 3 人为舜帝陵基金会顾问。

二、第二届理事会

2010 年 11 月 25 日，舜帝陵基金会第二届理事会第一次会议在长沙召开。会议选举产生第二届理事会、监事会和秘书长，并通过聘请名誉理事长和副秘书长。

2013 年 1 月，增补永州市政协原主席陈金荣为常务副理事长兼秘书长，谭政不再兼任秘书长；增补省政府驻北京办事处原副主任唐铭植为常务副理事长；增补宁远县委副书记、县长刘卫华为理事。

2015 年 5 月 19 日，增补舜帝陵基金会办公室副主任李卓勇为副秘书长。

（一）第二届理事会名录（2010 年 11 月—）

名誉理事长：
毛致用　　全国政协原副主席
理事长：
王克英　　省政协原主席、第一届理事会理事长
常务副理事长：
王汀明　　省政协原副主席
何报翔　　省政协副主席、省工商联主席
曾庆炎　　省政府科技顾问

袁海平	省政协副秘书长
唐松成	中共永州市委副书记
周德睿	中共永州市委常委、常务副市长
陈光正	湘南爆破器材公司董事长
谭　政	中共永州市委原巡视员
陈金荣(女)	永州市政协主席（2010 年 11 月至 2012 年 12 月任理事，2013 年 1 月任常务副理事长兼秘书长）
唐铭植	省政府驻北京办事处原副主任（2013 年 1 月增补为常务副理事长）

理事：

方先知	省国土资源厅厅长
邓三龙	省林业厅厅长
李发美	省委宣传部副部长
袁乾培	省发改委副主任
张成桂	省民政厅副厅长
胡伟林	省财政厅副厅长
陈远平	省文物局局长
吕芳文	省社科院历史研究所原所长
乐根成	省政协常委、湖南凯达集团董事长
雷武军	省政协委员、湖南景盛置业发展公司董事长
易　军	湖南锦绣潇湘文化产业开发有限公司总经理
李良铁	永州市人大常委会主任
余华生	永州市政协副主席、市工商联主席
张建亮	永州市发改委主任
刘　波	中共永州市委宣传部副部长
胡绵仁	东莞聚成公司董事长、宁远东莞商会会长
严兴德	中共宁远县委书记
罗建华	宁远县政府县长
邓丽华(女)	宁远县人大常委会主任
欧阳维西	宁远县政协主席
蒋　静	东莞市东涛实业有限公司总经理
刘卫华	中共宁远县委副书记、县长（2011 年 10 月 26 日增补）

秘书长：

谭　政（兼，2010年11月至2012年12月）

陈金荣（2013年1月起兼任秘书长）

（二）第二届监事会名录（2010.11—）

王剑中　　省民间组织管理局副局长

张亚元　　永州市委原副秘书长

李光富　　永州市财政局局长、第一届理事会副秘书长

戴勇军　　省建筑科学研究院副院长

第三节　资金筹集

一、筹集办法

2004年，舜帝陵基金会成立后，按照国家相关法规和基金会章程规定，制定《湖南省九嶷山舜帝陵基金会捐资褒扬（暂行）办法》（简称《捐赠褒扬办法》），并逐步作补充完善。2005年6月10日，经舜帝陵基金会理事长会议审议通过，正式颁布实施。《捐赠褒扬办法》对单位和个人捐赠情况作出明确规定。2006年3月9日，市政府办同意宁远县人民政府《关于九嶷山舜帝陵立碑办法》，对捐赠立碑的金额标准、立碑规格及立碑位置，作出具体规定。

2010年11月25日，第二届理事会第一次理事会对《捐赠褒扬办法》作3个方面的修改：一是对单位和个人的捐资褒扬办法分类进行明确，并分别对原来的褒扬金额基数重新进行划分。二是对于单位捐资分为100万元以上、50万元以上、20万元以上、1万元以上及1万元以下5个档次，并增加捐赠修建一单体建筑物的褒扬办法。取消单位种植纪念树和在国家级报刊登报鸣谢的褒扬办法。三是对于个人捐资的，提高捐资种植纪念树的门槛，由原来的1万元修改为3万元。

二、募捐资金

1993年11月30日，舜帝陵庙抢救性修复工程开工。到1995年春节前，因资金不足而停工。1996年8月复工后，除省、市、县财政拨款外，资金仍有缺口。为解决资金缺口问题，市委、市政府动员全市各级各部门和社会各界人士为舜帝陵修复工程捐款。

2004年9月，舜帝陵基金会成立后，按照基金会《捐赠褒扬办法》，开展募捐活动，并将捐款单位和个人捐款情况在《湖南日报》《永州日报》和基金会网站进行公布。基金会的资金筹措主要来源于4个渠道：积极向省政府争取支持，加强同各市州政府、省直部门、省属大型企业的联系，争取资金及物资捐助；利用公祭舜帝大典等大型活动组织募捐；发动社会各界捐赠；利用各联络处募捐。

2009年9月，云南省人民政府、云南省中烟公司捐赠的树化玉

2009年9月，云南省人民政府、云南省中烟公司捐赠的大理石《万山朝圣》

向各级政府部门争取资金主要有：2004年，争取省财政厅支持资金1000万元；2005年，争取省财政厅支持资金500万元；2006年，与省、市、县发改委等有关部门配合，多次向国家发改委汇报，争取到舜帝陵遗址保护资金2800万元；2008年，争取省、市有关部门支持，筹措资金1000万元；2009年，争取省政府支持资金1000万元；2011年，向省林业厅争取绿化资金370万元；2012年，争取省政府支持资金3000万（其中宁远县1000万元）；2013年，争取省高速公路管理局特别捐赠103万元，争取省旅游局项目资金100万元；2015年，争取省政府支持资金1500万元，本省各市、州政府捐赠碑林建设资金920万元。

党政机关、企事业单位、社会团体和个人捐赠资金主要有：2004年9月7日，基金会成立大会当场募得各界捐款170余万元；2005年9月5日，湖南省第一次公祭舜帝大典，向省内各地州市政府、各企事业单位、海内外舜裔宗亲团体及社会各界人士，募集资金近 4000 万元；2011 年 9 月，宁远联络处与闽台舜裔宗亲祭祖大典举行公祭大典暨舜帝金身福建省起“驾”活动，募集资金 140 余万元；2012 年，利用省政府公祭舜帝之机，多次发信函，发动募捐，各市州政府捐赠 470 万元；2013 年，通过与永州市工商联合作，向永州市民营企业家募捐 363.28 万元，通过与山东大舜文化研究会合作，募捐 20 万元；2014 年 9 月，永州市公祭舜帝，中央、省驻永单位和各市直机关事业单位，为建设舜帝陵碑林项目募捐 193.5 万元；2015 年，在省政府的支持下，各市州捐赠 920 万元。2004—2012 年春节期间，基金会给部分民营企业家和永州籍在外地工作的知名人士及曾在永州工作过的领导寄发资料信函、贺年卡等，加强宣传联络，积极募集资金，得到社会各界人士捐赠 6961.77 万元。

以物抵款的捐赠主要有：2005 年，经省国家税务局支持，位于舜帝陵右侧的九嶷山税务所，土地面积 10513 平方米、账面价值 179.5 万元的房地产，无偿捐赠舜帝陵基金会。2009 年 7 月，与宁远县交通局达成协议，将该局位于舜帝陵斜对面的、价值 203.5 万元的交通宾馆，无偿捐赠舜帝陵基金会。2009 年，云南省人民政府和云南省中烟公司向舜帝陵捐赠树化玉和万山朝九嶷石雕。2013 年，惠三农湖南合作社捐赠价值 50 万元的红豆杉树苗。

其他形式募捐活动主要有：2014 年 9 月，宁远联络处利用世界舜裔宗亲联谊会公祭舜帝大典，在舜裔宗亲中为舜帝陵碑林建设募捐 77 万元。基金会采取在北京、长沙、宁远建立募捐联络处、聘用募捐联络员等办法，拓宽筹资渠道，募集社会资金。2013—2015 年，北京联络处分别组织湖南异地商会华北协作区、北京湖南企业商会，北京军区原政委谷善庆上将和部分企业家，全国政协原常委陈邦柱及部分企业法人代表到九嶷山舜帝陵祭祖暨商务考察，募得资金 140 万元。

2004 年 9 月至 2015 年 12 月，基金会募集各类捐助 15723.1 万元。在捐赠的团体（单位）和个人中，捐赠 5 万元以上的团体（单位）有 209 个，捐赠 5000 元以上的个人有 99 人。

第四节　基金管理

一、基金管理

自 2004 年 9 月起，凡各级政府的资助，海内外友好团体、企事业单位和个人的捐赠，社会各界为建设和保护舜帝陵举行义演、义卖、义诊等活动的收入，基金会投资收益、利息，符合国务院《基金会管理条例》所规定的其他收入（包括实物折价款），一律进入舜帝陵基金会在银行开设的账户，由舜帝陵基金会对资金实行统一管理。在舜帝陵祭拜舜帝的个人捐赠，超过500元的，年终由九嶷山国家森林公园管理局统一划拨舜帝陵基金会账户；低于500元的捐款，由九嶷山国家森林公园管理局用于舜帝陵的维护和机关运转。所有捐赠者都开具由舜帝陵基金会提供的捐赠专用发票，基金会按照《捐资褒扬办法》给予褒扬。

舜帝陵基金会的基金主要用于按照舜帝陵建设总体规划进行的舜帝陵保护、整修、建设工程项目；适当用于由本基金会组织的有关舜帝陵和舜文化的学术研究及资料、书刊的编辑和出版发行；表彰奖励在保护、整修、建设、管理舜帝陵和宣传、研究舜文化中有突出贡献的专业工作者和各界人士；基金会《捐资褒扬办法》中规定的开支；基金会专职工作人员工资福利和行政经费的开支。

二、基金收支情况

2004年9月至2015年年底，总收入15723.1万元。其中政府补助7350万元，捐赠6961.77万元，实物捐赠折价393万元，特别捐赠672万元，其他收入346.3万元。总支出11693.59万元，其中公益事业支出10686.89万元，管理费用支出279.6万元，筹资费用727.1万元。公益事业支出主要用于舜帝陵庙维修、舜帝陵园建设征地、舜帝陵园工程建设项目、碑林建设等。收支两抵，节余4029.51万元。

第五节　基金会其他工作

2004年12月，基金会依托永州市政府网站，建立基金会互联网站，开展对九嶷山舜帝陵的宣传。2005年8月，编辑出版《舜帝陵基金会通讯》，辟有公祭活动、文化交流、工作研究、舜帝史话、多彩潇湘、工作动态、舜文化研究、舜德之光、信息传真、艺海拾零、大事记等专栏。至2015年出版10期，每期发行2000~5000册。

2007年，与湖南省舜文化研究会、湖南省舜文化研究基地合作编纂《虞舜大典》。全书有三大卷（12本），即《古文献卷》《近现代文献卷》《图像卷》。《古文献卷》于2009年出版，《近现代文献卷》于2011年出版，《图像卷》于2015年初启动编修工作，预计2018年10月出版。2008年12月，由舜帝陵基金会副秘书长张泽槐主编的《舜帝陵丛书》一套四册，包括《九疑山舜帝陵》《历代祭舞》《舜帝陵诗文选》《千古舜帝》，由方志出版社出版发行。2012 年 9 月，由舜帝陵基金会编著，湘潭大学出版社出版的九疑山秀美风光的大型画册——《九疑山舜帝陵》出版，内容收录舜陵祭祀、领导视察、古舜庙遗址考古、九嶷山自然风光、九嶷山瑶族民俗风情等方面的 300 余帧精美图片。2015 年 3 月，启动湖南省六部特色志之一的《舜帝陵志》（上下册）编修工作，并于 2018 年 8 月由方志出版社出版。

2004—2015 年，舜帝陵基金会先后 6 次参与湖南省人民政府、永州市人民政府主办的祭舜大典筹备工作，包括 2005 年省祭、2006 年市祭、2009 年省祭、2012 年省祭、2014 年市祭、2015 年省祭。

第十二章　关心下一代工作委员会

永州市关心下一代工作委员会（简称“市关工委”），前身为零陵地区关心下一代协会，成立于 1987 年 6 月。主要职能是协调各方面力量，关心爱护青少年，维护青少年合法权益，开展好党史国史、法制、科技和家庭教育活动。

第一节　组织机构

零陵地区关心下一代协会成立于 1987 年 6 月，协会办公室设在地委老干部局。1996 年 7 月，零陵地区关心下一代协会更名为永州市关心下一代工作委员会，并召开第一次全体成员会议。1997 年 4 月 15 日，市委办公室下发《关于印发〈中共永州市委老干部局职能配置、内设机构和人员编制方案〉的通知》，明确“市关心下一代工作委员会办公室为市委老干部局挂靠单位，定事业编制 2 名，其中主任 1 人”。2010 年，市编办下文明确市关工委办公室与市委老干部局组织宣教科合署办公。

2014 年 7 月 4 日，《中共永州市委关于议事协调机构清理调整的通知》明确市关工委是“直接保留并调整组成人员的议事协调机构”；11 月 8 日，市委办印发《关于调整市委督促检查工作领导小组、市“两联”和困难职工帮扶工作领导小组、市关心下一代工作委员会组成人员的通知》，明确由市委常委、组织部部长董石桂任市关工委主任，谢朝月任常务副主任，钱荣棠、李续荣、盘玉花任副主任，委员会办公室设在市委老干部局。

1996—2015年市关工委历届领导一览表

表12-1

届别	职务	姓名	任职时间
第一届	名誉主任	唐盛世、谭志先、苏　华	1996.07—2007.09
	主　任	谢朝月	1996.07—2004.07
		龚武生	2004.07—2007.09
	常务副主任	郝　杰	1996.07—2007.09
	副主任	龚武生（2004年7月任主任）、刘桂阳、文景恩、沈根元、欧阳斌、徐肇玲、李中文、吕南生、范昌平	1996.07—2007.09
		蒋桃生、唐建国、文干英	2004.07—2007.09
	秘书长	范昌平（兼）	1996.07—2008.11
	办公室主任	王维勇（副秘书长兼）	1996.07—2004.12
第二届	名誉主任	唐长久、周德睿	2007年9月起任职
		唐松成、刘湘凌、唐　定、朱映红	2011年1月起任职
		易佳良、董石桂、颜海林	2013年10月起任职
	顾　问	郝　杰、何绥文、刘庆义	2007.09—2014.11
	主　任	谢朝月	2007.09—2014.11
		董石桂	2014年11月起任职
	常务副主任	钱荣棠、李续荣、徐肇玲、周忠信	2007.09—2014.11
		谢朝月	2014年11月起任职
	副主任	王财富、唐绩祚、陈益富、高克芝、唐际绍、杨雪生、赵光华、刘平娥、张美学	2007.09—2014.11
	秘书长	范昌平	2007.09—2008.10
		何新义（兼）	2008年12月起任职
	办公室主任	张玉成	2005.01—2007.12
		何新义（副处级）	2007年12月起任职

第二节 思想品德教育

1996年10月，由市关工委、市委老干部局组织的“离退休老同志先进事迹报告团”分别在东安县、宁远县、江永县巡回报告，以“文明美德伴我成长”“少年向上，真善美伴我行”为主题，对青少年开展教育活动。

1996年10月8日，老八路郝杰（左二）到冷水滩区梅湾小学为师生讲授“勿忘国耻”爱国主义课题

1999年10月，由市关工委组织的青年农民科技致富报告团先后到冷水滩、芝山、道县、蓝山、江永五县（区）巡回作报告，5000余名老干部、青年农民和中学生受到教育。

2000年10月，市关工委组织永州市纪念中国人民志愿军抗美援朝出国作战50周年报告团，由郝杰带队，王维勇、胡永安、陈珂为报告团成员，先后到市八中、东安县一中、宁远县剧院、新田县剧院等单位作报告11场次，听众1.6万余人。

2001年6月，市关工委举办全市青少年“三爱”演讲比赛。

2005年7月，市关工委和永州人寿保险公司邀请著名家庭教育专家雷运姣到永州作巡回报告。在全市11个县（区）举办11场“雷大妈家庭教育演讲会”，1万余人聆听报告。

2006年3月，市关工委顾问刘庆义深入8个县（区）12所中小学校，为青少年作“八荣八耻”报告13场，受教师生8000多人次。

2007年12月，市关工委、冷水滩区关工委联合邀请陈忠联讲师团成员唐一芳，到永州会堂为市、区直单位的1000多名家长作题为“将成功传给下一代”专场报告。

2008年6—7月，市关工委与市教育局、永州人寿保险公司联合推出子女赏识教育讲座，邀请国内赏识教育的首创者、著名家庭教育专家周弘以及广州周弘教育文化发展有限公司高级讲师李建军讲课，到全市11个县（区）和市直单位授课15

场，听众达3万余人。

2010年9月27—28日，市关工委、市教育局和市妇联共同举办全市家庭教育培训班，邀请国际赏识教育学会终身名誉会长周弘和区月晶、魏建惠等5位国际赏识教育专家到永州向200余名家庭教育培训工作人员授课。

2011年2—3月，市关工委、市教育局、市史志办和市委党史联络组在全市大专院校、中小学校中开展纪念中国共产党成立90周年暨“学党史、颂党恩、跟党走”主题教育活动。邀请中国关工委教育发展中心支学助教办公室专家李洋在全市各中小学校开展感恩励志教育，到各县（区）作报告50多场次，参加的学生和家长10万余人次。

2012年5月19日，市关工委和市教育局在市八中举办永州市“文明美德伴我成长”主题教育演讲比赛。来自全市各县（区）的48名中小学生经过6个小时角逐，分别决出小学组、初中组和高中组第一、二、三名。

2014—2015年，市关工委联合市教育局在全市中小学生中开展“美丽中国，我的中国梦”摄影、绘画、征文等比赛，在冷水滩区李达中学举办全市“少年向上，真善美伴我行”主题教育演讲比赛。

第三节　法制教育

2009年4月，市关工委到新田县电信分公司调研了解商业网吧经营与管理情况

2000年4月，市关工委配合市委宣传部、市教委等多个部门举办《为了明天——预防青少年犯罪》的大型图书展览，在各县（区）巡回展出。

2009年4月，市关工委对全市商业网吧经营与管理情况开展专题调研。9月10日，市关工委、市综治办、市司法局和市教育局联合下发《关于转发中国关工委、司法部、中央综治办〈关于开展“关爱明天、普法先行”——青少年普法教育活动的通知〉的通知》，在全市广泛开展青少年普法教育活动。

2010 年 5 月 21—27 日，市关工委和零陵区关工委联合市劳动教养所，请 4 名劳教学员在零陵区的永州一中、五中、九中和永州工商职业中专 4 所学校举行 5 场“现身说法进校园”活动报告会，受教学生达 1.3 万余人。

2012 年 5 月，市关工委在全市开展“五老四教”主题教育巡回宣讲活动，组织赵秉文、罗晓华、杨荧郁、周卓敏 4 名特级老教师组成“五老四教”宣讲团，于 5 月 7—15 日，到各县（区）、管理区中小学校进行巡回宣讲，举办 26 场报告会，听众达 2 万余人。6 月 25 日，市关工委、市司法局、市综治办联合转发《关于开展第二届“关爱明天、普法先行”——青少年普法教育活动的通知》。市关工委购买《全国青少年普法教育读本》200 册，免费发放给各县（区）。

2013 年 4 月 23—26 日和 5 月 6—9 日，市关工委、市司法局、市教育局联合开展“关爱明天，普法先行”法制宣传进校园活动，组织吕国康、赵秉文、罗晓华、黄春芳 4 名“五老”宣讲团成员，到各县（区）、管理区按高中、初中、小学 3 个层次进行巡回宣讲，作宣讲 34 场，受教育师生 1.5 万余人。

2014 年 5 月 5—17 日，市关工委、市司法局、市教育局联合开展“关爱明天，普法先行”法制宣传进校园活动，组织唐超学、罗晓华、赵秉文、邓宝林、张志龙、蒋经仟、蒋星珉、何玉祯 8 名“五老”宣讲团成员，到各县（区）、管理区按高中、初中、小学 3 个层次进行巡回宣讲。作宣讲 35 场，受教育师生 1.6 万余人。

2015 年 4 月 13 日至 5 月 8 日，市关工委联合市教育局、市司法局和团市委开展“关爱明天，普法先行”教育巡回宣讲活动，作宣讲 50 场，受教育师生 2.6 万余人。

第四节　关爱帮扶青少年

一、关爱青少年

1998—2000 年，市关工委多次举行“失足青年”警示教育大会和青少年“现身说法进校园”活动报告会。市关工委还会同市委政法委、市司法局到市劳教所看望劳教人员，向 10 名劳教人员代表赠送图书和生活用品。

2008 年 4 月，市关工委联合市司法局、市教育局、永州监狱在湖南科技学院、永州职业技术学院、永州高级技校、永州一中和永州四中举行 5 场“失足青年”警

2008 年 4 月 15 日，市关工委联合有关部门在永州职业技术学院举行的“失足青年”警示教育大会

示教育大会，请永州监狱 5 名青年在押罪犯现身说法，听众达 2 万余人。其中，对永州高级技校警示教育大会现场进行实况录像，制作成 DVD 光碟 120 张，免费发放到各县（区）中小学校和部分市直单位，组织中小学生和学生家长观看。

2013 年 1 月，市关工委和市佛教协会先后在东安监狱和永州监狱举行关爱青年服刑人员捐赠仪式，向两个监狱的 200 名改造较好的青年服刑人员捐赠价值 5 万元的生活物资及科技、种养方面的书籍。5 月底至 6 月初，市关工委与永州电视台新闻综合频道联合推出大型专题栏目《寻找永州最美少年》，在各县（区）拍摄10 名阳光向上的青少年学生，制成励志故事专题片，在《永州新闻联播》播出。

2014 年 9—12 月，市关工委和永州电视台《直播永州》栏目联合举办第二届“寻找永州最美孝心少年”表彰活动，每个县（区）1 人，采访拍摄 13 名“最美孝心少年”，在《直播永州》栏目播出。年底的表彰会上，市关工委为每名“最美孝心少年”资助 2000 元。祁阳县七里桥中学学生张银花被评为全省首届“最美孝心少年”，获得奖金 5000 元。

2011 年 8 月 8 日，市关工委成员单位组织青少年在冷水滩区行政中心广场开展文体活动

2015 年 11—12 月，由永州东圣实业开发有限公司赞助，市关工委和永州电视台《直播永州》栏目联合举办第三届“寻找永州最美孝心少年”活动，拍摄 13 名阳光向上的青少年学生事迹，在《直播永州》栏目播出后，反响热

2015 年 12 月 23 日，在全市关心下一代工作暨“最美孝心少年”表彰会上，“最美孝心少年”代表上台领奖

烈，得到社会爱心人士的关心和资助，市关工委给每名“最美孝心少年”资助 2000 元。

二、帮扶贫困学子

2007—2009 年，市关工委坚持在春节期间开展“送温暖、献爱心”活动。三年来，走访全市贫困生 190 人、“五老” 30 余人，发放慰问金 6 万元、棉被 160 床。

2009 年 10 月 31 日至 11 月 1 日，北京大学湖南校友会邓映如会长等 4 人，到永州一中、四中和祁阳一中，拿出 1.1 万元资助 10 名成绩优秀的高中特困生和2 名小学特困生。

2010 年 6 月，中国佛教协会副秘书长、湖南省佛教协会副会长、永州佛教协会会长延藏法师向市关工委捐赠价值 20 多万元的影像教学资料和学生书籍，市关工委将这些书籍捐赠给永州市工商职业中等专业学校。

2011 年 8 月 23 日，市关工委举行资助贫困大学新生捐赠仪式，资助全市考上重点本科的贫困大学生 26 人，每人 3000 元；对长沙医学院大二的一名贫困学生资助 4000 元，合计 8.2 万元。12 月 10 日，由市关工委、市教育局和永州新华书店共同发起的“同在蓝天下，相携天闻情”点读学习笔助学惠教捐赠仪式在永州图书城举行，有 207 家单位和个人捐赠点读笔近 1000 支，价值达 40 万元。

2012 年 8 月 9 日、13 日，在市关工委的积极动员下，永州市福建商会资助贫困大学新生捐赠仪式分别在道县和冷水滩举行，为全市 39 名贫困大学新生人均资助 3000 元，总计 11.7 万元。

2010—2014 年，市关工委用基金利息连续 5 年举行捐赠仪式，集中资助全市考上重点本科的贫困大学生 192 人，每人 3000～5000 元，资助金额 60 万元。

2014 年 12 月 31 日，市人大常委会原主任、市关工委常务副主任谢朝月（前排左）在金洞管理区走访慰问贫困学生

2015 年 1 月和 12 月，市关工委分组到各县（区）走访慰问 300 名边远山区和少数民族地区品学兼优的贫困中小学生以及部分“五老”，每人发放 1000 元慰问金，金额 32 万多元。2008 年至 2015 年年底，市关工委直接资助的贫困学生 800 多人，金额达 110 多万元。

第十三章　老龄工作委员会

永州市老龄工作委员会（简称“市老龄委”）前身为零陵地区老龄问题委员会，成立于1985年，是市人民政府的议事协调机构，主要负责对全市老龄工作进行调查研究、统筹规划、督促检查，推动落实老年人“老有所养、老有所医、老有所为、老有所学、老有所乐”。

第一节　组织机构

1985年9月20日，零陵地区行署办公室印发《关于成立零陵地区老龄问题委员会的通知》，成立由劳动人事局、老干局、民政局、总工会、民委、科委、财政局、文化局、教育局、妇联、团地委、商业局、卫生局、体委等部门组成的零陵地区老龄问题委员会。委员会办公室设在行署劳动人事局，编制2名。1988年4月26日，零陵地区行署办公室印发《关于调整地区老龄问题委员会成员的通知》，对地区老龄问题委员会进行调整充实，组织部、政法委、行署办、地建委等纳入成员单位。“地改市”后，零陵地区老龄问题委员会更名为永州市老龄工作委员会，下设办公室（简称“市老龄办”）。

1996年，市编办印发《关于永州市老龄工作委员会办公室工作职责问题的通知》，核定市老龄办行政编制4名，事业编制1名。通知明确，市老龄委为市人民政府的议事协调机构，其办公室为市老龄委的常设办事机构（副处级），归口市政府管理。市老龄办主要职责是：广泛深入地宣传老龄问题的重要意义，宣传有关老龄工作的方针、政策，动员全社会关心支持老龄工作；积极发展老龄事业，协同有关部门和科研单位制定各级老龄事业发展规划；发动和组织老年人积极参与改革开放和各种社会公益活动，加强对老龄福利经济的管理、指导；弘扬尊老爱老养老的优良传统，倡导敬老风尚；负责贯彻实施老年法规，协调有关部门做好老年人权益保障工作；组织开展老龄问题的科学研究和学习交流，加强内外联系，及时向政府反映老龄问题和工作信息，总结交流经验；加强对城镇和农村老年群众组织的指导，并安排部署好全市老龄工作。

1997 年，市政府办《关于印发〈永州市老龄工作委员会办公室职能配置内设机构和人员编制方案〉的通知》规定，市老龄办下设老有所为科（副科级），主要负责综合掌握全市老有所为状况，做好协调、管理、指导和服务工作。明确市老龄办行政编制 5 名，事业编制 1 名。

2001 年，根据市委、市政府《关于印发〈永州市人民政府机构改革方案的实施意见〉的通知》精神，市老龄办并入市民政局，保留牌子。市政府办《关于印发〈永州市民政局职能配置、内设科室和人员编制规定〉的通知》规定，市老龄办工作职能划入市民政局，主要负责协调和推动有关部门做好维护老年人权益的保障工作；协调和推动有关部门加强对老龄工作的宏观指导和综合管理，推动开展有利于老年人身心健康的各种活动；指导督促和检查各县（区）的老龄工作。市民政局机关配置 1 名副处级老龄办主任。

2015 年，按照机构改革的要求，市编办印发《关于市民政局有关职责和机构编制调整的通知》，市老龄办调整为市民政局内设科室，副处级老龄办主任领导职数核减。

1996—2015 年，市老龄委历任主任（兼职）依次为朱泽明、蒋桃生、崔永平、邓三龙、荣燕明、刘尤碧、蒋善生。

第二节　敬老助老措施

一、老年人优待证

1998 年 8 月，市政府办下发《关于对芝山、冷水滩城区 70 岁以上高龄老人实行优待服务的通知》，这是永州市首次明文规定老年人享有的具体优待服务。通知规定，冷水滩、芝山市区年满 70 周岁以上的高龄老人凭身份证办理“老年人优待证”，持证的老年人可享受八项优待服务项目，包括“免费乘坐市内公交”。同年，市老龄委下发《关于办理永州市〈老年人优待证〉的通知》，对“老年人优待证”的发放对象、办理方法作出详细规定。“老年人优待证”由省老龄办统一制作，实行有偿办理，每本收取工本费 2.5 元。

2005 年，根据省老龄委《关于免费发放〈老年人优待证〉有关事项的通知》精神，市老龄委下发《关于做好〈老年人优待证〉发放事项的通知》，规定自 2005

年5月1日起取消收取老年人优待证工本费，实行属地发放、免费办证。凡永州市户籍的年满60周岁的老年人均可凭身份证、1寸免冠照到户籍所在地县（区）老龄办办理。“老年人优待证”由省老龄办统一制作，省政府采购中心集中统一采购，每证1.5元，经费由各市州老龄办向同级财政申报支付。“老年人优待证”开始采用两种封皮，60~69周岁的老年人发绿色封面“老年人优待证”，70周岁及以上的老年人发红色封面“老年人优待证”。至此，“老年人优待证”的办理发放实现全市全覆盖。

2010年，市委办、市政府办出台《关于进一步加强老年人优待工作的实施意见》，明确“城市公共交通车、长途客车、铁路和航空客运都要为老年人提供优先服务，照顾好老年人特殊需求。城区公交车要设立总座数10%的‘老幼病残孕’专座，并对65周岁以上老年人实行免费乘车”。至此，免费乘坐公交车政策由70岁及以上老年人惠及到65周岁以上老年人。此外，为配合优待政策的实施，同年6月开始实行新旧版本老年人优待证过渡，60~64周岁老年人办理绿色封皮“老年人优待证”，65周岁及以上老年人可以办理红色封皮“老年人优待证”。

2011年1月16日，市民政局组织干部到敬老院开展“送温暖”活动

2011年，根据省老龄办《关于启动老龄工作信息系统规范办理〈老年人优待证〉的通知》文件要求，自2011年1月起，“老年人优待证”通过省老龄网的“老年人优待证”管理系统办理，不再采用传统手动填制方法，开启“老年人优待证”网络化办理、信息化管理新模式。

二、长寿健康补助金

2001年，湖南省人民政府办公厅下发《关于给百岁以上老年人发放长寿保健补助费的通知》，决定从2001年3月1日起，对全省年满100周岁以上的老年人每人每月发放200元的长寿保健补助费（即长寿健康补助金），由省财政厅列支。长寿保健补助费从老人年满100周岁的当月起发放，发至老人辞世后的下个月止。是年，永州市有66名百岁及以上老人开始享受该项惠老政策。

2010 年，市委办、市政府办出台《关于进一步加强老年人优待工作的实施意见》规定，自 2011 年起，凡是年满 100 周岁的老人每月可享受 400 元长寿保健金，其中省财政厅负担每人每月 200 元不变，各县（区）财政负担每人每月 200 元（冷水滩、零陵两区由市财政补贴 30%）。2014 年 3 月 28 日，东安县政府召开第十七次政府常务会议，会议表决通过将全县 100 周岁及以上老人长寿健康补助金提高至每人每月 600 元。2015 年，全市有 226 名百岁及以上老人享受长寿健康补助金。

2011 年 1 月 28 日，宁远县太平村组织老年人跳广场舞

长寿健康补助金发放，采取由老人本人或者亲属，凭申报对象身份证、户口簿及村、乡镇、同级派出所签署意见的申请报告，报县老龄办审核，县老龄办签署意见后汇总上报市老龄办审定的方式进行。百岁老人申报复核工作每年开展一次。2002—2009 年，复核工作多采取利用重阳节实地走访查看和县（区）统计上报的方式进行。从 2010 年开始，复核工作进一步完善。健在的百岁老人需提供复核当月的生活近照一张，照片背面附注老人姓名、年龄、住址及申报时间等有关信息，由市老龄办汇总统一报省老龄办审核。2012—2015 年，复核工作与老龄工作信息管理系统结合进行。初审通过的新增百岁老人资料由县（区）老龄办录入系统，同时，县（区）老龄办将新增和健在百岁老人资料（纸版）汇总报市老龄办再次审核，市老龄办审核无误后统一报省老龄办备案复核。复核结果通过系统查询，不再另行通知。

三、基本养老服务补贴

2014 年，根据湖南省老龄工作委员会、湖南省民政厅《关于建立湖南省基本养老服务补贴制度的实施意见》文件要求，永州市开始建立基本养老服务补贴制度，对全市农村“五保”和城乡低保家庭中 65 周岁及以上的完全失能或部分失能老年人，按照每人每月不低于 20 元（含 20 元）的标准实行补贴。其中，道县、江永补贴标准为每人每月 30 元，其余各县均为每人每月 20 元。补贴由符合条件的对象或者其共同生活的家庭成员提供有关资料，直接或委托村（居）委会向户籍所在

2010 年 12 月 31 日，冷水滩农村社会养老保险养老金首发仪式现场，农民代表给区委书记杨军元（左二），区委副书记、区长何冲龙（左一）送锦旗

江华瑶族自治县界牌镇获得养老服务补贴的老年人笑谈政府的好政策

地乡镇人民政府（街道办事处）申请，乡镇人民政府（街道办事处）通过入户调查、邻里访问等方式核实有关信息，并进行公示无异议后，签署意见报县（区）民政局、老龄办审批。按照文件要求，基本养老服务补贴应通过政府购买服务方式实现，即根据老年人及其家庭意愿，到养老服务机构接受服务的，其补贴由县（区）民政、老龄部门或者乡镇人民政府（街道办事处）支付给相应的养老服务机构；居家接受服务的，支付给提供服务的居家养老服务机构、服务企业、专业化社会组织或者老年协会等单位和组织；委托亲友、邻里提供服务的，根据政府或者委托的基层养老服务组织、老年人和服务提供人第三方的协议，支付给提供服务的对象。鉴于永州市养老服务产业滞后、补贴标准低、补贴资金少，全市各县（区）均采取打卡到人的单一补贴形式。基本养老服务补贴实行有进有出的动态管理，每年或者半年复核一次。

2014 年，全市应补贴人数 3.31 万人，实际补贴人数 2.47 万人，覆盖率为 74.6%。2015 年，全市应补贴人数 3.24 万人，实际补贴人数 3.18 万人，覆盖率提高到 98.15%。

四、老年人意外伤害险

2014年，根据省老龄办、中国人寿保险股份有限公司湖南分公司联合印发的《关于共同推进老年人意外伤害保险工作的意见》文件精神，市老龄办联合中国人寿保险股份有限公司永州分公司印发《关于共同推进老年人意外伤害保险工作的意见》，共同开展“关爱老年人健康行动”，采取政府出资、保险公司捐资的形式为“五类”特困老人（农村“五保”、城市“三无”、城乡低保、重点优抚对象、失独老人）购买老年人意外伤害保险。据统计，2014年，政府出资9.89万元，为5200名“五类”特困老人购买老年人意外伤害险，“五类”特困老人参保率为2.62%。2015年，政府出资256万元，为14.3万名“五类”特困老人购买老年人意外伤害险，五类特困老人参保率提高到57.61%。

五、高龄生活补贴

2015年，市政府办印发《关于对全市90~99周岁老人发放高龄生活补贴的通知》，对具有永州市户籍的、年满90~99周岁的老年人按每人每月100元的标准发放高龄生活补贴。2015年，全市各县（区）补贴标准均为每人每月100元。补贴的申请和办理按照属地管理原则进行。市直和中央、省驻永单位符合补贴条件的老人，由本人或委托他人（单位）向市老龄办申报办理，县（区）符合条件的老年人向县（区）老龄办申报办理。2015年，全市向10078名90~99周岁老年人发放补贴资金约1173.88万元。

六、其他优惠政策

2010年，市委办、市政府办出台《关于进一步加强老年人优待工作的实施意见》，明确全市60周岁以上老年人在养老、医疗保健、生活服务、文化休闲、维权服务等享有的优惠待遇。包括城乡贫困家庭老年人去世，享受丧葬殡仪服务费用减免；农村“五保”老人、城镇“三无”老人和百岁老人去世后免除丧葬殡仪服务费。对75周岁以上的城乡低保老人实行日常门诊就诊，每年由民政部门向救助对象核发原则上不超过200元的“医疗救助卡”，用于门诊和购药等；医疗机构为持有“湖南省老年人优待证”的、60周岁以上的老年人就医提供优先挂号、优先就诊、优先缴费、优先取药、优先住院“五优先”服务。政府财力支持的各类展览馆、美术馆、纪念馆、烈士纪念建筑物、名人故居、文化馆（站、宫）等公益性文化设施凡收取门票的，对60~69周岁老年人实行半价优惠，对70周岁及以上老年人实行全免；60~69周岁老年人到图书馆办理借阅证享受工本费、注册费半价优惠，70周岁及以上老年人办理借阅证享受工本费半价、注册费全免优惠；各风景名胜区、自然保护区、公园、园林等景点凡收取观光门票的，对60~69周岁老年人实行半价优惠，70周岁及以上老年人全免。城乡贫困老年人入老年大学（学校）学习，学费全免。对农村“五保”老人、城镇“三无”老人、城乡低保老人、百岁老人提出的法律援助申请，司法行政部门要简化程序，优先受理，优先审核和指派。

第三节 老年人维权

一、宣传教育

1996—2001年，市老龄委把《中华人民共和国老年人权益保障法》的宣传贯彻作为年度重点工作之一，注重利用国庆、重阳节等传统节日，抓住“孝亲敬老之星”“老有所为”先进典型人物评选表彰、“四五”“五五”“六五”普法教育的有利契机，广泛运用广播、电视、报刊、黑板报、标语横幅、墙报等宣传手段，结合“敬老月”主题教育活动，报道敬老爱老正负典型事迹，推动宣传工作常态化。

2002年，按照全国敬老爱老助老主题教育活动组委会的统一安排部署，永州市先后组织开展6次“中华孝亲敬老楷模”“中华孝亲敬老楷模提名奖”“孝亲敬老之星”“敬老好文章”和敬老爱老主题教育活动以及“优秀组织者奖”评选表彰活动，并对受表彰单位和个人的先进模范事迹进行大力宣扬和报道，为弘扬尊老敬老传统美德，树立良好社会风尚起到积极推动作用。

2006年，市老龄办与市电视台、永州日报社等新闻媒体签订协议，在市电视台、《永州日报》、永州新闻网等媒体设立《老龄工作》《孝星专访》《老年人与事》3个专栏，以《中华人民共和国老年人权益保障法》颁布10周年为契机，定期宣传老龄政策法规，专题报道孝亲敬老模范事迹，跟踪讲述老年人维权案例。

2009年，市老龄委继续开展《中华人民共和国老年人权益保障法》宣传，采取制作专题宣传栏、组织涉老单位集中学习、开展法律知识竞赛、举办文艺会演、召开老同志座谈会等形式大力开展宣传工作，不断扩大群众知晓率，有效提高全社会敬老、爱老、助老意识和老年人依法维权意识。

2011—2013 年，市老龄委组织开展“敬老文明号”创建活动。创建活动中，全市各涉老部门、为老服务组织、公共服务窗口行业中涌现出一批开展优质为老服务的先进集体。市公安局人口与出入境管理支队、市司法局法律援助中心、国网湖南省电力公司永州供电分公司、市中级人民法院民事审判第一庭分别获得第一届全国“敬老文明号”荣誉称号。

2011 年 2 月 20 日，老年书法爱好者在新田县青云公园练习书法

二、维护老年人合法权益

老年维权工作涉及面广，是一项复杂的社会系统工程，既是各级老龄办的一项基本工作，同时也是各级综治办、法院、检察院和公安、民政、司法等部门的工作任务之一。

1998 年，全市各县（区）均建立老年法律服务站，为老年人提供法律援助、法律咨询、代写法律文书、代为诉讼等服务，全年为老年人提供法律援助 3100 多次。

2000 年，各县（区）老龄委与司法部门合作，进一步完善老年法律服务站（所）建设，认真落实立案、审案、结案、执行“四优先”原则，为老年人提供更多更优的法律服务。是年，全市老年人法律服务站为老年人提供法律服务 1800 多次，帮助老年人诉讼 150 起，接待老年人来信来访 11590 人次，调处涉老纠纷 500 余起。

2002 年，市老龄办在大力开展宣传工作的基础上，积极联合各有关单位，建立健全永州市老年法律援助机制和服务机制，切实有效维护老年人合法权益。主要途径有建立老年人法律服务站（所）、无偿或低偿为老年人提供司法援助、认真接待老年人来信来访、积极调处涉老纠纷、严肃查处侵权案件等。零陵区法院（原芝山区法院）上门办理涉老案件 38 起，提供司法援助 72 人次，减免诉讼费 5 万元，代写法律文书 367 份，代办法律手续 102 次，代为参与诉讼 35 次，协助调解 47 次，赢得当地群众尤其是老年群众的普遍称赞，并作为湖南省代表参加全国经验交流会。

2006 年，在全国老龄办、公安部、司法部联合举办的“全国老龄办维权示范岗”评选活动中，市公安局冷水滩分局梅湾派出所、零陵区人民法院荣获“全国老龄办维权示范岗”称号。

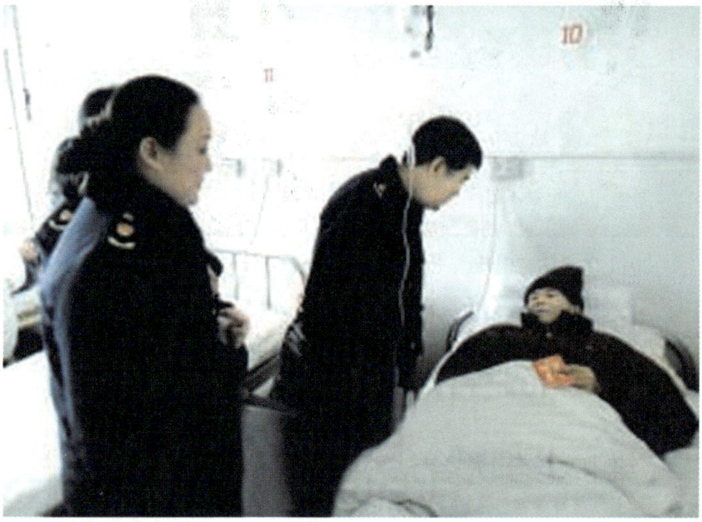

2011 年 1 月 30 日，道县民政局干部走访退休老干部和困难户。图为走访人员到医院看望正在住院治疗的老干部

2008 年，市老龄办、东安县老龄办、市中级人民法院、祁阳县人民法院、市公安局、东安县公安局、江永县公安局城光派出所分别荣获“湖南省老年维权示范岗”称号。

1996—2015 年，通过市、县（区）各级老龄机构和相关部门的共同努力，全市老年维权工作不断朝着常态化的方向发展。

第四节 其他活动

一、老有所为

2003 年，全国老龄委下发《关于印发〈组织开展老年知识分子援助西部大开发行动试点方案〉的通知》，组织开展“银龄行动”试点工作。随后几年，“银龄行动”逐渐实现由局部试点到全面推开、由跨省援助为主到立足本地开展为主、由面上开展向基层推进转变。市老龄委自 2005 年开展“银龄行动”以来，积极争取市委、市政府的重视和支持。市、县两级相继成立由组织部、宣传部、人事局、劳动局、财政局、科技局、老龄办等为成员单位的“银龄行动”领导小组和老科协组织。为保障“银龄行动”正常开展，全市各级老龄办与教育、卫生、农业、老科协等部门密切协作，组建老年科技队伍，组织实施“银龄援农”“银龄扶贫”“银龄助学”“银龄义诊”“银龄创收”等系列活动。

2008年，市老龄委组织710多名老科技工作者，围绕发展地域经济、提高群众家庭收益、改善群众生活等方面课题，开展161次调研，撰写调查报告、论文117篇，提出意见建议480多条。《蓝山县农村实用人才队伍建设的调查》《关于永州市楠竹开发的思考》等调研报告受到市委、市政府领导的重视，分别在市委办《永州通讯》和市政府办《永政通报》上刊登。新田县政府根据银龄组织提出的拟在新田县发展10万亩油茶的建议，专门召开研讨会，组织乡镇党委书记、乡镇长和县直单位一把手讨论研究。

2009年，全市“银龄行动”达到高潮。老专家、老教授、老科技工作者们不断深入基层，服务“三农”，为基层提供种养加工、农机家电维修、法律咨询、医疗保健等各类知识培训和服务。如蓝山县组织老科技工作者，积极参与全县农村实用人才培训，与有关部门配合，采取计划培训、定向培训、基地培训、大户培训、协会培训、订单培训、减灾培训的方式，为上万名农民送去知识和技术。祁阳县“银龄行动”办公室通过引进良种、示范带动、技术指导，推动全县推广良种油菜，为农民增收1000多万元。

“银龄行动”开展以来，各级老年协会积极参与社会治理，增进社会和谐。仅2008年，全市政法老年协会接待群众来信来访多达3750人次，代写法律文书180多份，代诉刑事案件18起，受理调处民事案件115起，调处各种矛盾纠纷高达1800多起，为农民工追回拖欠工资30多万元，工商索赔50万元。零陵区法院老年协会组织12个退休老年法律工作者成立老年人法律服务中心，免费为老年人、残疾人和困难群众提供法律援助服务，2008年接待上访群众421人次，其中60岁以上的130多人次，接待处理不赡养老人案件13件。

二、老有所学

2002年，全市各县（区）均已建立老年大学，学员2000多人，其中市老年大学学员近400人，开设书法、美术、舞蹈、英语、唱歌、保健等10多门课程。截至2015年，全市有老年大学11所，学员累计11.01万人；老年学校158所，在校学员1.14万人；老干部党校5所，累计培训2830人次；机关学习（活动）室102个，参与学习活动27万人次。

三、老有所乐

2006年，以庆祝《中华人民共和国老年人权益保障法》颁布10周年为契机，市民政局、市老龄办牵头，市老干局参与，在全市范围内开展面向基层，以工人、农民、社区居民为主的百名敬老孝星评选活动，评选敬老孝星100人，由市政府发文表彰，并在公祭舜帝大典现场进行表彰，央视第三频道《激情广场》栏目给予现场报道。各县（区）参照市里的做法相应开展系列敬老评选活动。

2007年9月，祁阳县医务志愿工作者为老年人免费验血检查

2007年，祁阳县老龄办与珍奥集团祁阳办事处联合开展“孝心工程”进社区活动。珍奥员工免费为社区老人提供常规医疗检查、理疗、按摩、建立健康档案、定期上门送健康知识资料、送保健品等系列服务活动，受到老年朋友一致好评。

2009年，冷水滩区连续五年开展“敬老模范家庭”评选活动。2012年，宁远县开展“爱心进村、孝心入户”之“德孝村民”“好媳妇”评选活动；新田县、冷水滩区开展“孝亲敬老之家”海选活动。

2013年，市民政局开展“情系敬老院，关爱在老人”活动，组织300多名义工和志愿者到敬老院参加爱心服务活动。

每年春节前后、“敬老月”期间，全市各县（区）广泛开展为老年人送温暖活动，走进老年人家庭、老年人社区、养老服务机构，慰问一批百岁老人、失独和贫困老人，为他们送去节日的祝福。如2012年敬老月期间，市委书记张硕辅、市长魏旋君深入零陵区菱角塘镇天字地敬老院、南津渡办事处茆江桥社区和贫困老人家中，看望慰问五保老人、孤寡老人，为他们送去党和政府的关怀。市公安局开展“关爱空巢老人、共度重阳佳节”活动，组织公安系统干部职工深入膝下无子女的孤寡老人，儿女在外地务工，或子女因违法行为被拘留、强制戒毒或关押的空巢老人家中看望慰问老年人。

经常性举办老年文体活动。为丰富老年人精神文化生活，市老龄委联合市老年艺术团、市老体协等老年社团组织及养老服务机构，于国庆节、重阳节、敬老月期间，开展大量内容丰富、形式多样的老年文化体育活动，主要有老同志座谈会（茶话会）、文艺联欢会演、各类老年赛事等。如，2002年，市老龄办联合市老年书画协会开展“喜迎中共十六大，壮志绘宏图”书画展，展出全市各县（区）、市直各单位选送的书画作品161幅，充分展现老年人喜迎十六大的良好精神面貌。2003年国庆期间，市老龄办联合恒康药品公司、敬老山庄共同举办“恒康杯”老年健康之星大赛。2004年，市老龄委组织开展“文艺演出”“书法、绘画、摄影、民族民间工艺美术作品大赛”“拍摄百岁寿星专题片”“评选‘十大寿星’‘十大孝星’”“救助特困老人爱心大行动”五大主题活动，大力提倡社会敬老、爱老、助老的风气。2005年，组织老年艺术团在冷水滩举办“庆祝市老龄工作委员会成立二十周年、纪念抗日战争胜利六十周年”广场文艺大联欢活动，来自全市1500余名老年艺术团演员表演健身、舞蹈、大合唱等节目。2006年，为隆重庆祝《中华人民共和国老年人权益保障法》颁布10周年和省第18个老年节，开展系列庆祝活动。祁阳县老龄办组织两批老年人到北京观光旅游，双牌县老龄办举办30支球队、400多人参加的全县老年门球友谊赛，与老年大学联合举办160多名书法爱好者参加的阳明山“和”文化节暨杜鹃花会老年书画大赛等。2015年，祁阳县老龄办联合县司法局、永和养老中心和永和医院开展以“法治阳光温暖老龄”为主题的服务活动。

2013年10月20日，市老年健身爱好者在表演太极拳

2015年永州市百岁老人统计表

表13-1

序号	县区	姓名	性别	年龄（岁）	家庭住址
1	冷水滩	阳满花	女	105	普利桥镇朱家洞村
2	冷水滩	盛金秀	女	108	普利桥镇小江桥村
3	冷水滩	冯勇康	男	103	牛角坝镇石溪江村
4	冷水滩	冯吉德	男	105	普利桥宽公村
5	冷水滩	唐艮秀	女	105	岚角山镇阳甸村
6	冷水滩	谭金秀	女	105	竹山桥镇胡家村

续表13-1

序号	县区	姓名	性别	年龄（岁）	家庭住址
7	冷水滩	周金春	女	101	牛角坝镇严塘村
8	冷水滩	黄智秀	女	101	菱角山街道文昌路28号
9	冷水滩	唐良海	男	102	黄阳司镇同乐滩村
10	冷水滩	曹满秀	女	101	岚角山镇新田前村
11	冷水滩	吴延龄	女	100	肖家园街道又一村社区
12	冷水滩	素卫英	女	101	高溪市镇青山洞村
13	冷水滩	邓艮秀	女	100	岚角山镇高桥头村
14	冷水滩	韩四英	女	100	工业园区珍珠塘村
15	冷水滩	伍满秀	女	101	黄阳司镇万福亭村
16	零陵	杨之敏	女	106	南津渡茆江桥社区
17	零陵	黄三妹	女	108	富家桥镇人民桥村
18	零陵	黄老三	女	102	富家桥镇大庙头村
19	零陵	屈银秀	女	102	富家桥镇阳河村
20	零陵	孙炳海	男	102	富家桥镇阳河村
21	零陵	唐阳秀	女	108	富家桥镇富家桥村
22	零陵	李连秀	女	104	珠山镇程家村
23	零陵	邓炳秀	女	104	珠山镇东湘桥村
24	零陵	邹香妹	女	103	石山脚乡九江村
25	零陵	伍子英	女	103	石山脚乡井塘尾村
26	零陵	王湘明	女	101	石山脚乡高林桥村
27	零陵	程玉英	女	104	石山脚乡天河村
28	零陵	谢春秀	女	102	接履桥镇尚木井村
29	零陵	刘定坤	男	109	接履桥镇李家巷村
30	零陵	郑月香	女	102	接履桥镇郑家村
31	零陵	罗阳秀	女	102	接履桥镇四达亭村
32	零陵	胡玉香	女	102	邮亭圩镇合心村
33	零陵	王秀利	女	101	邮亭圩镇六甲河村

续表13-1

序号	县区	姓名	性别	年龄（岁）	家庭住址
34	零陵	王兰香	女	103	菱角塘镇杉树山村
35	零陵	邓菊花	女	101	凼底乡黄皮村8组
36	零陵	唐旺英	女	100	大庆坪乡田家湾村
37	零陵	彭冬玉	女	102	邮亭圩镇乐塘坪村
38	零陵	陈来兄	女	101	南津渡办百万庄社区
39	零陵	李富荣	女	100	七里店芝麻坪社区
40	零陵	蒋老二	女	101	石岩头镇和平村
41	零陵	周金娣	女	100	梳子铺乡马家塘村
42	零陵	蒋冬秀	女	101	石山脚乡莲花塘村
43	零陵	曾广玲	女	100	南津渡办事处
44	祁阳	黄桂秀	女	101	大村甸镇永福坪村
45	祁阳	张美珍	女	101	白水镇一居委会沿江路32号
46	祁阳	陈桂花	女	101	浯溪街道黄府坪社区
47	祁阳	段顺秀	女	107	进宝塘镇种田村7组
48	祁阳	伍子秀	女	107	黎家坪镇颜家湾村3组
49	祁阳	朱兰秀	女	104	黎家坪镇祝益村9组
50	祁阳	张满秀	女	102	黎家坪镇松山村2组
51	祁阳	桂金田	女	101	黎家坪镇官塘村6组
52	祁阳	曾昭林	男	105	龚家坪镇沙子坪村8组
53	祁阳	李桂英	女	101	龚家坪镇沙子坪村
54	祁阳	汪修来	男	102	龚家坪镇甸中间村8组
55	祁阳	谢金秀	女	102	龚家坪镇碳棚村15组
56	祁阳	赵桂香	女	103	羊角塘镇清溪坪村2组31号
57	祁阳	陈菊香	女	102	羊角塘镇石堰村10组
58	祁阳	李年秀	女	104	大村甸镇松树脚村7组
59	祁阳	唐梅秀	女	103	大村甸镇永福坪村5组
60	祁阳	蒋菊秀	女	103	大村甸镇凼桥村8组

续表13-1

序号	县区	姓名	性别	年龄（岁）	家庭住址
61	祁阳	刘桂香	女	102	白水镇竹山村 7 组
62	祁阳	于一秀	女	105	浯溪街道唐家岭村 11 组
63	祁阳	王连秀	女	101	浯溪街道南长街 49 号
64	祁阳	唐冬秀	女	102	浯溪镇藕煤厂住宅楼 2 单元 10 号
65	祁阳	桂国芷	男	102	文明铺镇人民鲁 161 号
66	祁阳	周三一	女	102	文明铺镇三官塘村 3 组
67	祁阳	李才栋	男	102	文富市镇联江村 8 组
68	祁阳	黎有则	女	102	大忠桥镇胜利村 4 组
69	祁阳	成阳秀	女	102	大忠桥镇蟠龙村 9 组
70	祁阳	石　俊	女	104	龙山街道九塘冲社区
71	祁阳	郑如福	男	106	文明铺镇松林湾村 2 组
72	祁阳	唐金秀	女	105	文明铺镇扒船塘村 6 组
73	祁阳	张满秀	女	103	白水镇小湖村 7 组
74	东安	唐端玉	女	102	白牙市镇弹夹村 10 组
75	东安	刘金妹	女	102	白牙市镇金鸡路 94 号
76	东安	陈小妹	女	102	白牙市镇蔡家村 7 组
77	东安	杨九妹	女	101	大庙口镇湾里村 8 组
78	东安	邓秀英	女	100	大庙口镇早禾田村 4 组
79	东安	夏洪年	男	103	紫溪市镇车脚村 4 组
80	东安	李显华	男	101	紫溪市镇荷叶塘村 7 组
81	东安	唐丢妹	女	101	水岭乡下丰村 4 组
82	东安	蒋锡金	女	100	川岩乡白牙水村 3 组
83	东安	李桂英	女	114	井头圩镇石板铺村 19 组
84	东安	蒋满英	女	101	井头圩镇长冲村 4 组
85	东安	邓金娥	女	102	端桥铺镇大井村 8 组
86	东安	翟枚香	女	101	鹿马桥镇水溪村 8 组
87	东安	江菊英	女	101	新圩江镇大浪村 2 组

续表13-1

序号	县区	姓名	性别	年龄（岁）	家庭住址
88	东安	文三英	女	100	南桥镇双江村3组
89	东安	蒋巧云	女	100	大盛镇土马村5组
90	双牌	蒋艮云	女	104	泷泊镇霞灯村
91	双牌	奉天坤	男	102	泷泊镇移民小区
92	双牌	蒋代秀	女	100	江村镇上流江村
93	双牌	马才翠	女	100	上梧江新田铺
94	双牌	罗顺荣	女	101	江村镇双井村2组
95	道县	何顺翠	女	106	白马渡镇报国村7组
96	道县	熊盈耕	男	104	白马渡镇东山村16组
97	道县	金媛菊	女	106	白马渡镇海龙村8组
98	道县	魏情娥	女	103	白马渡镇青口村15组
99	道县	王满女	女	107	东门乡乌家山村1组
100	道县	廖明春	男	105	蚣坝镇后江桥村
101	道县	杨逢钱	男	105	蚣坝镇神背村5组
102	道县	张秀花	女	106	横岭乡莲花村3组
103	道县	陈玉凤	女	102	洪塘营乡大洞田村
104	道县	欧磊清	男	103	洪塘营乡香花树8组
105	道县	唐满桂	女	101	桥头乡桥头村6组
106	道县	何月香	女	104	桥头乡大车坝村6组
107	道县	邓日花	女	105	寿雁镇禾述塘村4组
108	道县	周正本	男	103	寿雁镇社下村12组
109	道县	黄礼花	女	103	寿雁镇下龙洞村
110	道县	易树易	女	104	寿雁镇新村5组
111	道县	李绍祖	男	103	万家庄乡华岩村6组
112	道县	何红花	女	103	仙子脚镇沙田村
113	道县	谢春媛	女	106	祥霖铺镇白面下2组
114	道县	杨女女	女	108	祥霖铺镇草鞋坪5组

续表13-1

序号	县区	姓名	性别	年龄（岁）	家庭住址
115	道县	何翠媛	女	105	西洲街道西洲社区
116	道县	杨见吉	女	105	营江乡唐家村 4 组
117	道县	何桂林	男	102	西洲街道胜利街 1 号
118	道县	蒋喜珍	女	102	东门乡东洲山村 1 组
119	道县	何地元	女	102	桥头乡坦口村 11 组
120	道县	李代荣	女	102	白马渡镇青口村 14 组
121	道县	蒋学德	男	101	白芒铺镇精华村 5 组
122	道县	梁财元	女	101	白马渡镇唐家村 6 组
123	道县	曾根翠	女	105	仙子脚镇小洞尾村
124	道县	吴妹妹	女	103	白芒铺镇湾田社村
125	道县	刘芝荣	女	101	道江镇道县人民医院
126	道县	万保仂	女	100	新车乡蒋家洞村
127	道县	熊端荣	女	100	道江镇建设居委会 6 组
128	道县	彭治桃	男	105	乐福塘乡清塘坪村 3 组
129	道县	朱宗桂	女	100	白芒铺镇下洞村 2 组
130	道县	周光林	男	102	蚣坝镇桃李园村 1 组
131	道县	祝鸾英	女	100	四马桥镇麻汪 4 村
132	道县	唐明俊	男	100	东门乡下塘村 7 组
133	道县	何运江	女	100	桥头乡三桂村 2 组
134	道县	傅桂妹	女	100	道江镇红星街
135	宁远	张金凤	女	108	鲤溪镇三元里村 3 组
136	宁远	樊桂芝	女	106	舜陵镇跳墩石村 18 组
137	宁远	石祥根	男	105	荒塘乡新屋村 9 组
138	宁远	毛美清	男	105	九嶷山乡上洞村 6 组
139	宁远	骆祝英	女	106	冷水镇毛坪头村 15 组
140	宁远	骆运凤	女	105	中和镇杉木脚村 1 组
141	宁远	黄冬荣	女	104	冷水镇宝山村 4 组

续表13-1

序号	县区	姓名	性别	年龄（岁）	家庭住址
142	宁远	胡格格	女	103	中和镇新开村 3 组
143	宁远	蔡子荣	女	103	九嶷山乡上洞村 1 组
144	宁远	乐池珍	女	105	冷水镇大屋地村 5 组
145	宁远	杨九銮	女	103	鲤溪镇寨头岭村 8 组
146	宁远	刘珍秀	女	108	禾亭镇贾家村 6 组
147	宁远	刘万章	女	105	中和镇冷水洞村 1 组
148	宁远	樊柳荣	女	103	冷水镇骆家村 5 组
149	宁远	杨保良	女	102	太坪镇压李家库村 10 组
150	宁远	刘明翠	女	103	舜陵镇冯家村 5 组
151	宁远	黄四秀	女	103	冷水镇桐子山村 3 组
152	宁远	李先荣	女	102	冷水镇上胡家村 6 组
153	宁远	夏合翠	女	102	水市镇渣力坪村 5 组
154	宁远	欧阳桂生	男	102	中和镇老村 5 组
155	宁远	卢正元	男	101	九嶷山乡奇生村 8 组
156	宁远	力秀英	女	101	舜帝陵镇罗家村 9 组
157	宁远	蒋凤金	女	103	清水桥镇二村 4 组
158	宁远	黄秋凤	女	103	保安乡朱日村 8 组
159	宁远	唐闰玉	女	103	太平镇谢家村 11 组
160	宁远	谢从秒	男	102	保安乡知止门村 9 组
161	宁远	唐美夯	女	101	天堂镇江村 4 组
162	宁远	徐运娥	女	101	舜陵镇茂塘村 2 组
163	宁远	柏利清	女	101	柏家平镇霸子头村 11 组
164	宁远	成武德	男	101	冷水镇百美村 2 组
166	宁远	李邦星	男	101	柏家坪镇三文洞村 9 组
167	宁远	杨良翠	女	100	太坪镇夏千七村 10 组
168	宁远	李德全	男	100	中和镇老彰家村 12 组
169	宁远	欧阳杰凤	女	100	中和镇长龚家村 6 组

续表13-1

序号	县区	姓名	性别	年龄（岁）	家庭住址
170	宁远	彭秀英	女	100	九嶷山乡花盘洞村 6 组
171	宁远	欧长夯	女	100	禾亭镇黄湘村 1 组
172	宁远	欧阳次横	女	100	中和镇坝眼村 14 组
173	宁远	谢金旺	男	100	水市镇桂里园村 5 组
174	宁远	陈明干	男	100	舜陵镇九嶷路 165 号
175	宁远	李桂玉	女	100	舜陵镇南门街 159 号
176	新田	蒋瑞云	女	102	龙泉镇潭田村
177	新田	雷裕重	男	105	龙泉镇朝阳社区
178	新田	黄德荣	女	102	龙泉镇白鹤仓村
179	新田	陆运玉	女	105	骥村镇乌下村
180	新田	李柏贞	女	102	新圩镇兰溪村
181	新田	蒋桂翠	女	104	新圩镇大岭脚村
182	新田	廖社元	男	108	石羊镇清水湾村
183	新田	夏美金	女	104	十字镇乐聪村
184	新田	梁四妹	女	101	冷水井乡潮水铺村
185	新田	高金翠	女	100	茂家乡梅溪村 2 组
186	新田	毛年凤	女	102	金盆圩乡骆伯二村
187	新田	骆有凤	女	111	金盆圩乡陈继村
188	新田	何德生	男	103	陶岭乡牛塘村
189	新田	郑长云	女	100	高山乡程家村
190	新田	唐尧发	男	101	知市坪乡黄家舍村
191	新田	候梅姣	女	100	知市坪乡石溪村
192	蓝山	廖仁婷	女	102	塔峰镇西南村
193	蓝山	李光杰	男	100	塔峰镇新民村
194	蓝山	雷遥婷	女	100	塔峰镇山湾村
195	蓝山	陈东梅	女	101	竹市镇廖伏荣村
196	蓝山	黄国翠	女	101	竹市镇荷叶塘村

续表13-1

序号	县区	姓名	性别	年龄（岁）	家庭住址
197	蓝山	欧婷香	女	102	毛俊镇鹊峰村
198	蓝山	杨富才	男	100	楠市镇下洞村
199	蓝山	何桂荣	女	105	楠市镇熊家村
200	蓝山	杨景文	女	100	所城镇长铺村
201	蓝山	薛金容	女	102	新圩镇神溪村
202	蓝山	钟竹屏	女	101	汇源乡源峰村
203	蓝山	桂成玉	女	111	荆竹乡十里村
204	蓝山	黄保兰	女	101	祠堂圩乡祠市村
205	蓝山	薛年凤	女	102	祠堂圩乡祠市村
206	蓝山	曾秀珍	女	104	祠堂圩乡背山村
207	蓝山	唐光福	男	102	土市镇上泉洞村
208	蓝山	唐顺仪	女	102	土市镇埠头村
209	蓝山	蒋圣财	男	102	太平圩乡观洞村
210	江华	王洋田	男	103	码市镇竹市村 3 组
211	江华	李姣妹	女	108	河路口镇招礼村
212	江华	李三苟	女	101	河路口镇牛路村 73 号
213	江华	任冬莲	女	100	河路口镇牛路村 186
214	江华	何神娥	女	113	白芒营镇大山脚村
215	江华	于小妹	女	105	白芒营镇骥马塘村
216	江华	奉瑞申	男	105	白芒营镇大塘背村 4 组
217	江华	于枝春	男	101	小圩镇枫源村
218	江华	邹运龙	男	103	东田镇下茶园村
219	江华	程满音	女	102	涛圩镇上营村
220	江华	冯首娥	女	102	界牌乡杜家田村
221	江华	冯满妹	女	101	贝江乡合新村 3 组
222	江华	钟福英	女	103	河路口镇尖子山村 186 号
223	江华	李妹仔	女	101	国有林场杉木园村

续表13-1

序号	县区	姓名	性别	年龄（岁）	家庭住址
224	江华	赵进和	男	101	码市镇大寨村 33 号
225	江华	翟桂姣	女	100	花江乡水口寨村 1612 号
226	江华	李全英	女	100	两岔河乡瘊子脚村 6 组
227	江华	何辛凤	女	101	大圩镇大塘村
228	江永	陈太连	男	104	桃川镇富美村 6 组 100 号
229	江永	义花芝	女	100	上江圩镇河源村 8 组 003 号
230	江永	刘四四	女	100	千家峒瑶族乡刘家庄村 1 组 045 号
231	江永	李秀芝	女	103	潇浦镇环城西路附 024 号
232	江永	蒋清奎	女	104	潇浦镇江河村 2 组 032 号
234	江永	蒋焕色	女	100	上江圩镇呼家村 1 组 004 号
235	江永	刘道春	男	102	上江圩镇呼家村 8 组 296 号
236	江永	何珠玉	女	101	上江圩镇下新屋村 5 组 217 号
237	江永	李四妹	女	100	松柏瑶族乡南峰山村 2 组 082 号
238	江永	卢年玉	女	101	黄甲岭乡黄泥铺 3 组 122 号
239	经开区	唐麻雀	女	103	仁湾镇木瓜埠村
240	经开区	雷下秀	女	103	仁湾镇袁家村

第十四章　消费者委员会

永州市消费者委员会（简称“市消委”）于1996年8月经市民政局批准成立，系对商品和服务进行社会监督、保护消费者合法权益的公益性社会组织。截至2015年年底，全市各级消费者委员会受理消费者投诉98367件，为消费者挽回经济损失8767万元。

第一节　机构队伍

一、机构

（一）市消费者委员会

1996年8月16日，永州市消费者委员会成立。市消委接受市政府的领导和省消委的指导，市工商行政管理局是市消委的业务主管单位。市消委由各职能部门、企事业单位、社会组织、新闻媒体、消费者代表组成，实行委员会制度。委员会设会长1人，副会长3~5人，秘书长1人，副秘书长5~6人。同时，为加强对消费维权工作的领导，聘请市人大、市政府、市政协、市工商局有关领导为市消委的名誉会长。秘书处为市消委常设办事机构，定编7名，下设办公室、投诉咨询部、宣传教育部、消费指导部，由工商、质监、食药、卫生、住建、物价、广电、报社等部门组成。1996—2015年，先后召开3次委员代表大会。

（二）县（区）消费者委员会

1996年8月，市消委成立。同年，冷水滩、零陵、东安、双牌、宁远、蓝山、新田、江永等县（区）相应成立消费者委员会；道县、江华于1998年，祁阳于2001年，回龙圩管理区于2006年分别成立消费者委员会。

各县（区）消费者委员会历届会长名录：

冷水滩区（1996—2015年）：杨克柳　熊金姣　黄和平

零陵区（1996—2015 年）：李立志　唐道和　李志军　蒋建军
祁阳县（2001—2015 年）：周　磊　周毅明　周　震　邓满清
东安县（1996—2015 年）：蒋照群　荣玉生　唐小燕
双牌县（1996—2015 年）：朱厚龙　刘锦柏　郭强民　秦建阳　王长义
道　县（1998—2015 年）：何兰忠　胡上前　周小明　徐文胜　莫运兵　陈八顺
江永县（1996—2015 年）：周水祥　田宏志　成江恒　黄友仁　蒋　斌　陈亚辉
江华县（1998—2015 年）：李俊斌　彭湘晖　蒋福钧
新田县（1996—2015 年）：李应新　樊平安　袁运国　刘亚斌
宁远县（1996—2015 年）：欧学运　陈进辉　刘火清　郑　军
蓝山县（1996—2015 年）：张尚济　李宗替　蒋汉君　彭盛辉　李晓娟
回龙圩管理区（2006—2015 年）：田宏志　王斗星

二、队伍

1996 年，市消委成立，定编 7 名。随后，冷水滩、零陵、东安、双牌、宁远、蓝山、新田、江永 8 个县（区）相继成立消费者委员会，有专职人员 16 人。1998—2001 年，道县、江华、祁阳 3 县相继成立消费者委员会，有专职人员 7 名。截至 2001 年，市、县两级消委有专职人员 30 名。

自 2000 年起，随着各县（区）消费者委员会的成立，各消协分会、消委分会也相继成立。截至 2015 年 12 月，全市有消委、消协组织（含分会）208 个，消费者投诉站及“12315”联络站 3422 个，有专、兼职工作人员 4000 多人，基本形成纵向到底、横向到边、覆盖全市的消委组织体系，构建“以市消委为龙头，以县（区）消委为骨干，以乡镇消委分会为基础，以消费者投诉站为触角”的四级维权网络。

第二节　代表大会

一、第一次代表大会

1996 年 8 月 16 日，市消委召开第一次代表大会，参会委员代表 67 人。市政府常务副市长蒋桃生当选名誉会长，市工商局副局长邓能发当选会长，市工商局郭爱民当选秘书长。

二、第二次代表大会

2002年6月3日，市消委召开第二次代表大会，参会委员代表98人。市政府常务副市长崔永平、市人大常委会副主任彭爱华、市政协副主席李续荣、市委助理巡视员唐绩祚当选名誉会长，市工商局副局长周新民当选会长，陈车平、罗昌福、唐高尚当选副会长，蒋汉君当选秘书长，王和厚、刘楚平、胡安连、黄青柳、廖永东当选副秘书长。2006年5月，市消委第二届二次常委会议改选程万峰为秘书长。

三、第三次代表大会

2010年12月21日，市消委召开第三次代表大会，参会委员代表156人。市政府常务副市长周德睿、市人大常委会副主任赵荣、市政协副主席彭爱华、市工商局局长郭科技当选名誉会长，市工商局调研员阳卫华当选会长，市物价局副局长李爱玲、市质监局副局长高守凯、市卫生局副局长赵承保、市房产局副局长陈锻淑、零陵卷烟厂副厂长王浩明当选副会长，市工商局王斗星当选秘书长。

2013年3月，市消委第三届二次常委会议增选市工商局局长张国政为名誉会长，市工商局田宏志为秘书长。

1996—2015年市消委历届领导一览表

表14-1

届别	消委职务	姓名	单位及职务
第一届（1996.08—2002.05）	名誉会长	蒋桃生	市委常委、常务副市长
	会　长	邓能发	市工商局副局长
第二届（2002.06—2010.11）	名誉会长	崔永平	市委常委、常务副市长
	名誉会长	彭爱华	市人大常委会副主任
	名誉会长	李续荣	市政协副主席
	名誉会长	唐绩祚	市委助理巡视员
	会　长	周新民	市工商局副局长
	副会长	陈车平	零陵卷烟厂副厂长
	副会长	罗昌福	市物价局副局长
	副会长	唐高尚	市质监局副局长

续表14-1

届别	消委职务	姓名	单位及职务
第三届（2010.12—2015.12）	名誉会长	周德睿	市委常委、常务副市长
	名誉会长	赵　荣	市人大常委会副主任
	名誉会长	彭爱华	市政协副主席
	名誉会长	郭科技	市工商局局长
	名誉会长	张国政	市工商局局长
	会　长	阳卫华	市工商局调研员
	副会长	高守凯	市质监局副局长
	副会长	李爱玲	市物价局副局长
	副会长	赵承保	市卫生局副局长
	副会长	陈锻淑	市房产局副局长
	副会长	王浩明	零陵卷烟厂副厂长

第三节　咨询服务

1997 年，市消委会同芝山工商分局、芝山区消委，组织农机公司、农资公司、畜牧水产局等单位，在芝山区珠山镇集日开展现场咨询服务活动，现场接受咨询 100 多人次，参加听众 2000 多人。

1998 年 6 月，市消委联合市工商行政管理局开通“12315”咨询服务电话，消费者可以随时反映消费问题和咨询相关问题。是年，市消委在冷水滩区组织质监、物价、卫生、烟草等职能部门及“TCL”王牌、“长虹”、“红桃 K”、“大力醇”等大型企业义务为消费者服务。

1999 年，围绕“为了农村消费者”这一主题，组织农机、种子、农资等部门到乡村、下田头为农户开展咨询服务活动。组织召开由工商、质监、物价、卫生、电信、邮政、烟厂等 20 个部门负责人及 160 名消费者代表参加的“3·15”咨询服务消费维权座谈会。

2000 年，围绕“明明白白消费”年主题，开展“明明白白打电话”“明明白白就医”“明明白白购房”“明明白白保险”“明明白白旅游”等咨询服务活动。

2001—2012 年，各县（区）相应建立“12315”服务平台，在农村、社区、企业、商场、旅游景区建立126个服务站。市消委会同市工商局开辟永州市红盾信息网，为消费者提供信息和咨询服务，并在网站开辟消费课堂、消费信息、消费警示、曝光台等栏目，讲解消费维权知识，及时提供新的消费信息。通过消费警示告知消费者涉及人身和财产安全的重大隐患和消费陷阱，提醒消费者免受危险消费方式的伤害。同时，还通过召开“3·15”新闻发布会，发布上一年全市流通领域商品质量检测情况、消费投诉十大热点、消费维权十大案例等，使广大消费者进一步了解全市商品质量、消费热点，提振全市消费者的消费信心。

2011年3月16日，市消委在零陵区富家桥镇开展“送法维权促发展”“3·15”大型宣传咨询活动

2013—2014年，开展消费调查，组织消费听证，为消费者排忧解难。2013年3月，根据消费者反映的“冷水滩城区育才路公交车乘车难”问题，市消委给市交通运输客运管理办公室印发关于“进一步加强改善育才路公交车行驶有关问题”的函，推动问题很快得到解决。2014年，市民向市消委反映中心城区污水处理收费增加群众负担。市消委及时向市政府汇报，并积极与有关部门沟通，最终有关部门取消污水处理收费。

2015年，市民把小区用电安装、维修收费、出租车收费调价等问题反映给市消委。市消委组织力量，走访建设单位、业主、有关行政管理部门及广大消费者，进行深入细致的调查，形成调查报告，积极主动地向市政府汇报，并组织消费者代表参加由政府管理部门召开的听证会，为消费者维权谋取正当合法权益。1996—2015年，通过开展“3·15”宣传活动，为消费者提供现场咨询服务1.7万多人次。

第四节　消费维权

一、法制宣传

1996年，市消委认真贯彻《中华人民共和国消费者权益保护法》（简称《消费者权益保护法》），通过“3·15”国际消费者权益日、消费宣传教育“五进”活动（进农村、社区、学校、商场、旅游景区），以开展专题讲座、举办展览、文艺晚会、知识竞赛等方式开展消费宣传教育活动。

1997—2000年，市消委重点宣传“讲诚信、反欺诈”“明明白白消费”等方面内容。针对生产和流通领域制售假冒伪劣商品、欺诈消费者行为持续递增的趋势，市消委举办“讲诚信，反欺诈”论坛活动，司法、行政部门领导及经济学界、法学界、工商企业、消费者代表出席，论坛就现实生活中存在的欺诈消费者行为的表现、危害、根源以及深层次的原因、治理的措施和办法等，进行深入探讨。同时，开展百货、五金、食品、建材等十大行业经营承诺调查。在农村，市消委召开旨在建立健全农村消费者组织监督网络和普及《消费者权益保护法》知识的现场经验交流会，开展农资比较试验和涉农调查。

2010年春耕期间，市消委、农业、工商、质监等部门组成综合执法组深入江华瑶族自治县，检查种子、化肥、农药等春耕物资销售情况

2001—2005年，市消委重点宣传“科学消费”“健康·维权”等方面内容。2002年，组织开展以“科学消费”为主题的“3·15”国际消费者权益日大型宣传咨询服务活动，发放宣传资料4000多份，引导消费者合理、科学消费，全面提高消费者理性消费素质。开展“广告与科学消费”评议活动，召开现场评议会3次，与会消费者300多人，规范广告宣传，增强消费者对广告的客观认识。大兴调查研究之风，先后4次深入农村、社区、学校，开展对农村消费者、儿童消费者、老年消费者、民工消费者、学生消费者等特定区域、特定阶层消

费者生命健康有关情况的调查；多次深入商店和市场调查，加强与生命安全健康有关的商品和服务的比较试验，如菜篮子、米袋子、油瓶子、调味罐子、奶粉、饮料、保健品等，并通过电视和报纸等媒体对外发布有关生命健康的消费警示提示，向消费者提供损害生命健康的产品、服务及不法经营者的信息。

2006—2010 年，市消委重点宣传“消费与环境”“消费与发展”等方面内容。各县（区）消委利用农村“集市日”，组织开展节约用粮、用水、用电、用油、用纸等系列教育活动，引导消费者、经营者崇尚节俭、反对浪费，保护环境资源，倡导健康、文明的消费方式和消费行为，树立可持续发展观。市消委依托建立在乡、村的“一会两站”，设立消费教育课堂，建立信息咨询服务站，介绍商品和服务知识，并通过广播电视宣传、办宣传栏、发放宣传资料等方式，做好农村消费教育和指导工作。

2011—2015 年，市消委重点宣传“消费与民生”“消费与安全”等方面内容。市消委采取会议、座谈等各种形式，组织开展消费教育引导工作，引导和加快居民消费结构优化与升级转型；围绕消费者反映强烈的民生问题，加强对相关领域的社会监督，促进行业自律，维护市场秩序，提振消费信心，增加消费需求。先后 8 次组织开展家用轿车、商业零售业、银行、保险、电信、邮政、公用事业等方面的消费者满意度测评，为规范服务行业、改善消费环境提供必要保障。

2011 年 1 月 7 日，市质监局、市消委组织检查组深入企业督查产品质量

1996—2015 年，全市消委系统开展宣传咨询服务活动 1267 次，发放宣传学习资料 236 万余份，出动宣传车辆 869 台次，开辟广播、电视、报刊“消费者维权、天天‘3·15’”专栏、专题节目 189 个，发表文章、稿件 713 篇，出版《学生消费手册》《金融消费知识》《互联网购物》《消费维权攻略》等宣传书籍 6 种，举办消费专题讲座 236 场，组织消费检查 26 次。每年“3·15”国际消费者权益日，市、县（区）政府领导都分别发表告全市、县（区）消费者的消费维权电视讲话，引导市民科学、文明、绿色、健康消费。

二、受理投诉

1996年，全市消费者投诉情况：质量问题占41.47%，售后服务问题占22.73%，合同问题占12.23%，价格问题占5.27%，虚假宣传问题占4.8%，安全问题占3.16%，假冒问题占2.83%，计量问题占1.16%，其他问题占6.36%。产品质量、售后服务和合同问题仍是引发投诉的主要原因，占投诉总量的七成以上。1997年，通过受理投诉，质量类投诉比重减少4.92个百分点。

2010—2015年，投诉热点集中在：网络环境欺诈多，远程消费购物令人忧；手机“质量门”影响大，引起各方重视；汽车投诉数量大，销售服务“猫腻多”；房地产交易有“陷阱”，消费风险加大；“网约车”投诉成新热点；家用电子电器类投诉居高不下；生活、社会服务类投诉问题多，商家诚信面临考验；服装鞋帽类投诉突出，质量和售后服务群众有意见。

面对这些问题，各级消委不回避、不推诿，积极认真对待。

1998年5月29日，双牌县五里牌乡全家洲村陈潮正等8户农民在芝山区富家桥镇因购买“金种冠龙”西瓜种歉收，涉嫌种子质量问题，芝山区消委接到投诉后，立即与农业部门的技术员展开调查，最终这8户农民获得3.9万元的赔偿。

1999年1月11日，道县洪塘营乡1名10岁男孩被狗抓伤脸部，及时被送到当地卫生院进行治疗，在规定的间隔时间注射第四支狂犬疫苗后，仍然发狂犬病于2月1日死亡。死者父母投诉后，道县消委进行深入细致调查，取得充分证据，认为卫生院有过错：一是狂犬疫苗进货渠道不明，无进货发票；二是没有注射抗血清控制病情；三是药检无结果。后经道县消委调解，卫生院一次性向死者父母赔偿1.6万元。

1999年农历正月初三，冷水滩区一未成年消费者因购买属于禁销“雷管炮”而被炸断左手，造成终身残疾。3月，市消委受理投诉后，及时进行调查取证，在多次调解无效的情况，市消委支持受害者向法院起诉，受害者最终获得9万元赔偿。

2000年8月17日，黎家坪镇火车站一名搬运工因购买广西漓泉啤酒不幸被一瓶自爆的啤酒瓶玻璃碎片击伤左眼，造成左眼视力降低到0.05，八级伤残。祁阳消委受理后，与双方沟通40余次，往返函件50多件，集中调解30余回，行程500多公里，在广泛调查、事实清楚的情况下，受害者最终获得医药费、司法鉴定费、护理费、误工费、残疾生活补助费等共计5.6万元一次性赔偿。

2001年3月，祁阳供销车队1名职工乘坐湘M2257号中巴车从芝山返回祁阳途中经竹山桥路时发现钱包被盗，在与盗窃分子争执中，被刺伤左大腿主动脉。受害人当即要求司机不要停车、将车直接开去派出所，但司机停车，使犯罪嫌疑人抢劫行凶后逃跑，造成受害方因住院治伤等经济损失近万元。经祁阳县消委调查调解，被投诉方只愿意承担1000元的损失费。调解没有达到预期目的，祁阳县消委支持投诉方向法院起诉并提交相应的调查材料，最后受害人在县法院的审理判决中获得全部赔偿。

2001年4月22日，一位业主投诉54000元购买的住房有10多处裂痕，多次与房产开发商协商未果，开发商以质监部门鉴定没有质量问题为由，不予退房。市消委受理投诉后，当天进行拍照、察看，初步确认有质量问题。当场与开发商老板协调。第二天一早，开发商主动找到该业主，同意以门面换住房，并在两天内办好有关手续。

2006年，江永县消委受理一起香芋种植户投诉湖南大方农化有限公司的案件，受害农户84户，受损芋田194.2亩，损失逾40万元。县消委组织两次调解，厂家最后向受损农户赔偿42.7万元。这是永州市第二届消委受理消费者投诉赔偿最多的案例。

2007—2009年，市消委将医疗和房产投诉列为重点。2009年年初，湖南科技学院一名患者因看了某医院的电视医疗广告，到该医院花了近两千元治疗费，因被该医院误诊，向市消委投诉。市消委通过调查，多次走访医院的专家，最后责成该医院退还医疗费，并向患者道歉。一位业主在河东购买一套住房，因餐厅和厨房渗水严重，向市消委投诉。市消委认真开展调查，通过与开发商、消费者协调，开发商赔偿该业主2000元。

2010年11月16日中午，在蓝山某大酒店举行婚宴中，新郎龙某及亲友6人食用一道名为“百合排骨汤”的菜品后，出现头晕、腹痛、呕吐、下泄等症状，被送到蓝山县中心医院进行治疗，经确诊为食物中毒。县消委接到投诉后，组织县工商局、食品药品监督管理局、卫生监督所等单位，对中毒事件进行调查，并对“百合排骨汤”进行化验。结果发现是急性洗涤剂中毒，阴离子含量超标170，这是酒店管理不善、服务人员误把洗涤剂倒入汤中所致，酒店应承担全部责任。县消委多次召开协调

2014年3月13日，江永县联合执法人员在卷烟销售点进行执法检查

会，组织酒店方与受害人反复协调。2011 年 4 月 18 日，双方最终达成调解协议：酒店方按比例赔偿受害人精神补偿费、污染食品赔偿费、交通费、医疗费等共计 37448 元。

2010 年 12 月，永州市跃华科技开发有限公司与长沙市芙蓉区信泰电子产品经营部签订安装电子摄像头合同，标的 37.58 万元，余某预付 16.5 万元。摄像头安装后，发现清晰度不好，夜视效果差。跃华科技开发有限公司多次要求退货并赔偿损失，但信泰公司不同意退货、赔偿损失，只同意修理。多次修理后仍达不到效果。2011 年 7 月，跃华科技开发有限公司向市消委投诉。市消委通过调查，召开协调会，依法进行调解，长沙信泰经营部退还跃华科技开发有限公司 16.5 万元的预付款，并赔偿损失 3.2 万元。

截至 2015 年 12 月底，全市各级消委组织受理消费者投诉 98367 件，为消费者挽回经济损失 8767 万元。

第十五章　个体劳动者私营企业协会

永州市个体劳动者私营企业协会（简称“市个私协会”）成立于1996年9月，系个体工商户、私营企业等组织和个人自愿组成，经市民政局核准登记，并接受市工商行政管理部门指导的非营利性社会团体。市个私协会接受市工商行政管理部门的指导，履行“自我教育，自我管理、自我服务”的职责，自主开展工作，发挥党委、政府联系广大个体劳动者和私营企业的桥梁纽带作用。

第一节　组织机构

一、市个私协会

1996年9月，经市民政局核准，市个私协会成立。其主要职能有：宣传党的路线、方针、政策，开展爱国主义教育、法制教育，组织会员学习法律法规，遵章守法，文明经营；调查研究个体私营企业发展状况，向党委、政府和有关部门提出促进个体私营经济发展的建议；协助政府和有关部门做好对个体私营企业管理工作，发挥助手作用；做好会员维权工作，维护个体私营企业合法权益，反映个体私营企业的合理意见和要求，提供咨询服务；进行生产经营指导，开展业务培训、技术交流，为会员发展生产提供服务；指导个体私营企业建立党组织、工会组织，协调劳动关系，教育职工维护自身合法权益；组织会员开展文化娱乐活动；向社会宣传个体私营企业中的先进典型事迹；承办党委、政府和有关部门委托事项，指导辖区内个私协会工作；组织个体私营企业开展社会公益活动。

市个私协会有内设机构4个：秘书处、组织联络部、档案部、维权部，工作人员6人。

二、县（区）个私协会

市个体私营协会成立后，全市11个县（区）和回龙圩管理区也相继成立个私协会以及相关分会。至2015年，全市有县（区）级个私协会12个、分会107个、分会小组319个，从事协会工作人员近2000人，其中脱产、半脱产近800人。

各县（区）、管理区个私协会历任会长名录：

冷水滩区：余楚家　谭世芳　李国林　宋振明

零陵区：李立志　熊春风　唐冠荣

祁阳县：周　磊　雷福生　周立明　刘　勇

东安区：谭宇飞　叶常德　周海雄

双牌县：陈跃明

道　县：王福忠　黄香芝　何兰忠　蒋本语　蒋文清　王斗星

江永县：陈亚辉　黄友仁

江华瑶族自治县：王树生　陈爱军　吴江涛　廖继玲

宁远县：欧学运　徐文胜

蓝山县：谭清波　张尚济　刘光明　梁帮云　李晓娟　杨建彪

新田县：刘雅斌　郑小华　袁运国　李应新

回龙圩管理区：唐志林

2005年10月9日，冷水滩个私协会举办会员首届运动会

第二节　代表大会

一、第一次代表大会

1996年9月，全市个体工商户、私营企业协会代表大会召开，出席大会代表

115 人。其中个体工商户代表 58 人，私营企业代表 25 人，其他代表 32 人。会议选举何应元为第一届市个私协会会长。

二、第二次代表大会

1999 年 10 月 18 日，市个私协会第二次代表大会召开，出席会议代表 136 人。其中个体工商户代表 63 人，私营企业代表 41 人，其他代表 32 人。何应元代表第一届理事会作工作报告。会议选举何应元为第二届市个私协会会长。

三、第三次代表大会

2002 年 7 月 2 日，市个私协会第三次代表大会召开，出席会议代表 134 人。其中个体工商户代表 66 人，私营企业代表 39 人，其他代表 29 人。何应元代表第二届理事会作工作报告。会议选举邓卫群等 28 人为市个私协会第三届理事会理事，选举黄明华为会长，左雪飞、伍崇雄、邹伯伦、陈宝忠、唐建文、卿志才为副会长。

四、第四次代表大会

2007 年 6 月，市个私协会第四次代表大会召开，出席会议代表 132 人。其中个体工商户代表 64 人，私营企业代表 38 人，其他代表 30 人。会议选举产生第四届理事会理事，选举宋仪生为会长。

1996—2015 年市个私协会历届领导一览表

表 15-1

职务	姓名	任职时间
名誉会长	蒋桃生	1996. 09—2000. 06
	邓三龙	2000. 07—2002. 06
	崔永平	2002. 07—2006. 09
	唐松成	2006. 10—2010. 11
	周德睿	2010. 11—2013. 03
	易佳良	2013. 05—2015. 07
	唐湘林	2015. 07—

续表15-1

职务	姓名	任职时间
会长	何应元	1996.09—2002.07
	黄明华	2002.07—2007.06
	宋仪生	2007.06—2012.12
	吴跃归	2013.01—
秘书长	郑际云	1996.09—2002.06
	李俊斌	2002.07—2003.12
	李新民	2003.12—2007.06
	蒋振军	2007.06—2012.12
	唐衡生	2013.01—

第三节　会员服务

一、解难

针对个体工商户、私营企业缺乏资金周转，向银行贷款难的问题，2009年，市个私协会与中国工商银行永州分行签订战略合作协议；2013年，又与邮政储蓄银行永州分行签订合作协议，推进银企合作，帮助会员解决融资难题。全市各级个私协会共帮助1031户个体工商户、731家私营企业融资32.1亿元。其中，冷水滩区个私协会积极向各银行协调，组织召开座谈会，帮助会员争取金融部门的支持，186家私营企业和个体工商户贷款共计5.98亿元。祁阳县、宁远县个私协会积极为会员收集融资需求信息，推荐贷款产品，提供信用记录，帮助175家个体工商户和私营企业融资6.8亿元。道县、东安县个私协会举办融资洽谈会，依托银企合作网，实行网上办理与网下办理、金融产品推荐与扶持政策宣传相结合，帮助260家农私营企业和个体工商户融资6.1亿元。新田县个私协会制定《融资服务工作方案》，向银行推荐融资对象168个，为个体工商户、私营企业融资1.3亿元。蓝山县个私协会采取个人担保、集体联保的方式，帮助个体工商户、私营企业贷款4.5亿元。零陵区个私协会成立个体工商户、私营企业联保贷款协会，帮助217家企业、2户个体户贷款4.5亿元。江华县、双牌县个私协会开展“访百企、进百店、送金融”服务活动，为个体工商户、私营企业提供贷款、资金结算等金融服务，提供贷款

1.7 亿元。

同时，全市各级个私协会针对制约个体私营经济发展的突出问题，广泛开展调查研究，形成专题调查报告向全市各级党委、政府进行汇报。市委、市政府高度重视，于 1997 年 6 月重新成立市发展个体私营经济领导小组，于 1998 年 11 月下发《关于加快永州市个体工商户私营企业发展的若干规定》，为个体工商户和私营企业经济发展创造宽松发展环境。比如，蓝山县个私协会走访全县所有的个体工商和私营企业，实地帮助个体和企业排忧解难，并组织会员到广东考察，通过引进技术经验和管理模式、召开研讨座谈会等形式介绍发展经验，推动全县个体工商户和私营企业发展；道县个私协会在各分会设立服务点，建立诚信名录和沟通信息平台，提供产品销售信息 926 条，及时帮助化解矛盾和纠纷 806 个。

二、培训

2000 年，市个私协会针对市个体工商户和私营企业队伍庞大、人员素质参差不齐的现状，制定《个体劳动者、私营企业职业道德规范》，成立永州市职业道德教育领导小组，由协会会长任组长，协会秘书长兼任办公室主任，主持职业道德教育的指导、督查和验收工作。市个私协会每年举办 3 期职业道德骨干培训班，请专家学者当面授课，为各县（区）个私协会培养骨干 386 人。

各县（区）个私协会把加强对个体工商户、私营企业主的职业道德培训作为一项重要工作来抓。东安县个私协会将个人职业道德与社会需求、人民生活紧密结合，用不讲信用、不守规则、做事没有责任心造成恶果的反面例子警示会员、启发会员，并请爱岗敬业、诚实守信、办事公道、服务群众、奉献社会优秀会员介绍经验。冷水滩个私协会制定个体工商户道德行为准则。祁阳县个私协会分期分批请县文明办工作人员为个体工商户和私营企业主授课。宁远县、新田县个私协会教育引导会员争当“三个模范”，即当爱国、敬业、奉献的模范，当坚定贯彻执行党的方针、政策的模范，当遵纪守法、诚实劳动的模范。零陵区个私协会每年举办 2 期职业道德培训班。江永县、道县个私协会组织会员开展多种形式职业道德培训。

2000—2015 年，市个私协会先后 3 次邀请专家办学讲课，组织广大会员集中学习经营、管理等方面业务知识和技能。同时，市个私协会、县（区）个私协会组织人员，经常性深入私营企业、个体工商户宣讲发展业务、增加经营收入的相关知识，致力提高个体工商户和私营企业主的业务水平，推动私营经济发展。

第四节 法律维权

一、法律宣传

1996年，市个体私营协会成立之后，通过会议宣讲、个别座谈等形式，不断加强对个体工商户、私营企业从业人员的法制宣传教育，提高他们的法律意识和法律素质。

2000年，中国个体劳动者私营企业协会制定《全国个私协系统2001—2005年法制宣传教育规划》。市个私协会结合实际制订相应的计划，积极推进法制宣传教育工作，并将法制宣传教育列入目标考核内容，使个私协系统法制教育逐步走向规范化、制度化的轨道。积极组织县（区）基层个私协会，利用重大活动期间举行的法律维权宣传活动，向群众及个体私营经户发放《永州市个体工商户、私营企业维权服务部维权职责》《企业年报公文手册》《五证合一、一照一码改革解读》《中华人民共和国广告法》《中华人民共和国消费权益保护法》《企业信息公示暂行条例》等宣传资料。

各县（区）个私协会在法制宣传教育工作中突出抓好基本法律法规和与生产经营有关的法律法规的宣讲。每年利用“3·15”消费者权益保护日广泛开展宣传活动。

二、法律培训

2012年，市个私协会邀请税务管理学家、全国注册会计师、湖南大学经济学院财政税务系主任、博士生导师谭光荣以“为2012年终企业税务盘点与税务稽查”为主题开办讲座，培训4800多人次。

2013—2015年，市个私协会领导多次深入县（区）基层，帮助县（区）基层个私协会开展法律培训。祁阳县个私协会举办法律知识讲座80场次，分行业深入企业讲解法律文书写作要点、经济合同诉状、经济纠纷诉讼等实用知识。道县个私协会举办案例剖析班15期；零陵区个私协会举办法律知识培训班25期；冷水滩区、江华县、新田县、双牌县、江永县个私协会采取多种形式，请法律学者、专业人士开展知识讲座，会员受训率达98%以上。

三、法律维权

市个私协会认真履行法律维权职能，积极为促进个体工商户、私营企业提供维权服务。在市个私协会的指导下，祁阳县、冷水滩区个私协会为会员免费聘请律师两名，免费为会员代办会员需求法律文书、法律诉讼，为会员辩护 300 多件，追回经济损失 1900 多万元。东安县、宁远县、江永县个私协建立法律维权服务工作制度，明确工作职责，细化工作指标，将维权服务列入年终目标考核的内容，经常到会员中了解维权服务中存在的问题，发放意见征求表，公开电话号码，自觉接受全面监督。江华县、双牌县个私协会维权部与工商局“12315”维权热线相连接，实行 24 小时服务承诺制，让会员的诉求能及时得到帮助。

第五节　公益活动

一、爱心助学

1998 年，冷水滩区个私协会向全区 2000 名会员发出倡议书，号召大家让点滴之爱聚成大海。会员王晓儒积极响应倡议，先后资助贫困学生读高中 5 人、上大学 6 人，助学金额达 18 万元。2004 年，冷水滩区个私协会党委在保持共产党员先进性教育活动中，主动开展“三做三带头”活动，全体党员捐款 16 万余元，资助 16 名贫困大学生完成学业。党员蔡永生每年资助 2 万元，帮助贫困学生曾丽姐妹两人就读大学，一直到两姐妹大学毕业。

2005—2014 年，冷水滩区个私协会党委持续组织有经济能力的党员献爱心，资助小学生 29 人、大学生 45 人，累计捐款助学 130 万元；帮助特困经营户 62 户，解决扶贫帮困资金 60 万元。伊族服装店老板、分会党员李雪个人捐款 2 万元，资助 7 名贫困学生上学。冷水滩区个私协会肖家园分会党支部连续 8 年开展助学活动，资助学生 109 人。

2015 年，永州经开区爱心人士和个体工商户在体育馆开展捐赠助学善款活动，诚信经济个体户食家庄土菜馆捐助 1 万元，并“一对一”帮扶仁湾街道老家村贫困大学生袁玲上大学；三湘电缆公司资助屈玲等 5 名贫困生大学四年的学费；建都超市捐款 3 万元用于资助贫困学生。

二、爱心捐助

2001 年 6 月，冷水滩区个私协会杨家桥分会一名会员触电身亡，家庭生活陷入困境。杨家桥分会党支部和分会理事会发动广大会员献爱心，募集捐款 1.6 万元。

2008 年四川汶川特大地震，市个私协会组织全市个体工商户和私营企业主踊跃献爱心。短短的一周内，全市会员捐款 800 多万元。新田县个私协会向会员发出赈灾募捐活动倡议书 5000 余份，各分会理事成员在各乡镇设立募捐点，两天时间就募捐 21 万元。

2009 年，新田县大市场发生火灾，烧毁市场门面 20 多间，个体工商户损失惨重，一时无法恢复经营，许多人面临破产。新田县个私协会向全县会员发出倡议，号召“一方有难，八方支援”，募集捐款 12 万元，使受难的会员及时得到资助。

2013 年，祁阳县从事服装批发的一名个体户因不慎失火，店中商品全部烧毁，损失达 100 多万元，生活陷入困境。祁阳县个私协会及时开展募捐活动，募集善款 1.25 万元。

第十六章　农民专业合作社

第一节　组织机构

2004 年 11 月，永州市成立市发展农民专业合作组织协调指导小组，市委副书记邓三龙担任组长，市农办、市财政局、市农业局、市水利局等 14 家单位为成员单位。协调指导小组办公室设在市农村经营管理处，属于临时机构。办公室设主任 1 人、副主任 2 人、工作人员 3 人，主要负责全市发展农民专业合作组织的协调指导工作。2005 年，全市 11 个县（区）先后成立农民专业合作组织协调指导小组，协调指导小组办公室均挂靠在县（区）农村经营管理局。

2011 年 2 月，市委、市政府对市发展农民专业合作组织协调指导小组进行充实调整，由市委常委、市委秘书长唐定担任组长，成员单位由 14 家增至 21 家。

截至 2015 年，全市累计发展农民专业合作社 2971 家，全面覆盖粮食、畜禽、水果、烤烟、蔬菜、油茶、药材等农业产业化主导产业。农民专业合作社在发展中不断提升素质和规模。2011 年，全市有 94 家农民专业合作社获评首批全国农民专业合作社示范社，数量占全省 20.1%；2014 年增加到 100 家，全部列入全国农民专业合作社示范社名录。

第二节　活动

2007 年 7 月，市委常委、副市长刘事青就贯彻落实《中华人民共和国农民专业合作社法》（简称《农民专业合作社法》）发表电视讲话，要求各县（区）、各级农村经营管理部门积极引导农民专业合作社发展，规范农民专业合作社的组织和行为，保护农民专业合作社及其成员的合法权益，促进农业农村经济发展。全市各级农村经营管理部门与宣传部门、新闻媒体协调配合，大力宣传《农民专业合作社法》，发放宣传资料 15 万份，张贴标语 1 万多条，举办培训班 200 余期，通过广泛宣传，为扶持指导农民专业合作社的发展奠定良好基础。在普及宣传的基础上，加大登记注册力度和扶持力度，申报省级农民专业合作组织项目 11 个，获项目资金 66 万元，市县两级财政安排专项经费 45 万元，扶持、推动农民专业合作组织发展。是年，全市农民专业合作组织发展到 624 家，成员 6.58 万人（户）。

2008 年 5 月，市农办和市农经处联合举办全市乡镇农经站长培训班，参训人员 198 人，以农民专业合作组织的定义、作用、组织原则、成立条件、发展途径等内容为重点进行培训，切实提高乡镇农经管理干部指导农民专业合作组织发展的水平。全市组织实施省级农民专业合作社示范社建设，严格落实项目实施责任制，健全组织机构及运行机制，严格资金管理，推动示范社创建工作顺利进行，培植道县宏发渔业专业合作社、东安县生猪产销专业合作社、蓝山县所城养牛专业合作社、江永县密本南瓜专业合作社、江华瑶山雪梨产销协会、零陵区餐餐米业农民专业合作社、金洞管理区凤凰乡蔬菜专业合作社省级农民专业合作社示范社 7 家。

2009 年，省委、省政府在全省范围内组织开展为民办实事农民专业合作社省级示范社创建活动。是年，永州市创建为民办实事农民专业合作社省级示范社 9 家。2010 年至 2011 年年初，湖南省农村经营管理局分两批授予全省 1000 家农民合作社为省级示范社，其中永州有 95 家。

2011 年 8 月 6 日，江永县香柚专业合作社探索香柚“全产业链”模式，解决香柚“套育果袋”操作难、开支大、口感淡等问题。图为专业合作社社员正在进行技术操作

2012 年 4 月，市农村经营管理处印发《永州市 2012 年为民办实事农民专业合作社省级示范社建设工作方案》，确定 7 家省级示范社创建目标。东安县金丰优质油茶产销专业合作社、双牌县时胜中药材种植专业合作社、道县月岩牲畜养殖专业合作社、宁远县群兴脐橙种植专业合作社、新田县秀峰蔬菜种植专业合作

社、江永县阳家农家乐专业合作社、江华瑶族自治县冯发烟农专业合作社7家省级示范社创建单位按照要求，在完善运行机制、提升服务功能、抓好培训教育等方面积极开展工作，年底全部达标。截至2014年，永州创建为民办实事农民合作社省级示范社51家。

2010年6月，省委副书记、省长徐守盛（中）在冷水滩区考察新农村建设和农民专业合作社

2013年，市政府第二十九次常务会议研究决定，从2014年起，市财政设立农民专业合作社专项资金100万元，用于支持农民专业合作社的发展。2014年，扶持农民合作组织项目11个，扶持金额70万元。到2014年年底，全市累计发展农民专业合作社1934家。其中，粮食类合作社322家，畜禽类合作社454家，水果类合作社266家，烤烟类合作社79家，蔬菜类合作社237家，油茶类合作社101家，药材类合作社98家，其他类合作社377家。

2015年，为提高农民专业合作社营运能力和管理人员水平，市农村经营管理处与市财政局联合举办农民专业合作社管理人员培训班，培训150人。培训对象主要是农民专业合作社理事长或财会人员，县（区）、管理区经管局分管农民专业合作社的负责人，县（区）、管理区财政局分管农民专业合作社的负责人。

截至2015年年底，全市累计发展农民专业合作社2971家。其中，粮食类合作社556家，畜禽类合作社604家，水果类合作社498家，烤烟类合作社85家，蔬菜类合作社440家，油茶类合作社152家，药材类合作社106家，其他类合作社530家。

附：

2011—2015年永州市获评“全国农民专业合作社示范社”名录

2011年，农业部办公厅等12个部委局办公厅联合印发《关于发布首批农民专业合作社示范社名录的通知》，评定全国农民专业合作社示范社6663家，其中永州94家。2014年，永州通过申报评估，新增全国农民专业合作社示范社6家。全市有全国农民专业合作社示范社100家。具体名单如下：

永州市零陵福田水果专业合作社
祁阳县天龙优质稻专业合作社
祁阳县优质粮油生产经营专业合作社
东安县银杏专业合作社
东安县井头圩镇粮食产销专业合作社
东安县紫水养鸡专业合作社
双牌县绿康蔬菜生产专业合作社
双牌县鼎盛楠竹专业合作社
双牌县三江渔业专业合作社
道县脐橙专业合作社
道县旺发厚朴专业合作社
道县春秋中草药材专业合作社
江华瑶族自治县富华食用菌专业合作社
江华瑶族自治县农发蔬菜种植专业合作社
宁远县九丰金银花专业合作社
宁远县瑞果油茶种植专业合作社
宁远县左坝烤烟种植专业合作社
新田县佳源生态养殖专业合作社
新田县欣新养鹅专业合作社
新田金地油茶生产专业合作社
江永县粗石江香柚专业合作社
江永县桃川洞夏橙等橙类专业合作社
江永县惠农秸秆养牛专业合作社
蓝山县毛俊香芋专业合作社
永州市惠农养猪专业合作社
永州市天顺养猪专业合作社
永州市冷水滩春翔蔬菜农民专业合作社
永州市冷水滩区伊塘镇兴农玉米专业合作社
永州市冷水滩惠民食用菌专业合作社
永州市冷水滩富康甘薯专业合作社
永州市冷水滩金鹰柑桔农民专业合作社
永州市冷水滩区五星西瓜专业合作社
永州市冷水滩区成德养猪专业合作社
永州市农发生态养猪专业合作社
永州市零陵湘楚牲猪繁殖专业合作社
永州市零陵区春雷优质水芋农民专业合作社
永州市香零山蔬菜专业合作社
永州市零陵区大庆坪石材专业合作社
永州市零陵福源种养专业合作社
永州市零陵区康健有机农产品专业合作社
永州市零陵区黄田铺纽荷尔脐橙专业合作社
永州市零陵区绿环牲猪养殖专业合作社
祁阳县天圣优质红薯专业合作社
祁阳县宏发养殖专业合作社
祁阳县华联种植专业合作社
祁阳县贵喜鸭业养殖专业合作社
祁阳县金禾蚕茧专业合作社
祁阳县湘南新兴蔬菜专业合作社
祁阳县永怡茶叶专业合作社
祁阳县金丽鸽业养殖专业合作社
东安县金丰优质油茶产销农民专业合作社
东安县顺达柑桔农民专业合作社
东安县群山葡萄产销农民专业合作社
东安县永旺养猪农民专业合作社

东安县鑫福养鱼农民专业合作社
双牌县日鑫牲猪养殖专业合作社
双牌县神仙葡萄种植专业合作社
双牌县反季节蔬菜阳明山专业合作社
双牌云天油茶种植专业合作社
双牌县崔家苗木种植专业合作社
道县月岩牲畜养殖专业合作社
道县永昌种植农民专业合作社
道县蚣坝旺兴畜牧水产农民专业合作社
道县湘南兔业专业合作社
道县远飞生姜种植专业合作社
宁远县诚信奈李种植专业合作社
宁远县舜农糯高粱种植专业合作社
宁远县旺利烤烟生产专业合作社
宁远县东兴养猪专业合作社
宁远县西山油茶种植专业合作社
新田县鸿鑫野鸡养殖专业合作社
新田县利丰油茶种植专业合作社
新田县兴旺养殖专业合作社
新田县利鑫兔业养殖专业合作社
新田县千山烤烟生产专业合作社
蓝山县红亮金银花种植农民专业合作社
蓝山县龙溪花果葡萄专业合作社
蓝山县继财生姜专业合作社
蓝山县希望食用菌专业合作社
蓝山县永顺粮食专业合作社
江永县香芋专业合作社
湖南泰妃特种珍禽养殖专业合作社
江永县香芋香姜种植农民专业合作社
江永县上江圩香姜农民专业合作社
江永县阳家农家乐农民专业合作社
江华县兴农机械服务专业合作社
江华县富江药材专业合作社
江华县福友桑蚕专业合作社
江华县湘源厚朴种植专业合作社
江华县南源茶叶专业合作社
永州市桐子岭楠竹开发专业合作社
永州市金洞管理区无公害蔬菜专业合作社
祁阳金洞管理区上司源乡茶叶生产专业合作社
回龙圩管理区神仙洞蜜桔专业合作社
永州信亿发柑桔专业合作社
宁远县鑫农淮山种植专业合作社
永州伊园油茶种植专业合作社
永州异蛇养殖专业合作社
东安县联农水果专业合作社
冷水滩区八支渠用水户协会

第十七章　其他社会团体

其他社会团体，是指由中国公民及国家机关以外的组织自愿组成，为实现会员共同意愿，按章程开展活动的非营利性社会组织。截至2015年，永州市经过市民政局注册登记的全市性社会团体有228个，其中学术性团体45个，专业性团体49个，行业性团体74个，联合性团体60个。这些社会团体承担传递和反映群众诉求、组织群众参与民主管理、促进政府职能转变、服务经济社会发展等方面责任。

第一节　学术性团体

永州历史文化研究会

一、机构

2009年6月，经市民政局批准，永州历史文化研究会成立；10月，永州历史文化研究会成立大会在湖南科技学院召开。市内外学者近100人参加会议，会议选举产生第一届会长、副会长、秘书长、监事、常务理事。佘国华（时任湖南科技学院院长）当选为会长，研究会法人代表蔡自新。研究会旨在研究永州文化的历史与发展，对外宣传永州、推介永州。研究会有会员100余人。2009—2015年，研究会先后召开两次会员代表大会。

二、领导名录

会长：佘国华　2009年10月至2013年12月

陈　弘　2013年12月—

蔡自新（法人代表）　2009年10月—

三、主要活动

编撰出版推介永州的系列图书。主要有《永州三色》《爱上永州的 99 个理由》《潇湘古郡零陵》《潇湘意》《何仙姑文化研究》《祁剧雅苑》等。

创办大型电视文化栏目《潇湘讲坛》。2011 年，研究会与永州广播电视台共同策划，举办本土大型电视文化栏目——《潇湘讲坛》，蔡自新、张泽槐、唐柏佑等人登坛开讲。该栏目资金全部自筹，录制 170 期，播出 156 期。《潇湘讲坛》平台大力宣传永州历史、人文掌故、新兴教育等方面内容，传递社会正能量。

创办永州历史文化网。为永州文化人在网上安家，网站于 2013 年 3 月筹办，5 月建站开通，设计砥韵永州、艺术永州、爱上永州、潇湘讲坛 4 个版块。2014 年，联手“湘漓文化研讨会”在广西桂林召开第一届湘漓文化研讨会，永州历史文化研究会蔡自新等代表到会并提交论文。

2013 年 1 月 19 日，永州市历史文化研究会年会暨潇湘文化精神研讨会在永州市冷水滩区国际大酒店召开

2014 年 1 月 19 日，永州历史文化研究会 2013 年年会、永州市柳宗元研究学会年会暨文化旅游产业发展研讨会在永州市冷水滩区国际大酒店召开

组织和参与文化学术活动。2010 年 10 月，承办中国第五届柳宗元国际学术研讨会，与会国内外学者 200 多人参会。2015 年 12 月，研究会法人代表蔡自新参加在深圳举办的国际儒学联合会第八次儒学普及工作座谈会。

2010—2015 年，永州历史文化研究会与永州观赏石协会合作举办永州筋纹石研讨会；与永州室内装饰装修协会合作举办祁阳石研讨会；与永州周易文化研究会策划周易文化书画艺术展；与永州孝文化促进会合作进企业宣扬孝德文化。

永州市柳宗元研究学会

一、机构

2001 年 11 月 10 日，经市民政局批准，永州市柳宗元研究学会在永州宾馆召开成立大会，有 90 余名会员出席会议。学会聘请市委书记曾庆炎、市长刘爱才为名誉会长。杜方智为顾问，陈松柏当选会长，翟满桂当选常务副会长，蔡自新、吕国康、王满秋、王金梁、郑正辉当选副会长，杨金砖当选秘书长，陈松柏当选学会法定代表人。学会旨在对唐代文学家、思想家柳宗元开展学术研究，与国内外“柳学”学者开展学术交流。学会成立后，在柳学研究成果的推广、地域文化的开掘、永州精神的凝练、零陵古城的保护以及历史文化名城的申建等方面，发挥积极作用。2015 年 3 月，学会被市民政局评为 AAA 级社会团体。

2001—2015 年，学会先后召开三次会员代表大会。

二、领导名录

会长：陈松柏　2001 年 11 月至 2003 年 11 月
　　　蔡自新　2003 年 11 月至 2014 年 12 月
　　　翟满桂　2014 年 12 月—

三、主要活动

2001 年，学会创办会刊《永州柳学》（2005 年更名为《柳宗元研究》），蔡自新为编委会主任。截至 2015 年，出版《柳宗元研究》17 期，每期 1000 册。

自 2002 年 4 月 5 日起，学会倡导在市民中开展清明祭柳活动。至 2015 年，举办 14 次春祭，每次祭祀活动参加人数少则 300—400 人，多则万人之众。永州电视台、《永州日报》、《湖南日报》、《潇湘晨报》、政府新闻网、搜狐网等新闻媒体均进行报道。

2002 年 8 月 19—22 日，学会协助市政府举办“中国・永州第二届柳宗元国际学术研讨会”，来自韩国、日本、新加坡以及中国各省市、香港和台湾地区的专家学者 100 余人参加。

2002—2009 年，陈松柏、蔡自新牵头编辑出版《柳宗元永州诗歌赏析》《柳宗元与永州山水》两部著作。蔡自新组织编辑出版《潇湘文化系列丛书》，该丛书获湖南省第八届哲学社会科学优秀成果二等奖。此外，翟满桂、吕国康、骆正军等人还出版研究专著《一代宗师柳宗元》《柳宗元诗文教与学》《柳宗元研究》《柳宗元评说》《柳宗元思想研究》等著作。

2010 年，由副会长翟满桂牵头，组织杨金砖、鲁丽君、周玉华、蔡自新、郑小蓉等会员编辑出版《中国古代文学学术论丛》《柳宗元与舜文化研究》《中国古代文学学科论文选》《中国永州第五届国际柳宗元学术研讨会论文集》《潇湘之语》《中国古代文学学科课题选》《中国古代文学讲义选》《永州地域文献目录汇编》等 10 部图书，该系列图书获湖南省第十一届哲学社会科学优秀成果三等奖。

2012 年 12 月 5 日，永州市柳宗元研究学会在湖南科技学院图书馆召开理事会

芳草文学社

一、沿革

芳草文学社于 1979 年 3 月经零陵地区民政局批准成立。文学社成员主要由湖南师院零陵分院（今湖南科技学院）中文系 1978 级学生为主体，联合 1977 级一些学生组成，100 余人。第一届会员大会在湖南师院零陵分院召开，选举蔡自新为社长。文学社的宗旨是：遵循毛泽东的文艺创作思想，团结在校学生青年，广开思路，积极开展文学创作。文学社下设小说、诗歌、散文、文学评论等活动小组。随

着学生的学业异动以及其他方面原因，1982 年，芳草文学社在校内名字消失，但社团会员以“芳草文学社”名义分散开展创作活动、作品交流及会员聚会，至 2015 年依然持续。

二、领导名录

社长：蔡自新　1979 年 3 月—

三、主要活动

1979 年春，文学社创办《芳草》文学杂志，主编吕国康。至 1982 年发行 7 期，刊发学员作品 200 余件。《芳草》还与武汉大学、北京师范大学、复旦大学、南京大学、西北师院、岳阳师专、邵阳师专等 20 多所高校互赠交流。

2001 年，芳草文学社会员蔡自新、吕国康、陈松柏、王满秋、郑正辉等组建永州市柳宗元研究学会。

2003 年，珠海出版社出版蔡自新作品《关注永州》，其中刊有《芳草十年》。

1996—2015 年，会员彭国梁出版《爱的小屋》《感激从前》《长沙沙水水无沙》《民国名人在长沙》《书虫日记》等各类图书 100 多本。会员刘海涛创作成果获省优秀教学奖、社科奖、文学奖，部分书稿译成日文。

永州市诗词协会

一、机构

永州市诗词协会前身为永州诗社，于 1985 年 4 月 16 日成立，首批会员 25 人。2012 年 2 月 15 日，经市民政局批准更名为永州市诗词协会。协会坚持“两为”方针（为人民服务、为社会主义服务）和“双百”方针（百花齐放、百家争鸣），开展一系列丰富多彩的诗词文化活动。1985—2015 年，协会先后召开 6 次会员代表大会。截至 2015 年年底，市诗词协会会员有 618 人；有县（区）诗协（诗社）10 个，乡镇诗词分社 6 个；市、县两级有会员 3016 余人，其中农民诗人 1005 人。

二、领导名录

会长：李　青　1985 年 4 月至 1987 年 5 月

廖奇才　1987 年 5 月至 1990 年 5 月
王建文　1990 年 5 月至 2003 年 8 月
张泽槐　2003 年 8 月—
常务副会长：黄春芳　2003 年 8 月—

三、主要活动

1996—2015 年，市、县（区）诗词协会每年组织开展 2—3 次创作采风，组织会员作者深入乡镇、企业、学校等单位和基层一线，联系实际，抒写生活。

1996 年，永州诗社创办《永州诗词》杂志。至 2015 年年底，印刷出版 65 期，与全国 25 个省市区进行交流，宣传永州，推介永州，并编辑出版《零陵历代诗选》《当代永州诗词选》《当代中华诗词集成·永州卷》。

2012 年 7 月，道县被中华诗词学会授予“中华诗词之乡”。截至 2015 年年底，全市有 121 名会员出版诗词专著。

永州市检察学会

一、机构

1996 年 5 月 28 日，永州市检察学会在市民政局登记成立，市社科联为业务主管部门，办公地点设在市检察院。至 2015 年，学会有会员 54 人。永州市检察学会是在永州市人民检察院党组领导下的一个以检察理论研究和司法实践研究为主要任务的学术性社会团体，是为新形势下检察职能进一步发挥和完善提供智力支撑的重要机构。检察学会工作作为检察工作不可分割的重要组成部分，紧密结合检察工作实际，围绕中心工作，服务重点工作，切实发挥好职能作用。

二、领导名录

会长：赵光华　1996—2005 年
　　　王　蓟　2006—2015 年
　　　张少文　2015 年—

三、主要活动

1996—2000 年，在市检察学会的指引下，全市法律政策调研工作取得较好成绩。如市检察院1997年出台的《预防经济犯罪工作意见》，针对永连公路筹建和招标阶段可能出现的问题和风险提出一系列预防措施，得到市委、市政府肯定。

2001年，市检察学会提出的“加强基层院建设”建议得到市检察院党组重视，市检察院派出指导组到基层检察院调查研究，总结经验，丰富“争先创优”活动内容，加强与同级党委沟通，帮助基层检察院解决存在的困难和问题。

2002年，市检察学会围绕“优化经济环境”主题展开工作，对全市民营经济法治状况进行全面调研、分析，撰写专题报告，及时回应各方关切，使人民群众和社会各界进一步了解检察工作，深化检察工作的外部监督。

2008年度永州市检察学会年会会场

2011年永州市检察学会年会暨理论研讨会会场

2005年，市检察学会积极参与社会治安防控体系建设、平安创建活动等工作，继续开展创建优秀“青少年维权岗”活动，协同做好刑释解教人员、未成年犯和监外执行人员的管教帮教，取得较好的社会效果。

2006年，市检察学会积极组织全市各级检察院干警向省刑法学会撰写、投递一批优秀理论稿件，其中3篇获二等奖，1篇获三等奖。

2009年，市检察学会进一步健全调研网络，推动检察调研工作。全年收到各类调研文章36篇，经挑选后在《永州检察调研》上编发调研专刊 17 期。

2010 年 4 月 29 日，市检察学会年会在新田召开。会上，对《我国刑事和解实施中的问题与相应实体、程序法完善》《永州市返乡农民工犯罪问题调查》等检察调研优秀成果进行表彰。

2011 年 4 月 15 日，市检察学会年会在冷水滩区召开。会上，对《推进三项重点工作的探索与启示》《刑事诉讼构造理念与我国刑事诉讼构造的完善》等检察调研优秀成果进行表彰。

2012 年，市检察学会召开年会，编辑《永州市检察机关优秀理论研究成果集（2011 年度）》，收录全市检察机关 2011 年度在上级院内刊、省级以上报刊发表的理论研究、调研成果 39 篇，创历年来收录文章之最。

2013 年，市检察学会大力开展检察理论研究。市人民检察院检察长文兆平与控申处副处长蒋利清合撰的《两大诉讼法修改后涉检信访工作积极应对之思考》、祁阳县人民检察院民行科科长何含瑛撰写的《民事诉讼法修改与公益诉讼的适用》分获年会论文二、三等奖，市人民检察院反贪局综合指导科科长廖晓芳《浅谈职务犯罪侦查中技术侦查措施之适用》入选全省理论研究年会论文集。

2015 年，市、县两级检察机关发表理论研究论文 68 篇，其中《人民检察·湖南版》刊载 19 篇，《政法论坛》入选 7 篇，《检察风云》刊登 19 篇。零陵区人民检察院检察长冯湘琳等人撰写的《刑事政策视野下检察权运行的法治化路径》入选 2015 年第十六届全国检察理论研究年会优秀论文。

永州市企业养老保险学会

一、机构

2011 年 8 月 3 日，经市民政局批准，永州市企业养老保险学会召开成立大会。市企业养老保险学会是联系广大参保单位和参保职工的桥梁和纽带，是协助政府动员广大群众参与企业养老保险工作的社会团体。成立时，有单位会员 18 个、个人会员 49 人。通过不断发展壮大，至 2015 年，学会有单位会员 43 个、个人会员 154 人。

二、领导名录

会长：杨伍生　2011 年 8 月至 2015 年 3 月

唐忠德 2015 年 3 月—

三、主要活动

2011 年 11 月，为庆祝《中华人民共和国社会保险法》（简称《社会保险法》）实施，市企业养老保险学会召开以“完善政策、健全机制，实现可持续发展的基本养老保险”为主题的第一届学术研讨会，探索新形势下企业养老保险的新问题和新政策，研讨新理念、新思路、新方法。通过集思广益，为政府完善社会保险制度提供理论基础。

2012 年 8 月，为进一步落实《社会保险法》，市企业养老保险学会组织各会员单位分管养老保险工作的领导和工作人员到重庆学习社会保险法中关于社保关系转移相关政策。通过学习交流，提高广大会员单位对养老保险异地管理转移的思想认识。

2013 年 7 月，永州市企业养老保险学会在湘运公司举办社会保险管理及实务操作培训班

2013 年 9 月 20—23 日，组织部分会员单位人力资源、人事劳资等部门负责养老保险工作的领导和专、兼职工作人员到山西学习养老保险统收统支业务知识。

2014 年 5 月，按照“求实、求新、求精”的总要求，市企业养老保险学会举办学术论文比赛，收到稿件 100 多篇，经评审组专家认真评选，评选出一等奖 2 名、二等奖 4 名、三等奖 45 名。

2014 年 8 月 21 日，市企业养老保险学会在永州市汽车运输总公司举办企业离退休人员社会化管理服务工作研讨会，旨在提升会员单位企业离退休人员社会化管理服务工作的经办能力，以促成离退休人员养老金按时足额发放。

2015年9月，市企业养老保险学会组织会员在零陵区召开专题学会研讨会，就企业养老保险发展献言献策，为企业养老保险发展提出建议。11月，举办“我为社保献一策”论文征文比赛，征集296篇论文，按照“公平、公正、公开、客观”的要求，评出优秀论文42篇。

永州市地方志学会

一、机构

1992年7月21日，零陵地区地方志学会召开成立大会，238名会员参会。大会选举产生零陵地区地方志学会第一届理事会和常务理事会，有理事43人、常务理事17人，李运富当选会长。1996年，零陵地区地方志学会更名为永州市地方志学会。1992—1999年，学会召开3次会员大会，会员人数发展到316人。2001年，永州市地方志学会召开第四次会员大会，张国权当选会长，高波当选常务副会长兼秘书长，有会员421人。2012年3月，永州市地方志学会召开第五次会员大会，赖中霖当选会长，高波当选常务副会长兼秘书长。截至2015年12月，学会会员发展到619人。

二、领导名录

会长：李运富　1992—2001年
　　　张国权　2001—2012年
　　　赖中霖　2012年—

三、主要活动

1993年8月21日至1995年4月2日，学会召开5次修志理论研讨会，中心课题主要是“志书如何因事系人”“《零陵地区志》入志标准”“志书如何反映规律”“志书硬伤解决之途径”“如何搜集地情资料”“如何搜集整理入志口碑资料”“志书‘点’与‘面’的关系”。

1992—1995年，学会组织会员3批次94人次先后到北京、西安、上海、宝靖、全州、沈阳、重庆考察学习并搜集资料。其中，复印《民国37年第九行政督察区施政纲要》，为撰写民国末期永州经济社会状况，提供许多宝贵资料，丰富新中国建立前永州的地情资料。学会会员撰写19篇地方志理论文章并在《中国地方志》《湖南地方志》《云南地方志》等刊物发表，其中高波、李鼎荣合著的《评李鹏总理为〈黄河志〉作序》一文，被评为1994年度全国地方志论文评比一等奖。

2002年，随着《永州年鉴》编辑工作的展开，学会理论研究、学术交流、参观考察紧紧围绕如何提高《永州年鉴》的编辑水平和编辑进度开展工作。

2002—2010年，学会组织市直单位和县（区）参与《永州年鉴》编辑的会员每年一次外出考察学习，组织到深圳、香港、云南、黑龙江、吉林、辽宁、海南、新疆、西藏、成都、河南等地考察学习283人次，开展交流学习，广泛搜集资料。

2011—2015年，学会组织全市性的学术交流9次，撰写关于地方志编修和年鉴编辑的论文113篇。2014年，学会组织编写《永州读本》一书。2015年，《永州读本》初稿面世。

2013年，永州市地方志学会召开《永州年鉴》（2012年卷）工作会议

永州市预防医学会

一、机构

2008年11月18日，永州市预防医学会在冷水滩区南华大酒店召开成立大会，186名会员参会。大会选举产生永州市预防医学会第一届理事会和常务理事会，有团体单位会员82个，理事109人，常务理事31人。杨美兆当选会长，赵承保当选副会长兼秘书长。2008—2015年，永州市预防医学会召开3次会员代表大会、7次

常务理事会议，会员人数发展到1500人，成立妇女保健、儿童保健、餐饮具消毒监管和慢性病防控4个专业委员会。

二、领导名录

会长：杨美兆　2008年11月—

三、主要活动

2010年，学会分期分批组织52名会员赴杭州市和上海市学习考察当地的公共卫生服务经验。2011年，学会组织24名会员赴台湾考察学习当地的公共卫生服务经验和学会工作经验。

2012年12月11日，永州市预防医学会一届三次理事会在冷水滩区召开

2010—2015年，学会组织全市性的学术交流15次，570人次参加。其中，2011年以“基本公共卫生服务均等化”为主题设置论坛，组织动员学会会员加强研究，撰写论文，并进行第一届预防医学优秀论文评选。征集78篇论文参加评选，涵盖疾病控制、卫生监督、妇幼保健、采供血、医疗、卫生管理等各个领域，评选出一等奖论文7篇、二等奖论文12篇、三等奖论文15篇，并召开基本公共卫生服务均等化论坛研讨大会，对评选出来的10篇优秀论文进行大会宣读交流，编辑《永州市预防医学会首届优秀学术论文汇编》。

2009—2015年，学会组织疾病防控、妇幼保健、采供血等大型科普宣传480场次，出动人员7830人次，发放宣传资料165万份，设立科普展板2218块，出动宣传车120台次，新闻宣传报道160次，广播电视媒体报道356次，现场咨询28000人次，义诊5000人次。学会会员撰写预防医学论文237篇。

2015年，学会申报12篇学术论文参加永州市科协组织的优秀科技论文评选，获得一等奖1篇、二等奖3篇、三等奖5篇。是年，学会承办全国慢病防控学术交流会，来自全国各地的慢病防控工作者168人参加学术交流会。

永州市钱币学会

一、机构

1998年11月2日，永州市钱币学会在人民银行永州分行（现为永州市中心支行）会议室召开成立大会，106名会员参会。大会选举产生永州市钱币学会第一届理事会和常务理事会，有理事17人、常务理事9人。欧阳禹当选会长，艾向榛当选秘书长，文珠光当选副秘书长。1998—2015年，永州市钱币学会召开25次会员大会，其间，召开理事会18次。截至2015年，有会员195人。

二、领导名录

会长：欧阳禹　1999年1月至2006年9月
　　　樊新民　2006年9月至2011年6月
　　　张俊杰　2011年6月至2013年6月
　　　李志扬　2013年6月—

三、主要活动

1998年，学会成立之初，为配合国家纪念币发行工作，学会立足“服务金融、惠及大众”的理念，致力开展经济金融理论研究、向社会宣传金融政策、普及金融知识、提升金融理论水平。

2015年8月，永州市金融系统与市钱币学会合办人民币与反假币知识抢答赛

1998—2000年，学会组织会员4批次66人次先后到井冈山、韶山、李达故居（位于永州市冷水滩区岚角山镇）、陶铸家乡（位于永州市祁阳县潘市镇）等地学习参观，并与人民银行长沙中心支行联合组队到北京、南京、上海学习钱币知识和交流工作经验，同时对学习情况

进行相互交流。其间，学会举办金融知识、钱币知识业务竞赛5场次。

2000—2015年，学会组织会员分别到北京、西安、上海及内蒙古考察学习。其间，开展钱币爱好者收藏活动，每年组织钱币爱好者交流钱币收藏经验，了解钱币发展历史，探讨人民币相关知识。为活跃会员的创作思维和工作热情，学会相继开展金融讲堂、钱币反假、调研活动等15场次，收集调研稿件、理论文章、经验交流文章200多篇。

永州市烟草学会

一、机构

1988年5月，湖南省烟草学会零陵分会（现永州市烟草学会）成立。1997年11月4日，永州市烟草学会召开第三次会员代表大会，选举第三届理事会成员33人、常务理事会成员17人，袁晓光当选理事长。1999年2月，经理事会选举，彭金生当选理事长。至2002年，学会有会员163人。2003年7月2日，学会召开第四届会员代表大会，选举彭金生为理事长，选举产生第四届理事会成员27人、常务理事会成员15人，并对《永州市烟草学会章程》进行修改。是时，学会有国家级会员42人、省级会员221人，其中新发展省级会员77人。2004年，会员统一颁发会员证，会员队伍进一步壮大，有国家级会员52人、省级会员221人，其中2名会员当选为省烟草学会理事。2005年8月25日，学会召开第四届三次理事会，同意彭金生辞去理事长职务的请求，选举周国生为理事长。是年，烟草学会制定《学会工作细则》，新增国家级会员10人。2006年，学会新增省级会员16人。2008年12月14日，召开第五届会员代表大会，大会选举刘名勤为理事长，选举产生第五届理事会成员27人、常务理事会成员17人。大会明确，学会设立烟草农业、卷烟流通、专卖管理、思想政治、复烤加工5个专业学组。2010年，学会对全市系统“国家级”“省级”会员进行重新登记确认，有国家级会员51人、省级会员161人。2014年，学会有会员334人，其中发展新会员161人。2015年4月23日，学会召开第六届会员代表大会，大会选举杨深根为理事长，选举产生理事会成员29人、常务理事会成员19人，并对《永州市烟草学会章程》进行修改完善。

二、领导名录

理事长：袁晓光　1988年5月至1999年2月

彭金生　1999 年 2 月至 2005 年 8 月
周国生　2005 年 8 月至 2008 年 12 月
刘名勤　2008 年 12 月至 2015 年 4 月
杨深根　2015 年 4 月—

三、主要活动

1994 年，学会设计出版全国烟草系统第一套金叶技术扑克。

1998 年，学会积极参与全市组织的改革开放 20 年科普知识展览。

1999 年，学会与中央电视台《星火》栏目联合拍摄良种繁育技术、包衣种子加工技术、烟草病虫害防治技术、规范化栽培技术、三段式烘烤技术等，在全国各地播出。

2003 年，学会完成第二届、第三届理事会《荣誉册》汇编，向上海烟草博物馆报送《科技兴烟在永州》VCD 光盘、女书书法等文物 25 件（套）；7 月 3 日，学会承办湖南省烟草学会湘南片学术交流会。

2004 年 5 月 21 日，在道县召开由学会牵头承担的稻草覆盖试验示范课题研究评议会，推广示范面积 3500 亩；12 月，《永州烟草志》完成零陵、新田、江华 3 家卷烟厂增设内容的资料搜集，补充收集志书资料 150 多万字，并召开志书评议会。2005 年 12 月底，《永州烟草志》印刷出版。

2006 年，学会制定下发《发表论文奖励规定》，调动会员撰写论文的积极性，鼓励会员在行业内外杂志、媒体上发表论文。

2008 年 10 月 29 日，学会对 2008 年度烟草科技工作先进单位和先进个人进行表彰，表彰“先进单位”2 个、“先进个人”16 人。

2009 年 5 月 18 日，《潇湘烟语》（双月刊）创刊发行，每期印制 2 万份，以免费赠阅的形式发放给系统员工及广大烟农和卷烟零售户，全年出版发行 4 期。

2010 年 6 月、11 月，烤烟新品种“湘烟 3 号”先后通过全国农业评审、全国烟草品种审定委员会审定，实现永州烟科所成立以来烤烟品种选育零突破，全年该品种推广面积 9 万亩；“烤烟大棚育苗温湿度自动监控”“烤烟密集烘烤烟叶夹技装置”2 项专利获国家专利局授权；学会编制印发《全面质量管理论坛优秀论文汇编》。

2012 年 9 月 6 日，学会联合市粮食局、市军休所举办“永州市烟草局粮食局军休所书画联展”，展出书法、美术作品 100 余件；12 月，蓝山县土市烟草科普工作站通过省学会组织的考核验收，全市烟草系统有科普工作站 8 个。

2013 年 5 月，学会举办全国性的“金叶杯”廉政书法展，营造廉政文化教育

2011 年 2 月 27 日，市烟草学会组织技术人员在宁远县仁和育苗工场大棚内指导农民用剪叶机给烤烟苗剪叶

氛围；向基层烟草科普工作站赠送各类科普知识读物 1 万余册，充实基层科普站图书藏量。

2014 年，学会编辑出版《永州烟草论文集》（第六集），开展“纪念永州烟草成立 30 周年”征文评选活动、书法绘画摄影作品展，编印《纪念永州烟草成立 30 周年书法绘画摄影作品集》。

2015 年，湘烟 5 号通过全国烟草品种审定委员会审定，全年授权发明专利 1 项、实用新型专利 3 项；11 月，在由《东方烟草报》举办的“2015 年行业内部最具影响力十佳报纸、十佳期刊”评选活动中，《潇湘烟语》获得“全国烟草行业十佳报纸”荣誉称号。

截至 2015 年，学会编辑出版《永州烟草论文集》六集，举办或组织会员参加行业内外论文征集活动 80 余次，举办科普宣传、书法摄影活动 40 余次，开展科普讲座 1134 期，向社会各界发放各类科普宣传资料 326 万份（册）。学会先后 24 次被省烟草学会、市科协评为先进集体。

永州市税务学会

一、机构

永州市税务学会前身为永州市国家税务局、永州市地方税务局相关人员发起成立的永州市税务学会。2011 年 9 月，永州市地方税务局相关人员发起成立永州市地方税收研究会，原永州市税务学会由永州市国家税务局沿承。永州市税务学会有单位会员 11 个，个人会员 120 人。

二、领导名录

会长：李济民　2011 年 9 月至 2013 年 7 月
　　　张紫英　2013 年 7 月至 2015 年 8 月（副会长，主持工作）
　　　肖显发　2015 年 8 月—

三、主要活动

2011 年，学会特邀中国危机管理专家、北大教授艾学娇为全市国税干部职工作关于危机管理和涉税舆情管理的专题辅导报告，进一步强化国税干部危机意识、责任意识，切实提高舆情应对的能力。

2012 年，学会组织专门力量编写《绿色永州魅力国税》一书。该书收集整理永州国税系统自 2011 年以来的税收征管、纳税服务、队伍建设、创先争优等内容，分为领导言论、工作纪实、队伍风采、人文国税、基层国税、学会调研、纳税人呼声、税法速递 8 个纲目，全方位展示永州国税一年来的工作。

2013 年，学会完成省税务学会布置的“税收保障机制研究”调研课题。学会组织专门力量编辑《魅力国税》刊物，收集整理永州国税系统 2012 年的税收征管、纳税服务、队伍建设、创先争优等内容，集中展示永州国税的亮点工作。同年，学会将 2012 年调研竞赛活动的获奖作品和 2011 年以来的优质调研、科研成果进行收集整理，汇编为调研文集，为税收工作提供参考。

2014 年，学会完成“营改增对税收行业格局的影响及政策效应分析”调研课题，组织学会理事会成员开展一次调研竞赛活动，收集调研论文 70 余篇；精心编辑《魅力国税》刊物，学会秘书处收集整理全市国税系统 2013 年的税收征管、纳税服务、队伍建设、争先创优等内容，集中展示国税亮点工作，宣传推介永州国税。

2015 年，学会完成“营改增对永州财政收入的影响”调研课题。组织学会会员积极调研、多方投稿，全年被《税收参考》采用稿件 12 篇，在省级及以上刊物发表调研和理论文章 30 余篇。精心编辑《魅力国税》刊物，学会秘书处收集整理全市国税系统 2014 年的税收征管、纳税服务、队伍建设、争先创优等内容，以图文并茂的形式集中展示国税亮点工作，宣传推荐永州国税。

永州市林学会

一、机构

1979 年 5 月，零陵地区林学会成立，“地改市”后更名为永州市林学会，挂靠永州市林业局。2001 年年底机构改革，市林学会与市林业科技推广站合署办公。永州市林学会是由全市先进林业科技工作者自愿组成的学术性、科普性、公益性法人社会团体，在主管部门管理、支持和市科协的指导、协调下开展工作，是学习林业科技知识、研究与推广应用林业实用技术的好“场所”。

2004 年 9 月，学会进行换届改选，刘玉明当选理事长，李农妹、肖济民当选副理事长。是时，有团体会员 20 个、个人会员 967 人。2013 年 10 月，根据职位调整，刘玉明依然担任理事长，肖济民、首才雄、胡向红担任副理事长。截至 2014 年 12 月底，学会有会员 967 人，其中高级职称 21 人、中级职称 231 人、初级职称 715 人。

二、领导名录

理事长：蒋柏元　1992 年至 2004 年 8 月
　　　　刘玉明　2004 年 9 月—

三、重要活动

1995 年，零陵地区林学会第六届会员代表大会召开，总结五届代表大会以来工作，研究部署下届学会工作。

2002 年年底，市林学会与永州市职业技术学院合作成立植物克隆工厂——林木种苗组织培养中心，以耐寒速生桉苗为主体，并辐射到花卉、药材食品领域，苗木品种有桉树类、香花槐、芦荟、刺儿茶、葛根、红掌、驱蚊菊等 11 个。

2004 年，市林学会协助市老年科技工作者协会开展“白果早实丰产工程”，九月中旬，组织相关人员前往桂林、兴安等县银杏中心产区采购海洋王、大佛手、华口、马玲 4 个品种的优良穗条 3520 枝，在东安县大庙口镇鸭白片 150 亩银杏园嫁接，成活率 99%，长势良好，还进行间种香料蔬菜——茖头的试验。

1996—2015 年，市林学会积极组织林业科研、教学、推广等领域的专家和技术人员以及科技特派员，通过举办林业科技活动周、实用技术培训、印发技术资料、与示范户结对子等多种形式，送林业技术下乡，每年筛选发布和示范推广科技成果和实用技术，培育林业科技致富示范户，培训基层林业技术人员、林农和企业工人。累计举办培训 40 期，培训基层造林人员 1.2 余万人。

永州市护理学会

一、机构

永州市护理学会前身为零陵地区护理学会，成立于1979年1月，是全市护理科技工作者自愿组成的全市性、学术性、公益性的非营利性社会团体。1996年，零陵地区护理学会更名为永州市护理学会，有理事22人、常务理事7人。1996年，学会注册会员384人；2000年，会员发展到1843人；2008年，会员发展到2820人；2012年，会员发展到4057人；2014年，有登记注册会员4094人；2015年，有登记注册会员4224人。

二、领导名录

理事长：何淑君　1995年10月至2008年6月
　　　　田　洁　2008年6月至2012年11月
　　　　胡云香　2012年12月—

三、主要活动

1996年10月9日，永州市护理学会第一届理事会议召开，市人民医院护理部主任何淑君当选理事长。是年，学会举办新知识、新技术学习班，到会会员70余人。

1998年7月11—13日，学会在零陵区友谊大酒店召开年会。来自全市各县（区）的78名代表参加会议。会议邀请湖南医科大学附二医院教授李月梅讲授《整体护理》《压力与适应》《心理咨询联络护理》。伍友华副理事长作“泰国护理见闻”的报告，汇报参观泰国护理界的有关情况。

1999年6月21—22日，学会在永州市建设银行银鑫大厦举办护理知识学习班，邀请省卫生厅医政处主任晏昆利、湖南医科大学附二医院教授李月梅、湘雅一医院教授李映兰等进行“整体护理”“护理程序的应用”“护理专业的发展”“心理护理”等主题讲座，听课会员达350余人。是年，学会开展迎澳门回归科技宣传一条街活动，组织义诊、测血压、测体重、宣传一般疾病的预防保健及医疗常识，受益人数达2000余人次。

2000年6月，学会组织5名常务理事赴华西医科大学参观学习，感受外省市迅猛发展的护理改革形势，学习整体护理及社区护理工作开展经验。9月22日，学会第二届会员代表大会召开，选举产生理事 35 人、常务理事 9 人，市人民医院护理部主任何淑君再次当选理事长。

2002 年 4 月，学会在东安召开学会年会暨学术研讨会，86 名代表参加会议，收到论文 78 篇，在会上交流 12 篇。

2008 年 6 月 12—14 日，学会第三届会员代表大会在冷水滩区凯悦宾馆召开，选举产生第三届理事会，实到会员代表 119 人，表彰优秀会员 38 人、优秀论文 12 篇。学会邀请湖南省护理学会常务副理事长、中南大学硕士研究生导师、湘雅附一医院护理部主任蒋冬梅教授作《护理质量管理与质量持续改进》专题讲座。

2010 年 7 月 15—17 日，学会学术年会在冷水滩区召开，特邀省护理学会副理事长、肿瘤医院副院长谌永毅教授作《夯实基础护理提升护理品质》《护士分层级管理与连续派班模式尝试》主题演讲。

2012 年 12 月 5—7 日，学会第四届会员代表大会在冷水滩区长城宾馆召开，参会会员代表 193 人，选举产生 64 名理事、5 名常务理事、9 名副理事长，表彰 32 名优秀会员、20 篇优秀论文。

2013 年 11 月 8 日，学会年度学术年会在宁远县莲花大酒店召开，到会会员代表 113 人。湖南省护理学会副理事长、中南大学硕士生导师、教授丁四清带领的护士长团队就“等级医院评审的准备和迎检”“护理质量评价工具的使用和病区 QC 小组活动开展”等主题作专题讲座并与学员进行交流互动，为全市各级医院护理管理者迎接“医院等级评审”和如何科学规范地进行护理质量管理理清思路，指明方向。

2015 年 4 月 27 日，学会与湖南省护理学会外科专业委员会联合举办的护理学会年会暨湖南省外科护理新进展研讨会在冷水滩区华丰华天大酒店召开。永州市护理学会参会会员 210 多人，湖南省护理学会参会会员 30 余人。会议邀请几家省级大医院的护理部主任、专家、教授从“护理信息管理”“品管圈活动”“台湾医院管理”“围手术期流程管理”“慢性伤口处理”“护理管理新思路”“心理情绪管理”等方面开展主题讲座，市中心医院护理部副主任石莉芬在会上分享医院等级评审过程中的个人心得体会，并安排病房参观和现场交流。

永州市档案学会

一、机构

永州市档案学会前身为零陵地区档案学会，成立于 1983 年 12 月。1996 年，零陵地区档案学会更名为永州市档案学会。2003 年 2 月 26 日，永州市档案学会第一次会员代表大会召开，选举产生永州市档案学会第一届理事会，何开华当选理事长，孟东林、张田珍、邹晓帆当选副理事长。

2011 年 5 月，永州市档案学会召开第二届会员代表大会，市委副秘书长曹文德当选名誉理事长，市档案局局长蒋刚生当选理事长，孟东林当选常务副理事长，阳环宇、罗成、贺旺喜、蒋建华、奉付成、罗凯当选副理事长，蒋国新当选秘书长。截至 2015 年 12 月，档案学会有会员 191 人。

二、领导名录

理事长：何开发　2003 年 2 月至 2011 年 4 月

　　　　蒋刚生　2011 年 4 月—

三、主要活动

1996—2000 年，学会广泛开展学术交流和学术研讨活动。其中，有 5 篇论文在湘南档案协作会上交流推介。创办《永州档案》内部刊物，宣传党和国家档案工作的方针政策、法律法规、传播档案工作信息。

2001—2002 年，学会编撰《永州市地方特产与佳肴专题汇编》《永州古建筑与名胜古迹专题汇编》《永州市民族风情汇编》《永州市爱国主义教育基地 VCD 光盘》，并参加省档案学会与常德卷烟厂联合举办的“东方红杯”档案编研评奖活动，受到表彰奖励。

2003 年，学会组织市直单位部分会员参加省档案学会举办的档案信息化建设研讨班，学习现代化管理知识，培训信息化建设业务知识，并将历年学会会议材料和优秀论文汇编成书；参加市科协举办的全市优秀学术成果评选活动，获得“永州市第四届最佳学术活动”荣誉称号，得到市科协的表彰和奖励。

2004 年，向省档案学会推荐 4 部编研材料参加“东方红”杯成果评选活动，其中《永州市爱国主义教育基地展览》获三等奖；参加市科协举办的第四届“最佳学术活动”，获得“最佳学术活动成果”奖。

2005—2007 年，学会积极配合档案行政管理部门举办各类档案业务培训班 4 期，参训人员达 589 人。

2008—2010 年，学会推选的《永州楹联选集》《祁山春秋》等获得省档案学会和国家档案学会的好评。在省档案学会举办的学术论文评选活动中，永州市档案学会推选的 3 篇稿件获奖。其中，会员蒋刚生撰写的《永州市农业和农村档案工作调查报告》获一等奖，会员吴青霞撰写的《高校文秘专业档案管理学实践教学方式研究》、唐丽华撰写的《对档案服务工作中改革与发展的探讨》分别获二、三等奖。

2011 年，学会从档案集成机制、管理机制、服务机制、利用机制 4 个方面组织讨论和研究，根据湖南省档案科研项目申报办法，完成永州市“县（区）档案代管中心平台技术研究”科研项目申报工作。

2012—2014 年，学会积极参加省档案学会组织的学术论文活动，组织上报学术论文 46 篇，有多篇论文获奖；积极组织全市档案系统参与全省“纪念毛泽东同志 120 周年诞辰书法摄影展”活动，组织稿件 124 幅，其中祁阳师范报送的书法类作品获得一等奖，市档案学会、祁阳县档案学会上报的摄影作品获得二等奖。

2015 年，学会积极与市直机关部门对接，主动提供服务，配合市创森办、创交模办抓好各种门类各种载体档案的收集整理，做好创建工作的档案资料汇编。

永州市化学学会

一、机构

2000 年 10 月 3 日，永州市化学学会成立大会在零陵宾馆召开，102 名会员参会，学会挂靠永州市教育科学研究所。会议选举产生永州市化学学会第一届理事会和常务理事会，有理事 35 人、常务理事 12 人。湖南科技学院（原零陵师范专科学校）化生系主任袁先友当选会长，市教科所化学教研员邹海龙当选秘书长，唐顺林当选副秘书长。2003 年，学会召开第三次会员大会，湖南科技学院化学与生命科学系主任张敏当选会长，杨硕当选副会长，唐柏青当选秘书长，龙路云当选副秘书长。是时，学会有会员 221 人，学会挂靠永州市教育科学研究中心。截至 2015 年，学会有团体会员 11 个、个人会员 345 人。

二、领导名录

理事长：袁先友　2000 年 10 月至 2003 年
　　　　张　敏　2003 年—

三、主要活动

2000 年以来，学会组织高中学生参加国家、省级奥林匹克化学竞赛，参加学生数约为 2 万人，荣获湖南省赛区全国一等奖 26 人，全国二等奖 168 人，全国三等奖 78 人，其中永州市一中蒋授荣、东安一中唐灵生等老师被授予化学竞赛培训省级金牌教练。会员撰写的化学论文在市级以上刊物发表并获奖励的，1260 篇。学会积极组织会员参加省级以上化学教学竞赛活动，获奖 67 人次，其中唐亚军、陶利利、毛瑜、杨丰毓、唐湘等老师获省一等奖。会员唐柏青主持永州市中考化学命题工作，化学试卷被评为省级优秀试卷。学会组织编写《永州市中考化学辅导用书》《高考化学——潇湘才子》等多种高初中资料，支持和服务化学教学。学会开展“生活中的化学”“化学与社会发展”等多种内容的科普知识讲座和宣传。在学会工作的引领下，全市涌现杨硕、胡小峰、龙路云、张慧坚、盘明娟、唐悟、欧阳先趣、欧阳学魁等一批优秀的化学教师，湖南科技学院化学与生命科学成为学院的核心学系。

永州市数学学会

一、机构

1977 年，零陵地区教育局与零陵师专数学科共同发起成立零陵地区数学学会。次年 5 月，召开成立大会，唐三松当选第一届理事长。1981 年 6 月，数学学会理事会换届选举，黄裕民当选第二届理事长。1992 年 9 月，郑正亚当选第三届理事会理事长，向秋莲当选秘书长。1996 年，零陵地区数学学会更名为永州市数学学会。1996—2005 年，永州市数学学会先后增选张庚尧、李珍珠、石循忠为副理事长。2005 年 12 月，永州市数学学会在江永一中召开理事会，选举石循忠为理事长。2009 年 3 月，学会在道县一中召开理事会，选举新一届常务理事，石循忠当选理事长，有副理事长 10 名，唐作明当选秘书长，会议确定每年 3 月召开年会暨高考数学研讨会，这种模式延续至今。2009—2015 年，学会召开 8 次会员大会，会员人数发展到 320 人。

二、领导名录

理事长：郑正亚　1996 年至 2005 年 11 月

　　　　石循忠　2005 年 12 月—

三、主要活动

1996 年以来，学会每年以召开年会的形式，广泛开展中学数学教学研讨活动。

年会活动围绕高考、中考、高中学业水平考试、新课程改革、课堂教学改革、教师专业成长、学生学法指导等主题，坚持每年一个主题，专家引领，百家争鸣，营造浓厚学术氛围。

1997 年，郑正亚主编的《社会主义市场经济与中学数学教学改革探索》出版发行，获得湖南省教学成果三等奖。

2005 年 12 月，学会在江永一中举办第九届年会暨 2006 年高考数学复习研讨会，邀请天津师范大学王光明教授讲学，主讲《数学教育与高考改革》，为全市数学教学改革与高考数学复习提供指导。

2009 年 3 月，学会在道县举办第十二届年会暨 2009 年高考数学复习研讨会，邀请湖南师大附中和长沙市教科院的 3 位高考研究专家作《关于高三数学第二轮复习方法和策略》专题报告；开展高三数学第二轮复习课、高一新课程课堂教学、初三年级数学复习以及初一年级课程课堂教学观摩课活动。

2010 年 3 月 24—26 日，学会在蓝山县召开第十三届年会暨 2010 年高考数学复习研讨会。会议以“2010 年高考数学复习研讨、中学数学新课程教学研讨”为主题，参加研讨的人数达 137 人。湖南师大昌国良教授就“湖南新课改与新高考的关系”作主题报告，并从高考评价的角度对高考命题与复习提出建议。会后，对教师提交的学术论文进行评奖，分别评出一、二、三等奖各 36 篇、68 篇、108 篇。

2011 年 3 月 25—27 日，学会在宁远一中召开第十四届年会暨 2011 年永州市中学数学教学研讨会。会议邀请湖南省教科院黄仁寿教授，长沙市首席名师、高考研究专家、周南中学夏远景，湖南科技学院数学与计算科学系主任石循忠教授，市教科院唐作明研究员等专家作大会辅导报告。150 名会员参加会议。会后进行数学学会论文评比，评出一、二、三等奖 200 余篇。

2012 年 3 月 23—25 日，学会在江华二中召开第十五届年会暨 2012 年永州市中学数学教学研讨会。会议邀请南京师范大学数学与计算机科学学院博士生导师涂荣豹教授等专家作大会辅导报告。市科协主席王芳玉、市教育科学研究院院长严中斌以及学会理事、会员近 200 人参加大会。会议开展学会论文评比活动，评出一、二、三等奖论文 120 余篇。

2013 年 3 月 22—24 日，学会在新田县一中召开第十六届年会暨 2013 年中学数学教学研讨会，除专家讲座外，还组织高、初中数学复习教学示范课和新课程课堂教学改革现场观摩，分享高、初中数学复习经验交流和新课改课堂教学经验。会上，收到论文 94 篇，评选和表彰优秀论文 18 篇。

2014 年 3 月 20—22 日，学会在祁阳县一中召开第十七届年会暨 2014 年中学数学教学研讨会，邀请湖南省教育科学研究院中数教研室主任黄仁寿教授作《关于

2014年湖南省高考数学命题预测和备考策略分析》专题报告，邀请《数学竞赛之窗》杂志主编、中国数学奥林匹克高级教练、命题专家王卫华老师作《关于高中数学奥林匹克竞赛培训与高校自主招生备考策略》专题报告；永州市教科院唐作明老师作《关于永州市2013年高考总结分析与2014年高考备考策略》专题报告。160余名会员参加本次研讨会。

2015年3月26—28日，学会在永州市一中召开第十八届年会暨2015年中学数学教学研讨会。会议主题是：2015年高考和中考数学复习备考研讨，数学课堂教学改革实践研讨。会议邀请湖南师范大学高考研究专家沈文选教授作《关于2015年湖南省高考数学命题预测和备考策略分析》专题报告，邀请湖南师大附中高三数学教研组长、高考研究专家朱修龙老师作《关于2015年高三第二轮复习备考策略与高校自主招生指导》专题报告；永州市教科院唐作明老师作《开拓创新构建新常态，凝心聚力谋求新发展的数学教学研讨与复习备考策略》专题报告。会议开展数学论文评比，91篇论文获奖。

第二节　专业性团体

永州市作家协会

一、机构

2015年3月23日，永州市作家协会第四次代表大会在冷水滩区召开

1989年5月，零陵地区作家协会经零陵地区民政局批准成立。1996年3月，零陵地区作家协会更名为永州市作家协会，并召开永州市作家协会第一次代表大会，武俊瑶当选市作家协会主席。1996—2015年，协会先后召开4次会员代表大会。2015年3月23日，永州市作家协会召开第四次代表大会。各县（区）文联主席、作协主席、作家代表等120余人参加会

议。会议选举郑正辉为主席。市委常委、宣传部部长石艳萍出席会议并讲话。

截至 2015 年 12 月，永州市作家协会有会员 460 人。其中，中国作家协会会员 7 人，省作家协会会员 170 人。

二、领导名录

主席：武俊瑶　1996—2002 年
　　　杨克祥　2003—2007 年
　　　刘翼平　2008—2014 年
　　　郑正辉　2015 年—

三、主要活动

1996 年，协会成立后，积极帮助县（区）组建作家协会。截至 2013 年 5 月，全市 11 个县（区）均成立作家协会，实现县（区）作家协会组织全覆盖。

2015 年 9 月 18 日，湖南省作家协会主席王跃文在双牌阳明山授课

1996—2015 年，协会先后 10 余次组织文学作者深入基层，开展文学创作活动，在创作中培养作者，提高业务水平。

永州市美术家协会

一、机构

1991 年 12 月，零陵地区美术家协会在蓝山县召开成立大会。1996 年，零陵地区美术家协会更名为永州市美术家协会。2000 年 12 月，永州市美术家协会召开第二次代表大会，海天当选主席。2012 年 12 月，永州市美术家协会召开第三次代表大会，杨球旺当选主席。截至 2015 年，永州市美术家协会有会员 165 人。

二、领导名录

主席：蒋贤哲　1991 年至 2000 年 12 月

海　天　2000年12月至2012年12月
杨球旺　2012年12月—

三、主要活动

1996—2012年，协会组织、举办画展30余次，并从中挑选优秀作品参加国家级、省级画展近18次。

2013—2014年，协会组织会员前往江华采风写生10余天，前往东安采风写生5天。会员在写生活动中相互交流经验，提高专业水平。

2014—2015年，协会分别邀请中央美术学院教授易英，湖南省美协主席团成员朱训德、刘云，香港美协主席沈平，湖南师范大学美术学院教授李水成，中南大学教授蒋烨等绘画名家到永州举办各种讲座。协会会员及业余美术爱好者参与听课400余人次。2015年，协会承办第三届湖南省版画展等大型展览。

2014年2月7日，永州市美术家协会在湖南科技学院召开2014年年会

永州市书法家协会

一、机构

1989年5月，零陵地区书法家协会经地区民政局批准成立。1996年，零陵地区书法家协会更名为永州市书法家协会，并召开第二次会员代表大会。截至2015年，协会先后召开4次会员代表大会，有会员340余人。

二、领导名录

主席：黎笃田　1989—1994 年
　　　王文初　1995—1999 年
　　　罗峰林　2000—2008 年
　　　唐朝晖　2009 年—

三、主要活动

2008—2015 年，协会先后主办庆祝改革开放 30 周年全市书法展、庆祝建党 90 周年书法展、全市第六届书法展、首届临创书法大赛等活动，并将活动中展出的作品结集出版。

2015 年 3 月 20 日，永州市书法家协会备战十一届国展名家看稿讲座在冷水滩区举行

2010 年，协会创办会刊《永州书法》，刊登会员作品 180 余件；联系省文化厅《艺术中国》杂志，出版一期“永州书画”专辑；与《书法报》联合举办“《书法报》走进永州活动”，在《书法报》专题刊发永州 30 多位会员的书法作品。

2012 年，协会协助零陵企业家伍志军创建民办永州书画艺术馆，举办“历代名人咏永州·全国著名书法家作品邀请展”。2013 年，协会参与组织“四个永州”书画摄影作品展、永州首届中小学生书法大赛。

2014 年，协会邀请中国书协副主席何应辉、中国书法院院长王镛等名家到永州考察讲学，协会会员及书法爱好者参加听课达 300 余人次。

永州市摄影家协会

一、机构

1991 年 4 月，零陵地区摄影家协会经零陵地区民政局批准成立。1996 年 3 月，零陵地区摄影家协会更名为永州市摄影家协会。2002 年，永州市摄影家协会召开第二次会员代表大会。1991—2015 年，市摄影家协会先后召开 4 次会员代表大会。2015 年 5 月 17 日，永州市摄影家协会召开第四次代表大会。协会代表、嘉宾、各县（区）摄影家协会主席等 150 余人参加会议。会议选举张建利为主席。湖南省摄影家协会主席谢子龙、湖南省摄影家协会秘书长梁向锋、永州市政府正厅级干部赵清茂出席会议。截至 2015 年，永州市摄影家协会有会员 330 余人。

二、领导名录

主席：王延斌　1991—2001 年
何东安　2002—2007 年
欧阳少雄　2008—2014 年
张建利　2015 年—

三、主要活动

2015 年 5 月 17 日，永州市摄影家协会第四次代表大会在冷水滩举行

2015 年 11 月 20—21 日，永州市摄影家协会、零陵光影网举办 2015 年会暨《影像时代》嘉年华活动

1996—2015 年，协会组织摄影家深入生活采风，立足本土资源进行摄影宣传。累计 1200 余幅摄影作品被《新华社》、《人民日报》、《人民日报》（海外版）、《中国摄影报》、《人民摄影报》、《湖南日报》、《三湘都市报》、《华夏风情》、《风景名胜》等境内外 50 余家报刊采用刊发；有 200 余幅摄影作品入选全国、全省摄影作品展览，其中获金、银、铜奖 30 幅。

2006 年，协会参与举办“湖南永州、广西贺州、广东肇庆三市摄影展览”和“湖南永州、广东清远摄影联展”；创办《潇湘摄影》刊物，建立《零陵光影》网站，一刊一站的建设为摄影人宣传永州提供平台。

2015 年，协会组织会员参与《世界水日中国水周》摄影展、《锦绣潇湘 · 永州发现》旅游风光摄影等活动，并通过参加江永兰溪瑶寨的洗泥节民俗活动、道县赛龙舟民俗活动、双牌珠穆塘风光旅游等活动，组织摄影创作，提高会员艺术创作水平。

永州市音乐家协会

一、机构

1987 年 8 月，零陵地区音乐家协会经零陵地区民政局批准成立。1996 年，零陵地区音乐家协会更名为永州市音乐家协会。1996 年 3 月，召开永州市音乐家协会第一次会员代表大会。1996—2015 年，先后召开 3 次会员代表大会。截至 2015 年，永州市音乐家协会有会员 50 余人。

二、领导名录

主席：周光耀　1996—2003 年

　　　唐孟冲　2003—2015 年

三、主要活动

2002—2015 年，协会以元旦、春节、国庆、建党日等节日或纪念日为契机，举办多届“移动之春”新春音乐会、“写永州、唱永州”原创声乐作品演唱会、文艺晚会等。2012 年，面向全国开展“湘君之歌”征歌活动，得到全国各地词曲作者的积极响应。同时，

2012 年 11 月 12 日，永州市音乐家协会第三次代表大会召开

2012 年 11 月 12 日，永州市音乐家协会第三次代表大会合影

狠抓创作。截至2015年年底，获各级各类创作奖项1000余件，其中包括文化部“孔雀奖”、湖南省精神文明建设“五个一工程奖”、中国人民解放军总政治部“战士文艺奖”、中国音协《歌曲》杂志“晨钟奖”、湖南省“三湘群星奖”等重大奖项。词曲作者在省级以上专业刊物发表音乐作品900余件，其中在国家级刊物、媒体发表、演播作品100余件。

永州市曲艺家协会

一、机构

1985年，零陵地区曲艺家协会成立。1994年，零陵地区曲艺家协会与零陵地区戏剧家协会合并，成立零陵地区戏剧曲艺家协会。1996年，零陵地区戏剧曲艺家协会改名永州市戏剧曲艺家协会，并召开永州市戏剧曲艺家协会第一次会员代表大会。2001年，永州市戏剧曲艺家协会召开第二次会员代表大会，大会讨论理事会工作报告，修改并通过协会章程，协商产生协会第二届理事会。2012年12月9日，永州市曲艺家协会从市戏剧曲艺家协会中分离出来重新组建，并召开第一次会员代表大会，审议通过永州市曲艺家协会章程，选举新一届市曲艺家协会主席团和理事会成员，顾群英当选为主席。全市有会员120人。

二、领导名录

主席：杨　鹏　1985—2000年
　　　胡柱明　2000—2012年
　　　顾群英　2012年12月—

三、主要活动

1997年9月，永州市戏剧曲艺家协会组织会员对祁阳小调、祁阳渔鼓开展挖掘与创新工作。

2012年12月9日，永州市曲艺家协会第一次代表大会召开

1999年，永州市戏剧曲艺家协会做好省著名相声演员奇志、大兵到永州市演出的组织接待工作。奇志时任湖南省曲艺家协会主席。

1998—2015年，永州市曲艺家协会组织会员参加各类演出、采风20余场次。其中2008年，永州市曲艺家协会与永州市室内装饰装修协会联合进行爱心募捐义演活动，为四川汶川特大地震灾区募捐5万多元。2013年3月3日，永州市曲艺家协会参加永州市义工协会公益募捐晚会，为贫困学生募捐3万多元。

永州市舞蹈家协会

一、机构

1991年7月16日，零陵地区舞蹈家协会经民政部门批准成立。1996年，零陵地区舞蹈家协会更名为永州市舞蹈家协会。2000年12月4日，永州市舞蹈家协会第一次会员代表大会召开，80名代表参加会议。2008年12月5日，永州市舞蹈家协会召开第二次会员代表大会，52名代表参加会议。永州市舞蹈家协会有会员215人。

二、领导名录

主席：王一冰　1991—2008年

　　　杨承军　2009年—

2011 年 3 月 9 日，永州市舞蹈家协会获得全市文联系统 2010 年度先进单位称号

三、主要活动

1996—2015 年，市舞蹈家协会组织各县（区）舞蹈家协会为群众演出 120 余场次。

2000—2015 年，市舞蹈家协会举办培训班 20 余场次，培训舞蹈学员 590 余人次。

永州市文学艺术评论家协会

一、机构

2008 年 8 月，永州市文学艺术评论家协会经市民政局批准成立，并召开第一次会员代表大会。全市 50 余名文艺评论工作者参加。会议选举陈仲庚为主席，李鼎荣、翟满桂、周甲辰、吕国康、周生来为副主席，王涘海为秘书长。

二、领导名录

主席：陈仲庚　2008 年 8 月—

三、主要活动

2008—2010 年，协会举办或参与组织《舜帝陵丛书》、虞舜孝文化、元结与浯

2008 年 8 月，永州市文学艺术评论家协会成立大会纪念合影

2008 年 8 月，永州市文学艺术评论家协会成立大会主席团成员合影

溪文化等学术研讨会。

2011—2015 年，协会主持省级以上科研课题 20 余项，出版《寻根文学价值观论》《对话与建构——和谐社会构建中文化与文学热点问题探析》《柳宗元永州事迹与诗文考论》《舜文化与中华民族道德文明研究》《毛泽东诗词的文化阐释》《潇湘文学散论》等学术专著 20 余部。

永州市演艺家协会

一、机构

2009年9月，永州市演艺家协会经市民政局批准成立，并召开第一次会员代表大会。2013年12月14日，永州市演艺家协会召开第二次会员代表大会。截至2015年，协会有单位会员12个、个人会员89人。

二、领导名录

主席：唐纯芬　2009年9月—

三、主要活动

2009年，协会与市消费者委员会联合承办“3·15”专题宣传晚会。

2010—2013年，协会参与承办第五届阳明山“和”文化旅游节活动；参与承办桂林市第二届葡萄节，邀请10多名知名演员参加；举办“相约永州”迎国庆明星演唱会等活动。

2015年，协会获中国演出行业协会颁发的“全国演出行业信得过单位”称号。

2011年1月7日，东安县举办第七届中小学生艺术节

2015年2月14日，永州市演艺家协会的文艺工作者在蓝山为乡亲们表演歌曲、相声、器乐演奏等文艺节目

永州市戏剧家协会

一、机构

1989年5月14日，零陵地区戏剧家协会成立，项治栋当选主席。

1994年，零陵地区戏剧家协会与零陵地区曲艺家协会合并，成立零陵地区戏剧曲艺家协会。1996年，零陵地区戏剧曲艺家协会改名永州市戏剧曲艺家协会，并召开永州市戏剧曲艺家协会第一次会员代表大会。2001年，永州市戏剧曲艺家协会召开第二次会员代表大会。2012年12月9日，市曲艺家协会从市戏剧曲艺家协会分出，市戏剧曲艺家协会更名为永州市戏剧家协会。

二、领导名录

主席：项治栋 1989—2003年

胡柱明 2003—2009年

三、主要活动

1995年，零陵地区戏剧曲艺家协会组织策划第四届潇湘艺术节专业剧团会演。

1997年，永州市戏剧曲艺家协会出版《戏剧新作专辑》，并组织策划大型历史剧《独钓寒江雪》参加湖南省第二届新剧目会演。

2000年，永州市戏剧曲艺家协会组织策划《三个和尚》等剧目参加湖南省第三届新剧目会演。

2003年，永州市戏剧曲艺家协会组织策划参加湖南省第一届艺术节剧目会演。

2005年，永州市戏剧曲艺家协会出版《新时期永州优秀剧作选》。

2006年，永州市戏剧曲艺家协会组织策划祁剧《金锁奇缘》参加湖南省第二届艺术节剧目会演。

2009年，永州市戏剧曲艺家协会组织策划《双盘花》等作品参加湖南省第三届艺术节剧目会演。

永州市民间文艺家协会

一、机构

1995年1月9日，零陵地区民间文艺家协会成立，并召开第一次会员代表大会，唐曾孝当选主席。1996年3月，零陵地区民间文艺家协会更名为永州市民间文艺家协会。2005年，永州市民间文艺家协会召开第二次会员代表大会。2012年，因各种原因，市民间文艺家协会多年没有换届和参加年审被登记管理机关撤销。

二、领导名录

主席：唐曾孝　1995 年 1 月至 2005 年

　　　吕晓勇　2005—2012 年

三、主要活动

2011 年 7 月 21 日，新田县三井乡民间文艺演出现场

1995 年 1 月，零陵地区民间文艺家协会成立后，致力于促进全市民间文艺事业发展进步。是年，协会编辑出版内部刊物《潇湘风情》，先后出版 8 期。

1996—2010 年，永州市民间文艺家协会组织民间文艺创作，200 多件民间文艺作品在省、市级刊物发表。

永州市现代教育技术研究会

一、机构

2002 年 12 月 25 日，永州市现代教育技术研究会成立，由市电化教育研究会和市实验教学研究会合并组成。

2013 年，永州市现代教育技术研究会在各县（区）开展湖南省基础教育资源网进校园培训活动

永州市现代教育技术研究会是由团体会员单位和个人会员组成的群众性学术组织，是依法成立、具

有法人地位的社会团体，其作用是促进永州市现代教育技术，推动教育信息化、现代化发展。研究会接受市科协、市民政局的业务指导和监督管理，挂靠市电化教育馆和市教学仪器站。有单位会员30个、个人会员116人。永州市现代教育技术研究会有理事30人、常务理事12人，理事长为周黎，副理事长为秦秋生、李天国、欧阳慧、杨晓荣、罗闰录，秘书长为秦秋生（兼）。

二、领导名录

会长：严中斌　2002—2012年
　　　周　黎　2012年—

三、重要活动

2014年，永州市现代教育技术研究会举行名师网络工作室集中挂牌仪式

开展电化教育。永州市电化教学在20世纪90年代以幻灯片教学为主，录音录像为辅，到2000年，全市各级各类学校利用幻灯片进行教学达到95%以上。进入21世纪，计算机多媒体教学进入课堂，现代教育技术迅速发展。到2015年，中学有计算机教室318间，语言室57间，多媒体室565间；小学有技术室73间，计算机室304间，语言室58间，多媒体室451间。中小学有计算机44238台，人机比是16∶1。

组织课题研究。研究会挂靠永州市电化教育馆，对全市信息技术课题进行指导。2002—2005年，协会承担“十五”课题“专题学习网站应用与研究”等国家级课题7个，承担省级网络环境下信息教育技术与学科教学整合课题40余件并已全部结题；2006—2010年，承担省级“十一五”教育信息技术课题25个并全部结题；2011—2015年，承担省级“十二五”教育技术课题研究课题24个，均已通过鉴定，被评为优秀课题8个，研究成果获全省一等奖6个、二等奖5个。

开展课程设计研究。21世纪以来，从开始的多媒体教学到基于网络环境的信息技术与学科教学整合的研究取得较好成绩。2012 年，冷水滩舜德学校的《南京大屠杀纪念碑前》获全国多媒体大赛一等奖。

开展远程教育。研究会挂靠永州市电化教育馆，积极推进远程教育开展。2005 年，全面实施农村中小学远程教育工程，其中冷水滩区被评为全省远教工程先进单位。2013 年，全面铺开“教学点数字教育资源全覆盖”项目工程建设，为全市 1231 个教学点安装调试数字教学设备，帮助农村教学点通过卫星或网络接收应用数字教育资源，让农村边远地区适龄儿童就近享受优质教育资源。

永州市女书法家协会

一、机构

2006 年 11 月 29 日，永州市女书法家协会成立大会在冷水滩区南华大酒店召开。永州市女书法家协会积极推动和帮助会员提高书艺水平和艺术修养，广泛团结妇女力量，参与公益和慈善活动。截至 2015 年，永州市女书法家协会有会员 50 人。

二、领导名录

会长：曹兰芳　2006 年—

2014 年 1 月 28 日，永州市女书法家协会首届书法精品义卖系列活动启动

三、主要活动

2006年，协会举办全市女性书法展览，在永州市第三次妇女代表大会上进行女书书法集体现场创作，并将作品义卖，将所得的16000元现金用于资助贫困妇女。在永州市第四次妇女代表大会上，集体创作一幅女书长卷，捐赠给市妇联收藏。

2007年10月29日，协会会员创作的女书长卷在南华大酒店参加“中国人寿之夜爱心拍卖会”，并成功竞拍。曹兰芳、邹越、赵红萍、李雪梅、段洁馨、陈可超、欧阳红艳、邓嫦娥等12位成员现场表演女书。

2009年3月，协会组织部分女书法家“走进新田”，与新田县妇联联合举办庆“三八”书画展，开展笔会交流活动。同年10月，协会与市女书书法家协会联合举办新中国成立六十周年全市女书书法展，邀请全市知名书法家写女书，扩大女书影响。

2010年3月，协会在滨江公园，举办“‘三八’国际妇女节100周年”全市妇女书法展，集中展示全市女书法家创作的作品50余幅。

2014年3月17日，协会在潇湘国际广场主办“德行潇湘·收藏优雅”永州市女书法家首届精品书法爱心义卖活动，拍卖近10万元爱心款，当场捐赠给10位贫困女学生。同年6月1日，协会在冷水滩区进贤路进贤二巷“水墨潇湘苑”进行第一次“学国学”读书会，并定于每周的双休日开展读书活动。

2014年2月5日，永州市女书法家协会在水墨潇湘苑缔结“雪花组合”品牌

永州市直属机关书画家协会

一、机构

2010 年 3 月，经市民政局批准，永州市直属机关书画协会成立，注册会员 58 人，并召开第一次会员代表大会，选举向旺东为会长，陈继善、张国权、唐世恭、关寅生、文良军为副会长。2015 年 1 月，永州市直属机关书画协会召开第二次会员大会，进行换届选举，孙春柳当选会长。至 2015 年 12 月，永州市直属机关书画协会有会员 420 人，其中男会员 325 人，女会员 75 人，理事 50 人，常务理事 10 人。协会旨在弘扬永州传统书画文化，组织会员开展书画创作、培训和展览。

二、协会领导名录

会长：向旺东　2010 年 3 月至 2014 年 12 月

　　　孙春柳　2015 年 1 月—

三、主要活动

2014 年 11 月 15 日，永州市直属机关书画家协会“阳光小区杯”书画展在永州博物馆开展

2010 年 3 月，协会编辑出版《潇湘书画》小报。

2010 年 10 月，协会举办“强国杯”书画展。

2011 年 7 月，协会举办建党九十周年书画展。

2012 年，协会出版发行《潇湘风采》书画集；11 月 6 日，举办喜迎中共十八大书画作品展。

2013 年 6 月 28 日，协会举办首届“美丽永州”“移动杯”书画展。

2014 年 9 月，协会举办新中国成立 65 周年暨长征胜利 80 周年书画展。

2015 年 1 月，协会召开年会并组织换届选举；9 月，举办纪念抗战胜利七十周年书画展。

协会成立以来，先后举办书画笔会、采风、讲座、沙龙活动近50场次。每年举办大型书画展览1次，举办小型书画展、书画联展2~3次。2014—2015年，协会还深入金洞林场、涔天河水库管理局、双牌电站等单位考察，开展送书画下乡、为群众写春联等服务活动。

永州市民俗摄影协会

一、机构

2015年3月7日，经市民政局批准，永州市民俗摄影协会召开成立大会，27名会员参会。会议选举产生永州市民俗摄影协会第一届理事会和常务理事会，其中理事5人，常务理事3人，胡荣华当选会长，欧阳辉亮、王鸿杰当选副会长，欧阳辉亮兼任秘书长。会议表决通过协会财务管理办法、会费收取标准。是年10月，协会增补蒋盛文、欧运德为理事会成员。

二、领导名录

会长：胡荣华　2015年3月—

三、主要活动

协会成立后，迅速建立“永州民俗摄影”QQ群，为广大会员提供学习交流与互助平台。协会积极开展业务活动，先后组织民俗知识培训、摄影讲座、现场抓拍比赛、“城建之窗”专题拍摄、祁阳摄影创作与经验交流、江永勾蓝瑶“洗泥节”集体采风、“理事值班”作品点评等活动，并在永州新闻网举办首届“民俗摄影会员作品展览”，展出会员作品50余幅。2015年，有50余幅协会会员的摄影作品在市级以上影赛活动中获奖或被市级以上报刊采用，其中有2幅作品入选“第七届PSAchina国际摄影大赛”，18幅作品在省部级以上影赛中获奖或报刊发表，30余幅作品在市级影赛活动中获奖等。

永州市女书书法家协会

一、机构

2006 年 5 月 10 日，经市民政局批准，永州市女书书法家协会成立大会召开，与会人员 50 多人。大会选举产生永州市女书书法家协会第一届领导班子，周进隆当选主席，周晔当选副主席兼秘书长，女书传人何静华、何艳新、胡美月、义运娟当选副主席。聘请湖南省人大常委会原副主任、湖南省古文化资源开发研究中心主任唐之享为总顾问，聘请女书研究学者清华大学教授赵丽明、武汉大学教授宫哲兵、中南民族大学教授谢志民、湖南省书法家协会主席何满宗、江永文化馆研究员周硕沂为顾问。2012 年 6 月，永州市女书书法家协会召开第二次会员代表大会，选举第二届领导班子。第二届领导班子沿袭第一届。截至 2015 年，永州市女书书法家协会有会员 65 人。

二、领导名录

主席：周进隆　2006 年 5 月—

三、主要活动

2004 年 4 月，全国女子举重比赛在冷水滩区举行，周进隆免费为运动员书写女书作品。在全国女子游泳比赛期间，周进隆、周晔、何静华在南华大酒店展示女书作品。2006—2015 年，协会先后举办四次书法展。2002 年和 2010 年，周进隆先后受邀参加在江永和北京召开的女书国际研讨会。

2011 年，周进隆出版学术专著《中国女书起源新探及书法》，提出女书起源于南宋道教符文、女书书法取法于金文的新见解。

2015 年 12 月，永州市女书书法家协会举办“首届永州女书书法艺术展”

永州市地方税收研究会

一、机构

2011 年 8 月 19 日，永州市地方税收研究会成立大会召开。会议选举产生研究会第一届领导机构，选举产生理事 43 人、常务理事 12 人，唐双祁当选会长，王亮当选副会长，黄立青当选秘书长，杨斌当选副秘书长。2013 年 6 月 4 日，永州市地方税务研究会第一届三次理事会召开，选举何多珍为会长、黄靖为秘书长。截至 2015 年，永州市地方税收研究会有单位会员 30 个、个人会员 40 人。

二、领导名录

会长：唐双祁　2011 年 8 月至 2013 年 5 月
　　　何多珍　2013 年 5 月—

三、主要活动

2011—2013 年，研究会围绕省国际税收研究会和省局年度税收调研工作部署，紧扣“四化两型”和“构建和谐地税，争创一流业绩”的工作主线，有计划、有组织、有步骤地开展调研活动，完成湖南省地方税务局研究会下达的“借鉴国际税收管理经验扶持小微企业发展”“关于加强税源专业化管理的研究”等课题研究。研究会在宁远和东安两个县，召集两次全市重点调研课题研讨会，围绕基层税收征管、信息管税和纳税服务等调研课题进行座谈讨论，共同探讨地税发展的良策，提交调研论文 40 多篇。根据永州市政协的安排部署，研究会组织市地税局机关的收入规划核算科和直属局开展市本级财源建设的调查研究，安排各县（区）局开展“房地产开发项目商铺税收征管研究”“私营企业股金分红个人所得税征管研究”，均取得高质量的研究成果，受到市政协肯定。

2014—2015 年，研究会认真落实省局国际税收研究会安排的税收调研课题任务“大企业税源监控体系构建的国际借鉴研究”，确定 9 个调研分课题，均在规定的时限内完成。各县（区）地税局还就“地方税源建设研究”，写出 30 余篇论文，被省地税局、市地税局主办的杂志采用 20 篇。其中市地税局机关干部唐剑撰写的《地下车位：处置方式不同，税务处理有别》《估值调整机制补偿款的会计处理》均发表在《中国税务报》（2015 年 1 月 16 日 B3 版），《小额贷款行业的地方税收研究》获得湖南省税收调研成果三等奖。

永州市羽毛球协会

一、机构

2011 年 6 月，永州市羽毛球协会成立大会在冷水滩区飞扬羽毛球馆召开。会议选举樊云辉为主席，兰卫平、周国定、王满秋、唐双祁、吴少华、李银生、刘汉文、肖翔为副主席，张肖佳为副主席兼秘书长；发展会员 98 人。2014 年，永州市羽毛球协会召开第二届会员代表大会，樊云辉当选主席，兰卫平当选常务副主席，张肖佳当选副主席兼秘书长，阳立新当选副秘书长。截至 2015 年 12 月，永州市羽毛球协会发展会员 208 人。

2011 年 6 月 18 日，永州市羽毛球协会召开成立大会

二、领导名录

主席：樊云辉　2011 年 6 月—

三、主要活动

2012 年 4 月，协会承办由省羽毛球协会主办的“开口笑”羽毛球业余争霸赛，并争取永州作为分赛区参赛队伍的资格，场地由飞扬球馆免费提供赞助。其中参赛队伍 9 支，永州金盾代表队获得分赛区的第一名。

2012 年 12 月 15 日，由永州市公安局交警支队主办，市体育局、市羽毛球协会和芒果电台协办的 2012“畅安永州杯”羽毛球邀请赛开幕

2012—2013 年，协会响应市体育局号召，积极组队参加全省大众运动会举办的羽毛球项目比赛；参与由市交警队主办的“畅安杯”羽毛球邀请赛，参赛队伍 27 支，参赛人员 200 余人，是历年来参赛队伍最多的一次比赛。

2013—2015 年，协会举办永州市第二届“大众杯”羽毛球团体赛，参赛队伍 25 支，参赛人员 180 人；举办永州市“创模杯”羽毛球邀请赛，由飞扬豆豆俱乐部发起，邀请永州市羽毛球俱乐部进行多次比赛交流；组织协会代表队参加省羽毛球协会在岳阳、益阳、怀化举办的“湖南省市州邀请赛”及省直工委组织的“湖南省公仆杯”羽毛球赛等。

永州市乒乓球协会

一、机构

2000 年 12 月 10 日，永州市乒乓球协会成立大会召开，78 名会员参会。大会选举产生永州市乒乓球协会第一届理事会和常务理事会，有理事 18 人、常务理事 12 人。向运发当选协会主席，唐文丹当选副主席，唐国庆当选秘书长。至 2012 年，永州市乒乓球协会召开 6 次会员大会，会员发展到 125 人。2013 年 2 月 3 日，召开第七次会员大会，选举黄绍祯为主席，选举梁军为秘书长，选举黄勇、唐亮为副秘书长。

二、领导名录

主席：向运发　2000 年 12 月至 2013 年 1 月
　　　黄绍祯　2013 年 2 月—

三、主要活动

2013 年 10 月 27 日，协会举办中亚置业全市“公务员杯”比赛，参赛人数和规模创历年之最。

2014 年 10 月 26 日，协会举办中正房产全市“公务员杯”比赛，首次邀请市级领导参加比赛。

2015 年 5 月，协会组队参加全省“金冠杯”乒乓球比赛，其中永州市球员蔡磊获男子单打第三名。

2000—2015 年，协会每年均自筹经费举办全市性的乒乓球比赛 2~3 次。

永州市门球协会

一、机构

1991 年 4 月 14 日，经零陵地区民政局批准，零陵地区门球协会成立大会在零陵烟厂红豆宾馆召开。零陵地区门球协会与老年体协两块牌子、一套人马，合署办公。由老年体协主席范良担任门球协会主席。门球协会有 16 个单位会员。1996 年，零陵地区门球协会更名为永州市门球协会。协会章程规定，每年召开一次单位会员代表大会，四年一届召开换届选举大会。

二、领导名录

主席：范　良　1991—2001 年
　　　郑邦淳　2001—2007 年
　　　谢田种　2008—2012 年
　　　蒋长东　2013 年—

三、主要活动

1996年5—6月，协会在冷水滩和宁远县分南北两片举办裁判员培训班，培训学员205人。1999年，协会组织《1999年门球裁判规则》培训，培训裁判员1310人。

2013年4月12日，永州市门球协会在市老干宾馆召开第五届换届会议

2002年4月25—28日，协会在东安县委党校举办全市一级裁判员研讨班，54人参加研讨。10月，协会按“湘、赣、粤三省五市协作区门球赛”规定承办“湘、赣、粤三省五市协作区门球赛”。

2006年6月16—18日，协会在市老干活动中心举办全市教练员、裁判员培训班，共计115人参加培训。2007年6月8—10日，协会在市老干活动中心举办全市教练员、裁判员培训班，75人参加培训。2009年12月中旬，协会在市老干活动中心举办《2009门球竞赛规则》全市裁判员培训班，120人参加培训。

2013年11月18—22日，协会协助双牌县人民政府、双牌县体育局、双牌县门球协会承办全省门球锦标赛。2014年8月下旬，协会在市老干活动中心举办全市裁判员培训班，培训门球裁判95人，并组织参训裁判统一参加省、市组织的考试，全部合格，获颁证书，其中国家二级24人，国家一级71人。9月12—15日，协会在市老干活动中心承办全省门球双人、单人赛。2015年8月，协会组队参加柳州龙城杯全国门球公开赛，获得冠军。

第三节　行业性团体

永州市室内装饰装修协会

一、机构

2004 年 5 月 29 日，永州市室内装饰装修协会经市民政局批准成立，业务主管单位为市住建局。2011 年，因政府职能调整，协会的业务主管单位变更为市经信委，同时接受中国室内装饰协会、湖南省室内装饰协会的指导和监督，承担全市室内装饰行业和市场管理的具体工作。

至 2015 年，协会有会员单位 47 个、理事单位 51 个、个人会员 126 人。

二、领导名录

会长：杨贤林　2004 年 5 月至 2011 年 3 月

　　　郑四玲　2011 年 7 月—

三、主要活动

2004—2015 年，协会编印《永州装饰行业信息报》（30 多集、10 万多份）及《家装向导》《住宅装饰装修必读》《住宅设计大赛纪念刊》《室内装饰监理学习资料》《室内装饰参考基价》《装饰行业政策文件学习资料》《室内装饰安全知识学习资料》《装饰行业信息专刊》等资料 4 万余册，赠送行业人士和广大消费者；2008 年，协会创办永州装饰网，开展行业信息平台服务。

2005—2015 年，协会受理室内装饰装修消费者投诉 90 多起，有效调解业主与施工方因装修而引发的一些矛盾与纠纷，促进和谐消费环境。帮助装修业主解决疑难问题，接待消费者公益咨询服务 200 余次。赠送装修业主《湖南省住宅装饰装修施工合同》（示范文本）800 余份。组织装饰企业、品牌材料商为装修业主开展“免费家装课堂”“设计展览”“家装夜市”“业主交房见面会”“绿色家居文化节”等公益活动 20 多次。

2006—2015 年，协会开展行业诚信服务，举办“诚信服务品牌企业表彰大会”“优秀企业暨消费者满意单位表彰大会”活动，召开行业交流会、联谊会、研讨会、工作经验座谈会30多次。

永州市室内装饰装修协会举办2009永州首届建材·家居·家庭消费品博览会——绿色家居文化节

2011年12月9日，永州市室内装修行业管理工作会议召开

2008年，协会举办“抗震救灾”募捐活动，组织行业人士捐款52500元，并举办永州2008首届“家居博览会”。

2009年，举办“2009永州首届建材·家居·家庭消费品博览会”。

2011年8月29日，协会协助市政府出台《永州市室内装饰装修行业管理办法》地方法规；同年12月9日，协助市经信委召开“永州市室内装饰装修行业管理工作大会”；12月28日，协助市经信委出台《永州市室内装饰工程招标投标监督管理办法》，召开“全市规范室内装饰工程招投标工作会议”。

2012年，举办“2012永州秋季家居博览会”活动。同年4月，协会举办室内装饰行业“法律知识培训讲座”公益服务活动。2013年6月、2015年8月，协会协助市安监局二次举办装饰企业法人代表及安全管理人员“室内装饰安全生产知识培训班”。

2010—2015年，协会先后获得“中国室内装饰行业优秀协会”“湖南省保护消费者合法权益先进单位”“湖南省室内装饰行业优秀协会”“永州市先进社会组织”“中国社会组织评估4A级社会组织”等诸多荣誉和奖励；会长郑四玲荣获“中国室内装饰行业推动奖”“中国室内装饰行业贡献奖”“湖南省室内装饰行业突出贡献奖”等荣誉称号，个人事迹刊载于中央文献出版社出版的《强省大典》。

永州市银行业协会

一、机构

2005年7月，永州市银行业协会成立。永州市银行业协会是经银行业监管机构批准、民政部门登记注册的非营利性社会团体，会员由永州市银行业金融机构自愿组成，业务范围主要是：制定各类同业公约，实行行业自律，规范业务行为；向银监分局、地方政府和有关部门反映会员的共同要求和建议；组织会员之间交流。2015年，永州市银行业协会理事会由农发行永州市分行、工行永州分行、农行永州分行、中行永州分行、建行永州市分行、交行永州分行、省信用联社永州办事处、邮储银行永州市分行、华融湘江银行永州分行、长沙银行永州分行、永州市邮政分公司、冷水滩区农村信用联社、永州潇湘农商银行、江华农商银行、协会秘书处15家单位组成。截至2015年，协会召开6届会员代表大会，有单位会员23个。

2015年2月10日，永州市银行业协会召开第六届会员大会

二、领导名录

会长：匡一先　2005年7月至2006年12月

刘锡平　2006 年 12 月至 2009 年 1 月
杨斌　　2009 年 1 月至 2011 年 1 月
蔡斌　　2011 年 1 月至 2013 年 1 月
欧伯勇　2013 年 1 月至 2015 年 2 月
胡勇锋　2015 年 2 月—

三、主要活动

2006 年，协会向市政府呈报《关于国家公职人员拖欠银行贷款情况》的汇报材料，引起领导重视，市长龚武生、市纪委书记伍华安分别作出批示。

2007 年，协会召开第二届理事会第一次会议，研究高管人员出国学习、考察，从业人员资格考试，城区网点“朝九晚五”营业及节假日部分网点停业执行过程中存在问题。

2009 年，协会对金融消费者薄弱环节开展调查，形成《维护消费者权益制探讨》报告，并报送有关部门。

2012 年，协会对各单位申报的 3 星级以上 29 个网点进行检查验收，确定五星级达标网点 8 家、四星级网点达标 3 家、三星级网点达标 7 家。

2015 年，协会组织开展全市银行业注册信贷分析师培训，邀请经济学博士、华东政法大学教授陈坤授课，培训期两天，受训人员 50 余人。

永州市道路运输协会

一、机构

2006 年 6 月 8 日，经市民政局批准，永州市道路运输协会成立大会在冷水滩区南华大酒店召开，11 个单位会员、45 名个人会员出席会议。会议选举产生常务理事会理事 10 人，杨东林当选会长。协会宗旨是：协助道路运输部门做好运输行业服务，积极参与运输市场的整顿、协调、服务工作。2006—2015 年，协会先后召开三次常务理事会。至 2015 年，有会员 62 人。

二、领导名录

会长：杨东林　2006 年 6 月—

三、主要活动

2006 年，协会参与永州市运管处整顿农村客运市场秩序会议，并组织会员撰写《农村客运市场要把好“四关”》一文，刊登于《湖南道路运输》。

2006—2009 年，协会先后 4 次组织运输企业的会员代表，到长沙、衡阳、邵阳、株洲等地考察学习 60 余人次。

2010—2015 年，协会先后 5 次组织运输企业会员代表，到浙江温州、广西梧州、山西太原等地考察学习 210 人次。会长杨东林撰写的《浅谈如何预防与摩托车发生交通事故》、会员陈文君撰写的《两种黑车，不容忽视》等文稿被《湖南运输》杂志刊载。

永州市油茶协会

一、机构

2005 年 9 月，永州市油茶协会经市民政局批准成立。永州市油茶协会由永大高科九嶷油茶有限公司、湖南科技学院等企事业单位联合发起，于 2011 年 5 月召开第一届会员代表大会，18 个团体会员、51 名个人会员参加会议。会议选举李治章为理事长，选举何福林为秘书长。截至 2015 年，永州市油茶协会单位会员发展到 71 个，常务理事单位 23 个。

二、领导名录

理事长：李治章　2011 年 5 月—

三、主要活动

2005 年，协会理事长李治章参加湖南省林业厅和人事厅联合举办的“湖南省油茶产业开发研讨会”，并做题为“油茶籽油质量标准的制定及国内外质量标准的区别”的学术报告。2006 年，协会促成湖南科技学院油茶研究所与湖南大学、湖南轻工业研究院等单位合作，进行化妆品专用茶油及其附属产品的开发研究。2007—2008 年，协会联系湖南省林科院和永州市农科所，促成永州市永大九嶷油茶开发有限公司依次在江华、祁阳、零陵等地建立油茶低改示范基地 300 亩。2009 年

9 月，在协会的配合下，湖南科技学院“油茶籽油深加工及油茶林低改产学研合作示范基地”被确立为湖南高等学院产学研究合作示范基地。

永州市建设工程招标投标协会

一、机构

2005 年 9 月，永州市建设工程招标投标协会成立。永州市建设工程招标投标协会以本市建筑施工企业、招标代理机构为会员单位，协会主要职能是促进招投标行业自律，受政府部门委托、协调招标投标工作，规范招投标行业行为，促进全市招标投标工作和有形建设市场的健康发展。协会设立理事会、监事会，理事会由 29 个理事单位组成。第一届理事会选举蒋富荣为会长，第二届协会理事会选举阳升远为会长。

二、领导名录

会长：蒋富荣　2005 年 9 月至 2010 年 9 月

　　　阳升远　2010 年 9 月—

三、主要活动

2010 年，协会第二届理事会改选，选举产生新一届的协会领导班子。

2015 年 7—9 月，协会组织开展 2014 年度永州市建筑市场诚信等级评选活动。

2005—2015 年，协会积极宣传贯彻《中华人民共和国招标投标法》和国家相关法律、法规及方针政策，及时向政府主管部门反映会员单位和招投标主体在招标投标实践工作中遇到的重大问题和意见，并提出解决问题的建议和对策。

永州市餐饮行业协会

一、机构

2011 年 9 月 20 日，经市民政局批准，永州市餐饮行业协会成立。鉴于原烹饪协会已召开二届会员大会，考虑到烹饪协会会员和业务的延续性，经反复酝酿及永州市餐饮行业协会研究通过，永州市餐饮行业协会依旧沿用原烹饪协会的第三届会员代表大会的序列。

二、领导名录

会长：唐绩祚　2011 年 9 月至 2014 年 2 月
　　　黄青柳　2014 年 3 月—

三、主要活动

2011 年，经永州市餐饮行业协会推荐，协会特邀顾问、原零陵宾馆总经理谢德义被湖南省商务厅、湖南省餐饮行业协会授予“湖南餐饮业从业 50 周年终身成就奖”，湖南省人民政府、湖南省餐饮行业协会授予谢德义“中国湘菜大师”荣誉称号。同时，湖南省餐饮行业协会授予胡先雨、刘邦进、唐树恒、黄小辉、李芳 5 人“中国湘菜名师”称号。

2012 年，永州十大地方名菜评选活动由市商务局举办、市餐饮行业协会承办。评选活动于 7—10 月通过《永州日报》、永州新闻网和永州移动客服端，采取大众投票评选、专家评审的方式开展。评选出的十大地方名菜为：东安鸡、永州血鸭、永州喝螺、瑶家冬笋炒腊肉、宁远酿豆腐、永州红煨异蛇、永州盘龙鳝鱼、永州虎皮香芋扣肉、道州粉蒸灰鹅、东安水岭羊肉。评选出来的十大地方名菜是永州悠久饮食文化的结晶，充分体现永州烹饪的地方特色。

2013 年 6 月，《永州美食》一书出版，该书图文并茂，30 多万字，由冯祥发主撰，李一凡编审，收录永州菜点 336 个。11 月，由市商务局主办、永州市餐饮行业协会承办的永州市首届美食文化节在万喜登酒店举行。

2015 年 10 月 26 日，永州市第二届美食文化节特色美食、食材展销会举办

2014 年 6 月，永州市餐饮行业协会首批被市民政局授予 AAA 级社会组织。8 月，永州市餐饮行业协会会员单位永州友谊万喜登酒店的行政总厨胡先雨荣获“全

国商贸系统劳动模范”荣誉称号。

2015 年 5 月，经市政府研究同意，由永州市商务和粮食局主办、永州市餐饮行业协会承办的永州市第二届美食文化节在万喜登酒店举办。

永州市林木花卉协会

一、机构

2015 年，永州市林木花卉协会召开第三届二次全体会议

2000 年 10 月 8 日，经市民政局批准，永州市林木花卉协会成立大会召开。大会选举何维力任会长，选举周芳俭为副会长兼秘书长。永州市林木花卉协会有会员 46 人。2014 年 8 月，永州市林木花卉协会召开会员大会，改选颜学波为会长，廖小河为副会长兼秘书长。截至 2015 年 12 月，会员发展到 71 人。永州市林木花卉协会主要业务范围：组织林木花卉学术交流及发展，开展技术推广、信息服务等活动，推动全市林木花卉产业协调发展。

二、领导名录

会长：何维力　2000 年 10 月至 2014 年 8 月

　　　颜学波　2014 年 8 月—

三、主要活动

2009 年春节前，协会在冷水滩体育中心，举办全市首届林木花卉博览会。全市各县（区）推选各类精品林木花卉 5000 余件，有花卉、根雕根艺、赏石、盆景四大类展览。2011 年 2 月 18 日，协会组织精品兰花参加第 21 届（昆明）兰花博览会。

永州市电机工程学会

一、机构

1988 年 4 月，经零陵地区民政局批准，永州市电机工程学会成立大会召开。大会选举第一届理事会，骆长云当选理事长，张前厚当选秘书长。永州市电机工程学会按照“整合资源、重塑品牌、建家交友、建言献策”的工作思路，突出服务创新驱动发展战略主线，着力提升学会服务能力，不断创新和拓展学会工作。2000 年 3 月，永州市电机工程学会召开第二次会员大会，选举第二届理事会，唐国东当选理事长、王新高当选秘书长。截至 2015 年 12 月，学会会员发展到 320 人。

二、领导名录

会长：骆长云　1998 年 4 月至 2000 年 3 月

　　　唐国东　2000 年 4 月—

三、主要活动

1996—2015 年，学会每年举办一次跨学科综合性、开放性、大规模的学术年会，本着“一年会一主题”的思路，遵循“打造品牌、做好服务、深化管理”的原则，精心组织策划学术年会，采取学会主办、常务理事单位轮流承办的方式开展。学会成功搭建产学研用平台，使多方受益（企业、会员、学会、社会受益）。通过年会切实增强学会对会员和广大科技工作者的吸引力、凝聚力、社会公信力，稳步推进学会活动的社会化、精品化，达到让政府满意、社会齐赞、会员劲足、服务更优、公众形象更美好的目的。截至 2015 年，学会出版论文集 15 册，收到论文 540 篇。

2014 年，学会完成对全市小水电专项调研工作，形成《永州市小水电发展现状的分析》调查报告，详细审视永州市小水电事业的方方面面，反映情况实在，分析问题深刻，得到同行认可，得到市委、市政府肯定。是年，学会还组织湘江永州段、潇水流域梯级电站优化调度探讨，承办永州市科协学会经验交流大会。

永州市物业管理协会

一、机构

2011 年 4 月 27 日，永州市物业管理协会成立暨首届会员大会召开

2011 年 4 月 27 日，永州市物业管理协会成立。永州市物业管理协会是经市民政局批准的行业性非营利社会团体组织，理事会由市内 45 家物业管理服务企业组成，有个人会员 150 余人。永州市物业管理协会的工作宗旨在于改善城市形象、美化人居环境，提高居住环境。2011—2015 年，永州市物业管理协会先后召开两次会员代表大会。

二、领导名录

会长：王劲松　2011—2015 年

　　　周燕屏　2015 年—

三、主要活动

2011 年 4 月，协会成立以后，积极协助有关部门做好全市物业呼叫平台、物业服务招标平台建设，提出完善企业资质管理、信息监管、小区管理等对策建议 25 条。

2013—2015 年，协会帮助物业服务企业提高员工服务素质，先后举办 12 期物业管理企业经理岗位培训班，近 3000 人参加培训并获得证书。

永州市职业安全健康协会

一、机构

2004 年 7 月，经市民政局批准，永州市职业安全健康协会成立。永州市职业安全健康协会是永州安全生产与职业安全健康工作者及有关单位自愿组成的全市性、公益性社会组织，主要业务范围是：职业安全、健康安全咨询服务和评价，安全教育和培训，学术交流普及。永州市职业安全健康协会有会员 37 人，其中单位会员 26 个，个人会员 11 人。

二、领导名录

理事长：周长光　2004—2007 年

韩俊民　2007 年—

三、主要活动

2004—2015 年，协会每年参与《中华人民共和国职业病防治法》宣传、安全生产月检查等活动，组织对各类企业进行安全生产标准化评审，积极举办各类安全生产知识讲座，培训 2 万余人次。

永州市台湾同胞投资企业协会

一、机构

2013 年 12 月 19 日，经市民政局批准，永州市台湾同胞投资企业协会成立。永州市台湾同胞投资企业协会系在永台资企业和台湾同胞自愿组成的非营利性社会团体，旨在为永州台资企业以及到永州从事商务活动的台湾同胞服务，促进会员之间的联谊和交流，加强与永州市政府有关部门的沟通联系。永州市台湾同胞投资企业协会有会员单位 56 家，覆盖全市 11 个县（区）。

二、领导名录

会长：余瑞宏　2013 年 12 月—

三、主要活动

2013—2015 年，协会先后为会员在永州投资相关问题提出合理化建议 12 条，维护投资者权益事件 30 余件，挽回经济损失 1500 多万元。此外，协会广泛开展融资服务、培训服务、信息服务、知识讲座和往来大陆通行服务。

2013 年 12 月 19 日，永州市台湾同胞投资企业协会成立大会合影

永州市宝庆商会

一、机构

1992 年 12 月 26 日，永州市宝庆商会成立，当时称“冷水滩邵阳同乡经济促进会”。为顺应时代发展，商会先后易名为“冷水滩邵阳经济促进会”“永州市邵阳经济促进会”“永州市宝庆经济促进会”“永州城区宝庆商会”，2012 年定名为“永州市宝庆商会”。

永州市宝庆商会以“立会为公、服务企业、促进交流、合作共赢”为办会方针，谋求更大发展。商会会员来自宝庆各地和各行业，有 3000 多人。会员经营范围涉及房地产、超市、医药、建材、装潢、家具、灯饰、五金、小百货、民办学校、服装、眼镜、电脑数码、家纺、矿产等 40 多个领域。

二、领导名录

会长：曾小山　1992 年 12 月至 1994 年 12 月

　　　曾佑桥　1995 年 1 月至 1998 年 12 月

　　　姚芳明　2000 年 1 月至 2009 年 12 月

李　杰　2010年1月至2012年12月
姚芳明　2013年1月—

三、主要活动

2012年12月26日，永州市宝庆商会成立20周年庆典大会

2008年，永州市宝庆商会组织为汶川特大地震赈灾捐款

永州市宝庆商会积极参与永州经济建设。在城市建设方面，渝洲集团公司投资打造精品步行街、渝洲大厦、舜德摩尔、舜德财富中心、舜德花园、舜德湘江等；泰丰房地产有限公司投资打造金水湾购物中心；红太阳集团投资打造红太阳酒店、红太阳购物中心；耀江房地产公司投资打造耀江豪庭；江南财富集团投资打造江南财富、江南幸福里、江南国际；环球公司投资打造“靓达百货”。此外，还有银达大厦、金盾小区、江南国际数码城、银龙电脑城，桥头市场、金地市场、安业大厦等，以上重大城市建设项目总建筑面积达1000多万平方米，总投资超过100多亿元，冷水滩的零陵路堪称“宝庆一条街”。在医药产业方面，永州最大的医药集团公司——恒康医药集团公司，集药材种植、饮片生产、药品批发、零售及中医医疗为一体；红太阳集团投资的万通医药、和顺医药在批发行业中独树一帜；永州市仟家商贸有限公司创建永州电商公共服务平台且建立永州最大的冷链仓储配送中心；正源肉食品有限公司投资兴建零陵区最大的屠宰场；欧亚名车有限公司创立汽车销售中心；三湘电线电缆有限责任公司生产“湘泰牌”电线电缆品牌等。

据不完全统计，截至2015年年底，宝庆商人在永州投资创业人员突破3万人，涉及永州9县2区，总投资超过140亿元，每年上缴税收超过3亿元，安排各类就业人员达10万人次。

商会在发展经济的同时，积极参与社会公益事业，注重引导会员扶危济困，树立社会公德意识。商会采取各种形式组织会员参与社会公益慈善事业，在资助失学儿童、贫困学生、抗震救灾、抗洪抢险、抗冰救灾、修桥修路、帮扶贫困户等方面，主动捐款捐物，累计捐款2亿多元。四川汶川特大地震后，商会专门召开动员大会为灾区人民募捐，现场捐款200万元，衣物1000多件。

商会成立以来，多次荣获市、区“先进商会”“爱心商会”“慈善商会”“先进市直行业系统党组织”等荣誉称号。

永州市祁东商会

一、机构

2014年9月28日，在冷水滩区四丘田观景山庄成立祁东商会筹备组，经会员选举，邹德宝当选组长，陈爱平当选副组长。2015年1月10日，筹备组向永州市民政局申请成立永州市祁东商会。2015年2月4日，永州市民政局审核通过“永州市祁东商会”的名称。2015年6月6日，在南华大酒店召开永州市祁东商会第一届会员大会，会员有196人，大会选出商会会长1人、常务副会长1人、副会长10人、秘书长1人、监事长1人、顾问1人，其中，陈龙飞当选商会会长，邹文信当选常务副会长。

2015年6月6日，永州市祁东商会第一届第一次会员代表大会暨成立仪式

祁东商会属于非营利性社会团体，其宗旨在于团结在永州经商的祁东老乡，相互协作，共谋发展。

二、领导名录

会长：陈龙飞　2015 年 6 月—

三、主要活动

2015 年商会成立之初，受祁东关工委的邀请对祁东学子“一对一”扶助学生 6 人，学费 3 万元。同年，受永州慈善总会邀请赞助 2 万元。

永州市福建总商会

一、机构

2012 年 4 月，永州市福建商会经永州市民政局批准成立，商会是由在永州投资经营的福建企业自愿组成的非营利性社会团体。2012 年 4 月，永州市福建商会在南华大酒店召开第一次会员代表大会，会议通过《永州市福建商会章程》，选举产生第一届理事会，杨光勇当选会长。商会成立后，商会会员加大在永州的投资，注册企业 900 多家，涉及房地产开发、电子通讯、钢材冶金、矿业、木材、医院、酒店、休闲娱乐等多个行业，安排就业人员 2.1 万多人，投资总额达 200 多亿元。2014 年 12 月，商会更名为永州福建总商会。业务主管部门为市工商联。

二、领导名录

会长：杨光勇　2012 年—

三、主要活动

2012 年 7 月，商会向冷水滩区公安局捐赠公安巡逻车两台，获“警民共建之范例、群防群治之先锋”的评价。

2012 年 8 月，商会出资 20 万元，资助 40 名贫困学子就学。

2012 年 11 月，商会捐资 5 万元，帮扶冷水滩区牛角坝雷溪坪村修筑水利。

2013 年 8 月，商会向永州四中贫困学生资助 3 万元。

2014年1月，商会为保护、建设舜帝陵，弘扬舜帝道德文化，捐资70万元修建舜帝碑林，被湖南省九嶷山舜帝陵基金会授予“一级团体荣誉证”。

2014年12月2日，永州市福建商会两周年庆典

2014年9月，商会组织“连心帮扶”活动中，向冷水滩区岚角山敬老院捐赠生活用品和电器，被评为“爱心捐资单位”。

2014年12月，商会召开成立两周年庆典暨项目投资推介会。

2014年12月2日，永州市福建商会两周年庆典

2015年6月，商会被永州市民政局评为“3A级社会组织”。

2015年9月，商会在“爱心圆梦”慈善募捐晚会上捐赠22万元，被永州市委、市政府评为“爱心助学荣誉奖”。

永州市青年企业家协会

一、机构

2003年9月10日，经市民政局登记注册，永州市青年企业家协会成立。永州市青年企业家协会由永州市青年企业家组建，属非营利性社会团体，是共青团永州市委联系青年企业家的桥梁和纽带。

2013年11月，永州市青年企业家协会召开第二次会员代表大会，172名会员参加会议。经过会议选举，永州市泰丰房地产开发有限公司、永州市金水湾百货有限公司董事长李杰当选会长，共青团永州市委书记、党组书记朱阳辉当选名誉会长，市民政局、市国税局、市工商局等相关部门负责人当选新一届协会顾问，周瑜、王荣华、叶林茂等18人当选副会长，天巢集团（香港）有限公司、永州亿科互联信息网络有限公司总经理周瑜当选秘书长。2015年5月21日，永州市青年企业家协会二届三次理事会召开，永州市雷鸣企业形象策划有限公司总经理石敦议当选秘书长。截至2015年，永州市青年企业家协会会员发展到258人。

二、领导名录

会长：李杰　2013年11月—

三、主要活动

2013年11月，协会召开第二次会员代表大会，选举产生新一届会长、副会长、理事、常务理事。

2013年11月26日，永州市青年企业家协会第二次代表大会召开

2014年1月初，协会与团市委联合开展对全市特困孤儿、留守儿童、残疾青少年及孤寡老人等困难群体开展走访慰问、送温暖活动。5月初，协会在祁阳县举办协会季度活动，邀请省内知名书法家萧万义参加这次活动。11月中旬，为响应全市"135"工程建设，协会组织会员分别到宁远县、新田县考察数家企业，并召开永州市青年企业家协会第四季度会长办公会。

2014年11月中旬，永州市青年企业家协会召开第四季度会长办公会

2015年，协会以"温情青企"为主题，组织开

展青年企业家赴江永进行商务考察，组织协会会员参加创业导师欧阳国忠《奔客与青年创业》讲座、顾成音乐演奏会，赴零陵、江永参加永州市创新创业大赛等活动。协会创办的《创新创业园周报》发布 25 期，协会网站发出图文消息 26 期。

第四节　联合性团体

永州市慈善总会

一、机构

2009 年 10 月 20 日，永州市慈善总会（简称“市慈善总会”）成立大会召开。市慈善总会主要职责是：负责国（境）内外社会各界公益性捐赠款物的接受和管理；兴办、资助慈善公益事业，组织安老、扶幼、助医、助学、济困、赈灾等社会救助项目和救助活动；加强对社会福利性募捐、义演、义卖、义展等社会活动的管理；承办社会慈善捐赠活动及其他日常工作。

市慈善总会第一届理事会有理事 59 人、常务理事 9 人，市人大常委会主任郑邦淳担任会长。市慈善总会下设办公室，为市民政局内设科室，属正科级全额拨款事业单位，人员编制 3 名。2009 年 3 月 18 日，经市委常委会议研究同意，市慈善总会办公室主任高配为副处级。同年 9 月 3 日，市编办发文明确市慈善总会办公室编制 6 名，增设副主任职数 1 人。2012 年，因人事变动，高增遗不再担任常务副会长，由市民政局党组书记、局长肖余胜任常务副会长兼秘书长。

二、领导名录

会长：郑邦淳　2009 年 10 月—

三、主要活动

2006 年 9 月 26 日，青岛海尔药业集团向永州市捐赠价值 13.5 万元的海名威肝病药品，为永州市 100 名低保、特困及残疾的肝病患者提供免费药品救助。2006 年 11 月，天津市金桥焊材集团有限公司分别在冷水滩区和道县开展助学活动，为两县（区）200 名贫困学生发放助学金 13.2 万元。2006—2009 年，市慈善总会开展“微笑列车唇腭裂修复项目”，免费为全市 320 名贫困唇腭裂患者给予救治。

2006—2010年，市慈善总会开展“爱心改变命运”公益助学活动，募集资金76.5万元，资助贫困大学新生234人。

2006—2015年，市慈善总会开展“慈善医疗金叶卡”救助项目，通过考察确定市康复医院为项目定点医院，并结合看病就诊的实际情况，对救助对象进行调查摸底、审查，安排项目资金802.33万元，救助患大病、重病的特困患者8713人次，发放医疗救助卡16046张。

2007—2015年，按照《中共湖南省委办公厅湖南省人民政府办公厅关于加强和规范慈善工作的通知》和《永州市委12月21日常委会议纪要》（2012年第19期）要求，市慈善总会在全市开展“慈善一日捐”活动。捐助范围为各级党政机关、学校、部队、社会团体和企事业单位组织，标准为单位捐出一定数量的办公经费（建议标准2000元以上，多捐不限），干部职工每人捐出一日工资，企业和个体工商户以一日利润为基础、坚持“尽力而为、量力而行、自愿捐赠”的原则、根据自身实际情况合理确定数额。所有募集的资金统一归口到市慈善总会，专项用于救助困难群众。2007年至2015年年底，“慈善一日捐”活动累计募集捐款570.3万元。同时，市慈善总会自2007年起，每年开展“新春慈善‘送温暖·献爱心’活动”。每年从上年的“慈善一日捐”中安排资金20万元，由市慈善总会组织人员深入到各县（区）、管理区及市直单位，看望慰问五保户、低保户、特困户、受灾户家庭及敬老院、福利院的孤寡老人、孤残儿童，并为他们送上大米、食用油、棉被等物资及慰问金。

2008年，四川汶川发生特大地震，市慈善总会在全市组织开展为灾区人民献爱心、帮助灾区人民重建家园的赈灾募捐活动，活动持续两个多月，募集善款2048万元。

2009年10月26日，市慈善总会在永州四中组织学生开展“慈善从娃娃抓起”慈善义卖活动，义卖款近4000元，同时为困难学生捐赠运动鞋150双。

2010年10月，市慈善总会与市电视台合作，开辟《情暖潇湘》慈善专栏，作为慈善宣传的窗口，广泛宣传慈善理念，及时发布慈善法规政策，报道国内外最新的慈善动态，定期公示爱心捐赠情况及救助情况。

2011—2015年，市慈善总会开展“爱心圆梦”助学活动，募集善款844.8万元，资助贫困大学新生762人。

2011年3月，市慈善总会联合市妇联、永州市女子医院在全市范围内开展“善行2011——寻找最需要帮助的女性”公益活动，救助因病致困的贫困妇女63人，发放医疗救助卡价值6万元。5月，中华国际医学交流基金会金十字近视眼防控工程在东安县白牙市镇中学举行捐赠仪式，捐赠价值1120万元的物资。8月，永州渝洲房地产实业有限公司向市慈善总会捐资200万元，专项用于冷水滩区舜德小学配置教学设备，改善教学条件，提高教学质量。12月，市慈善总会在市广电局演播大厅举办永州市首届慈善人物颁奖晚会，湖南省慈善总会、省民政厅、省民间组织管理局和永州市委、市政府、市慈善总会等部门领导出席晚会，为获奖的32名慈善先进人物颁发荣誉证书，并现场组织捐款献爱心文娱晚会，接受单位、社会群体和社会各界爱心人士捐款843.87万元，活动被评为“2011年度永州十大新闻”。

2011年8月21日，永州市慈善总会、永州市民政局共同组织开展大型慈善助学活动——“爱心圆梦”永州市慈善助学金发放仪式

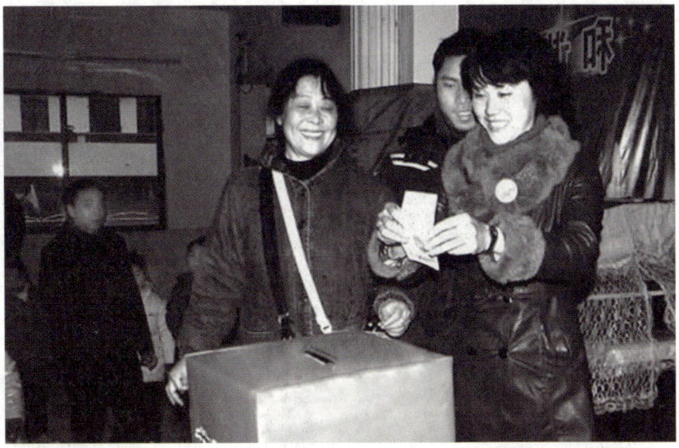

2011年1月23日，市慈善总会组织爱心人士献温暖

2012年1月，市慈善总会与台湾钻石集团旗下台威、湘威等公司的爱心人士联合开展“如松助学”活动，为150名贫困学子送去价值8万元的慰问金和爱心礼物，并为特困家庭修缮破损的房屋、贴春联。2月17日，市慈善总会向偏远乡村贫困小学生捐赠棉鞋805双，价值10万元。6月，在市电视台举办以“献一份爱心，燃一盏希望，圆一个梦想”为主题的爱心砍价会活动，募集善款3.32万元。9月，开展“小小慈善行、浓浓济困情”慈善捐助活动，募集助学资金40万元，为181名贫困学子、47名患重病贫困学生、26名患重病贫困教师提供资助。

2013年4月，市慈善总会与国际华商社会帮扶联盟在永州市南华大酒店举办“消除乙肝歧视、共建和谐社会”公益帮扶捐赠仪式。国际华商社会帮扶联盟向市慈善总会捐赠价值100万元的肝病防治药品，并分别在冷水滩、零陵、祁阳、东安、双牌、江永等县（区）开展肝病免费普查公益帮扶活动，救助患者3000余人，发放药品价值330万元。是年，市慈善总会在全省率先开通网上募捐渠道，将慈善项目推荐到支付宝公益捐赠网，突破传统募捐形式取得实效。至2015年，实现网上募集善款37.7万元。特别是结合抗战胜利70周年纪念活动，为抗战老兵募集困难补助资金26万元。2013年4月，市慈善总会组织开展“爱心教室”助学活动，争取移动公司支持，为两所乡镇中小学捐赠价值10万元的器材及50台电脑。8月，壹基金为大桥瑶族乡中心小学学生发放“壹基金温暖包”650个，价值20万元。9月，市慈善总会在冷水滩南华大酒店举办永州市慈善理论研讨会，与会人员包括各县（区）慈善会会长、慈善办主任，市直单位及中央、省驻永单位负责人、专家学者、新闻媒体记者等200余人。此次慈善理论研讨会是永州市举办的首届慈善理论方面的研究活动。自2012年下文征稿以来，各级领导、专家、学者、记者、作家及社会各界爱心人士积极参与，踊跃投稿，征集文稿57篇，入编《慈善永州》论文集48篇。11月22日，全市首家“慈善”超市在冷水滩区下河线顺利开业。

2013年7月，永州市慈善总会组织大型慈善义工活动

2014年3月16日，市慈善总会举行女书法家字画拍卖公益活动，拍卖善款8万元，现场为10位寒门学子发放30000元的资助金，结余的善款全部用于资助寒门学子。同年8月，市慈善总会联合永州市宏聚集团、冷水滩区团委开展“温暖2014·圆梦寒门学子——资助贫困中小学生”助学公益活动，救助62人，发放助学金3.27万元；开展“老年幸福园”项目建设，动员社会各界爱心人士积极参与，募集善款38万元，支持零陵、祁阳和新田兴建3所“老年幸福园”。

2015 年 1 月，市慈善总会在全市开展“一张废纸献爱心·关爱母亲义工行”活动，组织近 20 名慈善志义工分别到 12 家单位收集、售卖旧报纸和书刊 1250 公斤，市慈善总会为各单位开具捐赠收据共计 1008 元。2 月，由市慈善总会、市钓鱼协会、冷水滩区政协联合组织开展的“心微笑爱飞扬，因为爱我们同在”——关爱空巢老人慈善捐助活动在黄阳司镇郝皮桥乡举行。活动现场，市慈善总会、市钓鱼协会为黄阳司镇郝皮桥乡空巢老人、特困户、敬老院五保老人、贫困失学孤儿等 108 人发放慰问金，社会各界爱心人士也为他们分别送上礼品、大米、食用油、猪肉、棉被、农药化肥等物资，总价值近 20 万元。3 月，广州市湖南永州商会在江华瑶族自治县大锡乡明星村开展慈善捐助活动，捐赠爱心款 21.6 万元，修建一座便民桥。5 月，蓝山、江华、江永等县遭受严重洪涝灾害，壹基金为永州市捐赠温暖爱心包 1100 个，价值 40 万元。7 月，市慈善总会开展“牵手·一帮一”资助活动，资助困境学生 179 人，为他们送去社会各界爱心人士及比苛集团“一对一”长期资助的助学金 73.5 万元。8 月 31 日，市慈善总会联合市扶贫办、爱尔眼科医院开展“善行湖南——万人眼健康公益行”活动，免费为 557 名贫困眼病患者实施白内障和胬肉手术，帮助贫困眼疾患者重见光明，减免医疗费用 72 万元。市慈善总会对部分大病和特困对象开展临时救助，救助 893 人，发放救助金 252.47 万元。

2011—2012 年，市慈善总会连续两年被省慈善总会、省民政厅评为年度慈善工作先进单位；2013—2015 年，连续三年被省慈善总会评为年度慈善工作先进单位；2015 年 12 月，永州市“爱心圆梦”慈善助学项目被省人力资源和社会保障厅、省民政厅、省慈善总会评为第三届“湖南慈善奖”最具影响力慈善项目。

永州市中小学教师继续教育研究会

一、机构

2010 年 4 月 8 日，经市民政局批准，永州市中小学教师继续教育研究会第一届会员（代表）大会召开。会议选举石少腾为会长，邓义斌为秘书长。研究会以“帮助中小学教师自我提升”为宗旨，业务主管单位为市教育局。2015 年 12 月 22 日，永州市中小学教师继续教育研究会召开第二届会员代表大会。

二、领导名录

会长：石少腾　2010 年 4 月—

三、主要活动

2010 年，研究会积极配合市教育局教师培训部门，开展中小学教师继续教育调研活动、举办各种形式的座谈会和研讨会 8 期。2014 年，研究会协助市教育局教师培训部门举办中小学校长、副校长培训班 8 期，合格学校教师培训班 4 期，农村学校薄弱学科教师培训班 6 期，专业不对口教师培训班 7 期，中学高级专业技术人员培训班 5 期，国培辅导员培训、教育技术能力培训班各 1 期。2015 年，研究会组织开展省教师培训基地答辩工作，优秀率达 80%。

永州市体育总会

一、机构

1993 年 5 月 8 日，零陵地区体育总会第一届一次会议召开，选举产生零陵地区体育总会第一届委员会主席、副主席、秘书长、副秘书长、委员。其中主席 1 人，副主席 18 人，正、副秘书长 5 人，委员 70 人。史兆永当选主席，雷国宝当选秘书长（兼）。1996 年，零陵地区体育总会更名为永州市体育总会。2009 年 3 月 23 日，永州市体育总会二届一次会议召开，76 名会员参会。周平平当选主席，雷福元当选秘书长，凌宏英当选副秘书长。2009—2014 年，市体育总会管辖的市单项体育协会达 17 个。2015 年，市体育总会管辖的市单项体育协会增加到 21 个。

二、领导名录

主席：史兆永　1993 年 5 月至 2009 年 3 月
　　　周平平　2009 年 3 月—

三、主要活动

2005—2006 年，永州市体育总会举办全市首届“城建杯”乒乓球比赛、美国明星队与福建队的男子篮球对抗赛。

2007—2009 年，永州市体育总会承办全国中小学生棋类教学成果汇展暨交流赛、湖南省中老年人柔力球比赛、湖南省第十届农村老年人门球赛，举办全市太极拳比赛。

2010—2012 年，永州市体育总会举办全市太极拳（剑）比赛，承办湖南省山地自行车比赛、全国青年男子篮球俱乐部联赛、湖南省第四届大众体育运动会第九套广播体操比赛、第十二届全运动会女子篮球（成年组）预赛。

2011 年 2 月 3 日，市体育总会组织龙狮表演队走街串巷进行表演

2013—2015 年，永州市体育总会举办湖南“全民健身挑战日——美丽湘江动起来”永州站系列活动，承办 2014 年李宁全国青年俱乐部篮球联赛、2015 年湖南省第十二届青少年体育舞蹈、国际标准舞锦标赛暨永州市第四届体育舞蹈锦标赛、全国篮球俱乐部女子青年锦标赛。

永州市广播电视协会

一、机构

2000 年 10 月 30 日，经市民政局批准，永州市广播电视学会成立大会召开。会议选举产生永州市广播电视学会第一届理事会和常务理事会，有理事 63 人、常务理事 46 人。陆晓亚当选会长，周本意、黄名洁、张宁波、崔年桂、罗水生、彭建础、刘霖当选副会长，池德玉当选秘书长，杨向东当选副秘书长。永州市广播电视学会业务主管单位为市社会科学界联合会。

2013 年 5 月，经市民政局批准，永州市广播电视学会更名为永州市广播电视协会，业务主管单位变更为市广播电视台。2013 年 9 月 26 日，永州市广播电视协会召开第二届会员代表大会，选举产生第二届理事会和常务理事会，有理事 63 人、常务理事 46 人，主要由市广播电视台领导、部门主要领导、各部门专业技术骨干、大专院校新闻传播代表、各县（区）电视台台长组成。罗耀南当选会长，池德玉、滕智荣当选副会长，池德玉当选（兼）秘书长，赵光明、张爱民、唐小莽、曲燕当选副秘书长，聘请石艳萍、蒋三立为顾问，蒋三秋为名誉会长。永州市广播电视协会下设广播电视新闻专委会、广播电视播音主持专委会、广播电视技术专委会和广播电视广告信息专委会4个专业委员会。

二、领导名录

会长：陆晓亚　2000年10月至2013年9月
　　　罗耀南　2013年9月—

三、主要活动

2000—2015年，协会（2013年前是学会）举办17届“永州广播电视奖”评选活动，向中国新闻工作者协会、中国广播电视电影社会组织联合会、湖南新闻工作者协会、湖南广播电视协会和永州新闻工作者协会等单位推荐参评作品580件。其中《土地流转谨防“隐性流失”》荣获中国新闻奖三等奖，《接权莫弄权》《土地流转谨防“隐性流失”》《莫把酒桌搬下乡》3件作品荣获中国广播影视大奖提名奖，《一封未写完的信》《大瑶山放歌》《乡下老妈》《余劳模交班记》《情定九嶷山》等作品荣获湖南省“五个一”工程奖，96件作品荣获湖南新闻奖（其中一等奖8件），198件作品荣获湖南广播电视奖（其中一等奖31件）。

2000—2015年，为提高广电从业人员的业务水平，协会开展广电系统从业人员业务培训28次，培训3200人次；组织会员或广电系统骨干编辑、记者、播音员、主持人到北京、上海、广州、深圳、青岛、长沙、成都等地考察学习先进经验786人次。

2015年，在协会支持下，市广播电视台拍摄一部反映永州抗战历史的大型系列报道《永州抗战记忆》，通过寻访抗战遗迹、采访相关人员与抗战老兵、讲述英雄故事等方式，重温抗战历史，传承抗战精神。

永州市工艺美术协会

一、机构

2001年4月8日，经市民政局批准，永州市工艺美术家协会成立大会在冷水滩区五洲宾馆召开，来自各县（区）的工艺美术从业人员、爱好者及从事木雕、根雕、竹艺、蛋雕、雕塑、工艺美术设计、玉雕、民族服饰、编织、盆茶花艺、古典家具等艺术工作的民间艺人、手艺人共计53人参会。大会选举产生永州市工艺美术家协会第一届理事会和常务理事会，有理事15人、常务理事7人，李超当选顾问，屈正芳当选会长，文林当选副会长兼秘书长。2012年，经市民政局批准，永州市工艺美术家协会更名为永州市工艺美术协会，并召开更名后首届会员大会，选举产生新一届协会理事会，市人大常委会原主任李良铁当选协会名誉理事长。2014年，根据省委文件精神，李良铁辞去名誉理事长职务，经协会第五次会员大会选举，屈正芳当选首届永州市工艺美术协会理事长，陈忠杰当选名誉理事长，文林、许夏生当选副理事长，贺洋成当选秘书长，李艳当选副秘书长。截至2015年，永州市工艺美术协会会员人数发展到133人。

二、领导名录

会长：屈正芳　2001年4月—

2013年4月22日，永州市工艺美术协会第二届二次理事会召开

三、主要活动

2001年4月，协会会长屈正芳、顾问李超出资，成立工艺美术会展中心，并组织会员在冷水滩区五洲宾馆二楼展厅举办为期三个月的永州市首届工艺美术作品展览，集中展出会员作品380余件。

2001—2012年，协会先后15次组织会员参加第三届全国工艺美术博览会、湖南省第三届花卉博览会等国家、省、市举办的各类工艺美术产品作品评比及展销活动，42件工艺品获得国家级、省级、市级评比评选金奖和银奖。协会积极组织会员发展工艺美术产业，扶持8位会员先后承建永邵高速公路的装饰组雕及壁画工程、祁阳二中和冷水滩四小爱国主义教育基地微缩景观制作、市水利局大门壁画、市工商局大院装饰等雕塑工程。

2013 年 11 月 18 日，永州市工艺美术协会举办工美精品展览

2003 年，协会承担市政府在省植物园三湘景园永州潇湘园区微缩景观的设计、施工及制作工程，其制作工艺获得省林业厅颁发的银奖，协会也获得组织奖。2009 年 12 月，协会应台湾旅台零陵同乡会邀请组织部分会员到台湾花莲县考察当地的玉石工艺品加工产业。2013 年 11 月，协会参与组织举办“全市首届旅游文化工艺美术设计大赛暨工艺美术精品展”，有 500 余件（幅）作品参赛参展。12 月，协会首次组织会员参加全省工艺美术系列职称评定工作，有 3 位工艺美术从业人员被评为省级行业大师，另有 3 名会员被省人事厅职称改革办评为工艺美术师中级职称，有 2 名会员获助理工艺美术师职称。

2014 年 7 月，协会组织部分工艺美术协会会员赴益阳参加全省工艺美术电子商务培训。

2015 年 8 月，协会协助会员工艺美术大师文林挖掘整理“湘南传统木雕技艺”。

永州市集邮协会

一、机构

1980 年，零陵地区集邮协会成立。1996 年 4 月 18 日，经市民政局批准，零陵地区集邮协会更名为永州市集邮协会，并召开首届会员代表大会。自成立以来，永州市集邮协会先后召开七次会员代表会议，商讨集邮业务、交流藏品、选举新一届协会组织机构。截至 2015 年，永州市集邮协会发展会员 1320 人。

二、领导名录

会长：蒋菊生 1996—1998 年
谢 强 1999—2000 年
肖天星 2001—2003 年
解 芳 2004—2005 年
朱峻珍 2006—2009 年
胡绍波 2010—2013 年
曹小勇 2014—

三、主要活动

1996 年，协会举办青少年集邮夏令营活动，在芝山区朝阳公园开营。同年，湖南省第八届运动会在永州市体育中心举行，协会设计纪念邮戳 4 枚。

1997—1998 年，协会先后在祁阳县浯溪公园、舜皇山举办集邮夏令营活动，每期参加人数 60 余人。

2000 年，经协会积极申请，报经国家邮政局批准，由永州市委宣传部、永州市邮政局联合发行《中国九嶷山揽胜》邮资明信片。同年，协会主办的集邮知识有奖竞赛活动，市科委、7319 工厂、市财政局、市电业局、零陵卷烟厂等单位组织干部职工积极参与。

2001—2004 年，市体委、市教委、市邮政局联合举办“庆祝建党 80 周年，为北京申奥加油”邮展、“与时俱进，走向辉煌”集邮展览、“毛泽东诞辰 110 周年暨湖南省第十一届邮展”等活动。

2005—2007 年，协会在 10 多所学校开展“集邮文化进校园”活动。协会获评 2005 年度学会工作先进单位、科普宣传先进单位。

2009 年，协会会员陈署东制作的《中国国内邮政包裹单附加 1998 年 2 月至 3 月》邮集参加全国巡展。2011 年，协会组织会员参加中国人民解放军建军 80 周年邮展。

2012 年，协会在多所学校开展“集邮文化进校园”活动；2013 年，为电力局职工子弟开设暑假集邮讲座；2015 年，在华丰华天大酒店举行珍邮鉴赏会，联合永州四中举办《校园首届集邮展和书信日》活动。

永州市老年人体育协会

一、机构

1990年，零陵地区老年人体育协会成立，“地改市”后，协会更名为永州市老年人体育协会。1996—2015年，永州市老年人体育协会先后召开5次会员代表大会。2015年9月，根据市委、市政府有关精神，永州市体育中心更名为永州市全民健身服务中心，永州市老年人体育协会改为挂靠永州市全民健身服务中心。永州市老年人体育协会主要职责是：宣传、发动老年人参加全民健身活动，指导全市老年体育工作。

二、领导名录

主席：范　良　1996—2000年
郑邦淳　2000—2004年
赵清茂　2004—2008年
戴菊芳　2008—2012年
曹太琪　2012年—

2012年6月21日，永州市老年人体育协会第五届委员会召开

三、主要活动

1996—2015年，协会组队参加由省老龄委、省体育局、省老年体协举办的湖南

省第七届、第八届、第九届老年人运动会门球、气排球、柔力球、乒乓球、健步走、钓鱼、桥牌、地掷球、象棋、围棋、健身球、太极拳、广场舞等项目比赛，承办湖南省老年人运动会健身球、柔力球、门球、钓鱼、气排球等项目比赛。

2011 年新年期间，市老年体育协会指导道县五洲村农民运动会

永州市法官协会

一、机构

1995 年 9 月，零陵地区法官协会在零陵地区民政局登记成立，注册时办公场所为永州市零陵区中山北路 8 号，业务主管部门为零陵地区市社会科学联合会。1996 年，零陵地区法官协会更名为永州市法官协会，时任永州市中级人民法院院长贺梅楚当选第一任会长。2001 年 6 月，永州市法官协会召开第二次会员大会，选举李微为会长。2005 年 4 月，永州市法官协会召开第三次会员大会，选举熊春明为会长，蒋崇和为秘书长。2010 年 5 月，改选欧守冬任副会长，张胜广当选秘书长。2014 年 3 月 12 日，永州市法官协会召开第四次会员大会，选举欧守冬为会长，张胜广为副会长兼秘书长，李振湘、唐跃华为副秘书长。2015 年 7 月，永州市法官协会法定代表人由熊春明变更为欧守冬。截至 2015 年 12 月，永州市法官协会有理事 45 人、常务理事 27 人、会员 97 人。

二、领导名录

会长：贺梅楚　1995 年 10 月至 2001 年 5 月

李　微　2001 年 5 月至 2005 年 3 月

熊春明　2005 年 3 月至 2014 年 2 月

欧守冬　2014 年 2 月—

三、主要活动

永州市法官协会业务范围为研究法学理论、学术交流和工作经验、编撰法学论文、出版刊物、开展法学业务培训、法律咨询、信息服务及举办联谊活动。协会每年召开一次理事会议，交流法学心得。2009 年 2 月 25—27 日，学会承办湖南省法官协会第四次会员代表大会、湖南省女法官协会第三次会员代表大会暨全省法院理论研讨会，对理论研讨会论文观点进行综述，获奖论文作者代表宣读论文提纲，并对省“十杰法官”进行表彰和颁奖。

2009 年 9 月 26 日，永州市法官协会承办省法官协会会员代表大会暨全省法院理论研讨会

2009 年 9 月 26 日，永州市法官协会承办省法官协会会员代表大会

永州市自驾车旅游运动协会

一、机构

2010 年 4 月 25 日，经市民政局批准，永州市自驾车旅游运动协会筹备成立，于 8 月 27 日召开成立大会，118 名会员参会。会议选举产生永州市自驾车旅游运动协会第一届理事会和常务理事会，有理事 23 人、常务理事 9 人。张少坤当选会长，郑静当选副会长，陈小林当选秘书长。2015 年 3 月，永州市自驾车旅游运动协会召开第二次会员代表大会，选举第二届理事会和常务理事会，张少坤当选会长，郑静当选副会长，陈小林当选秘书长。截至 2015 年 12 月，永州市自驾车旅游运动协会发展会员 418 人。

二、领导名录

会长：张少坤　2010 年 8 月—

三、主要活动

2010年11月，协会组织会员参加由湖南、广东、广西三地旅游部门组织的2010湘桂粤环千家峒汽车旅游集结赛，会员选手邓国良取得集结赛第一名。2012年10月，协会组织首届阳明山汽车节油挑战赛。2014年12月，协会组织会员参加湖南省自驾旅游协会成立大会，被推选为副会长单位。2015年12月，协会组织人保杯永州市“文明旅游、安全驾驶”之星评选活动。

永州市老年科学技术工作者协会

一、机构

2000年3月29日，永州市老年科学技术工作者协会第一次会员代表大会召开，会议选举产生第一届理事会和常务理事会，选出理事33人、常务理事20人，孔宪访当选会长，张雪当选秘书长。永州市老年科学技术工作者协会以“服务、奉献”为宗旨，团结广大老科技工作者，为永州经济社会发展献计献策、发挥“余热”。2003—2015年，永州市老年科学技术工作者协会先后召开三次会员代表大会，进行换届选举。截至2015年，老科协组织发展到830个，会员达到18381人。

二、领导名录

会长：孔宪访　2000年3月至2015年9月

蒋吉秀　2015年9月—

三、主要活动

2000—2015年，协会组织大批老科技工作者围绕党政工作中心和全市改革发展中的热点难点问题，深入基层、深入实际、深入群众，调查研究，每年撰写调查报告和论文300多篇，提出建议意见400多条，为党政领导决策当参谋。协会组织老科技工作者广泛开展“万名科技专家讲科普活动”，组织科普讲师团106个、3100人，每年举办各类实用技术讲座和培训班达800场次，培训农民3万人以上；组织500多名会员，设立120多个咨询点，每年接待农民咨询4000人次以上；建立科技“110”队伍，参加人员300多人，每年接听农民求助电话2000多人次；深入开展自我保健活动，扩网、讲座、订刊、健身、义诊、评星、旅游等活动深入城乡，全市建立自我保健网站1222个，入网人数达2万多人，订阅《中老年自我保健》期刊2万多份，市直单位老科协会员人手一册，连续多年排名全省第一，受到省老科协表彰。

永州市义工协会

一、机构

2010年5月，经市民政局批准，永州市红网义工协会筹备成立。2014年2月，更名为永州市义工协会，业务主管单位为共青团永州市委，活动指导单位是市文明办。截至2015年年底，协会有个人会员近5000余人，单位会员30个。协会设有秘书处、培训部、关怀部、宣传部、外联部、社工部、文艺部、财务部、策划部、安保部、助学部等部门，有零陵、东安、江永、江华、宁远、双牌、新田、蓝山、祁阳9个县（区）义工协会为单位会员。

二、领导名录

会长：曹　旭　2010年5月至2015年5月

　　　王宗清　2015年5月—

三、主要活动

2013年高考期间，永州市义工协会组织开展“爱心送考”活动

永州义工协会服务项目主要有：敬老爱幼、扶贫助残、助教助学、义演义卖、无偿献血、应急救助、保护湘江母亲河，每月定期开展4次义工活动。截至2015年，开展各类公益活动527次，参与义工活动约9403人次，累计贡献服务时间28322.5个小时。协会定期组织义工在繁华街道开展交通安全文明劝导活动；在学

校、社区开展义工知识培训活动，传播志愿服务精神；开展两届“感恩有你感动常在”之永州变形记助学活动。

自2015年起，市义工协会组织开展“三社联动”关爱社区空巢老人和孤寡老人服务活动

永州市义工协会自成立以来，荣获多项殊荣：2011年，被冷水滩区委授予“新世纪十年——感动冷水滩十大人物”荣誉称号；2012—2013年，被团市委授予“全市志愿服务工作先进单位”称号；2013年，荣获“第三届湖南省优秀青年志愿者组织奖”；2014年，被市民政局和社会组织党工委授予“爱心服务单位”称号；2015年，荣获“永州市爱心助学杰出贡献奖”。

附：

1996—2015年永州市其他全市性社会团体名录

一、学术性团体

永州市金融学会
永州市教育学会
永州市演讲与口才学会
永州市人力资源和社会保障学会
永州市监察学会
永州市工商行政管理学会
永州市党建研究会
永州市人才研究会
永州市卫生经济与信息学会
永州市人民政协理论研究会
永州市环境科学学会
永州市中西医结合学会
永州市群众文化学会
永州市艺术摄影学会
永州市民族管弦乐学会
永州市电力会计学会
永州市医学会
永州市粮食经济科技学会
永州市财政学会
永州市周易文化研究会
永州市城乡规划建设学会
永州市煤炭学会
永州市水利学会
永州市农业机械与工程学会
永州市统计学会
永州市审计学会
永州市地理学会
永州市物理学会

永州市中医药学会

二、专业性团体

永州市海外联谊会
永州市统战理论研究会
永州市家庭教育研究会
永州市烟草系统职工思想政治工作研究会
永州市基层法律服务工作者协会
永州市勤工俭学研究会
永州市思想政治工作研究会
永州市女书说唱艺术协会
永州市民间文艺家协会
永州市楹联协会
永州市演艺协会
永州市港澳台侨文化交流促进会
永州市赏石盆景协会
永州市体育舞蹈协会
永州市老年健身艺术协会
永州市自然科学研究会
永州市中草医药研究会
永州市老年保健协会
永州市建设职工思想政治工作研究会
永州市科技勘察设计协会
永州市舜帝文化研究会
永州市人大系统摄影协会
永州市企业书画家协会
永州市曲艺家协会
永州市自行车协会
永州市篮球协会
永州市登山协会
永州市太极拳协会
永州市冬泳协会

三、行业性团体

永州市总商会
中国国际商会永州商会
永州市城镇集体工业联社
永州市建筑材料工业协会
永州市律师协会
永州市个体劳动者私营企业协会
永州市消费者委员会
永州市注册会计师协会
永州市电子商务协会
永州市凤凰园工业园商会
永州市电力行业协
永州市快递行业协会
永州市粮食行业协会
永州市房地产行业发展联合会
永州市农业机械行业协会
永州市农机安全互助协会
永州市工商联女企业家商会
永州市再生资源回收利用协会
永州市农业生产资料流通行业协会
永州市女企业家协会
永州市建设工程造价管理协会
永州市山苍子产业协会
永州市城镇供水排水协会
永州市燃气协会
永州市保险行业协会
永州市司法鉴定协会
永州市职工技术协会
永州市职工互助互济协会
永州市内部审计师协会
永州市农村青年致富带头人协会
永州市青年创业商会
永州市文化创意产业商会
永州市数码电子（IT）商会
永州市家用电器商会
永州市建材商会
永州市浙江商会
永州市医药流通行业协会
永州市机动车驾驶员培训行业协会
永州市异蛇生物产业协会
永州市九嶷商会

永州市广告协会
永州市城乡建设协会
永州市茶业协会
永州市房地产中介协会
永州市汽车行业协会
永州市预拌混凝土行业协会
永州市建筑业协会
永州市质量协会
永州市女律师协会
永州市新农产业商会
永州市侨商联合会
永州市电梯行业协会
永州市水泥协会
永州市企业联合会
永州市印刷行业协会
永州市房地产业协会
永州市酒业协会
永州市旅行社协会
永州市园林绿化协会
永州市民办教育协会

四、联合性团体

永州市青少年心理健康协会
永州市紧急救援协会
永州市潇湘志愿者协会
永州市佛教协会
永州市道教协会
永州市人民对外友好协会
永州市电业关心下一代协会
永州市野生动植物保护志愿者协会
永州市青年联合会
永州市职工劳动模范协会
永州市防痨协会
永州市鼠害与卫生虫害防制协会
永州市控制吸烟协会
永州市硬笔书法家协会
永州市长跑协会
永州市青年作家协会
永州市京剧协会
永州市收藏家协会
永州市作家协会
永州市美术家协会
永州市舞蹈家协会
永州市足球协会
永州市棋牌协会
永州市钓鱼协会
永州市慈善志愿者协会
永州市青年志愿者协会
永州市基督三自爱国运动委员会
永州市反邪教协会
永州市警察协会
永州市禁毒协会
永州市预防和化解社会稳定风险研究会
永州市基督教协会
永州市党外知识分子联谊会
永州市孝文化促进会
永州市女书书法家协会
永州市信鸽协会
永州市老干部（老年）书画家协会
永州市检察官文学艺术联合会
永州市公安文学艺术联合会
永州市瑶族文化促进会
永州市文学艺术评论家协会
永州市音乐家协会
永州市书法家协会
永州市摄影家协会
永州市武术协会
永州市交谊舞协会
永州市潇湘艺术协会

后　记

《永州市社会团体志》的编撰工作始于2016年3月，成书于2019年12月，历时三载有余，数易其稿，终于付梓出版。志书17章62节，约48万字，全面系统地记录1996—2015年永州市社会团体的发展历史，重点记述社会团体参与全市经济建设和改革发展所取得的显著成绩，对于总结历史、启发后来，推动永州市社会团体发展具有重要意义。

根据永州市委、市人民政府的部署和市史志办的安排，《永州市社会团体志》的编纂工作由永州市委组织部牵头，市总工会、团市委、市妇联、市科协、市文联、市侨联、市残联、市贸促会（永州国际商会）、市红十字会、市关工委、市老龄委、市消委、市个私协会、市民政局为承修单位。2016年3月28日，《永州市志》及部门志编纂工作动员会召开后，市委组织部按照“领导到位、人员到位、条件到位、经费到位、目标责任到位”的要求，积极筹备编纂工作。2016年6月，市委组织部成立了社会团体志编撰工作领导小组，由市委常委、组织部部长董石桂任组长（董石桂调离后由吴志雄接任），市委组织部副部长周益志、李钢为副组长（周益志调离后由肖余胜接任），各承修单位主要负责人为领导小组成员，领导小组办公室设在市委组织部研究室。同时，成立《永州社会团体志（1996—2015）》编纂委员会，由吴志雄任顾问，李钢任主任（后由肖余胜担任主任），市委两新工委专职副书记段发生任副主任，各承修单位主要领导或分管领导任委员，聘请《永州日报》原编委王金梁为主编，各承修单位主笔人员及市委组织部研究室相关人员为编辑，负责志稿起草和编纂工作。

2016年9月6日，市委组织部召开《永州市社会团体志》编纂工作协调会，召集各承修单位对修志工作进行安排部署，全面启动《永州市社会团体志》编纂工作。协调会召开后，各承修单位全力投入志书编修工作中，多方收集资料，积极撰写初稿。

2017年3月，为了保证编修进度，市委组织部对各承修单位进行一次实地督查督促；6月底，又进行一次电话督查调度，以确保各单位按时完成资料收集、初稿撰写等工作任务。7月，各承修单位完成初稿，市委组织部召集各单位集中进行评审，逐一指出存在的问题和需要补充的内容。2017 年 12 月，经各单位补充和完善，形成 82.5 万字的综合稿。

2018 年 1 月，经精简修改后形成 61 万字较为成型的志稿初稿。2—5 月，编委会组织人员先后 7 次对志稿进行修改完善，5 月下旬召集市委组织部机关从事文字工作的同志对志稿进行一次全面修改，修改后的志稿基本成型。6 月 14 日，市委组织部组织召开《永州市社会团体志》稿评议会议，《永州市志》总纂、市委原正厅级干部蒋政平，市史志办主任李俊江，市史志办副主任高波、高爱国等史志专家应邀担任专家评审，评审会对志稿进行较为专业和系统的评审，提出了很多有针对性的修改意见，并对整体框架进行了适当调整，明确再增加社会科学界联合会、农民专业合作社、湖南省九嶷山舜帝陵基金会 3 个独立章节，分别由市社科联、市农业委、九嶷山舜帝陵基金会办公室负责具体编纂。会后，市委组织部印发《关于做好〈社会团体志〉稿修改完善工作的通知》，要求各承修单位认真按照志稿评议会提出的意见进行修改。至 8 月底，评议会后首轮修改全部完成。9—12 月，编委会组织人员再次对志稿进行全面梳理，提出需要修改完善的建议。12 月 10 日，市委组织部组织召开《永州市社会团体志》稿编修工作推进会；12 月 12 日，为确保志稿能如期出版，市委组织部再次印发《关于做好〈永州市社会团体志〉审稿和报送工作的通知》，对出版前的审稿工作作出安排。经十次修改完善，至 2018 年年底，志稿完成总纂。

2018 年 6 月 14 日，市委组织部召开永州市《社会团体志》稿评审会议

2018 年 6 月 14 日，参加永州市《社会团体志》稿评审会的专家、领导合影

2019 年 1 月 25—27 日，编辑部人员与市史志办副主任高波一同前往衡阳编辑样书，并向北京方志出版社申报出版书号。2 月 25 日，受市委常委、组织部部长吴志雄委托，市委组织部常务副部长、《永州市社会团体志》编纂委员会主任肖余胜主持召开志书编纂工作协调会，安排志稿样书的修改校正工作。5 月 9—11 日，编辑部人员到印刷厂修改第二次出版样书，并再次寄送方志出版社审稿。7 月，编辑部人员根据方志出版社评审意见，对志稿进行再次修改校正，反复打磨后，到印刷厂修改形成第三次出版样书，并寄送方志出版社终审。

《永州市社会团体志》能在三年多时间内从启动编写到总纂付梓，主要得益于市委、市政府的坚强领导和市史志办的具体指导；得益于市委组织部及 17 个承修单位历任领导的重视和支持，保障了修志工作的人力、财力、物力，提供了良好的修志工作环境；得益于各承修单位、社会团体以及社会各界热心人士提供的大量史料和图片；得益于全体志书编纂人员的辛苦付出。多数承修单位的编修人员是单位的业务骨干，他们既要负责繁重的业务工作，又要负责烦琐的修志工作，克服许多困难，较好地完成编修任务。在此，谨向所有关心和参与本志编纂工作的单位、领导和工作人员表示衷心的感谢。

《永州社会团体志（1996—2015）》在编修过程中，得到《永州市志》总纂蒋政平，永州市史志办主任李俊江，副主任高波、高爱国，以及市史志办王劲梅、唐嘉婕等人的精心指导；主编王金梁全过程负责提纲拟定、收集资料、初稿撰写、修改完善，付出大量心血和辛勤劳动；市委组织部段发生、欧阳能上、卢波、冼荣军在志稿的编纂过程中积极统筹协调，在后期修改完善阶段投入大量时间和精力。在此，一并表示感谢。

《永州市社会团体志》是永州“地改市”以来第一本专书编修的社会团体志。在编纂过程中，我们始终把志书质量放在首位，力求达到政治观点正确、资料翔实、体例完备、文字流畅、合乎逻辑、突出地方特点等要求，但由于受时间跨度大、资料缺乏等客观条件的限制，加之受编者经验、水平所限，虽经努力，错误、疏漏之处仍在所难免，诚望关心本志的各界人士、广大读者批评指正。

编 者

2019 年 12 月

索　引

说明：本索引中章、节、目名称按第一个字的汉语拼音首字母顺序排列。